企业知识产权痛点法律问题解决之道

SOLUTIONS TO LEGAL PROBLEMS OF INTELLECTUAL PROPERTY

陈静艳　徐嵩　张华东 / 主编

中国法制出版社
CHINA LEGAL PUBLISHING HOUSE

本书编委会

主　编

陈静艳　广东广信君达（佛山）律师事务所

徐　嵩　广东国智律师事务所

张华东　北京市律师协会律师

副主编

魏镇胜　北京市盈科律师事务所

钟兰安　北京市京师律师事务所

董留生　上海律师

倪加洲　浙江浙杭律师事务所

申基成　吉林大华铭仁律师事务所

编委会委员（以下排名不分先后）

韩丹英　山西黄河律师事务所

王帅可　河南银隆律师事务所

阮智杰　福建卓法律师事务所

孟湘明　美国大卫雷文国际专利集团

吴银书　江苏圣典（泰州）律师事务所

赵碧波　河南天广律师事务所

古利新　北京知润律师事务所

张　良　湖北神宇律师事务所

王　军　江苏正东律师事务所

李琼英　广东百利孚律师事务所

高建平　福建亚太天正律师事务所

张晏维　上海市联合律师事务所

张林青　广州市公安局

冷永军　北京钤韬律师事务所

邢　鑫　湖南金州律师事务所

万　平　北京市朝阳区律师协会律师

谭旺朝　广东广立信律师事务所

游潘念　四川能言律师事务所

章思开　北京京师（厦门）律师事务所

冶有贵　青海龙启律师事务所

孟　怡　广东卓建律师事务所

张其水　福建瀛莱律师事务所

夏明聪　四川公生明律师事务所

范景峰　福建亚太天正律师事务所

周泽成　湖北善迁律师事务所

郭文萃　广东广信君达律师事务所

序一

知识产权对企业重不重要？即使每年的4月26日已经被定为“世界知识产权日”，但据笔者了解，大部分企业对何为知识产权，理解不深，更不明白知识产权对其自身企业发展的重要性。国家企业信用查询系统已将企业的知识产权状况作了相关的链接，一查询就会发现，很多企业在商标、专利、著作权信息中都是空白的，如能发现有商标权的，笔者都对这个企业刮目相看了，觉得这个企业开始对自己的知识产权有保护的意识了。因为一个企业即便无发明专利，也会有自己的商标，至少自己的商标要申请注册保护吧，这应是每个企业最基本的知识产权权利保护需求。然而，很多企业往往连这都忽略了。

平时与一些企业管理者商谈，初始他们都觉得知识产权离自己很遥远，远不及产品的生产和销售重要，然而，他们忽略了知识产权也是资产啊，无形资产！知识产权＝“知识”（智力）＋“产”（产出）＋“权”（权益），“知识产权”这四个字本身就告诉我们，知识产权可以制造生产力，可以产出收益，可以创造价值。知识产权运营，其实就是告诉我们，运营知识产权可以运赢和运盈！与一些企业家谈及知识产权的重要性时，他们才纷纷恍然大悟：原来知识产权这么重要啊，原来自己一直使用的文字图案标识要注册商标后才能保护的呀！更重要的是，当他们得知，即便是自己首先使用的商标、专利，如果不做好保护，被他人抢注或抢先申请专利的话，会被反告侵权时，这些企业家额头立马冒出了冷汗，感到市场竞争的残酷，唯有此时，才意识到要注重一下自己知识产权保护的意识。然而，知识产权的专业性、复杂性，并非一时半会儿能明白的，因为知识产权是个总体的概念，其基本分为商标、专利、著作权和商业秘密，即便是专利，也分为发明、实用新型和外观设计等，很多企业管理者单纯理解和区别这些名词概念，就已经晕头转向了，更谈不上相互之间的融合贯通。而且，知识产权不仅是要理解这些名词术语，更重要的是知识产权的申请、维护、运营和保护，单是申请，又分商标注册申请、专利申请和著作权版权登记，保护方面又分行政保护和司法保护等，司法保护又分行政诉讼、民事诉讼和刑事诉讼等，当中如再各自细分，就是一个庞大的知识体系。

如何让企业管理者能简易通俗地理解知识产权，解决他们在生产经营中遇到的知识产权疑点、痛点和难点问题，就是我们本书写作的初衷。笔者将在律师从业中遇到的企业知识产权方面的问题归纳提炼，并以小案例、小故事的形式呈现，通俗易懂之余，根据笔者服务企业的多年法律经验，很多企业管理者在经传业授道解惑之后，必然要问一句：怎么防范风险？因此，我们除了对每个案例的法律问题进行分析后，还着重分析了风险防范和建议，希望大家在日常经营过程中少踩一点坑。诚然，本书也只是抛砖引玉，归纳总结了大部分知识产权问题，随着科技技术的日新月异，新的问题也会陆续产生，这也是笔者会继续努力的动力，继续努力将问题归纳提出并提供实务观点以供参考。

你有你的计划，世界另有计划。在笔者孜孜不倦地为完成本书书稿的同时，在大部分企业还在立足于如何保护自己知识产权之时，外面的世界已在发生变化：2018 年 3 月 17 日，第十三届全国人大一次会议第五次全体会议正式表决通过了国务院机构改革方案，改革方案提出，将国家知识产权局的职责、国家工商行政管理总局的商标管理职责、国家质量监督检验检疫总局的原产地地理标志管理职责整合，重新组建国家知识产权局，由国家市场监督管理总局管理。这是我国知识产权管理机构自 1980 年成立以来的第一次重大实质性机构调整和重组。2018 年 11 月 9 日，经国务院知识产权战略实施工作部际联席会议第三次全体会议审议同意，《2018 年深入实施国家知识产权战略　加快建设知识产权强国推进计划》正式印发。该计划明确了 6 大重点任务、15 个重点部分，共 109 项具体措施。2018 年 11 月 28 日，国家知识产权局党组会议审议通过《关于知识产权服务民营企业创新发展若干措施的通知》，聚焦知识产权服务民营企业创新发展提出若干有针对性的政策措施。2018 年 10 月 26 日，第十三届全国人大常委会第六次会议表决通过了最高人民法院提请审议的《关于专利等案件诉讼程序若干问题的决定》，自 2019 年 1 月 1 日起施行。《决定》规定，当事人对专业技术性较强的知识产权民事案件、行政案件第一审判决、裁定不服，提起上诉的，由最高人民法院审理。而在 2018 高考语文全国卷Ⅱ中出现了一道全部以知识产权为内容的实用类文本阅读题，分值高达 12 份，如此直截了当、举足轻重地在高考试卷中出现知识产权的试题，在中国的高考历史上尚属首次。

无可厚非，不管我们意识到还是没意识到，不管我们重视还是不重视，不管我们做还是不做，知识产权越来越重要，越来越受到重视，未来的市场竞争就是知识产权的竞争。

在这第四次科技革命时代，每一个人都是弄潮儿，用好知识产权这把利器，就能在这场科技革命中获其所得，希望本书对大家有所帮助。

陈静艳

序二

随着知识经济的到来及经济全球化的进一步发展，知识产权日益成为一个国家经济发展的战略性资源，在经济社会中扮演着越来越重要的角色。企业作为市场经济的主体，是知识产权资源的直接创造者、应用者和管理者。从产品开发到产品销售，从商标商号到技术成果，这一系列企业行为的背后都离不开知识产权的身影。

国家知识产权局2018年6月12日发布的《2017年中国知识产权发展状况评价报告》指出，从2012年到2016年的5年时间内，我国知识产权发展的总体水平，尤其是知识产权的保护运用水平快速提升，但与世界水平比较，我国知识产权环境指标处于第29位，知识产权环境仍然是我国知识产权发展的主要掣肘，大力改善我国的知识产权环境、提升我国知识产权发展水平，成为当务之急。此外，在我国，经济较发达省份企业与其余大部分省份企业的知识产权管理体系、发展水平差距较大，为这些企业解决知识产权疑难问题提供帮助和有效的指引、建议，也是笔者着手牵头写作这本书的动机之一。

由于本书面向的是企业，因此在写作过程中避免了一些专业性的理论阐述，力图通过律师在知识产权保护实务中积累的“干货”经验，使非法律专业的企业界人士也能读懂，特别是在实践中如何规避风险、遇到问题之后如何寻求法律解决路径等。本书分别从商标权、专利权、著作权、反不正当竞争这几大知识产权权利的保护着手，每章结合典型情景案例进行深入阐述，不仅能让读者了解、熟悉相关知识产权知识，而且能够理解、解决实务中遇到的与知识产权相关的法律问题，防控相关风险，具有较强的实操性。

商标专用权是法律赋予商标所有人的民事权利，商标专用权一旦得到正确使用和切实有效的保护，将会成为企业开拓市场、参与竞争、发展生产、提高效益的锐利武器。当某商标所指定的商品能满足人们的消费心理和消费实际时，就能实现较高的信誉价值，使商品货畅其流，给商标所有人带来巨大的经济效益。因此，笔者希望这部分的写作能帮助企业作为商标注册人提高自我保护意识，从过去被动式的保护向主动式的保护转变，商标专用权保护得越彻底，商标的信誉价值就越高，企业的竞争实力就越强，社会的生产力就越能得到发展。

专利权是知识产权的一种，核心特征是赋予专利技术一定时期的实施独占性，目的是保护企业通过技术建立竞争优势，构成技术壁垒，合法地独占市场，打击竞争对手；此外，拥有专利权还可以提高企业形象，获得资本的青睐和政府多种政策扶持；专利权作为无形资产，还可以用于质押贷款。总之，充分利用专利权的各项功能，对企业的生产经营融资等都具有极大的促进作用。

著作权保护作为知识产权保护组成部分之一，它的宗旨在于保护各种文学、艺术、科学作品的创作、传播和使用，从而促进社会的精神文明建设，推动经济发展和社会进步。它在许多方面都与人们的日常生活关系密切，一些涉及著作权的纠纷和事件亦经常见诸媒体。但是其规则非常复杂，与许多人的习惯做法和直观感受有着相当大的差距，因此笔者希望通过不同的情景案例来激发读者探索的热情，帮助广大读者正确认识著作权的含义，自觉依法保护著作权，从而提高整个社会的法治意识。

《反不正当竞争法》自 1993 年 12 月 1 日实施以来，对于鼓励和保护公平竞争，制止不正当竞争行为，保护经营者和消费者的合法权益，保障社会主义市场经济的健康发展，起到了积极的作用，该法已成为我国社会主义市场经济法律体系的重要组成部分。但是，由于在该法制定之时，我国社会主义市场经济体制刚刚确立，市场经济发展中存在的许多问题还没有得到充分的表现和暴露，更难以反映到法律文本中去，再加上立法本身也存在一些问题，该法修订完善的必要性和紧迫性日益凸显。《反不正当竞争法》由第十二届人民代表大会常务委员会第三十次会议于 2017 年 11 月 4 日修订通过，自 2018 年 1 月 1 日起施行。这是《反不正当竞争法》实施 24 年来的首次修订。2019 年 4 月 23 日由第十三届全国人民代表大会常务委员会第十次会议再次修订通过。这对于完善我国竞争法律制度、更好地维护市场公平竞争秩序、促进社会主义法治建设等有着重要意义。在这部分写作中，笔者尝试将律师职业生涯中在反不正当竞争法领域的法律服务经验结合经典情景案例，指出实践中的重点和疑难点并进行深入剖析，帮助读者对反不正当竞争保护有一个由浅入深的认识。

希望本书能为读者提供参考、指导和启迪，在了解每项具体知识产权的基础上，合理地选择知识产权保护方式。

最后，请允许笔者对创作团队的每位成员表示最由衷的感谢和最崇高的敬意，因为你们的奉献和付出，成就了本书！感谢参与本书写作的全体编委会委员；感谢广东国智律师事务所及主任王志军先生给予的大力支持，感谢助理潘美玲、黄佳萍的辛勤付出。由于时间仓促，本书写作过程中难免存在疏漏和不妥之处，敬请读者朋友们批评指正。

徐嵩

目　录

Contents

第一章　商标法律问题

一、商标申请 …… 3

1. 广告公司设计的 LOGO 无法申请商标，怎么办？ …… 3
2. 商标代理公司为什么不敢承诺商标一定能申请下来？ …… 4
3. 法定代表人有权以自己的名义申请注册公司的商标吗？ …… 6
4. 企业想到一个好名字后，如何注册商标？ …… 8
5. 一个 LOGO 有中文、英文与图形三个要素，如何注册商标？ …… 9
6. 注册商标可以随意使用字体吗？ …… 11
7. 商标代理机构以“不能注册为由”恶意抢注商标，如何维权？ …… 12
8. 为保护主商标，企业需要注册一系列与主商标近似的商标吗？ …… 14
9. 商标类别确定后，如何选择类别下面的商品/服务项目？ …… 16
10.《商标注册证》没有核定使用的商品，可以在商标名字右上角加Ⓡ标志吗？ …… 18
11. 对商标局驳回申请的商标不服，有什么法律救济途径？ …… 20
12. 企业如何申请国外商标？ …… 22
13. 注册商标时，是交黑白稿还是彩色稿？ …… 24
14. 商标是否可以随便起名？ …… 26
15. 商标申请注册可否同时申请版权登记？ …… 28

二、商标权属 …… 30

16. 使用多年的商标被他人抢注，怎么办？ …… 30
17. 公司注销后，商标归谁所有？ …… 32

18. 借朋友的公司注册商标，商标权归谁所有？ …… 34
19. 其他主体对商标权权属的合同约定能否对抗注册商标转让登记的公示性和公信力？ …… 36
三、商标效力 …… 38
20. 中国注册的商标，在国外有法律效力吗？ …… 38
21. 申请中的商标具有法律效力吗？ …… 39
22. 商标使用多年但没有注册，受法律保护吗？ …… 41
23. 注册商标连续 3 年不使用，是否会被撤销？ …… 43
24. 商标申请部分被驳回，还能使用吗？ …… 46
25. 公司名称变更后，以原公司名称注册的商标有效吗？ …… 47
四、商标侵权 …… 49
26. 企业生产假冒注册商标的产品，会有什么后果？ …… 49
27. 销售的商品被起诉侵犯商标专用权，销售者要承担责任吗？ …… 51
28. 被他人侵犯商标专用权，如何维权？ …… 53
29. 其他行业的产品使用企业的注册商标，构成侵权吗？ …… 56
30. 将企业的注册商标用作企业字号，可以起诉吗？ …… 59
31. 商标侵权人已被工商局查处，被侵权人还可以起诉吗？ …… 61
32. 代工企业受托生产的产品侵犯他人的商标权，责任由谁承担？ …… 63
33. 如何确定商标侵权人的赔偿数额？ …… 65
34. 商标侵权行为发生已超过两年，还可以索赔吗？ …… 67
35. 向法院起诉后，对方仍然实施商标侵权行为，怎么办？ …… 70
36. 起诉前发现对方毁灭商标侵权证据，怎么办？ …… 72
37. 企业贴防伪标志可避免商标侵权吗？ …… 73
38. 企业可以聘请律师打假吗？ …… 75
39. 网络购买商标侵权产品，可否在收货地法院诉讼？ …… 77
40. 有人用我的注册商标名称做淘宝店铺名，算侵权吗？ …… 78
五、商标许可 …… 81
41. 加盟商合同期限届满后，继续使用企业商标怎么办？ …… 81
42. 商标被许可人擅自将商标许可他人使用，是否构成侵权？ …… 82
43. 以商标权作价投资金额入股，需要签订商标使用许可合同吗？ …… 85
44. 商标许可使用合同不备案，有什么法律后果？ …… 87

45. 注册商标转让前签订的商标许可合同，是否继续有效？ …… 88
46. 商标许可要办理公证吗？ …… 90
47. 企业如何通过“商标许可”获得收入？ …… 91
六、商标转让 …… 94
48. 商标转让存在哪些法律风险？ …… 94
49. 注册商标被恶意转让，应该怎么办？ …… 96
50. 公司商标转让给公司外的第三方，需要经公司全体股东同意吗？ …… 98
51. 商标受让人能否对商标转让前的侵权行为提出索赔？ …… 100
52. 企业注销后，商标还可以转让吗？ …… 101
53. 商标转让需要交税吗？ …… 102
七、法律责任 …… 105
54. 在未注册的商标上加Ⓡ标记，有什么法律后果？ …… 105
55. 对自己已注册的商标图形不满意，自行修改后再使用，是否可以？ …… 107
56. 产品包装字体和注册商标的字体不一样，合法吗？ …… 108

第二章　专利法律问题

一、专利申请 …… 113
57. 自己将技术公开后又申请专利的，可获得授权吗？ …… 113
58. 企业如何到国外申请专利？ …… 115
59. 申请人对驳回专利的申请决定不服，怎么办？ …… 117
60. 专利申请被驳回，能否解除已订立的专利申请权转让合同？ …… 119
61. 发明专利申请究竟多久才能授权？ …… 121
62. 能否在竞争对手的专利申请授权之前阻止其授权？ …… 123
63. 计算机程序可否直接获得专利保护？ …… 125
二、专利权属 …… 127
64. 专利受让人在办理更名手续后，拒不支付专利转让款，后又将专利转让给他人，那专利权归谁所有？ …… 127
65. 职务发明中，专利权归企业所有吗？ …… 128

66. 合作开发的发明创造，专利权归谁所有？ …… 131
67. 委托开发合同未约定开发成果的专利申请权归属，怎么办？ …… 132
68. 两人作出同样的发明创造，专利权归谁所有？ …… 134
69. 专利登记簿副本与专利证书，哪个更重要？ …… 135
70. 离职后所作发明创造专利权应该归谁？ …… 137

三、专利效力 …… 139

71. 不服专利复审委会员作出的专利无效审查决定，怎么办？ …… 139
72. 专利申请后不使用，是否会被撤销？ …… 140
73. 获得专利证书就等于获得有效的专利权吗？ …… 142
74. 国外的实用新型专利，授权国内企业生产产品，在国内销售，但在国内有近似的实用新型专利，如继续使用该技术方案生产产品是否存在侵权风险？ …… 144

四、专利侵权 …… 146

75. 发现别人侵犯自己的专利权，怎么办？ …… 146
76. 假冒专利产品，生产商、销售商是否可列为共同被告起诉？ …… 147
77. 竞争对手正在生产企业的专利产品，可以要求先行停止吗？ …… 149
78. 竞争对手非法取得公司专利资料，但尚未生产出产品的，构成侵权吗？ …… 150
79. 对失效专利的使用，构成侵权吗？ …… 152
80. 企业应该向哪个法院起诉专利侵权？ …… 154
81. 侵犯专利权的诉讼时效是多少年？ …… 155
82. 申请专利后尚未得到授权时被山寨怎么办？ …… 157
83. 擅自制造侵犯专利权产品并全部出口到国外，构成侵权吗？ …… 158
84. 销售商搭送的赠品侵犯他人专利权，构成侵权吗？ …… 159
85. 销售商因不知情销售了侵犯专利权的产品，构成侵权吗？ …… 161
86. 将侵权产品作为零部件制造另一产品并销售，构成专利侵权吗？ …… 162

五、专利实施许可 …… 165

87. 基于先前使用，可否默示获得专利许可？ …… 165
88. 许可使用的专利被宣告无效，能主张返还费用吗？ …… 166
89. 可以用专利权来出资入股开设公司吗？ …… 168
90. 专利实施许可可以进行地域限制吗？ …… 170

91. 专利许可合同需要备案吗？ …… 171
92. 在被诉侵权产品上标注商标、企业名称等商业标识的商标权利人，是否需承担侵权责任？ …… 173
93. 专利许可合同中，是否需要约定专利后续改进成果的归属？ …… 175
94. 专利权人把专利许可予被许可人、签署许可合同并完成许可备案后，未经被许可人同意，专利权人能否把专利质押予质权人？ …… 176
95. 专利权人把专利质押予质权人、签署质押合同并完成质押登记后，未经质权人同意，出质人可否把专利许可予被许可人？ …… 178
96. 专利技术许可方按合同约定，向专利技术接收方提供包含专利技术的专用生产设备，使其用于生产和销售专利产品的，是否属于“非法垄断技术、妨碍技术进步”的行为？ …… 179
97. 专利技术许可合同约定专利被许可方承担许可方包括个人所得税在内的所有开票税额的，那专利被许可方还可以在需支付的专利许可使用费中扣除许可方税费吗？ …… 181

六、专利转让 …… 183

98. 专利权受让人未办理专利著录项目变更的，可否就他人实施的专利侵权行为，以自己的名义单独提起侵权诉讼？ …… 183
99. 专利被伪造签名转让，怎么办？ …… 184
100. 公司董事高管将专利转让给公司，需经股东会同意吗？ …… 186
101. 转让已许可他人使用的专利技术，有效吗？ …… 188
102. 申请中的专利可以转让吗？ …… 190
103. 授权未交费和下证书后的专利转让，有什么区别？ …… 191
104. 专利转让没有向国务院专利行政部门登记，有效吗？ …… 192

七、法律责任 …… 194

105. 假冒专利权要承担刑事责任吗？ …… 194
106. 没有取得专利而自称专利产品，要承担法律责任吗？ …… 195
107. 专利权终止后继续标注专利标识，可以吗？ …… 197
108. 侵犯专利权的法律责任，赔偿数额如何计算？ …… 199
109. 企业不按时缴纳专利费用，有什么法律后果？ …… 202
110. 网络购买的订单号可否作为认定构成专利侵权的销售行为？ …… 203
111. 将侵犯专利权的产品用于商业演示、广告宣传，是否构成侵权？ …… 205
112. 委托加工的产品侵犯专利权，责任由谁承担？ …… 206

113. 承揽人将留置专利产品予以销售，是否构成专利权侵权？ ………… 207
114. QQ 空间发布的技术图片是否构成现有设计？ ………… 209

第三章　著作权法律问题

一、著作权登记 ………… 213
115. 作品完成后，如何申请著作权登记？ ………… 213
116. 作品必须经过著作权登记，才受法律保护吗？ ………… 215
117. 什么样的作品才能登记著作权？ ………… 216
118. 创意跑步路线图可否申请著作权登记？ ………… 218
二、著作权权属 ………… 220
119. 委托他人创作的作品，著作权归谁所有？ ………… 220
120. 与他人合作完成的作品，著作权属于谁？ ………… 223
121. 员工在职期间完成的作品，著作权归企业所有吗？ ………… 227
122. 利用工作以外的时间创作的作品，是否属于职务作品？ ………… 228
123. 表演者表演他人作品，享有著作权吗？ ………… 230
124. 企业家的演讲稿著作权归属谁？ ………… 233
125. 自传体作品著作权归谁所有？ ………… 235
126. 电影作品著作权归谁所有？ ………… 237
127. 翻译作品的著作权归谁所有？ ………… 238
128. 原作者去世超过 50 年，作品版权归属谁？ ………… 240
129. 商标申请或注册能证明著作权权属吗？ ………… 242
130. 如何认定保护作品完整权的侵权标准？ ………… 244
131. PPT 模板是否可以独立于 PPT 文件之外构成单独的作品，受著作权法保护？ ………… 247
132. 购物广场播放未经授权的背景音乐，是否构成侵权？ ………… 249
133. 网络游戏公司在网站上运营含有他人著作权元素的游戏，是否应承担侵权责任？ ………… 252
134. 影视作品权利人当然地对影视人物形象享有著作权吗？ ………… 255

三、著作权效力 …… 258

135. 某电影的名称新颖，具有独特的含义，并且社会知名度高，此电影名称受《著作权法》保护吗？ …… 258
136. 装帧设计能否作为版式设计受到《著作权法》保护？ …… 259
137. 绘画手法受《著作权法》保护吗？ …… 261
138. 专利申请文件是否享有著作权？ …… 263

四、著作权侵权 …… 265

139. 在互联网上转载其他网站已发表的作品，是否构成侵权？ …… 265
140. 作品被侵权，起诉前可否请求法院让对方停止侵权？ …… 268
141. 作品被他人在网上提供给公众免费下载，怎么办？ …… 270
142. 搜索引擎可搜出大量非法传播企业作品的信息，可以要求搜索引擎服务商赔偿损失吗？ …… 273
143. 企业使用别人在网络上发表的图片，构成侵权吗？ …… 275
144. 企业使用盗版的计算机软件，构成侵权吗？ …… 277
145. 企业的官方网页被竞争对手模仿，可以起诉吗？ …… 280
146. 出版物存在著作权侵权，可以要求出版社承担赔偿责任吗？ …… 283
147. 企业将版权作品的内容朗读出来并传播，是否侵权？ …… 285
148. 企业使用已故作者作品，需要获得作品继承人同意吗？ …… 288
149. 摄影作品被他人擅自用于宣传，可以要求赔偿吗？ …… 290
150. 如何认定作品发表的时间？ …… 293
151. 将老师讲课内容录制并上传网络，供用户浏览或者下载，是否构成侵权？ …… 297
152. 将他人赠与的美术作品复制后在公司门店展览，是否构成侵权？ …… 300
153. 服装设计者应当如何维权？ …… 302
154. 需借用知名小说、漫画、游戏、影视剧等作品中的人物形象、姓名、性格、设定等元素而重新创作的作品，是否侵犯原作品作者的著作权？ …… 304
155. 发包人在与原设计人解除合同后，在原设计人不参加竣工验收的情况下，后续接手的设计单位使用原工程设计图是否会侵犯原设计人的著作权？ …… 306
156. KTV 播放未经授权的歌曲、MV，构成侵权吗？ …… 308

五、著作权许可 …… 311
157. 企业举办免费的公益演出，是否需要著作权人许可？ …… 311
158. 什么情况下可以不经著作权人许可使用其作品，但须支付报酬？ …… 314
159. 明星离开唱片公司后，公开表演自己的成名曲，需要获得许可才能使用吗？ …… 317
160. 如果一部电影是根据他人的小说改编拍摄，要将此影视作品改编成其他文艺形式，如改变成漫画书出版，或改编成网络游戏，需经原作品著作权人许可吗？ …… 319
六、著作权转让 …… 322
161. 著作权转让合同一定要登记备案吗？ …… 322
162. 著作权被买断后作者还有署名权吗？ …… 323
七、计算机软件著作权 …… 327
163. 企业自主研发的软件需要进行登记吗？ …… 327
164. 国外进口软件想获得保护，需要进行软件登记吗？ …… 328
165. 计算机软件侵权，要承担刑事责任吗？ …… 331
166. 软件创意怎么保护？ …… 335
167. 如何在中国对盗版软件进行行政投诉？ …… 337
八、法律责任 …… 340
168. 企业侵犯他人的著作权，作为企业管理者需承担什么责任？ …… 340
169. 企业销售盗版图书是否构成犯罪？ …… 341
170. 网上卖盗版图书，要承担刑事责任吗？ …… 344
171. 用户在公司网站上传未经他人许可上传的作品，公司要承担责任吗？ …… 346

第四章　不正当竞争法律问题

一、混淆行为 …… 351
172. 擅自使用知名商品包装、装潢等相同或者近似的标识，构成侵权吗？ …… 351
173. 企业字号被别人注册为商标，还能继续使用吗？ …… 352

174. 将知名商标相同的文字注册成为企业字号，可以吗？ …………… 354
175. 恶意注册与竞争对手相近似的域名，构成不正当竞争吗？ ………… 357
176. 盗用他人公司名称做生意，要承担什么法律责任？ ……………… 360
177. 店面装修被竞争对手“复制”，是商业混淆行为吗？ ……………… 362
二、虚假宣传 …………………………………………………………… 365
178. 以虚假宣传的方式销售产品，要承担什么法律责任？ …………… 365
179. 广告经营者受企业委托发布虚假广告，要承担责任吗？ ………… 368
180. 明知虚假宣传而购买，能够获得三倍赔偿吗？ …………………… 370
181. 微信朋友圈发布虚假广告，要承担法律责任吗？ ………………… 372
182. 虚假广告的品牌代言人，要承担法律责任吗？ …………………… 373
三、虚假表示 …………………………………………………………… 375
183. 伪造或冒用认证标志、名优标志等质量标志，要承担什么法律责任？ ……………………………………………………………… 375
184. 伪造商品产地，要承担什么责任？ ………………………………… 377
185. “打造第一品牌”是违法广告语吗？ ……………………………… 379
186. 经销商擅自将原装产品分装后使用原注册商标对外销售，合法吗？ ……………………………………………………………… 381
187. 在自行销售的产品外包装上擅自使用他人的食品生产许可证号及商品条码，是否违法？ ………………………………………… 383
四、恶意竞争 …………………………………………………………… 385
188. 以贬损竞争对手的方式进行宣传活动，是否违法？ ……………… 385
189. 通过捏造、散布虚假事实诋毁竞争对手，构成不正当竞争吗？ …… 386
190. 通过恶意投诉、诉讼的方式攻击竞争对手，合法吗？ …………… 387
191. 企业“高薪挖人”是否构成不正当竞争？ ………………………… 389
192. 互联网领域中什么类型的竞争行为才构成不正当竞争？ ………… 391
五、商业秘密 …………………………………………………………… 393
193. 高级技术人员辞职创业，使用原公司的技术秘密与原公司竞争，合法吗？ ……………………………………………………………… 393
194. 通过反向工程获得的技术，构成商业秘密侵权吗？ ……………… 395
195. 企业没有支付保密费，员工有保密责任吗？ ……………………… 397
196. 公司要求员工竞业限制，需要支付竞业限制费用吗？ …………… 398

197. 强制员工接受竞业限制协议中的某些条款，合法吗？ …………… 399
198. 股东私自开一家同类经营的公司，合法吗？ …………………… 401
199. 客户名单是企业的商业秘密吗？ ………………………………… 402
200. 员工跳槽后，前公司客户主动联系其签单，合法吗？ ………… 405
201. 派人到其他企业获取商业情报，合法吗？ ……………………… 406
202. 员工侵犯商业秘密获刑，企业还可以索赔吗？ ………………… 408
203. 企业员工侵犯商业秘密，企业维权是选择劳动仲裁还是法院诉讼？ …… 410
204. 企业如何保护其商业秘密？ ……………………………………… 413
205. 与公司存在竞争关系的股东，公司能否拒绝其查询公司的会计账簿？ ……………………………………………………………… 414

六、法律责任 …………………………………………………………… 417

206. 抽奖式有奖销售的奖金超过 5 万元的，合法吗？ ……………… 417
207. 广告公司为企业设计的广告违法，要承担责任吗？ …………… 418
208. “职业差评师”以差评为手段向商家索取钱财，要承担刑事责任吗？ ……………………………………………………………… 421
209. 企业捆绑销售产品，合法吗？ …………………………………… 422
210. 账外暗中给予对方单位或个人回扣，要承担什么责任？ ……… 423
211. 企业之间串通投标，要承担刑事责任吗？ ……………………… 425
212. 两家企业为垄断经营而合并，合法吗？ ………………………… 427
213. 商场超市销售的商品存在不符合保障人身财产安全的国家标准等缺陷时，负责监管的行政机关能否责令商场超市停止销售涉嫌存在缺陷的产品？ ……………………………………………… 429

第一章

商标法律问题

一、商标申请

1. 广告公司设计的 LOGO 无法申请商标，怎么办?

情景案例

张某与刘某是大学同学，两人于 2017 年 3 月共同创办一家化妆品公司。为提升公司品牌形象，张某在网络上找到某广告公司设计了一个企业 LOGO。2017 年 5 月，化妆品公司与广告公司签订一份《LOGO 设计合同》，双方对 LOGO 是否需要申请商标注册没有做约定。2017 年 8 月，广告公司按约定向张某交付 LOGO 作品，张某与刘某对 LOGO 的图案设计十分满意，于是按约定向广告公司支付余款并获得 LOGO 的设计稿源文件。

2018 年 9 月，张某在申请商标注册时被商标公司告知该 LOGO 无法申请注册商标，被驳回的可能性很大。于是，张某要求广告公司重新修改 LOGO，并要求其保证设计出来的 LOGO 能成功注册商标。但是，张某的要求遭到广告公司的拒绝。

请问：张某可以要求广告公司重新设计 LOGO 吗?

案例分析

本案涉及的是委托广告公司设计 LOGO，但双方在设计合同中对 LOGO 能否申请商标注册没有做约定，现设计的 LOGO 无法申请商标，可否要求广告公司重新设计的问题。

我国《合同法》第六十一条规定，合同生效后，当事人就质量、价款或者报酬、履行地点等内容没有约定或者约定不明确的，可以协议补充，不能达成补充协议的，按照合同有关条款或者交易习惯确定。

本案中，对于广告公司设计的 LOGO 是否需要获得商标注册这一条件的约定，属于张某对广告公司在设计 LOGO 时的要求或条件，需要事先在合同中明确约定。因为广告设计行业中并没有保证设计的 LOGO 需符合商标申请注册条件的交易习惯，如果合同中没有约定的，双方可协商解决，但如果广告公司拒绝重新设计的交易习惯，其行为并不构成违约。也就是说，张某不能因为广告公司拒绝重新设计 LOGO 而追究其违约责任。

风险防范与建议

目前大部分提供LOGO设计的公司都是一般的平面设计公司，他们并不一定清楚和了解商标注册的条件。因此，如果需要委托一家设计公司设计LOGO，并希望此设计能成功注册商标的话，建议如下：

（1）在签订设计合同时，必须与设计公司明确约定其设计的LOGO需用于商标注册，并明确在申请商标注册过程中对LOGO设计进行调整等后续事宜。以上内容都必须明确体现在合同中。

（2）在与设计公司沟通时，要求其注意以下事项：在设计LOGO前，必须事前做好商标查询和检索；设计过程中，最好设计多套方案以备用；设计定稿前，再次进行商标查询和检索，检查设计稿件中是否有与在先注册商标构成近似或类同的。将LOGO设计工作与商标查询、检索工作紧密配合，才能提升设计出的LOGO申请商标注册的通过率。

法条链接

《合同法》第六十一条 合同生效后，当事人就质量、价款或者报酬、履行地点等内容没有约定或者约定不明确的，可以协议补充；不能达成补充协议的，按照合同有关条款或者交易习惯确定。

2. 商标代理公司为什么不敢承诺商标一定能申请下来？

情景案例

刘某是某家具厂的老板，2017年5月10日，刘某突然想到一个很好的商标名称，于是迫不及待地找到某商标代理公司洽谈商标注册事宜。刘某对商标注册费用、时间等没有异议，但要求商标代理公司书面保证商标一定能注册下来，否则要承担相应违约责任。商标代理公司赵经理认为：商标查询有3个月盲期，在盲期内，即使其他人提交申请相同的商标，商标代理公司也查询不到，因此无法给出这样的承诺。

请问：赵经理的说法符合法律规定吗？

案例分析

本案涉及的是商标检索盲期的问题。

商标检索“盲期”通常称为商标查询空白期，指一个商标从申请商标注册到商标局录入电脑的这段时间。在这段时间内，提出申请的商标处于一种不公开的状态，是检索不到的。目前公认的商标检索盲期大概为提交申请之日往前三个月，如在4月1日进行商标查询，有可能查不到1~3月提交申请的商标。由于商标查询存在检索盲期且我国每天提交的商标申请量非常巨大，因此会导致注册商标查询或检索的结果具有不确定性。

商标检索盲期的风险是，在商标检索盲期内，很多在先申请的商标尚未被录入数据库中，因而任何人都查不到这些商标的信息，自然也无法知晓所申请商标是否和在先申请商标构成近似。据笔者所知，国家商标局已意识到商标检索盲期的问题，在2018年《深化商标注册便利化改革》中提到，在2018年年底实现将商标检索盲期由3个月压缩到2个月。因此，目前我国商标检索盲期的现状不可能在短期内完全改变。

另外，在商标进行形式审查、实质审查的过程中，还可能会出现驳回商标经复审后重新启用，过期商标重新续期等情况。这些都无法事先经过检索系统预知，这也增加了商标查询或检索的不确定性。

本案中，赵经理所说的问题就是商标检索盲期，这是符合我国法律规定的。本着对客户负责任的态度，赵经理不向刘某做出“商标一定能注册下来”的承诺是正确的。反之，如果赵经理为承接业务而做出“商标一定能注册下来”的承诺，不仅会影响刘某的商标注册策略，还会给商标代理公司带来不确定的法律风险，如果商标不能注册下来，商标代理公司将承担退款或违约责任。对于刘某来说，如果他知道商标检索盲期的情况后，为提高商标注册成功率，他完全可以多注册几个商标，以防万一。

风险防范与建议

商标检索盲期严重影响商标注册成功率，因此，为提升商标的注册成功率，建议如下：

（1）商标申请注册时间要尽早。我国商标注册奉行“注册在先”原则，所以要想自己的商标或品牌能注册成功，最好还是尽早提交注册申请。

（2）商标要原创。商标原创，体现自己的创意，可以避免雷同和近似，大大提高商标注册成功率。

（3）及时提出异议。如果因为商标检索盲期的关系，没有发现已经有了申请在先的商标，须自公告之日起三个月内对初步审定公告的商标向商标局提出异议。根据法律规定，公告期满无异议的商标将被核准注册。实务中，对他人已注册商标提出异议的理由包括：

①该商标与已注册的商标相同或近似；

②该商标违反禁用条款；

③该商标不具有显著性；

④商标注册申请人不具备申请资格。

法条链接

《工商总局关于深化商标注册便利化改革切实提高商标注册效率的意见》（工商标字〔2017〕213 号）……2018 年底前实现以下目标：商标注册申请受理通知书发放时间由 2 个月压缩到 1 个月，商标注册审查周期由 8 个月压缩到 6 个月，商标转让审查周期由 6 个月压缩到 4 个月，商标变更、续展审查周期由 3 个月压缩到 2 个月，商标检索盲期由 3 个月压缩到 2 个月。

《商标法》（2019 年修正）第三十三条 对初步审定公告的商标，自公告之日起三个月内，在先权利人、利害关系人认为违反本法第十三条第二款和第三款、第十五条、第十六条第一款、第三十条、第三十一条、第三十二条规定的，或者任何人认为违反本法第四条、第十条、第十一条、第十二条、第十九条第四款规定的，可以向商标局提出异议。公告期满无异议的，予以核准注册，发给商标注册证，并予公告。

第三十五条 对初步审定公告的商标提出异议的，商标局应当听取异议人和被异议人陈述事实和理由，经调查核实后，自公告期满之日起十二个月内做出是否准予注册的决定，并书面通知异议人和被异议人。有特殊情况需要延长的，经国务院工商行政管理部门批准，可以延长六个月。

商标局做出准予注册决定的，发给商标注册证，并予公告。异议人不服的，可以依照本法第四十四条、第四十五条的规定向商标评审委员会请求宣告该注册商标无效。

商标局做出不予注册决定，被异议人不服的，可以自收到通知之日起十五日内向商标评审委员会申请复审。商标评审委员会应当自收到申请之日起十二个月内做出复审决定，并书面通知异议人和被异议人。有特殊情况需要延长的，经国务院工商行政管理部门批准，可以延长六个月。被异议人对商标评审委员会的决定不服的，可以自收到通知之日起三十日内向人民法院起诉。人民法院应当通知异议人作为第三人参加诉讼。

商标评审委员会在依照前款规定进行复审的过程中，所涉及的在先权利的确定必须以人民法院正在审理或者行政机关正在处理的另一案件的结果为依据的，可以中止审查。中止原因消除后，应当恢复审查程序。

3. 法定代表人有权以自己的名义申请注册公司的商标吗?

情景案例

2010 年 8 月，李某开了一间便利店，开业以来，生意一直较好。2014 年 5

月，李某与王某、张某共同创办一家网络科技公司，李某出资30万元，王某与张某各出资10万元，李某是公司法定代表人。2015年5月5日，公司召开股东会，决定将公司LOGO注册成商标。次日，为省去回公司的时间，李某在家中取便利店的个体工商户营业执照去办理了商标注册手续。

2016年10月，公司收到商标局寄过来的商标证书时，王某与张某才知道李某私自以个人名义办理商标注册手续。王某与张某表示强烈反对，要求李某马上将商标过户到公司名下，否则采取相应的法律措施。李某认为，其是公司法定代表人，以自己的名义注册商标与以公司名义注册商标是一样的，没必要再花时间去办理商标过户手续。

请问：李某作为法定代表人是否有权以自己的名义申请注册公司的商标？

案例分析

本案主要涉及的是法定代表人是否有权以自己的名义申请注册公司商标的问题。

我国《商标法》第十五条第一款规定，未经授权，代理人或者代表人以自己的名义将被代理人或者被代表人的商标进行注册，被代理人或者被代表人提出异议的，不予注册并禁止使用。

根据商标局和商标评审委员会制定的《商标审查与审理标准》的规定，此处的代表人系指具有从属于被代表人的特定身份，执行职务行为而可以知悉被代表人商标的个人，包括法定代表人、董事、监事、经理、合伙事务执行人等人员。

本案中，李某虽然作为公司的法定代表人，但其未在公司授权的前提下，不能以自己为经营者的个体工商户营业执照注册公司的商标。

如果李某不同意将商标过户到公司名下，公司可以向法院提起民事诉讼，要求李某办理商标过户手续。

风险防范与建议

实务中，对于企业商标所有权归属的相关风险，如何防范呢？建议如下：

（1）企业在创作商标时就需要对于商标权的归属明确约定，须明白企业是企业、公司是公司，而法定代表人是个人，互相之间不能混同。如果确实属于企业的商标，应当以企业的名义去注册；如果的确是属于法定代表人的商标，法定代表人在提交申请的同时也需要明确商标的归属。

（2）如果确实是企业或公司同意其法定代表人以其个体工商户、个人独资企业注册公司商标的，该法定代表人也必须取得企业或公司的授权文件。这些授权文件包括：企业或公司对法定代表人做出的书面授权文件，或者其他可以认定企业或公司对法定代表人做出过清楚明确的授权意思表示的凭证。

法条链接

《商标法》（2019 年修正）第十五条 未经授权，代理人或者代表人以自己的名义将被代理人或者被代表人的商标进行注册，被代理人或者被代表人提出异议的，不予注册并禁止使用。

就同一种商品或者类似商品申请注册的商标与他人在先使用的未注册商标相同或者近似，申请人与该他人具有前款规定以外的合同、业务往来关系或者其他关系而明知该他人商标存在，该他人提出异议的，不予注册。

《商标审查及审理标准》“第十一部分 审查意见书的适用”的“二、擅自注册被代理人或者被代表人商标审理标准”

3.1 代理人不仅包括《中华人民共和国民法通则》《中华人民共和国合同法》中规定的代理人，也包括基于商事业务往来而可以知悉被代理人商标的经销商。

代表人系指具有从属于被代表人的特定身份，执行职务行为而可以知悉被代表人商标的个人，包括法定代表人、董事、监事、经理、合伙事务执行人等人员。

4. 企业想到一个好名字后，如何注册商标？

情景案例

甲企业是陈某与妻子杨某创办的家具生产企业，成立于 2015 年，企业订单主要来自国外。2016 年 1 月 10 日，陈某突然想到一个很好听的商标名字，于是与杨某商量将这个名字注册成为企业商标。杨某认为以纯文字或普通字体的文字注册商标使用起来不美观，建议找广告公司设计一个 LOGO 再提交注册。陈某认为，妻子的说法有道理，但 LOGO 的设计需要时间，商标有可能被其他人抢先注册，于是建议以纯文字尽快注册商标，LOGO 设计好后，再提交一次注册即可。

请问：陈某的说法有道理吗？

案例分析

本案主要涉及的是文字商标注册的问题。

我国《商标法》第八条规定，可使用文字作为商标申请注册。文字商标中的文字字体，可以是印刷体、书写体或美术体等。

一旦文字商标注册成功后，文字商标的使用将受到注册时使用的字体、形式的约束，不能做大幅更改，如黑体注册的不能用楷体，简体不能变成繁体，大写不能变成小写等。以上列举的变更情况是指文字在作为商标的情况下（也就是加®）。

本案中，因我国对商标保护实行“注册在先”原则，因此，当想到一个好名字时，为防止别人抢注，最好还是第一时间先以纯文字注册，防止别人用此名字抢先注册。因此，陈某提出先将名字以纯文字尽快注册商标的建议是可取的。

但是，从企业商标运营角度来说，单单注册一个中文文字是不够的，因为纯文字商标加®使用起来不美观，因此后续可找设计师对此文字进行设计，设计好后，再提交注册，因此，陈某提出以纯文字尽快注册商标，LOGO 设计好后，再提交一次注册的建议是可取的。

风险防范与建议

我国对商标保护实行“注册在先”原则，即谁先申请商标谁先拥有。通常来说，如有了好名字，但暂时还没想好如何美化和设计时，为了防止被别人抢注，建议商标注册方法如下：

（1）第一步：以“纯中文”与“中文的拼音”用同一种字体各注册一个商标，建议分开注册，这样既可分别使用，亦可合并使用，这是从防止别人抢注角度考虑。

（2）第二步：找设计师对拟作为商标使用的文字进行设计，因文字已作为商标注册，故在此情况下，不用太过着急，可设计到合适为止。设计好后，再提交注册，这是从产品包装美观度的角度考虑。

法条链接

《商标法》（2019 年修正）第八条 任何能够将自然人、法人或者其他组织的商品与他人的商品区别开的标志，包括文字、图形、字母、数字、三维标志、颜色组合和声音等，以及上述要素的组合，均可以作为商标申请注册。

第四十九条第一款 商标注册人在使用注册商标的过程中，自行改变注册商标、注册人名义、地址或者其他注册事项的，由地方工商行政管理部门责令限期改正；期满不改正的，由商标局撤销其注册商标。

5. 一个 LOGO 有中文、英文与图形三个要素，如何注册商标？

情景案例

2017 年 3 月，杨某创办某化妆品公司，主要经营面膜产品。2017 年 4 月，杨某到某商标代理公司咨询商标注册事宜。商标代理公司李经理认为，公司 LOGO

由中文、英文与图形三部分组成，为提高商标注册成功率，建议将中文、英文与图形分开各自独立注册。杨某认为，商标设计是中文、英文与图形一体的，如果分开注册，商标证书下来后，LOGO 不能加Ⓡ标志。杨某认为李经理为多做业绩而提出此不合理建议，对此十分生气。

请问：请问李经理的说法有道理吗？

案例分析

本案主要涉及的是拟注册的商标包含多种元素时，是分开注册还是组合注册的问题。

申请商标注册的时候经常会遇到一个 LOGO 里包含中文、英文/拼音、图形三种元素，从专业的实务角度而言，将三个元素分开注册，好处如下：

（1）提高商标注册成功率。商标审查时，如果商标中文、英文、图形整体注册，三个要素要同时通过商标的审查，该商标才能最终被审查通过。一旦其中任一要素被判定与其他在先申请的商标相似，则商标将被整体驳回。如果将三要素分开注册，即使有一个要素与其他在先申请的商标相似被驳回，而其他两个要素也能够注册成功。

（2）商标使用灵活。在使用中，分开注册的，既可以单独使用并注明注册标记Ⓡ；也可以组合在一起使用并注明注册标记Ⓡ。合并整体注册的话，只能整体使用并注明注册标记Ⓡ，不够灵活。

（3）保护力度大。如果将所有要素分开注册，一旦被侵权，侵权者侵犯的是三个注册商标的专用权；如果将所有要素合并注册，侵权者侵犯的只是一个注册商标的专用权。无疑分开注册的保护力度更大。

（4）商标审查速度快。商标审查时，商标局对构成要素较多的商标，审查所耗时间会更长，如遇疑难商标，将会推后审查。选择分开注册，构成要素单一，会节省商标审查的时间。

本案中，李经理建议将中文、英文与图形分开各自独立注册，提高商标注册成功率的说法是有一定道理的。

风险防范与建议

如果一个 LOGO 里包含中文、英文/拼音、图形三种元素，组合注册有注册成功率低、使用不方便、审核时间长等缺点，但分开注册，又涉及注册费用的增加。

鉴于现在商标注册申请量越来越多，如果注册企业考虑成本因素，且短期内没有更改商标的计划，可考虑组合注册的方式。

法条链接

《商标法》（2019年修正）第八条 任何能够将自然人、法人或者其他组织的商品与他人的商品区别开的标志，包括文字、图形、字母、数字、三维标志、颜色组合和声音等，以及上述要素的组合，均可以作为商标申请注册。

6. 注册商标可以随意使用字体吗？

情景案例

A公司是一家专注生产皮鞋的民营企业，赵某是公司大股东，占公司70%股权，黄某是公司小股东，占公司30%股权。2017年6月，赵某让正在广州美术学院就读的侄子设计一个企业LOGO。2017年7月，LOGO设计出来后，赵某十分满意，于是找黄某商量商标注册事宜。黄某认为，LOGO设计很漂亮，但使用的中文字体有可能侵犯他人的版权，建议使用宋体、黑体等不会侵犯他人版权的字体。

请问：黄某的说法有道理吗？

案例分析

本案涉及的是商标字体是否可能侵犯他人在先著作权的问题。

我国《商标法》规定，申请商标注册不得损害他人现有的在先权利。该“在先权利”包括他人在先的著作权。

因文字的字体设计具有一定的审美价值，所以司法实务一般将字体设计纳入美术作品行列，享受著作权法的保护。如果字体作为字库，则属于计算机软件，受到《计算机软件保护条例》保护。如果使用了版权保留的字库而未获得授权，就构成侵权。

本案中，黄某的说法具有一定的道理，注册商标时，文字的字体使用一般为宋体、黑体、楷体这类基础字体，电脑的操作系统方已购买了版权方的授权协议或者该字体的版权方开放了授权协议，因此，使用以上所述的基础字体不构成侵权。如果使用一些特殊字体，如方正字体、华文字体等这类字体，因为它们是各大字体公司自己按照基础字变形过来的，属于字体设计，是有版权的，个人使用没问题，商用可能会构成侵权。

风险防范与建议

关于注册商标如何合法使用字体的问题，建议如下：

（1）如对商标字体无特别要求的，建议使用宋体、黑体、楷体这类基础字体。

（2）如希望使用电脑系统中的某一特殊字库中的字体，建议与该字库的版权方协商，取得版权方的授权，合法使用。

（3）如希望商标字体特殊、美观、有显著性的，最好还是对字体设计进行原创。

法条链接

《商标法》（2019年修正）第三十二条 申请商标注册不得损害他人现有的在先权利，也不得以不正当手段抢先注册他人已经使用并有一定影响的商标。

7. 商标代理机构以“不能注册为由”恶意抢注商标，如何维权？

情景案例

A公司是一家专业箱包公司，由于产品实用、性价比高，深受广大消费者喜爱。为推出一个高档箱包品牌，A公司决定注册一个新商标。2017年6月12日，A公司召开股东会确定了一个品牌商标名字。B公司是本地一家大型的知识产权公司，其与A公司已有多年合作关系。次日，A公司到B公司办理商标注册委托代理手续时，被B公司总经理周某告知商标无法注册。基于对B公司的信任，A公司没有主动联系其他商标代理公司进行论证，放弃对该商标名字的注册。

2017年7月，A公司收到一份匿名邮件，内容大意为：A公司原来想申请注册的商标名字可以注册，现该商标名字已由周某实际控制的C公司注册（周某在C公司的股权由另一人代持，十分隐秘）。A公司找周某质问时，周某说：“我不是C公司的股东，别人注册什么商标是别人的事，我无权干涉。”

请问：在这种情况下，A公司应该如何维权？

案例分析

本案涉及的是商标代理机构恶意规避法律抢注商标的问题。

我国《商标法》第十九条第四款明确规定，商标代理机构除对其代理服务申请商标注册外，不得申请注册其他商标。

本案中，A公司遇到的问题是其商标名字并非被商标代理机构抢注，而是被商标代理机构专门另设的C公司抢注。商标代理机构及其代理人另设公司抢注商标的目的并不是商业上的真实需求，而是牟利。事实上其抢注注册商标后也并不真正使用，其另设公司的行为完全是为了规避我国《商标法》第十九条第四款对商标代理机构注册商标的强制性规定，扰乱了正常的商标注册秩序，占用了有限的商标资源，其行为属于以合法形式掩盖非法目的，行为无效。无效的民事行为，从开始就没有法律约束力。

本案中，在A公司的商标名字已被商标代理机构另设的C公司抢注的情况下，A公司可以通过异议程序、商标注册无效宣告程序向国家商标局要求不予核准商标注册或宣告该注册商标无效，或者以没有正当理由连续三年不使用向商标局申请撤销该注册商标。

风险防范与建议

在商标注册过程中，如果商标代理机构及其代理人恶意抢注了商标，救济方法与建议如下：

（1）在公告期提异议。

（2）宣告商标无效。通常情况下，商标被抢注已过了公告异议期的，可申请宣告涉案商标无效。

（3）申请撤销。

法条链接

《商标法》（2019年修正）第十五条　未经授权，代理人或者代表人以自己的名义将被代理人或者被代表人的商标进行注册，被代理人或者被代表人提出异议的，不予注册并禁止使用。

就同一种商品或者类似商品申请注册的商标与他人在先使用的未注册商标相同或者近似，申请人与该他人具有前款规定以外的合同、业务往来关系或者其他关系而明知该他人商标存在，该他人提出异议的，不予注册。

第十九条第四款　商标代理机构除对其代理服务申请商标注册外，不得申请注册其他商标。

第三十三条　对初步审定公告的商标，自公告之日起三个月内，在先权利人、利害关系人认为违反本法第十三条第二款和第三款、第十五条、第十六条第一款、第三十条、第三十一条、第三十二条规定的，或者任何人认为违反本法第四条、第十条、第十一条、第十二条、第十九条第四款规定的，可以向商标局提出异议。公告期满无异议的，予以核准注册，发给商标注册证，并予公告。

第四十五条第一款　已经注册的商标，违反本法第十三条第二款和第三款、第十五条、第十六条第一款、第三十条、第三十一条、第三十二条规定的，自商标注册之日起五年内，在先权利人或者利害关系人可以请求商标评审委员会宣告该注册商标无效。对恶意注册的，驰名商标所有人不受五年的时间限制。

第四十九条第二款　注册商标成为其核定使用的商品的通用名称或者没有正当理由连续三年不使用的，任何单位或者个人可以向商标局申请撤销该注册商标。商标局应当自收到申请之日起九个月内做出决定。有特殊情况需要延长的，经国务院工商行政管理部门批准，可以延长三个月。

国家工商行政管理总局商标局《关于对商标代理机构申请商标注册的审查决定的说明》

二、具体决定

对2014年5月1日前商标代理机构以自己名义在代理服务外提出的商标注册申请，没有作出受理决定的，我局根据修改后的商标法实施条例第八十七条作出不予受理的决定；已经根据修改前的商标法发出受理通知书的，我局在商标审查阶段依据修改后的商标法第十条第一款第（8）项、第十九条第四款的规定作出驳回决定。在审查时，我局依据商标代理机构备案数据库判断商标注册申请人是否为商标代理机构。如未在商标局备案的商标代理机构申请注册的商标被初步审定或被核准注册，任何人可以通过异议程序或商标注册无效宣告程序要求不予核准商标注册或宣告该注册商标无效。

《合同法》第五十二条 有下列情形之一的，合同无效：

（一）一方以欺诈、胁迫的手段订立合同，损害国家利益；

（二）恶意串通，损害国家、集体或者第三人利益；

（三）以合法形式掩盖非法目的；

（四）损害社会公共利益；

（五）违反法律、行政法规的强制性规定。

8. 为保护主商标，企业需要注册一系列与主商标近似的商标吗？

情景案例

2016年8月，吴某与徐某一起创办某科技公司，吴某负责公司市场营销，徐某负责公司技术。2016年9月，徐某在其核心商品上提出注册“酷×哈”文字商标。吴某十分看好这个商标名字，相信该商标名字未来能成为一个国际知名品牌。因此，吴某建议在其核心商品上将“哈×酷”“酷哈×”“酷×笑”“酷×乐”“酷×美”等文字也注册成商标，防止他人注册与“酷×哈”相近似的商标。但是，徐某表示坚决反对，认为没有必要这样做。

请问：吴某的想法有道理吗？

案例分析

本案主要涉及的是商标注册中的商标战略布局问题。

因市面上，当一个商标注册成功之后，尤其是成名之后，往往会在同一种或类似商品上有意或无意地出现一些其他近似商标，造成市场混淆，进行不正当竞争。故此，企业注册商标的，最好提前做好商标战略布局，除了取得商标专用权之外，还需注意防御。

本案中吴某的建议涉及的就是是否注册联合商标对主商标进行防御的问题。

所谓联合商标，指同一商标所有人将某个商标及与其近似的若干商标，在同一种商品或者类似商品上注册。这些商标中首先注册并使用的为主商标，其余的近似商标，即为联合商标。注册联合商标有其必要性：

（1）实践中，商标近似审查，主要是主观判断，由于不同的个人对商标所构成文字、图形的读音、含义、寓意、构成等的直观感觉不同，会出现不同的主观判断结果。因此，一些在商标所有人看来与其主商标近似易混淆的商标，在商标局审查员的眼中或许与主商标并不近似，继而可能获得核准注册。基于该原因，对于商标所有人来说，在他人企图抢注近似商标前，首先提交近似商标注册以防止他人的不正当注册，不失为一种对自身权益的有效保护措施。

（2）联合商标的注册不仅可以起到积极防卫作用，有效阻止他人注册使用近似商标，而且也可以起到商标储备作用，一旦市场需要，企业可以调整商标策略，将备用商标推出使用。

因此，本案中，吴某建议注册联合商标，是站在企业商标战略布局的角度上提议的，具有一定的前瞻性，有利于企业自身对主商标的保护。

风险防范与建议

联合商标有利于企业对主商标的防御，在具体运用和操作中，应注意以下四个方面：

（1）联合商标主体亦是主商标所有人，两者应当一致。联合商标核定使用的商品与主商标核定使用的商品相同或类似。并且，联合商标应与主商标在音、形、义上相近似。

（2）联合商标可以分别获得注册，但其中每一个商标都不得单独转让，而必须与联合商标一同转让，联合商标使用许可也如此。

（3）联合商标中每一个商标都具有相对独立性，其中一个商标被撤销或被终止，不影响其他商标的有效性。

（4）联合商标的性质决定其注册目的不在于使用，而是对主商标进行事先保护。因此，不可避免地与我国《商标法》第四十九条第二款规定的注册商标连续三年不使用撤销制度发生冲突，存在着被撤销的风险。因此，为保持联合商标的有效性，注意保留使用的记录。

法条链接

《商标法》（2019 年修正）第四十二条第二款　转让注册商标的，商标注册人对其在同一种商品上注册的近似的商标，或者在类似商品上注册的相同或者近似的商标，应当一并转让。

第四十九条第二款 注册商标成为其核定使用的商品的通用名称或者没有正当理由连续三年不使用的，任何单位或者个人可以向商标局申请撤销该注册商标。商标局应当自收到申请之日起九个月内做出决定。有特殊情况需要延长的，经国务院工商行政管理部门批准，可以延长三个月。

9. 商标类别确定后，如何选择类别下面的商品/服务项目？

情景案例

1995 年，孙某创办某木器厂，主要经营硬木筷子的生产。随着筷子行业的竞争越来越激烈，没有品牌的企业将会逐渐被市场淘汰。2016 年 2 月，孙某决定注册一个商标，希望能打造一个属于自己的知名品牌。2016 年 3 月，孙某想到一个很好听的商标名字，并决定以此名字注册商标。与商标代理公司洽谈后，孙某对于注册第 21 类商标没有异议，但商标代理公司要求其在该类别下仅选择 10 个商品/服务项目，孙某不知道如何选择才合适。孙某心中的顾虑是当企业品牌做出来后，肯定要进行多元化经营，如果由于选择商品/服务项目分类不当而影响企业发展，会是一个大问题。

请问：孙某应该如何选择类别下面的商品/服务项目？

案例分析

本案主要涉及的是申请注册商标时如何选择准确和恰当的商品/服务项目问题。

根据我国《商标法》第二十二条规定，商标注册时，必须填报使用商标的商品类别。所谓的商品类别，是指商标局根据世界知识产权组织《商标注册用商品和服务国际分类》制定的《类似商品和服务区分表》当中的商品/服务类别和项目。

《类似商品和服务区分表》由三个层次部分组成：

（1）类似商品和服务类别。用“第 × 类”表示，全表有 45 个类别，其中前 34 类为商品分类，后 11 类为服务分类。

（2）类似商品和服务群组。用四位数字和相应的名称表示，数字中前两位表示所属类别，后两位表示类似群组号。

以上类别标题名称和类似群组名称，均不得用作商标注册时填报的商品或服务项目名称。

（3）类似商品和服务项目名称及编号。名称在前，编号在后，并由六位数字组成。

在申请注册商标时，应按此处的具体商品（服务）名称和编号填报所需注册的商品项目名称。

商标申请注册时选择的商品名称和服务项目决定了该商标注册后被核准保护的范围，故，选择准确和恰当的商品/服务项目是商标注册的重要环节。要做好这方面的工作，建议：

（1）注册前，对与自身商品类别、行业相同或相类似的在先商标进行查询检索，借鉴参考。

（2）在类别选择时，除了注册核心类别，也要注重与业务密切相关的周边类别。

（3）在群组选择时，准确把握类似商品和服务的判断方法，勿遗漏关联类别及群组。

（4）在小项选择时，不要选用外延过于宽泛的商品/服务小项，也不宜选择过多小项，避免与在先商标冲突而影响注册核准。

本案中，孙某的木器厂主要经营硬木筷子的生产，故最直接的商品项目是21－厨房日用类别下的2101厨房炊事用具及容器（包括不属别类的餐具）类似群组中的210311筷子这个准确的商品项目。但就21－厨房日用这一商品类别下，分别有2101厨房炊事用具及容器（包括不属别类的餐具）、2102不属别类的玻璃器皿、2103瓷漆、陶瓷（茶具、酒具除外）、2104玻璃、瓷、陶的工艺品、2105茶具、酒具、咖啡具及饮水用具、2106家庭日用及卫生用具、2107梳子、刷子（不包括牙刷、制刷材料）、2108刷牙用具、2109牙签、2110化妆用具、2111隔热用具、2112家务用具、2113未加工或半加工玻璃（不包括建筑玻璃）、2114不属别类的动植物器皿、2115家用灭虫、灭鼠用具，共14个类似群组。因此，孙某可以根据自己多元化经营的实际需求，在此14个类似群组相关的商品项目中选择自己合适的。不过，目前商标申请的基础官费是300元，限定同一类别下10个以内的项目，如实际真正所需项目超过10个的，需要按照增加的个数格外加算官费。

风险防范与建议

选择准确和恰当的商品/服务项目，是注册商标尽可能获得充分保护的前提条件，鉴于此，为做好此项工作，还需注意以下方面：

（1）不要受目前商标注册的标准官费为人民币300元，限定同一商品/服务类别下10个以内的商品/服务项目的官费限制误导。如果实际真正所需商品/服务项目确实超过10个，需要多付几十元或几百元官费时，建议对此进行支付，否则嗣后再补救时就有可能被别人抢注而无法注册成功。

（2）关注区分表的更新，及时结合自身业务提交新的注册申请，查漏补缺、夯实布局。

（3）当申请人为个体工商户的时候，所选择的商品与服务项目不能超出营业执照上载明的经营范围，申请人为法人或其他组织的则无此限制。

法条链接

《商标法》（2019年修正）第二十二条 商标注册申请人应当按规定的商品分类表填报使用商标的商品类别和商品名称，提出注册申请。

商标注册申请人可以通过一份申请就多个类别的商品申请注册同一商标。

商标注册申请等有关文件，可以以书面方式或者数据电文方式提出。

第二十三条 注册商标需要在核定使用范围之外的商品上取得商标专用权的，应当另行提出注册申请。

10.《商标注册证》没有核定使用的商品，可以在商标名字右上角加®标志吗？

情景案例

A公司是一家服装生产型企业，由徐某与孙某共同创办。2013年6月，A公司委托商标公司注册“百×福”商标，商标类别为第25类，申请使用商品为：衣物、婴儿纺织用品、特种运动服装、不透水服装、戏装、鞋、帽、袜、手套、腰带。2014年10月，A公司收到商标局颁发的《商标注册证》。2016年3月，A公司生产了一批“百×福”牌围巾。

对于能否在围巾包装上印上®标志，徐某与孙某两人产生分歧。徐某认为：“百×福”已注册第25类商标，围巾是该类别包含的商品，当然可以印上®标志。孙某认为：“虽然我们已注册第25类商标，但商标局核定使用商品不包括围巾，因此我们不能加上®标志。”

请问：“百×福”牌围巾可以在商标名字右上角加®标志吗？

案例分析

本案主要涉及的是商标的使用范围以及注册商标的标记问题。

我国《商标法》第五十六条规定，注册商标的专用权，以核准注册的商标和核定使用的商品为限。同时，我国《商标法实施条例》第六十三条规定，使用注册商标，可以在商品、商品包装、说明书或者其他附着物上标明“注册商标”或者注册标记，注册标记包括㊟和®。但超过《商标注册证》核定使用的商品或服务范围使用其注册商标，并标明注册标记®的，则是不允许的，属于冒充注册商标的行为。

我国以《类似商品和服务区分表》（以下简称《区分表》）作为申请人申报商标注册使用范围的选定标准。《区分表》中45个类别项下含有类别标题、注释、商品和服务项目名称。类别标题指出了归入本类的商品或服务项目范围；注释对本类主要包括及不包括哪些商品或服务项目作了说明。《区分表》中所列出的商品和服务项目名称为标准名称。

注册商标申报时，应填写具体的商品和服务项目名称，即《区分表》中六位代码之前的具体名称，不可填写类别号、类别标题、类别注释、类似群号、类似群名称、项目编号。

本案中，“百×福”虽然在“商品类别”上注册了第25类，但其在“商品和服务项目名称”上注册的是“衣物、婴儿纺织用品、特种运动服装、不透水服装、戏装、鞋、帽、袜、手套、腰带”，并没有“围巾”。商标的核定使用范围以其注册的商品和服务项目名称为准，即商标局核准的商标注册文件中列明的商品类别和商品范围。因此，“百×福”不能作为注册商标使用在围巾上，即不能在“百×福”右上角加®。

风险防范与建议

企业必须在《商标注册证》核定使用的商品或服务范围内使用注册商标，如果商标的使用超出这一具体明确的范围，即构成超范围使用，会存在以下风险：

（1）如果商标权人超出核定使用的商品或服务范围使用其注册商标并仍然加注注册商标标记，根据《商标法》第五十二条的规定，地方工商行政管理部门可以处以一定数额的罚款。

（2）如果商标权人超出核定使用的商品或服务范围使用其注册商标作为未注册商标处理。在该种情况下，如果他人在超出核定使用的商品或者服务范围内注册有与其注册商标相同或者相似的商标，那么该种超范围使用行为即侵犯了他人的注册商标专用权，商标权人将承担停止侵权行为、没收、销毁侵权商品、罚款、赔偿损失等行政、民事责任，更有甚者，可能需承担刑事责任。

为防止超范围使用注册商标，企业在注册商标时，要进行商标战略布局，结合企业的商业发展前景，深谋远虑。注册商标的使用范围至少应在这些方面占据势力范围：覆盖企业现有的业务范围、囊括企业未来的业务范围、延伸到易混淆的商品类别。

我们日常的商品分类与《区分表》中的商品分类不尽相同，因此有很多类别和商品/服务名称项目容易混淆，企业注册商标时，也要注意在易混淆的商品类别上进行注册。

法条链接

《商标法》（2019 年修正）第五十二条 将未注册商标冒充注册商标使用的，或者使用未注册商标违反本法第十条规定的，由地方工商行政管理部门予以制止，限期改正，并可以予以通报，违法经营额五万元以上的，可以处违法经营额百分之二十以下的罚款，没有违法经营额或者违法经营额不足五万元的，可以处一万元以下的罚款。

第五十六条 注册商标的专用权，以核准注册的商标和核定使用的商品为限。

《商标法实施条例》（2014 年修订）第六十三条 使用注册商标，可以在商品、商品包装、说明书或者其他附着物上标明“注册商标”或者注册标记。

注册标记包括㊟和®。使用注册标记，应当标注在商标的右上角或者右下角。

《最高人民法院关于审理注册商标、企业名称与在先权利冲突的民事纠纷案件若干问题的规定》第一条第二款 原告以他人使用在核定商品上的注册商标与其在先的注册商标相同或者近似为由提起诉讼的，人民法院应当根据民事诉讼法第一百一十一条第（三）项的规定，告知原告向有关行政主管机关申请解决。但原告以他人超出核定商品的范围或者以改变显著特征、拆分、组合等方式使用的注册商标，与其注册商标相同或者近似为由提起诉讼的，人民法院应当受理。

11. 对商标局驳回申请的商标不服，有什么法律救济途径？

情景案例

甲公司是一家生产手套的民营企业，成立于 1998 年，其生产的“好×乐”牌手套深受消费者欢迎。2013 年 6 月，甲公司委托商标代理公司注册“好×乐”商标，商标代理公司认为该商标注册成功率很大。2014 年 8 月，该商标被商标局驳回，理由是：与其他商标高度近似。

甲公司认为：“好×乐”是企业 1998 年开始使用的品牌名字，由于当时不懂法律，所以没有将“好×乐”注册成企业商标。从道理上来讲，我们先使用这个名字，应该能够注册才对，我们对此表示不服。

请问：对于商标局驳回申请不服，甲公司有什么法律救济途径？

案例分析

本案涉及的是许多企业面临的商标注册申请被商标局驳回后如何进行法律救

济的问题。

我国《商标法》第三十四条规定，商标注册申请人不服驳回申请的，可以自收到通知之日起十五日内向商标评审委员会申请复审。当事人对商标评审委员会的决定不服的，可以自收到通知之日起三十日内向人民法院起诉。

本案中，对于甲公司接到商标注册申请被驳回的通知，应对措施为：

（1）研读商标驳回通知书，分析驳回的类型和具体理由。

驳回通知书分为完全驳回和部分驳回通知书，驳回理由分为绝对理由与相对理由。甲公司首先需要分析所申请商标被驳回的具体情况是否合法合理。

（2）根据具体情况，考虑接受商标被驳回的事实还是提起复审。

分析后，如果认为商标局的驳回理由引证商标准确，引用法律条文适当的，可考虑是否接受。但因为客观条件所限，商标局目前在审查商标的注册申请时没有其他的辅助材料，仅凭申请人在申请时录入计算机系统的有限资料做出判断，对于甲公司商标的历史、使用状况、推广情况等信息并无了解。因此对商标的驳回或部分驳回决定虽然合法合规，但并不一定就不可变更。甲公司在这种情况下可以通过向商标评审委员会提出驳回复审，主张自己的权利。

（3）启动驳回复审程序，积极提供相关材料证据争取支持。

就商标的相同近似问题，商标局审查商标注册申请时，是从整个数据库中对相关商标，从音、形、义等要素进行判定，并不考虑该商标的使用情况、知名度等。而商标评审委员会在裁定驳回复审案件时不仅就驳回通知书中的引证商标与申请商标进行比对，更多的会考虑商标的使用情况、市场占有率、历史等因素。因此，甲公司需要在商标的使用情况、市场占有率、历史等因素方面提供更多的材料争取支持。

（4）对商标评审委员会的复审决定不服的，可向人民法院起诉。

甲公司如不服商标评审委员会的驳回复审决定，还可在收到复审决定之日起三十日内依法向知识产权法院提起行政诉讼。

风险防范与建议

商标注册被驳回，除可向商标评审委员会申请复审外，还可以采取以下措施：

（1）组合商标（图形+文字）若因文字或者图形部分与在先商标近似被驳回的，可去掉该近似部分，另行申请注册商标。

（2）若导致申请商标被驳回的引证商标存在连续三年未使用的情况，可向商标局提出该引证商标连续三年未使用的撤销申请，以扫除注册障碍，从而使申请商标最终取得注册。

（3）若导致申请商标被驳回的引证商标存在抢注的情况，可对该引证商标提出异议申请或者争议申请，以扫除注册障碍，从而使申请商标最终取得注册。

（4）若导致申请商标被驳回的引证商标存在转让的可能，可与该引证商标权利人协商并办理商标转让，从而使引证商标权利归于申请商标权利人名下，消除商标冲突。

（5）若驳回复审成功概率明显偏低的，可考虑另行申请注册。

法条链接

《商标法》（2019年修正）第三十四条 对驳回申请、不予公告的商标，商标局应当书面通知商标注册申请人。商标注册申请人不服的，可以自收到通知之日起十五日内向商标评审委员会申请复审。商标评审委员会应当自收到申请之日起九个月内做出决定，并书面通知申请人。有特殊情况需要延长的，经国务院工商行政管理部门批准，可以延长三个月。当事人对商标评审委员会的决定不服的，可以自收到通知之日起三十日内向人民法院起诉。

12. 企业如何申请国外商标？

情景案例

A公司成立于2013年3月，由于产品设计新颖，性价比高，其生产的“家×德”牌打火机畅销全国。2016年8月，A公司突然接到很多海外订单，客户来自马来西亚、印度、越南、泰国、南非等国家。A公司创始人胡某认为：“家×德”虽然在国内已注册商标，但在国外并不受法律保护，产品销往国外前，公司一定要在销售地国家申请商标注册才行。令胡某感到十分头痛的是，客户来自数十个不同的国家，逐一注册这么多商标需要花很长时间且注册费用很高。困惑之时，曾在英国留学的同学朱某告诉胡某：申请国外商标保护，不需要逐一在各国申请注册，可申请马德里商标注册，注册后可在数十个国家获得保护。

请问：朱某的说法符合法律规定吗？

案例分析

本案主要涉及的是商标的国际注册途径问题。

在中国国内注册的商标，在中国国内使用，受中国的法律保护。一旦产品出口到国外，就不能受到中国法律的保护。

申请人到国外申请注册商标主要有三种方式：第一种是逐一在各国注册，即分别向各国商标主管机关申请注册；第二种是通过地区性公约组织注册，主要是指欧洲共同体和非洲知识产权组织；第三种也是最常用的是马德里商标国际注册。

马德里商标国际注册有以下优势：

（1）我国申请人可以通过商标局提交一份申请就可以在多个被指定的国家同时获得商标保护。相对而言，申请人不用跑国外，申请程序与手续较为简单。

（2）马德里商标国际注册的费用相对较低。据相关统计，申请人通过马德里注册一个商标的费用大约是逐一在各国注册费用的十分之一。

（3）耗时较短，节约时间成本。从国际注册日起，如果被指定国在规定的期限内（12 个月或 18 个月）没有向国际局发出驳回通知，那么该商标将在该指定国自动得到保护。简言之，申请人有十分明确而稳定的注册时限预期，从而可以从容合理地进行业务规划。

本案中，A 公司的产品销往马来西亚、印度、越南、泰国、南非等国家，因印度、越南、泰国、南非属于马德里协定成员国，因此，A 公司可以进行马德里注册，但马来西亚暂时不是马德里协定成员国，因此需要单独向该国商标主管机关申请注册。

风险防范与建议

马德里注册是一种在面对多国注册时最为简便并节省成本的途径，但也要注意，马德里注册也有其自身的缺点，因此，需注意以下风险。

（1）马德里联盟的成员国构成偏重于欧洲国家，部分与我国商贸往来密切的国家并不在此列，其可以注册的范围还不能完全满足我国企业的需求。例如，美国及东盟国家就不是马德里成员国。

（2）马德里注册最大的局限性在于要求以国内申请或注册商标为基础。即我国企业要进行马德里注册，在国内必须已经注册商标或提交了商标注册申请。国际申请必须基于相同商标的国内注册、初步申请公告或注册申请，因此，在申请的时间上必须是先国内后国外。

（3）马德里注册要求与国内商标注册挂钩时间长达五年。就是说，一旦中国企业在国内的商标注册五年内被撤销或是权利丧失，则马德里注册的权利也随之消失。

法条链接

《商标法实施条例》（2014 年修订）第三十四条 商标法第二十一条规定的商标国际注册，是指根据《商标国际注册马德里协定》（以下简称马德里协定）、《商标国际注册马德里协定有关议定书》（以下简称马德里议定书）及《商标国际注册马德里协定及该协定有关议定书的共同实施细则》的规定办理的马德里商标国际注册。

马德里商标国际注册申请包括以中国为原属国的商标国际注册申请、指定中国的领土延伸申请及其他有关的申请。

第三十五条 以中国为原属国申请商标国际注册的，应当在中国设有真实有效的营业所，或者在中国有住所，或者拥有中国国籍。

第三十六条 符合本条例第三十五条规定的申请人，其商标已在商标局获得注册的，可以根据马德里协定申请办理该商标的国际注册。

符合本条例第三十五条规定的申请人，其商标已在商标局获得注册，或者已向商标局提出商标注册申请并被受理的，可以根据马德里议定书申请办理该商标的国际注册。

13. 注册商标时，是交黑白稿还是彩色稿?

情景案例

甲公司是一家经营陶瓷的有限责任公司，由石某与姚某共同创办。2015 年 8 月 10 日，石某在开车期间突然想到“浪×沙”的商标名字。与姚某商量后，石某安排设计部设计了一个彩色的企业 LOGO。在将 LOGO 提交商标注册时，石某与姚某存在不同的意见。石某认为，彩色的 LOGO 好看，应该以彩色的 LOGO 提交注册。姚某认为，注册商标不能指定颜色，指定颜色后，必须使用注册时指定的颜色，不可更改，非常不灵活；如果以黑白稿注册商标，使用时可以任意套用颜色。

请问：姚某的说法正确吗?

案例分析

本案主要涉及的是商标注册申请时提交的商标样稿应是彩色还是黑白的问题。

我国《商标法》第四十九条规定，商标注册人在使用注册商标过程中，自行改变注册商标相关注册事项的，由地方工商行政管理部门责令限期改正；期满不改正的，由商标局撤销其注册商标。这里的“商标注册事项”包括商标的颜色。

也就是说，彩色商标取得注册之后，任何时候都必须和商标注册证上标明的颜色组合完全一致。而黑白、未指定颜色的商标，在使用中则不受此限，在实际使用中可以采用任意颜色。因此，对于商标注册申请人而言，黑白商标的使用权能更加广泛，注册人可以任意组合各种颜色加以使用，但需注意采用彩色的商标与注册黑白商标只能是黑白与彩色之分，没有其他任何实质性区别。

因此，本案中，姚某的说法有一定的道理。

风险防范与建议

在我国的商标注册主体中，选择注册黑白商标的占大多数，但在注册时，仍需注意以下方面：

（1）如果商标本身的设计过于简单，以黑白色申请有可能会被驳回，这种情况下以彩色申请可以增加商标注册的成功率。

（2）产品特性需要，如涂料、彩色画笔等，通过彩色商标的展现更符合产品特性和形成品牌效应的，更适用于彩色商标。

（3）如果申请注册的商标是彩色商标，那么在提交申请书以及相关材料时，一定要作出声明，声明自己注册的是彩色商标，这个声明是必须的，否则，即使递交的商标图样是彩色的，商标局也不会就彩色商标进行审查，也就意味着注册的仍是普通黑白商标。

（4）商标注册无论选择黑白还是彩色，商标注册人应该根据本商标的具体情形进行全面的分析后再确定颜色，不要盲目选择特定颜色。

法条链接

《商标法》（2019 年修正）第四十九条第一款　商标注册人在使用注册商标的过程中，自行改变注册商标、注册人名义、地址或者其他注册事项的，由地方工商行政管理部门责令限期改正；期满不改正的，由商标局撤销其注册商标。

《商标法实施条例》（2014 年修订）第十三条　申请商标注册，应当按照公布的商品和服务分类表填报。每一件商标注册申请应当向商标局提交《商标注册申请书》1 份、商标图样 1 份；以颜色组合或者着色图样申请商标注册的，应当提交着色图样，并提交黑白稿 1 份；不指定颜色的，应当提交黑白图样。

商标图样应当清晰，便于粘贴，用光洁耐用的纸张印制或者用照片代替，长和宽应当不大于 10 厘米，不小于 5 厘米。

以三维标志申请商标注册的，应当在申请书中予以声明，说明商标的使用方式，并提交能够确定三维形状的图样，提交的商标图样应当至少包含三面视图。

以颜色组合申请商标注册的，应当在申请书中予以声明，说明商标的使用方式。

以声音标志申请商标注册的，应当在申请书中予以声明，提交符合要求的声音样本，对申请注册的声音商标进行描述，说明商标的使用方式。对声音商标进行描述，应当以五线谱或者简谱对申请用作商标的声音加以描述并附加文字说明；无法以五线谱或者简谱描述的，应当以文字加以描述；商标描述与声音样本应当一致。

申请注册集体商标、证明商标的，应当在申请书中予以声明，并提交主体资格证明文件和使用管理规则。

商标为外文或者包含外文的，应当说明含义。

14. 商标是否可以随便起名?

情景案例

A公司开发出一款漏电保护器，想给这个漏电保护器申请一个响亮的商标，到时可以作为品牌经营，A公司认为他们这款漏电保护器解决了现在市场上漏电保护器普遍不安全的问题，安全是他们这款漏电保护器最大的优点和卖点，于是想取名“安全”牌漏电保护器。A公司的老板就此事与其好友李某说起，李某说，据他了解，直接表示商品功能和用途的词语都不能作为商标注册的，“安全”作为漏电保护器的商标名，被商标局驳回的可能性很大，建议另外再取名。

请问：李某的说法对吗?

案例分析

本案主要涉及的是商标如何取名的问题。

根据我国《商标法》第九条规定，申请注册的商标应当有显著特征，便于识别。可识别性是商标的基本特征。生产经营者通过商标推介自己的商品和服务，消费者通过商标区别不同生产经营者的商品和服务。如果商标不具有显著特征，就无法实现商标的功能，也就无法作为商标申请注册。商标显著特征的判定应当综合考虑构成商标的标志本身（含义、呼叫和外观构成）、商标指定使用商品、商标指定使用商品的相关公众的认知习惯、商标指定使用商品所属行业的实际使用情况等因素。

本案中，A公司开发的是漏电保护器，因漏电保护是该产品或类似产品都具有的功能或者很明显的特点，这个行业的所有公司只要生产的产品符合安全相关标准都可以称之为“安全”，因此，“安全”两字成为可直接表示商品的质量、功能、用途等特点的标志，违反了《商标法》第十一条第二项不得作为商标注册的规定，故，不能作为商标注册。

风险防范与建议

商标注册方面，为了能给自己的产品起一个合适的商标名字，建议如下：

（1）避开法律所禁止的。

注意避开《商标法》第十条至第十二条中明文规定禁止使用和禁止注册的商标。

（2）申请注册前最好进行商标查询。

为了避免相同或相类似，建议在申请注册前最好在相同或相类似商品或服务类别中进行查询，提前做好评估，避免多走弯路。

（3）注意商标起名的显著性。

拟作商标的文字，一般来说，臆造词申请注册商标的成功机会很大。再者，因行业不同，其通用名词和描述性的词语也不尽相同，因此，在有些情况下可能同一商标在 A 类注册是不具有显著性的，但是在 B 类却具备显著性，这些都需要根据自己实际情况进行判断。

法条链接

《商标法》（2019 年修正）第八条　任何能够将自然人、法人或者其他组织的商品与他人的商品区别开的标志，包括文字、图形、字母、数字、三维标志、颜色组合和声音等，以及上述要素的组合，均可以作为商标申请注册。

第九条　申请注册的商标，应当有显著特征，便于识别，并不得与他人在先取得的合法权利相冲突。

商标注册人有权标明“注册商标”或者注册标记。

第十条　下列标志不得作为商标使用：

（一）同中华人民共和国的国家名称、国旗、国徽、国歌、军旗、军徽、军歌、勋章等相同或者近似的，以及同中央国家机关的名称、标志、所在地特定地点的名称或者标志性建筑物的名称、图形相同的；

（二）同外国的国家名称、国旗、国徽、军旗等相同或者近似的，但经该国政府同意的除外；

（三）同政府间国际组织的名称、旗帜、徽记等相同或者近似的，但经该组织同意或者不易误导公众的除外；

（四）与表明实施控制、予以保证的官方标志、检验印记相同或者近似的，但经授权的除外；

（五）同“红十字”、“红新月”的名称、标志相同或者近似的；

（六）带有民族歧视性的；

（七）带有欺骗性，容易使公众对商品的质量等特点或者产地产生误认的；

（八）有害于社会主义道德风尚或者有其他不良影响的。

县级以上行政区划的地名或者公众知晓的外国地名，不得作为商标。但是，地名具有其他含义或者作为集体商标、证明商标组成部分的除外；已经注册的使用地名的商标继续有效。

第十一条　下列标志不得作为商标注册：

（一）仅有本商品的通用名称、图形、型号的；

（二）仅直接表示商品的质量、主要原料、功能、用途、重量、数量及其他特点的；

（三）其他缺乏显著特征的。

前款所列标志经过使用取得显著特征，并便于识别的，可以作为商标注册。

第十二条 以三维标志申请注册商标的，仅由商品自身的性质产生的形状、为获得技术效果而需有的商品形状或者使商品具有实质性价值的形状，不得注册。

15. 商标申请注册可否同时申请版权登记?

情景案例

甲公司是一家卫浴生产企业，由姚某与谭某共同创办。2015 年 6 月，甲公司委托某广告公司设计了一个很漂亮的企业 LOGO。2015 年 7 月，甲公司在将 LOGO 提交商标注册申请时，姚某与谭某两人发生分歧。姚某认为：为保护企业 LOGO 不被其他人模仿，除申请商标注册外，还要申请版权登记。谭某认为：企业LOGO 申请商标即可获得法律保护，不需要申请版权登记，没有必要这样做。

请问：姚某的说法有道理吗?

案例分析

本案主要涉及的是商标注册与著作权登记两者对注册商标保护的问题。

目前商标申请属于商标局，而版权申请则属于版权局。若要提前针对知识产权保护进行部署，不仅要对商标进行全面的保护，还要及时进行版权登记保护，从而使自己的商标获得更为全面的保护。

商标图形版权登记的重要性有：

（1）防范商标申请不成功或被撤销的风险。

我国《商标法》第三十二条明确规定，申请商标注册不得损害他人现有的在先权利。我国《著作权法实施条例》规定，著作权人从作品创作完成之日起就具有了著作权，因此，著作权一般都会成为商标注册的在先权利。

众所周知，即便是原创的商标设计，也未必符合我国《商标法》对商标注册标准的规定，未必能注册成功，而只要是独创的作品，就具有著作权，因此，如果商标注册不成功，但已版权登记的话，对他人将自己的图形用于商品销售或拟申请商标注册的侵权行为，可以在先权利为由而禁止他人使用。

另外，我国《商标法》第四十九条规定，注册商标没有正当理由连续三年不使用的，任何单位或个人都可以向商标局申请撤销该注册商标。此规定的本意是防止原商标持有人不合理地囤积或垄断本可被其他经营者有效利用的商标资源。但是，在“商标版权化”的保护模式下，商标权人的商标即使因为不使用而被撤销，也会基于其享有的著作权而禁止他人继续使用。

（2）弥补商标分类注册的空白。

商标注册是分类注册的。当一个商标在某一类别进行注册时，该商标在该类别是受保护的，但在其他未注册的 44 个类别中并不受到保护（驰名商标除外）；而版权保护是不分类别的，如著作权权利在先的话，可以防止他人用相同的图形申请注册其他类别商品的商标，获得类似全面的保护。

（3）弥补商标申请时间缓慢的不足。

商标从申请到注册成功，需要 1 年半，而版权登记只要1–3个月就能完成。特别说明，独创性的作品拥有版权是自然产生的权利，并不是说只有进行了登记才能获得保护。但是，版权登记是权利的初步证明，可以用来证明作品完成的时间和权利人，是一种可靠的权利证明方式。

（4）节约费用，不用续展，保护期限长。

商标注册成功后，每十年必须续展，否则无效。而版权保护的期限，以自然人名义申请的，到作者终生及死后 50 年（截至第 50 年的 12 月 31 日），以法人或者非法人单位名义申请的作品首次发表之日起 50 年（截至第 50 年的 12 月 31 日），不存在续展问题。

因此，本案中，姚某建议公司在注册商标的同时申请版权登记，是从对公司注册商标进行全面保护的角度考量，是有道理的。

风险防范与建议

在先的著作权是保证商标独占的有力武器，但并非所有商标均可以进行版权登记，从而获得版权和商标权的双重保护，欲获得版权保护的商标必须为我国《著作权法》第三条所规定的作品，如富有美感的 LOGO，书法作品、外观设计图、音乐作品或创作性的口号。因此，建议企业在设计商标时，多考虑独创性，以便于版权登记。

法条链接

《商标法》（2019 年修正）第三十二条 申请商标注册不得损害他人现有的在先权利，也不得以不正当手段抢先注册他人已经使用并有一定影响的商标。

第四十九条第二款 注册商标成为其核定使用的商品的通用名称或者没有正当理由连续三年不使用的，任何单位或者个人可以向商标局申请撤销该注册商标。商标局应当自收到申请之日起九个月内做出决定。有特殊情况需要延长的，经国务院工商行政管理部门批准，可以延长三个月。

二、商标权属

16. 使用多年的商标被他人抢注，怎么办？

情景案例

2002年，高某与妻子林某创办第一家“果×美”甜品店。从2009年开始，甜品店经营效益越来越好，每年创收可达30万元。高某身边的亲戚、同学、朋友得知后纷纷表示加盟开分店。截至2014年8月，“果×美”甜品店已拥有20家加盟店。2014年9月，为实现连锁化品牌经营，高某找当地商标公司洽谈商标注册事宜。让高某没想到的是，“果×美”商标于2014年5月已被本地某甜品店申请注册，商标注册人为郭某。

请问：在这种情况下，高某应该如何处理？

案例分析

本案涉及的是企业在先使用并具有一定影响力的标识被他人抢注商标后如何维权的问题。

由于我国商标权采取注册获得制，而非使用获得制，因此在先注册成功的主体就是商标权人。尤其是当商标被抢注后，在先使用人直接向法院起诉请求判注册商标权归自己所有，人民法院一般是不予支持的。

本案中，高某作为在先使用人，可以采取下列方式维护权利：

（1）在公告期提异议。

根据我国《商标法》第三十三条规定，商标初步审定公告后有3个月的异议期，在先使用人可以在这一期限内向商标局提出异议申请。

（2）宣告商标无效。

通常情况下，在先使用人知道商标被抢注，但又过了公告异议期的，可申请宣告涉案商标无效。我国《商标法》第四十五条规定，对于抢注他人在先使用商标、损害他人在先权利的在先注册商标，相关利害关系人可以在该商标注册之日起5年内向商标评审委员会申请宣告注册商标无效。对恶意注册的，驰名商标所有人不受5年的时间限制。

（3）申请撤销。

若注册商标没有正当理由连续三年不使用的，任何单位或者个人可以向商标局申请撤销该注册商标。

（4）协商解决。

双方可协商注册商标转让事宜。需要提醒注意的是，转让注册商标需核准，并经过商标局公告，受让人才享有注册商标权。

风险防范与建议

为防范商标被抢注以及如果被抢注后如何更好地维权，建议企业做好以下四项工作：

（1）增强商标注册意识，提前进行商标规划。

企业要加强商标保护意识，必须提前对企业商标进行规划和战略布局，先注册后使用，以免遭商标被抢注的厄运。

（2）做好商标和版权的双重保护。

可将有独创性的商标标识办理版权登记，确保著作权的在先权利。

（3）密切关注商标检索。

对自身拟申请注册的商标标识，注意定期进行商标检索，及时发现是否有被抢注的现象，以便及时维权。

（4）注意收集和保存商标使用证据。

务必注意收集和保存自身商标的使用证据，以证明该商标在先使用或有一定的影响力。此证据材料可为：该商标所使用的商品/服务合同、发票、提货单、银行进账单、进出口凭据；销售区域范围、销售渠道、方式；涉及该商标的广播、电影、电视、报纸、期刊、网络、户外等媒体广告、媒体评论及其他宣传活动资料；该商标所使用的商品/服务参加展览会、博览会的相关资料；该商标的最早创用时间和持续使用情况等相关资料；该商标的获奖情况等。

法条链接

《商标法》（2019 年修正）第三十二条　申请商标注册不得损害他人现有的在先权利，也不得以不正当手段抢先注册他人已经使用并有一定影响的商标。

第三十三条　对初步审定公告的商标，自公告之日起三个月内，在先权利人、利害关系人认为违反本法第十三条第二款和第三款、第十五条、第十六条第一款、第三十条、第三十一条、第三十二条规定的，或者任何人认为违反本法第四条、第十条、第十一条、第十二条、第十九条第四款规定的，可以向商标局提出异议。公告期满无异议的，予以核准注册，发给商标注册证，并予公告。

第四十二条　转让注册商标的，转让人和受让人应当签订转让协议，并共同向商标局提出申请。受让人应当保证使用该注册商标的商品质量。

转让注册商标的，商标注册人对其在同一种商品上注册的近似的商标，或者在类似商品上注册的相同或者近似的商标，应当一并转让。

对容易导致混淆或者有其他不良影响的转让，商标局不予核准，书面通知申请人并说明理由。

转让注册商标经核准后，予以公告。受让人自公告之日起享有商标专用权。

第四十五条第一款 已经注册的商标，违反本法第十三条第二款和第三款、第十五条、第十六条第一款、第三十条、第三十一条、第三十二条规定的，自商标注册之日起五年内，在先权利人或者利害关系人可以请求商标评审委员会宣告该注册商标无效。对恶意注册的，驰名商标所有人不受五年的时间限制。

第四十九条第二款 注册商标成为其核定使用的商品的通用名称或者没有正当理由连续三年不使用的，任何单位或者个人可以向商标局申请撤销该注册商标。商标局应当自收到申请之日起九个月内做出决定。有特殊情况需要延长的，经国务院工商行政管理部门批准，可以延长三个月。

17. 公司注销后，商标归谁所有?

情景案例

2011年9月，马某与罗某合伙成立A公司，马某是公司大股东，占公司80%股权。2016年10月，A公司由于经营不善，对外欠债1000万元，同时被十多个债权人起诉。马某与罗某深知，按公司目前的资产现状，公司依法申请破产，然后注销是必然的，双方没有异议。但对于公司已经注册的“佳×琪”商标，双方争执不下，意见不统一。马某认为，我是公司大股东，占公司股权超过67%，因此我有权单方面决定商标归自己所有，为弥补罗某的损失，我可私下给罗某3万元；罗某认为：我也是公司股东，公司注销后商标应归两人共同所有。

请问：马某的说法有道理吗?

案例分析

本案涉及的是公司注销后，以公司名义申请注册的商标权归属问题。

公司注销是指企业按照正常的渠道停止公司营业，经过法定的清算程序，将营业执照在工商行政管理部门办理注销登记；公司注销后，法人主体资格消灭。

以公司名义申请注册的商标，是公司的无形资产，公司注销后商标权的归属，有以下处置方式：

（1）企业注销时的清算报告中，如有明确约定，则从其约定；

（2）清算报告中假若没有约定或者约定不明，则可由原公司的全体股东共同所有。

本案中，如果A公司计划注销，关于其持有的“佳×琪”注册商标权利，马某和罗某作为A公司股东，应双方协商确定商标权利的归属问题。马某不能因为其为大股东就可单方面决定商标归自己所有。如果双方协商不成，由马某和罗某共同所有。

但是，无论是商标权归谁所有，都需向商标局办理商标的转让或转移手续。如公司尚未注销的，可向商标局办理商标转让手续；如已注销的，可根据我国《商标法实施条例》第三十二条向商标局提交商标移转手续。

公司注销后，如果不办理移转手续，会出现注册商标有效期限届满而无法续展的情况，将会面临注册商标无效的风险。

风险防范与建议

建议公司在注销前，将公司名下的商标转让出来，如未办理转让，也务必在清算报告中明确约定商标等无形资产的权利归属，尽量避免使用“所有财产、一切财产归属某某”等模糊不清的文字，以便后期顺利办理商标等无形资产的移转申请。

另，公司注销后，需及时办理注册商标专用权移转手续，避免因注册商标有效期届满而无法续展，产生注册商标无效的风险。

法条链接

《商标法实施条例》（2014年修订）第三十二条　注册商标专用权因转让以外的继承等其他事由发生移转的，接受该注册商标专用权的当事人应当凭有关证明文件或者法律文书到商标局办理注册商标专用权移转手续。

注册商标专用权移转的，注册商标专用权人在同一种或者类似商品上注册的相同或者近似的商标，应当一并移转；未一并移转的，由商标局通知其限期改正；期满未改正的，视为放弃该移转注册商标的申请，商标局应当书面通知申请人。

商标移转申请经核准的，予以公告。接受该注册商标专用权移转的当事人自公告之日起享有商标专用权。

《商标法》（2019年修正）第四十二条　转让注册商标的，转让人和受让人应当签订转让协议，并共同向商标局提出申请。受让人应当保证使用该注册商标的商品质量。

转让注册商标的，商标注册人对其在同一种商品上注册的近似的商标，或者在类似商品上注册的相同或者近似的商标，应当一并转让。

对容易导致混淆或者有其他不良影响的转让，商标局不予核准，书面通知申请人并说明理由。

转让注册商标经核准后，予以公告。受让人自公告之日起享有商标专用权。

18. 借朋友的公司注册商标，商标权归谁所有?

情景案例

梁某与宋某是初中同学，两人从小关系甚好。梁某毕业后一直在某科技公司上班，2013 年开始担任技术总监一职。2015 年 3 月，梁某想到一个很好的商标名字，由于个人无法注册商标，于是找宋某帮忙，希望以宋某的 A 公司名义代办商标注册。宋某为 A 公司的法定代表人。为防止以后会产生纠纷，梁某与 A 公司签订了一份书面协议，以证明 A 公司代梁某注册商标的事实，梁某、宋某在协议上签名，A 公司盖章。

2016 年 3 月，梁某注册成立了 B 公司。2016 年 6 月 5 日，A 公司收到《商标注册证》。2016 年 6 月 20 日，梁某请求 A 公司变更商标注册人时，遭到 A 公司的第二大股东郑某的反对。郑某认为：梁某与 A 公司签订的协议无效，此协议未经过股东会同意，因此商标专用权人属于 A 公司，如果梁某想要这个商标，必须支付 20 万元转让费。

请问：梁某可以要求 A 公司变更商标注册人吗?

案例分析

本案涉及的是借用他人名义注册商标的法律问题。

我国商标权采取注册获得制，商标权人一般以商标注册证上登记公示为准。

本案中，梁某借用了 A 公司的名义注册商标，现 A 公司收到了《商标注册证》，梁某想要回这个商标，涉及以下法律问题：

（1）梁某与 A 公司签署的关于 A 公司代梁某注册商标的协议是否有效?

首先，关于 A 公司代梁某注册商标的事宜是否违反法律强制性规定而无效?我国现行商标法及相关法律规定中并没有明文规定借用他人名义注册商标的协议无效。该协议可视为梁某与 A 公司在商标注册前，双方对商标权属的约定，这是法律允许的，因此，该协议没有违反法律行政法规的强制性规定，为有效协议。

其次，A 公司未经股东会或全体股东同意，与梁某就 A 公司代梁某注册商标事宜签署协议，此协议是否有效?因协议有 A 公司盖章和法定代表人宋某签名，根据我国《民法通则》第三十八条公司法定代表人代表公司行使职权以及第四十三条公司对其法定代表人的经营活动承担民事责任的规定，宋某作为 A 公司法定代表人在协议上签名并加盖 A 公司公章的行为，满足合同成立的法定要件，故即便事先未经股东会或全体股东同意，此协议也有效。

（2）梁某可否依照协议要求 A 公司变更商标注册人?

因协议是有效的，故梁某可以要求 A 公司按照协议约定履行其义务。但要注意的是，这不是商标变更，而是商标转让。

商标变更是指商标通过商标局核准注册后的商标注册人，其地址、名义或者其他注册事项发生变更的，向工商局提交相关资料申请办理相关变更手续，商标变更其相关注册事项，其所有权的归属没有发生变动。

商标转让是商标注册人在注册商标的有效期内，根据法律程序，将商标专用权转让给受让方使用的行为。商标转让是注册商标的注册人发生了更改，即商标的所有权发生了变动。

因此，本案中，梁某可依据协议，与A公司通过商标转让的方式，取回商标权。

风险防范与建议

一般情况下，为避免风险，尽量以自己名义申请注册商标，如确实需要借用他人名义注册商标的，需做好以下防范工作：

（1）双方签署协议，就注册商标的权属问题明确约定，最重要的是要约定对方务必协助办理商标转让手续。

（2）协议的主体涉及公司的，必须由公司法定代表人或授权代表签名并加盖公司印章。

（3）商标转让应按照法定的程序，经商标局核准后，予以公告，转让注册才能生效。未履行法定程序，注册人自行转让注册商标的，商标局有权责令其限期改正或者撤销其注册商标。

法条链接

《民法通则》（2009年修正）第三十八条 依照法律或者法人组织章程规定，代表法人行使职权的负责人，是法人的法定代表人。

第四十三条 企业法人对它的法定代表人和其他工作人员的经营活动，承担民事责任。

《合同法》第四十九条 行为人没有代理权、超越代理权或者代理权终止后以被代理人名义订立合同，相对人有理由相信行为人有代理权的，该代理行为有效。

《商标法》（2019年修正）第四十一条 注册商标需要变更注册人的名义、地址或者其他注册事项的，应当提出变更申请。

第四十二条 转让注册商标的，转让人和受让人应当签订转让协议，并共同向商标局提出申请。受让人应当保证使用该注册商标的商品质量。

转让注册商标的，商标注册人对其在同一种商品上注册的近似的商标，或者在类似商品上注册的相同或者近似的商标，应当一并转让。

对容易导致混淆或者有其他不良影响的转让，商标局不予核准，书面通知申请人并说明理由。

转让注册商标经核准后，予以公告。受让人自公告之日起享有商标专用权。

19. 其他主体对商标权权属的合同约定能否对抗注册商标转让登记的公示性和公信力?

情景案例

2017年10月，A公司拥有一个商标注册号为1234567的“美×”中文加拼音注册商标，2017年11月11日，A公司与B公司就商标转让事宜签订《协议书》（以下简称2017年11月11日《协议书》），该《协议书》约定，A公司将商标注册号为1234567的“美×”中文加拼音注册商标转让给B公司，价格为100万元。同年11月12日B公司将100万元转让款汇给了A公司。2017年11月13日，赵某、钱某、孙某签订了一份《协议书》（以下简称2017年11月13日《协议书》），约定，商标注册号为1234567的“美×”中文加拼音注册商标所有权由孙某（B公司法定代表人）、赵某、钱某三人共同拥有。2018年4月30日，1234567号“美×”商标注册人变更为B公司。赵某知道1234567号“美×”商标权为B公司后不服，认为按照2017年11月13日协议，其应对注册商标享有三分之一的权属，于是告到法院，要求法院确认其三分之一的商标权属。

请问：赵某的诉讼请求能得到法院支持吗？

案例分析

本案主要涉及的是注册商标转让登记的公信力问题。

我国《商标法》第四十二条规定，转让注册商标的，转让人和受让人应当签订转让协议，并共同向商标局提出申请；转让注册商标经核准后，予以公告，受让人自公告之日起享有商标专用权。我国注册商标转让实行登记制度，该登记具有公示性和公信力。

本案中，赵某的诉讼请求依法不能获得法院的支持。

首先，在其与钱某、孙某签订2017年11月13日《协议书》之前，B公司于2017年11月11日与A公司签订了《协议书》约定受让A公司涉案商标，且B公司足额支付了商标转让款，办理了商标转让登记，涉案商标已于2018年4月30日变更至B公司名下，A公司与B公司于2017年11月11日签订的《协议书》是双方真实意思表示，B公司受让取得涉案商标的行为合法有效。

其次，根据《商标法》的规定，经国家商标局核准的商标注册人享有商标专用权。如前所述，涉案商标原注册人为A公司，B公司通过支付对价自A公司处受让取得涉案商标，并在办理转让注册商标申请手续获准后取得商标注册证，B公司作为涉案商标注册人依法享有商标专用权，2017年11月13日赵某、钱某、孙某签订的《协议书》对涉案商标所有权的约定不足以对抗涉案商标登记注册人为B公司的事实。

最后，就赵某提供的2017年11月13日《协议书》本身而言，由于该《协议书》约定涉案商标属赵某、钱某、孙某三人共同共有，赵某称三人按份共有并无依据，故赵某据此要求确认其对涉案商标享有三分之一份额的主张亦缺乏依据。

风险防范与建议

鉴于我国对注册商标转让实行登记制度，在无相反证据证明的情况下，注册商标权人以登记公示的为准，故，如对商标权属有约定的，建议尽快到国家商标局办理权属变更登记。

法条链接

《商标法》（2019年修正）第四十二条 转让注册商标的，转让人和受让人应当签订转让协议，并共同向商标局提出申请。受让人应当保证使用该注册商标的商品质量。

转让注册商标的，商标注册人对其在同一种商品上注册的近似的商标，或者在类似商品上注册的相同或者近似的商标，应当一并转让。

对容易导致混淆或者有其他不良影响的转让，商标局不予核准，书面通知申请人并说明理由。

转让注册商标经核准后，予以公告。受让人自公告之日起享有商标专用权。

三、商标效力

20. 中国注册的商标，在国外有法律效力吗?

情景案例

A 公司是一家专注生产水龙头的中小企业，成立于 1995 年。A 公司在国内已注册“德×尔”商标。2015 年 8 月，A 公司计划在迪拜设立办事处，希望将“德×尔”水龙头产品销往中东市场。A 公司董事长郑某在迪拜商务考察过程中，结识了来自浙江温州做打火机生意的谢某。谢某跟郑某说：国内的注册商标在国外不受法律保护，必须还要重新在国外注册。

请问：谢某的说法正确吗？

案例分析

本案涉及的是商标的地域性限制问题。

地域性原则为大多数国家的国内法和国际公约所确立的一项知识产权保护的基本原则，指根据一国法律取得的知识产权，原则上只在该国范围内发生效力，在其他国家不发生法律效力。

同样，商标权也受地域性限制。

注册商标使用的地域限制指的是不同国家受限，也就是说，注册商标专用权仅在商标注册国受法律保护，在国内已注册的商标在国内是没有地域限制的，可以在任意地区使用，但如果要在其他国家获得商标专用权并受到法律保护，就必须分别在这些国家进行注册，或者通过《马德里协定》等国际知识产权条约在协定的成员国申请领土延伸。

因此，本案中，谢某的说法是正确的，如果郑某的“德×尔”水龙头产品销往中东市场，其在国内已注册的“德×尔”商标，依然还需要重新在中东地区注册，方能受到注册国的法律保护。

风险防范与建议

国内注册的商标并不必然在国外受到法律保护。因此，企业在自身的商标战略规划中也要注意商标在国外市场的保护和提升。为此，建议如下：

（1）提前做好入驻市场准备，防止海外商标抢注。

商标一旦被他人抢先在海外注册，将会使企业蒙受很大的损失，企业要么通过诉讼方式争取，要么花高额费用赎回，要么高价获取使用权，更严重的是企业可能被迫重新更改企业品牌。及时注册海外商标，就可以提前做好商标的保护，以免遇到自己商标被抢注的情况。

（2）注重商标国外注册，提升海外品牌价值。

商标，是一种非常重要的无形资产，在国外经常被当成企业资产进行预估，特别是企业股份上市的时候。因此，如有国外市场拓展的需求，尽量提前进行商标注册工作，提升商标的海外品牌价值。

法条链接

《商标法实施条例》（2014年修订）第三十四条　商标法第二十一条规定的商标国际注册，是指根据《商标国际注册马德里协定》（以下简称马德里协定）、《商标国际注册马德里协定有关议定书》（以下简称马德里议定书）及《商标国际注册马德里协定及该协定有关议定书的共同实施细则》的规定办理的马德里商标国际注册。

马德里商标国际注册申请包括以中国为原属国的商标国际注册申请、指定中国的领土延伸申请及其他有关的申请。

第三十九条　商标国际注册申请指定的商品或者服务不得超出国内基础申请或者基础注册的商品或者服务的范围。

21. 申请中的商标具有法律效力吗？

情景案例

甲公司系一家灯饰公司，成立于2012年，其生产的“森×牧”牌灯饰销往全国各地。2013年8月，甲公司向商标局递交了注册商标申请。2013年9月，甲公司在产品包装上印上“TM”标志。2013年12月，甲公司负责人韩某在浙江义乌出差时，发现乙公司生产的灯饰产品也叫“森×牧”，且批发价格比甲公司便宜20%。经调查得知，乙公司成立于2013年8月，来自福建泉州。

韩某看到后非常生气，于是委托律师向乙公司发送律师函，要求其立即停止使用“森×牧”商标，否则追究其法律责任。乙公司认为，“森×牧”商标正在申请注册中，甲公司在取得商标证之前，无权要求其停止使用“森×牧”商标。

请问：甲公司可以要求乙公司停止使用“森×牧”商标吗？

案例分析

本案主要涉及的是已递交注册商标申请、尚未取得商标注册证书的商标是否受法律保护的问题。

首先需要明确的是，在我国，商标需要申请注册并获得核准注册，才能取得相应的商标权利。向商标局递交申请，拿到商标受理通知书，只是表明商标局受理了这个商标申请，并不代表商标已通过审查，是否通过审查最终是以取得商标注册证为准。

“TM”是英文 Trademark 的缩写。我国商标法律中没有规定“TM”标志有什么意义，也没有提到允许企业拿到商标受理通知书之后，就可以在标注“TM”的情况下使用该申请中的商标和主张维权。

因此，一般情况下，申请中的商标，类似于未注册商标，是不受法律保护的。但也有例外情况，目前受《商标法》保护的未注册商标主要有两种：

（1）未注册的驰名商标。

我国《商标法》规定，为相关公众所熟知的商标，持有人认为其权利受到侵害时，可以请求驰名商标保护。他人复制、摹仿或者翻译未注册的驰名商标，容易造成市场混淆的，此类商标是不予注册并禁止使用的。

（2）有一定影响力的未注册商标。

对于有一定影响力的未注册商标，为避免恶意抢注给未注册商标人带来的不利的影响，我国法律作出了相应规定制止恶意抢注，对未注册商标人的商标进行保护。

对于未进行注册的普通商标，我国法律目前尚未制定专门的保护制度，对其保护力度是非常薄弱的。

本案中，甲公司申请注册的“森×牧”商标尚在申请过程中，并未取得商标注册证，即尚未取得商标专用权，如不具有驰名商标和有一定影响力的因素，属于未进行注册的普通商标，是不能禁止乙公司在其生产的灯饰产品上使用的。

风险防范与建议

我国目前对未注册商标的法律保护力度是薄弱的，因此，尚处于注册申请中的商标，虽然可以使用，但存在被他人侵犯权利的风险。为避免上述风险，建议如下：

（1）在商标设计完成之初，同时申请著作权登记，在被他人复制或摹仿时，可以著作权在先权利予以维权。

（2）尽量在商标已取得商标注册证后再进行商标使用。

（3）如确要将处于注册申请中的商标进行使用，在实际经营使用中，务必保留此商标已产生一定影响力或已为相关公众所知悉的证明材料。

法条链接

《商标法》（2019年修正）第十三条　为相关公众所熟知的商标，持有人认为其权利受到侵害时，可以依照本法规定请求驰名商标保护。

就相同或者类似商品申请注册的商标是复制、摹仿或者翻译他人未在中国注册的驰名商标，容易导致混淆的，不予注册并禁止使用。

就不相同或者不相类似商品申请注册的商标是复制、摹仿或者翻译他人已经在中国注册的驰名商标，误导公众，致使该驰名商标注册人的利益可能受到损害的，不予注册并禁止使用。

第三十二条　申请商标注册不得损害他人现有的在先权利，也不得以不正当手段抢先注册他人已经使用并有一定影响的商标。

22. 商标使用多年但没有注册，受法律保护吗?

情景案例

A公司是一家专注生产中老年人保暖衣的服装企业，成立于1993年，其生产的“暖×宝”牌保暖衣深受我国中老年人欢迎。2002年3月，A公司聘请某明星进行广告代言，“暖×宝”牌保暖衣在全国知名度大大提升，产品销量大增。但是，市场上很快出现很多其他厂家生产的“暖×宝”牌保暖衣，这让A公司感到十分为难，因为公司不重视知识产权保护，“暖×宝”牌保暖衣至今没有申请商标注册。

请问：A公司的“暖×宝”商标受我国法律保护吗?

案例分析

本案主要涉及的是未注册但具有一定知名度的商标的法律保护问题。

虽然我国《商标法》规定经核准注册的商标，才有商标专用权，受法律保护，但商标即使没有注册，如果使用的时间比较长，具有一定知名度，法律上还是给予保护的。但这种保护是有限的，条件也比较严格，需满足以下条件：

首先，该商标具有一定影响力，在一定地域范围内为相关公众所知晓。

有一定影响其实是对商标知名度的认定，可以参考认定驰名商标的各项因素：相关公众对商标的知晓情况、商标使用的持续时间、商标任何宣传工作的时间、程度、地理范围以及其他使商标产生一定影响的因素。

其次，要求相对于抢注人或者违法使用人的使用而言，未注册商标持有人使用在先。

再次，对于未注册商标的保护，应与其实际使用的商品相同或类似为准。

最后，抢注或仿冒该商标后会在客观上造成相关公众的混淆。

本案中，A公司生产的“暖×宝”牌保暖衣，从1993年开始生产并深受我国中老年人欢迎，2002年3月聘请某明星进行广告代言，在全国知名度大大提升。由此可见，A公司的“暖×宝”商标具有一定影响力，而市场上，很多厂家是在2002年开始摹仿A公司“暖×宝”牌，且生产的产品也是保暖衣，A公司在保暖衣产品上对“暖×宝”牌使用在先，违法使用人生产摹仿A公司“暖×宝”牌保暖衣的行为已造成市场上的混淆。因此，A公司的“暖×宝”商标虽然还没有注册，但也受我国法律保护，可依据《商标法》第十三条和《反不正当竞争法》第六条的规定维护自身权益，禁止其他厂家对“暖×宝”商标的使用。

风险防范与建议

对于具有一定知名度，但没有达到驰名的未注册商标，在很多情况下作为知名商品或服务的特有名称来保护，但也要在完全满足商标使用时间较长、具有一定市场知名度、没有被他人抢注、对方的使用存在恶意等条件的情况下，才有可能胜诉，存在巨大的风险。

如果商标被别人抢注，必须经商标局宣告无效后，才能去追究对方的侵权责任，耗时费力，而且万一无法宣告无效，企业对自己商标的使用会变成侵犯他人商标权的行为，后果非常严重。

因此，商标一定要去注册，即使已经出现纠纷，也要尽快注册，尽可能避免被人抢注。

法条链接

《商标法》（2019年修正）第十三条 为相关公众所熟知的商标，持有人认为其权利受到侵害时，可以依照本法规定请求驰名商标保护。

就相同或者类似商品申请注册的商标是复制、摹仿或者翻译他人未在中国注册的驰名商标，容易导致混淆的，不予注册并禁止使用。

就不相同或者不相类似商品申请注册的商标是复制、摹仿或者翻译他人已经在中国注册的驰名商标，误导公众，致使该驰名商标注册人的利益可能受到损害的，不予注册并禁止使用。

《反不正当竞争法》（2019年修正）第六条 经营者不得实施下列混淆行为，引人误认为是他人商品或者与他人存在特定联系：

（一）擅自使用与他人有一定影响的商品名称、包装、装潢等相同或者近似的标识；

（二）擅自使用他人有一定影响的企业名称（包括简称、字号等）、社会组织名称（包括简称等）、姓名（包括笔名、艺名、译名等）；

（三）擅自使用他人有一定影响的域名主体部分、网站名称、网页等；

（四）其他足以引人误认为是他人商品或者与他人存在特定联系的混淆行为。

23. 注册商标连续3年不使用，是否会被撤销？

情景案例

2005年3月，A公司向国家商标局提交“童×乐”商标的注册申请，该商标于2006年5月被核准注册，核定使用商品为第28类中的“玩具”。由于时机不成熟，“童×乐”商标一直没有投入生产使用。2009年6月，B公司以A公司连续三年没有使用“童×乐”商标为由，向商标局提出撤销“童×乐”商标的申请。对于B公司的申请，A公司感到十常意外。A公司认为：“童×乐”商标注册证核准有效期为十年，至今才三年多，B公司提出撤销“童×乐”商标的申请没有法律依据。

请问：B公司提出撤销“童×乐”商标的申请，能得到支持吗？

案例分析

本案主要涉及的是注册商标连续三年不使用被撤销的法律问题。

我国《商标法》第四十九条第二款规定，注册商标没有正当理由连续三年不使用的，任何单位或者个人可以向商标局申请撤销该注册商标。设置“撤销”制度的立法目的，在于督促商标注册人合法有效使用商标，客观上起到清理闲置商标、打击恶意注册、维护公平竞争秩序的作用。

连续三年不使用注册商标，是指一个注册商标在其有效期内不使用，且该状态不间断地持续三年以上。连续三年不使用注册商标的时间点，从申请人向商标局申请撤销该注册商标之日起，向前推算三年。

商标不存在连续三年不使用情形的举证责任是由商标注册人承担的，因此，作为商标注册人，如何提供“使用”的证明材料，包括自身使用以及许可他人使用，是重中之重。

对于商标使用证据，依照相关法律法规，可有以下形式：

（1）商标使用在指定商品上的具体表现形式有：

①商标使用在商品、商品包装、容器、标签等上，或者使用在商品附加标牌、产品说明书、介绍手册、价目表等上。

②商标使用在商品交易文书上，包括商品销售合同、销售发票、票据、收据、商品进出口检验检疫证明、报关单据等。

③商标使用体现在国家机关、检测机构或者行业组织出具的法律文书、证明文书上。

④商标使用在宣传媒体上，或者在公开发行的出版物中发布，以及以广告牌、邮寄广告或者其他广告方式为商标或者使用商标的商品进行广告宣传。

⑤商标在展览会、博览会上使用，包括在展览会、博览会上提供的使用该商标的印刷品以及其他资料。

（2）商标使用在指定服务上的具体表现形式有：

①商标直接使用于服务场所，包括使用于服务的介绍手册、服务场所招牌、店堂装饰、工作人员服饰、招贴、菜单、价目表、奖券、办公文具、信笺以及其他与指定服务相关的用品等。

②商标使用在和服务有联系的文件资料上，如服务购买合同、发票、收款凭证、提供服务协议、维修维护证明等。

③商标使用体现在国家机关、鉴定机构或者行业组织出具的法律文书、证明文书上。

④商标使用在宣传媒体上，或者在公开发行的出版物中发布，以及以广告牌、邮寄广告或者其他广告方式为商标或者使用商标的商品进行广告宣传。

⑤商标在展览会、博览会上使用，包括在展览会、博览会上提供的使用该商标的印刷品以及其他资料。

尤其注意，提交下列证据不视为商标的有效使用：仅内部使用而未在公开的商业领域使用；仅作为赠品使用；仅有转让或许可行为而没有实际使用；商标注册信息的公布或者商标注册人对其注册商标享有专用权的声明；仅有商品销售合同或提供服务的协议、合同；仅以维持商标注册为目的的象征性使用；书面证言；难以识别是否经过修改的物证、视听资料、网站信息等；实物与复制品。

本案中，B 公司有权依照《商标法》第四十九条第二款向商标局提出撤销“童×乐”商标的申请，并不受“童×乐”商标有效期限十年的限制。而 A 公司作为商标注册人，需在收到商标局通知之日起 2 个月内提交该商标在撤销申请提出前使用的证据材料或者说明不使用的正当理由；期满未提供使用的证据材料或者证据材料无效并没有正当理由的，由商标局撤销其注册商标。

风险防范与建议

为了防范注册商标因连续三年不使用被他人撤销，建议做好以下工作：

（1）尽量使用。

假如商标在短期内确实没有使用需求，但又需要防范被撤销的，可以考虑阶段性、小批量地投入使用，然后保存证据。但这种方法的风险也是比较大的，在审查过程中很可能被审查机关视为“象征性使用”行为而不认可。不过，除了这种方法，还可以考虑授权给有条件的企业使用。

（2）保留证据。

将使用商标的证据保留起来，以提防他人申请撤销。商标注册人及商标被许可人对商标的使用都可以视为对该商标的使用。商标使用证据很多，如商品、包装、发票、交易凭证等多种证据相互佐证，形成有效证据链。

（3）商标监测。

加强对自身商标的管理，对已注册快到三年的商标，可提前准备使用证据。因撤销答辩通知书是直接寄给商标注册人的，所以需时时关注商标注册地址是否可以收到这样重要的文件，特别是地址变更后与商标注册地址不一致时，更需要通过监测掌握官方发布的公告送达信息，否则如没有收到法律文书，也没看到送达公告，就会因错过法定答辩期而面临商标被撤销的风险。

法条链接

《商标法》（2019年修正）第四十九条第二款 注册商标成为其核定使用的商品的通用名称或者没有正当理由连续三年不使用的，任何单位或者个人可以向商标局申请撤销该注册商标。商标局应当自收到申请之日起九个月内做出决定。有特殊情况需要延长的，经国务院工商行政管理部门批准，可以延长三个月。

《商标法实施条例》（2014年修订）第六十六条 有商标法第四十九条规定的注册商标无正当理由连续3年不使用情形的，任何单位或者个人可以向商标局申请撤销该注册商标，提交申请时应当说明有关情况。商标局受理后应当通知商标注册人，限其自收到通知之日起2个月内提交该商标在撤销申请提出前使用的证据材料或者说明不使用的正当理由；期满未提供使用的证据材料或者证据材料无效并没有正当理由的，由商标局撤销其注册商标。

前款所称使用的证据材料，包括商标注册人使用注册商标的证据材料和商标注册人许可他人使用注册商标的证据材料。

以无正当理由连续3年不使用为由申请撤销注册商标的，应当自该注册商标注册公告之日起满3年后提出申请。

第六十七条 下列情形属于商标法第四十九条规定的正当理由：

（一）不可抗力；

（二）政府政策性限制；

（三）破产清算；

（四）其他不可归责于商标注册人的正当事由。

24. 商标申请部分被驳回，还能使用吗？

情景案例

甲公司是一家生产肥皂的企业，2016 年 8 月，甲公司委托商标代理公司办理“亮 × 白”商标的注册手续，申请使用商品是第 3 类的肥皂、香料、香精油、去渍用制剂、化妆品、牙膏、洗牙用制剂、熏料、研磨用材料及其制剂、洗衣用漂白剂及其他物料。2017 年 12 月，甲公司收到商标局颁发的商标证书，核定使用商品项目仅包括香料、香精油、化妆品三项，其他申请使用的商品均被驳回。

请问：甲公司应该如何使用“亮 × 白”商标才合法？

案例分析

本案主要涉及的是注册商标能否在其申请被驳回的商品/服务类别中使用的问题。

我国《商标法》第五十六条规定，注册商标必须使用在核定使用的商品和服务上。商标注册申请必须根据《类似商品和服务区分表》的规定，按不同的类别分别提出，经核准后即以核定使用的商品或服务为准。

注册商标需要在核定使用范围之外的商品或服务上取得商标专用权的，应当另行提出注册申请。如注册商标未另行注册，而在核定使用范围之外的商品或服务上作为注册商标使用的，除可能受到地方工商行政管理部门的行政处罚外，如该商标与他人在类似商品或服务上已注册的商标相同或者近似，还构成侵犯他人商标权的行为。

本案中，甲公司虽然在对“亮 × 白”商标申请时，选择了第 3 类的肥皂、香料、香精油、去渍用制剂、化妆品、牙膏、洗牙用制剂、熏料、研磨用材料及其制剂、洗衣用漂白剂及其他物料商品/服务类别，但商标局最终核定使用的商品项目为香料、香精油、化妆品三项，因此，甲公司只能在香料、香精油、化妆品这三项商品上使用“亮 × 白”商标，即可加注®，被驳回的商品/服务项目上，可以使用“亮 × 白”，但不能作为注册商标使用，即不能加注®，也就是说，不享有商标专用权，不受法律保护。而且这样使用的风险是一旦与他人在类似商品或服务上已注册的商标相同或者近似的，就有可能构成侵犯他人商标权的行为。

风险防范与建议

注册商标必须使用在核定使用的商品和服务上，因此，注册商标的核定使用商品/服务范围就非常重要。如果遇到商标申请部分商品/服务范围被驳回的，建议还是要分情况予以处理：

（1）如果被驳回的部分里，没有特别重要或是非注册不可的类别，那么完全可以选择放弃掉这部分。

（2）如果被驳回的部分中有不想放弃的类别，可以提出商标分割申请，将该申请中初步审定的部分申请分割成另一件申请。商标局收到分割申请后，将原申请分割为两件，对分割出来的初步审定申请生成新的申请号，并予以公告。驳回复审部分使用原申请号进行复审申请。

法条链接

《商标法》（2019 年修正）第二十三条　注册商标需要在核定使用范围之外的商品上取得商标专用权的，应当另行提出注册申请。

第四十九条第一款　商标注册人在使用注册商标的过程中，自行改变注册商标、注册人名义、地址或者其他注册事项的，由地方工商行政管理部门责令限期改正；期满不改正的，由商标局撤销其注册商标。

第五十六条　注册商标的专用权，以核准注册的商标和核定使用的商品为限。

25. 公司名称变更后，以原公司名称注册的商标有效吗?

情景案例

A 公司成立于 2013 年 8 月，是一家砧板生产企业，主要经营“达 × 芬”“潮 × 语”两个砧板品牌。“达 × 芬”“潮 × 语”商标均已获得商标证书。2017 年 5 月，因公司发展需要，A 公司决定将公司名称由“广州 × × 木器有限责任公司”变更为“广州 × × 家居用品有限责任公司”。2017 年 8 月，B 公司到 A 公司所在地工商部门投诉，要求 A 公司将产品包装上的Ⓡ标志去除，因为 A 公司的名称已变更，其原来申请的商标专用权已失效。

请问：A 公司已注册的“达 × 芬”“潮 × 语”商标还有效吗?

案例分析

本案主要涉及的是注册商标变更问题。

如果商标注册人名称变更，根据我国《商标法》第四十一条规定，应当向商标局提出变更申请，只要变更了，在商标有效期内，注册商标还是有效的，并不会因注册人名义变更而无效。

如果不变更，根据我国《商标法》第四十九条规定，由地方工商行政管理部门责令限期改正；期满不改正的，由商标局撤销其注册商标。

本案中，A 公司的公司名称由“广州 × × 木器有限责任公司”变更为“广州

××家居用品有限责任公司”，与之前商标注册登记的注册人名称不一致，因此，需尽快到商标局办理变更申请，否则，不仅影响到产品包装的注册商标标注问题，也会被当地工商行政管理部门责令限期改正，期满不改正的，商标局就会撤销此注册商标。如果注册商标被撤销，A 公司对“达×芬”“潮×语”商标就不再享有商标专用权，这对 A 公司的品牌发展影响很大。

风险防范与建议

商标注册人的名称变更，需及时到商标局办理变更申请，否则存在以下法律风险：

（1）影响注册商标办理续展。

商标的使用期限为 10 年。期限届满，需办理商标续展，商标局在办理续展时，需对商标信息进行核对，如果商标注册人名义与登记备案不一致的话，将会拒绝该商标的续展申请。注册商标有效期限届满而不续展的，商标无效。

（2）影响商标转让、授权使用和质押等。

商标转让、授权使用和质押，商标局同样需要核对商标的注册信息与营业执照上的地址、名字是否一致，当发现两者信息不一致，商标局将会驳回申请。

（3）商标可能会被撤销。

商标注册所有人在使用商标过程中，自行改变注册商标、注册人名义、地址或其他注意事项的，由地方工商行政管理部门责令期限改正；期满不改正的，则由商标局撤销其注册商标。

（4）被他人提出撤销，无法提供使用证明。

根据我国《商标法》第四十九条规定，任何人都可以申请撤销他人没有正当理由连续三年不使用的注册商标。一旦被他人提出撤销申请，那么商标注册所有人需要提供注册商标的使用证据。如果注册人的名义发生变更，那么注册人将无法直接提供以原注册人名义使用的证据，这样就面临着可能因无法提供使用证明证据而被撤销的极大风险。

鉴于上述风险，建议企业重视和加强对注册商标登记备案信息的管理，如有变更，需及时进行变更登记。

法条链接

《商标法》（2019 年修正）第四十一条　注册商标需要变更注册人的名义、地址或者其他注册事项的，应当提出变更申请。

第四十九条第一款　商标注册人在使用注册商标的过程中，自行改变注册商标、注册人名义、地址或者其他注册事项的，由地方工商行政管理部门责令限期改正；期满不改正的，由商标局撤销其注册商标。

四、商标侵权

26. 企业生产假冒注册商标的产品，会有什么后果？

情景案例

2012 年 3 月，冯某在广西柳州市创办某运动鞋加工厂。于某是冯某的表弟，负责工厂日常运营管理。由于没有自主品牌，工厂生产出来的运动鞋很难销售出去。为打开市场销路，冯某于 2013 年 5 月开始生产某国际品牌运动鞋，但并未取得注册商标权利人的许可，也未和注册商标权利人签署委托加工合同。

2013 年 7 月，冯某、于某雇车发一批冒牌运动鞋到广州，运输途中被公安机关截获。经品牌公司鉴定，查获产品均为假冒侵权产品，正品价值达 25 万元以上。

请问：冯某与于某要承担什么法律责任？

案例分析

本案主要涉及的是生产假冒注册商标产品法律责任的问题。

我国《刑法》第二百一十三条规定，未经注册商标所有人许可，在同一种商品上使用与其注册商标相同的商标，构成假冒注册商标罪，情节严重的，处三年以下有期徒刑或者拘役，并处或者单处罚金；情节特别严重的，处三年以上七年以下有期徒刑，并处罚金。

本案中，冯某、于某未经某国际品牌的注册商标权利人的许可，也未和注册商标权利人签署委托加工合同，擅自在其工厂生产的运动鞋上使用与该国际品牌相同的商标，冒充国际品牌，其行为已构成假冒注册商标罪。

冯某、于某对此假冒侵权产品没有进行销售，没有实际销售价格，也没有标价，按照相关的刑事司法解释，按照被侵权产品的市场中间价格计算其非法经营数额，也就是按照正品价格计算。经品牌公司鉴定，查获产品的正品价值达 25 万元以上，依照《刑法》第二百一十三条规定，冯某和于某可能被判处三年以上七年以下有期徒刑，并处罚金。

风险防范与建议

企业在生产经营中，务必注意审查产品上标注使用的标识是否与他人的注册商标相同或相近似。司法实务中，具有下列情形之一的，都可以认定为“与注册商标相同的商标”：

（1）改变注册商标的字体、字母大小写或者文字横竖排列，与注册商标之间仅有细微差别的；

（2）改变注册商标的文字、字母、数字等之间的间距，不影响体现注册商标显著特征的；

（3）改变注册商标颜色的；

（4）其他与注册商标在视觉上基本无差别、足以对公众产生误导的商标。

因此，企业应合法经营，注重自身品牌发展，不应图一时便利，“傍名牌”“搭便车”，一旦触犯刑法，损失更大。

法条链接

《刑法》（2017 年修订）第二百一十三条 未经注册商标所有人许可，在同一种商品上使用与其注册商标相同的商标，情节严重的，处三年以下有期徒刑或者拘役，并处或者单处罚金；情节特别严重的，处三年以上七年以下有期徒刑，并处罚金。

《最高人民法院、最高人民检察院关于办理侵犯知识产权刑事案件具体应用法律若干问题的解释》（2004 年 12 月 8 日 法释〔2004〕19 号）第一条 未经注册商标所有人许可，在同一种商品上使用与其注册商标相同的商标，具有下列情形之一的，属于刑法第二百一十三条规定的“情节严重”，应当以假冒注册商标罪判处三年以下有期徒刑或者拘役，并处或者单处罚金：

（一）非法经营数额在五万元以上或者违法所得数额在三万元以上的；

（二）假冒两种以上注册商标，非法经营数额在三万元以上或者违法所得数额在二万元以上的；

（三）其他情节严重的情形。

具有下列情形之一的，属于刑法第二百一十三条规定的“情节特别严重”，应当以假冒注册商标罪判处三年以上七年以下有期徒刑，并处罚金：

（一）非法经营数额在二十五万元以上或者违法所得数额在十五万元以上的；

（二）假冒两种以上注册商标，非法经营数额在十五万元以上或者违法所得数额在十万元以上的；

（三）其他情节特别严重的情形。

第十二条第一款 本解释所称“非法经营数额”，是指行为人在实施侵犯知识产权行为过程中，制造、储存、运输、销售侵权产品的价值。已销售的侵权产品的价值，按照实际销售的价格计算。制造、储存、运输和未销售的侵权产品的价值，按照标价或者已经查清的侵权产品的实际销售平均价格计算。侵权产品没有标价或者无法查清其实际销售价格的，按照被侵权产品的市场中间价格计算。

最高人民检察院、公安部关于印发《最高人民检察院公安部关于公安机关管辖的刑事案件立案追诉标准的规定（二）》的通知（公通字〔2010〕23号）第六十九条 未经注册商标所有人许可，在同一种商品上使用与其注册商标相同的商标，涉嫌下列情形之一的，应予立案追诉：

（一）非法经营数额在五万元以上或者违法所得数额在三万元以上的；

（二）假冒两种以上注册商标，非法经营数额在三万元以上或者违法所得数额在二万元以上的；

（三）其他情节严重的情形。

27. 销售的商品被起诉侵犯商标专用权，销售者要承担责任吗？

情景案例

A公司是一家专注生产电饭煲的老牌企业，其生产的“五×福”牌电饭煲深受消费者欢迎。董某是一名国企下岗职工，2013年5月，董某在自家小区门口开了一间小型超市。2017年6月10日，A公司的打假专员在董某经营的超市里购买了十个假冒的“五×福”牌电饭煲，A公司在办理假冒产品公证手续后，遂到法院起诉董某，要求其立即停止销售侵权商品并赔偿10万元经济损失。

董某认为，我以市场合理价格从正规批发市场进货，本人不知道这批产品是假货，因此超市不需要承担法律责任；如果超市出售的“五×福”牌电饭煲确实是假货，A公司应该追究假货制造商的责任。

请问：董某的说法符合法律规定吗？

案例分析

本案主要涉及的是销售者销售假冒注册商标产品是否应承担法律责任问题。

我国《商标法》第五十七条第三款规定，销售侵犯注册商标专用权商品的，也属于侵犯注册商标专用权行为。《商标法》第六十条第一款规定，商标注册人或者利害关系人可以向人民法院起诉，也可以请求工商行政管理部门处理。《商标法》第六十四条第二款规定，销售不知道是侵犯注册商标专用权的商品，能证明该商品是自己合法取得并说明提供者的，不承担赔偿责任。

本案中，A公司的打假专员在董某经营的超市里公证购买了十个假冒“五×福”牌电饭煲，在司法实务中，除非有相反证据推翻公证证明文书，否则可认定董某经营的超市销售了侵犯注册商标专用权商品的事实。虽然假冒商品不是董某制造的，但董某的销售行为，侵犯了A公司“五×福”注册商标专用权。至于假货制造商，其行为也侵犯了A公司“五×福”注册商标专用权，A公司可以通过司法途径对此进行起诉。但法律并不会因为追究了假货制造商的法律责任而不追究或者豁免销售者销售侵犯注册商标专用权商品所应承担的法律责任。

本案中，最重要的是，董某不知道是假货，并以市场合理价格从正规批发市场进货，也就是说能证明该商品是自己合法取得，因此，虽然董某的行为构成侵犯注册商标专用权侵权行为，但依法可不承担赔偿责任。

风险防范与建议

如果真的在不知情的情况下销售了侵犯注册商标专用权的商品，合法来源抗辩成立的话可以不赔偿经济损失，但合法来源抗辩是否成立是需要举证证明的，因此，企业在进货时务必做好以下防范措施，保留合法来源的证明材料：

（1）在进货时要选择具有资质的供应商，以合理价格购进产品。

（2）要求供应商提供营业执照、商标注册证或授权证书。

（3）送货单上要注明进货的物品名称、型号等，单据上要有供应商的盖章。

（4）进货时尽量和供应商签订正规合同，事先对于可能产生的知识产权争议进行约定。

（5）保留好合同、送货单、发票等证据，以便发生纠纷时要求供应商承担责任，或者在诉讼中可以提出“合法来源”抗辩。

法条链接

《商标法》（2019年修正）第五十七条 有下列行为之一的，均属侵犯注册商标专用权：

（一）未经商标注册人的许可，在同一种商品上使用与其注册商标相同的商标的；

（二）未经商标注册人的许可，在同一种商品上使用与其注册商标近似的商标，或者在类似商品上使用与其注册商标相同或者近似的商标，容易导致混淆的；

（三）销售侵犯注册商标专用权的商品的；

（四）伪造、擅自制造他人注册商标标识或者销售伪造、擅自制造的注册商标标识的；

（五）未经商标注册人同意，更换其注册商标并将该更换商标的商品又投入市场的；

（六）故意为侵犯他人商标专用权行为提供便利条件，帮助他人实施侵犯商标专用权行为的；

（七）给他人的注册商标专用权造成其他损害的。

第六十条 有本法第五十七条所列侵犯注册商标专用权行为之一，引起纠纷的，由当事人协商解决；不愿协商或者协商不成的，商标注册人或者利害关系人可以向人民法院起诉，也可以请求工商行政管理部门处理。

工商行政管理部门处理时，认定侵权行为成立的，责令立即停止侵权行为，没收、销毁侵权商品和主要用于制造侵权商品、伪造注册商标标识的工具，违法经营额五万元以上的，可以处违法经营额五倍以下的罚款，没有违法经营额或者违法经营额不足五万元的，可以处二十五万元以下的罚款。对五年内实施两次以上商标侵权行为或者有其他严重情节的，应当从重处罚。销售不知道是侵犯注册商标专用权的商品，能证明该商品是自己合法取得并说明提供者的，由工商行政管理部门责令停止销售。

对侵犯商标专用权的赔偿数额的争议，当事人可以请求进行处理的工商行政管理部门调解，也可以依照《中华人民共和国民事诉讼法》向人民法院起诉。经工商行政管理部门调解，当事人未达成协议或者调解书生效后不履行的，当事人可以依照《中华人民共和国民事诉讼法》向人民法院起诉。

第六十四条第二款　销售不知道是侵犯注册商标专用权的商品，能证明该商品是自己合法取得并说明提供者的，不承担赔偿责任。

28. 被他人侵犯商标专用权，如何维权？

情景案例

2008 年 3 月，程某与曹某在广东汕头一起创办 A 公司，专门生产儿童玩具。A 公司于 2009 年开始使用“土×奇”商标，并于 2010 年 3 月提起商标注册的申请，2011 年 6 月取得商标专用权，核定使用的种类为第 28 类。

2012 年 5 月，程某与曹某在山东临沂出差时，在批发市场无意中发现“土×奇”牌玩具的假冒产品。经调查，侵权公司来自福建泉州。对于如何维权，程某与曹某觉得无从入手，不知道如何寻求救济途径。

请问：A 公司应该如何维权？

案例分析

本案主要涉及的是注册商标专用权被侵犯的法律救济途径问题。

我国《商标法》第五十七条规定了 7 种侵犯注册商标专用权的行为，第六十条规定商标注册人或者利害关系人就被侵犯注册商标专用权行为可以采取的法律救济途径。

本案中，A 公司发现其“土×奇”商标被人假冒，依法可采取以下救济途径：

（1）行政查处。可向工商行政管理部门投诉，请求工商行政管理部门处理。

工商行政管理部门如果认定侵权行为成立，除了责令侵权者立即停止侵权行为之外，还会没收、销毁侵权商品以及相关的工具设备，并可以处以相应数额的罚款。这种方法的主要优势在于，查处力度大，查处行动快。对制假者和售假者打击迅速，能有效制止侵权行为的蔓延。但对行政责任的查处，只能让对方停止侵害和罚款，并不能获得赔偿。

（2）法院起诉。可向人民法院起诉，法院如果认定侵权行为成立，会判令侵权者停止侵害并赔偿损失。适用这一程序的优势在于，查处力度大，起诉人可以依据有关法律规定，要求侵权行为人对其实施的侵权行为给被侵权人造成的损失予以赔偿。但诉讼程序相对复杂，所需时间较长，维权成本较大。

向工商行政管理部门投诉和向法院起诉可以同时进行，但是法院的诉讼程序开始之后，工商管理部门可能就会中止查处程序。

但必须注意，对行政责任的查处，只能让对方停止侵害，如果想要弥补经济损失，则需要向法院提起诉讼。

（3）刑事控告。侵犯注册商标专用权的，除民事责任、行政责任外，法律规定，如涉及“未经注册商标所有人许可，在同一种商品上使用与其注册商标相同商标；明知道是假冒注册商标的商品，还予以销售的；伪造、擅自制造他人注册商标标识或者销售伪造、擅自制造的注册商标标识的”，情节严重，涉案数额较大，构成刑事犯罪的，应依法追究刑事责任。

A公司可根据实际情况选择上述方式予以维权，行政查处和法院起诉的方式可以单独采取，也可同时进行。但刑事控告，要求符合刑法关于侵害商标专用权规定的构成要件，才能启动此程序。

风险防范与建议

（1）证据收集问题。

无论是行政查处或是法院诉讼，只有在证据充足的情况下，才有利于行政执法机关或司法审判机关对注册商标专用权侵权行为尽快地加以认定，因此，企业需尽可能地收集与案件有关，并能证明案件真实情况的证据，主要为：权属证据、侵权证据、损害赔偿证据、有关侵权人情况的证据。

（2）选择法院诉讼问题。

商标侵权案件，企业如需法院诉讼，需考虑两个问题，一是确定在哪个区域的法院起诉，二是确定在这一区域的哪一级法院进行诉讼。

对于侵犯商标专用权的民事纠纷案件，可以由侵权行为的实施地、侵权商品的储藏地或者查封扣押地、被告住所地人民法院管辖。侵权商品的储藏地，是指大量或者经常性储存、隐匿侵权商品所在地；查封扣押地，是指海关、工商等行政机关依法查封、扣押侵权商品所在地。侵害商标专用权行为的实施地包括下列各地：侵权产品的制造、使用、许诺销售、销售、进口等行为实施地；假冒他人商标行为的实施地；伪造、擅自制造他人商标标识的行为实施地或者销售伪造、擅自制造他人商标标识的销售地等。

商标权人可以在上述所在地中，选择一个比较有利的所在地法院提起诉讼。

由于最高人民法院对商标案件规定了特殊的管辖，因此侵害商标专用权纠纷案件的管辖与一般侵权案件的管辖不同。基层人民法院对商标侵权案件一般并无管辖权，仅对一般性侵权纠纷有管辖权。因此，对于商标侵权纠纷而言，侵权地法院或者被告住所地法院一般指的是侵权地或者被告住所地的中级人民法院，而不是基层人民法院，只有高级人民法院确定并经最高人民法院批准的较大城市的基层人民法院才有商标案件的管辖权。

（3）选择行政查处问题。

对于自身商标被侵权的，权利人可以向市工商局商标管理处或者工商分局商标广告合同管理科投诉，需要出具书面的请求。在请求书中应当写明请求的事由、请求的法律依据、请求人的名称、地址、侵权人的名称及侵权行为发生地等内容。如果是外国人或外国企业则要通过委托有涉外代理权的商标代理机构办理。

法条链接

《商标法》（2019 年修正）第五十七条　有下列行为之一的，均属侵犯注册商标专用权：

（一）未经商标注册人的许可，在同一种商品上使用与其注册商标相同的商标的；

（二）未经商标注册人的许可，在同一种商品上使用与其注册商标近似的商标，或者在类似商品上使用与其注册商标相同或者近似的商标，容易导致混淆的；

（三）销售侵犯注册商标专用权的商品的；

（四）伪造、擅自制造他人注册商标标识或者销售伪造、擅自制造的注册商标标识的；

（五）未经商标注册人同意，更换其注册商标并将该更换商标的商品又投入市场的；

（六）故意为侵犯他人商标专用权行为提供便利条件，帮助他人实施侵犯商标专用权行为的；

（七）给他人的注册商标专用权造成其他损害的。

第六十条　有本法第五十七条所列侵犯注册商标专用权行为之一，引起纠纷的，由当事人协商解决；不愿协商或者协商不成的，商标注册人或者利害关系人可以向人民法院起诉，也可以请求工商行政管理部门处理。

工商行政管理部门处理时，认定侵权行为成立的，责令立即停止侵权行为，没收、销毁侵权商品和主要用于制造侵权商品、伪造注册商标标识的工具，违法经营额五万元以上的，可以处违法经营额五倍以下的罚款，没有违法经营额或者违法经营额不足五万元的，可以处二十五万元以下的罚款。对五年内实施两次以上商标侵权行为或者有其他严重情节的，应当从重处罚。销售不知道是侵犯注册商标专用权的商品，能证明该商品是自己合法取得并说明提供者的，由工商行政管理部门责令停止销售。

对侵犯商标专用权的赔偿数额的争议，当事人可以请求进行处理的工商行政管理部门调解，也可以依照《中华人民共和国民事诉讼法》向人民法院起诉。经工商行政管理部门调解，当事人未达成协议或者调解书生效后不履行的，当事人可以依照《中华人民共和国民事诉讼法》向人民法院起诉。

第六十一条 对侵犯注册商标专用权的行为，工商行政管理部门有权依法查处；涉嫌犯罪的，应当及时移送司法机关依法处理。

29. 其他行业的产品使用企业的注册商标，构成侵权吗？

情景案例

A公司是一家专门生产毛巾的企业，位于江苏省苏州市。2013年3月，A公司委托某商标代理公司注册“美×净”商标。2014年6月，A公司取得商标专用权，核定使用的商标种类为第24类“织物及其替代品；家庭日用纺织品；纺织品制或塑料制帘”当中的“家庭日用纺织品、纺织品毛巾、纺织品手帕、纺织品洗脸巾、卸妆用布、浴巾、搓澡巾、浴用织品（服装除外）”小类别。由于产品性价比高，“美×净”牌毛巾投放市场后，受到全国各地经销商的青睐，产品投入市场不到一年，销售额已达5000万元。

B公司是一家生产化妆品的小型工厂，位于浙江省台州市。2015年8月，A公司发现市场上有B公司生产的“美×净”牌面膜销售。有两个细节让A公司感到比较纠结，一是“美×净”面膜的产品包装没有印®标记；二是“美×净”面膜与“美×净”毛巾的LOGO设计完全不一样。经调查，B公司成立于2014年8月，暂时没有注册过任何商标。

请问：B公司在面膜产品上使用“美×净”商标，构成对A公司的侵权吗？

案例分析

本案主要涉及注册商标类别保护问题。

我国《商标法》第二十三条规定，注册商标需在核定使用范围之内使用，而《商标法》第五十七条规定，只有在同一种商品或类似商品上使用与注册商标相同或相近似的商标，容易导致混淆的，才属于侵犯注册商标专用权行为。

也就是说，我国对注册商标是按类别保护的。商标分类表把商标分为45个大类，每个类别都是相互独立的，商标在哪个类别中的哪些商品上注册成功，就只能在哪个类别中的具体商品上使用，并且在该类别拥有商标专用权，这样才受法律保护。

本案中，A公司的“美×净”注册商标核定使用商标种类为第24类的“家庭日用纺织品、纺织品毛巾、纺织品手帕、纺织品洗脸巾、卸妆用布、浴巾、搓澡巾、浴用织品（服装除外）”，因此，A公司的“美×净”注册商标不仅需要严格限定在核定使用的第24类商标种类中的“家庭日用纺织品、纺织品毛巾、纺织品手帕、纺织品洗脸巾、卸妆用布、浴巾、搓澡巾、浴用织品（服装除外）”产品中使用，且也只能在第24类中的“家庭日用纺织品、纺织品毛巾、纺织品手帕、纺织品洗脸巾、卸妆用布、浴巾、搓澡巾、浴用织品（服装除外）”产品中受到保护。

B公司生产的面膜，与A公司生产的毛巾，不属于同一种商品，也不属于类似商品，且B公司的“美×净”与A公司的“美×净”LOGO设计完全不一样，即便B公司没有将其“美×净”注册商标，也不构成侵犯A公司“美×净”注册商标行为。

综上所述，B公司在面膜产品上使用“美×净”商标，不构成对A公司“美×净”注册商标的侵权。

风险防范与建议

因我国商标法对注册商标的保护实行类别保护，为避免出现案例中A公司的尴尬局面，在商标战略布局中就要关注对注册商标的跨类别保护。

怎样才能做到注册商标的跨类别保护呢？建议如下：

（1）应在商标注册时用心选择商标和标识。

尽量选择臆造词，不用已被广泛使用的词汇作为商标。一旦这些臆造词与企业发生联系，如果其他商家使用这一词汇或者与其相似的词汇，很容易被认为属于恶意搭便车的行为，即使对方商标注册成功，只要权利人提出商标异议，对方商标被裁定无效的可能性也是非常大的。

（2）尽量对商标选择全类别注册，即在商品分类表的每一个类别上均进行注册。这样可以：

①防止他人在自己今后可能进入的行业、商品上注册商标。

②防止他人在性质、用途存在冲突的商品种类上注册商标。

当然，全类注册所需的花费较大，而且为防止注而不用的现象，商标法规定超过三年没有实际使用，他人可以申请撤销该注册商标，这也是需要考虑和作好应对方案的一个风险。

但无论如何，全类注册至少可以赢得三年的时间，对瞬息万变的市场来说，三年的时间也是非常宝贵的，而且，如果企业在日常经营中，有保留实际使用的证据的话，也未必会被撤销。

（3）企业应努力使自己的注册商标成为驰名商标。

根据我国《商标法》第十三条规定，我国商标法对驰名商标实行跨类别保护，也就是说，如果未经驰名商标注册人同意，将驰名商标用在不相同或不相类似商品上，驰名商标注册人可要求禁止使用。

（4）对有独创性的注册商标图案设计进行著作权登记。

我国《商标法》明确规定，著作权享受在先权利，未经著作权人的许可，将他人享有著作权的作品作为商标使用，属于对他人在先权利的侵犯，从这点可以看出，拥有著作权的在先权利，相当于“全类别”保护。而且，商标法规定超过三年没有实际使用，他人可以申请撤销该注册商标，但是，在“商标版权化”的保护模式下，商标权人的商标即使因为不使用被撤销，也会基于其享有的著作权而禁止他人继续使用。

法条链接

《商标法》（2019 年修正）第十三条 为相关公众所熟知的商标，持有人认为其权利受到侵害时，可以依照本法规定请求驰名商标保护。

就相同或者类似商品申请注册的商标是复制、摹仿或者翻译他人未在中国注册的驰名商标，容易导致混淆的，不予注册并禁止使用。

就不相同或者不相类似商品申请注册的商标是复制、摹仿或者翻译他人已经在中国注册的驰名商标，误导公众，致使该驰名商标注册人的利益可能受到损害的，不予注册并禁止使用。

第二十三条 注册商标需要在核定使用范围之外的商品上取得商标专用权的，应当另行提出注册申请。

第五十七条 有下列行为之一的，均属侵犯注册商标专用权：

（一）未经商标注册人的许可，在同一种商品上使用与其注册商标相同的商标的；

（二）未经商标注册人的许可，在同一种商品上使用与其注册商标近似的商标，或者在类似商品上使用与其注册商标相同或者近似的商标，容易导致混淆的；

（三）销售侵犯注册商标专用权的商品的；

（四）伪造、擅自制造他人注册商标标识或者销售伪造、擅自制造的注册商标标识的；

（五）未经商标注册人同意，更换其注册商标并将该更换商标的商品又投入市场的；

（六）故意为侵犯他人商标专用权行为提供便利条件，帮助他人实施侵犯商标专用权行为的；

（七）给他人的注册商标专用权造成其他损害的。

30. 将企业的注册商标用作企业字号，可以起诉吗?

情景案例

2010 年 3 月，甲公司取得了“PP”的商标注册证书，核定使用的商品为文具。经过多年经营，“PP”牌文具虽然没有被认定为省著名商标，但广受消费者与经销商欢迎，销售网络覆盖全国，年销售额达 1 亿元。2016 年 5 月，甲公司发现乙公司擅自将“PP”登记为企业字号，乙公司主营产品也是文具，其以“PP”作为产品名称在网络上进行宣传。

请问：甲公司可以向法院起诉，要求乙公司承担侵权责任吗?

案例分析

本案涉及使用他人的注册商标作为企业字号是否构成侵权的问题。

《最高人民法院关于审理商标民事纠纷案件适用法律若干问题的解释》第一条第一款规定，将与他人注册商标相同或者相近似的文字作为企业的字号在相同或者类似商品上突出使用，容易使相关公众产生误认的，属于商标法第五十二条第五项规定的给他人的注册商标专用权造成其他损害的行为。由此规定可见，此种形式的侵犯注册商标专用权的行为，必须同时具备以下五个特点：

（1）文字相同或近似；

（2）在相同或者在类似商品或服务上使用；

（3）突出使用；

（4）易使相关公众产生误认；

（5）其中突出使用是将与注册商标文字相同或相近似的字号从企业名称中脱离出来，醒目的使用。

本案中，判断乙公司的企业字号是否侵犯甲公司的注册商标权，应依据普通消费者的一般注意力及上述法律进行综合判断。乙公司将与甲公司注册商标相同的文字“PP”登记为企业字号，二者从事的服务相类似，可认定为侵犯了甲公司的商标权。

另外，如果乙公司使用甲公司的注册商标具有明显“搭便车”的故意，客观上借用了甲公司的声誉，可能使消费者对市场主体及其服务来源产生混淆，获取不正当利益，其行为违反了诚实信用原则和商业道德，侵犯了甲公司的竞争利益，构成不正当竞争。

综上所述，甲公司可以向法院起诉，要求乙公司承担以下侵权责任：

（1）停止使用含有“PP”字号的企业名称，应当及时办理名称变更登记；名称变更前，由原企业登记机关以统一社会信用代码代替其名称。

（2）停止侵害“PP”注册商标专用权的行为。

（3）停止不正当竞争行为。

（4）赔偿损失。

风险防范与建议

商标与字号属于知识产权中不同的领域，公司如果在公司名称命名的过程中保持公司字号和公司商标一致是不错的商标战略。客户只要记住了企业字号，也就记住了企业商标；或者，记住了商标，也就记住了企业的字号。

企业在字号与商标领域一般存在的法律风险为：将他人的注册商标相同或近似的文字作为企业的字号使用，可能被诉侵权；或者自己的商标被他人作为字号使用，自身的商标权遭受侵害。

防范该类法律风险的方式为：

（1）不要将他人注册商标相同或近似的文字作为企业的字号在相同或类似商品、服务上突出使用。

（2）避免与他人商标中的文字和企业名称中的字号相同或者近似。

因此，企业在申请注册商标或登记企业字号前，务必注意对在先商标注册信息以及同行业企业字号进行充分检索，充分注意避免权利冲突，切忌“傍名牌”，否则有可能侵犯他人在先权利，或落入他人驰名商标跨类保护的范围。如果企业忽视该风险，不仅会遭受损失，还可能会面临权利人的索赔，或面临停止侵权特别是停止使用字号的风险。

法条链接

《最高人民法院关于审理商标民事纠纷案件适用法律若干问题的解释》（法释〔2002〕32号）第一条 下列行为属于商标法第五十二条第（五）项[①]规定的给

① 《商标法》已经于2019年修正，前述第五十二条已经调整为第五十七条。

他人注册商标专用权造成其他损害的行为：

（一）将与他人注册商标相同或者相近似的文字作为企业的字号在相同或者类似商品上突出使用，容易使相关公众产生误认的；

（二）复制、摹仿、翻译他人注册的驰名商标或其主要部分在不相同或者不相类似商品上作为商标使用，误导公众，致使该驰名商标注册人的利益可能受到损害的；

（三）将与他人注册商标相同或者相近似的文字注册为域名，并且通过该域名进行相关商品交易的电子商务，容易使相关公众产生误认的。

31. 商标侵权人已被工商局查处，被侵权人还可以起诉吗？

情景案例

袁女士在淘宝网经营一家网店，主要销售某品牌的高仿手袋。2017 年 3 月 10 日，因产品售后服务没有处理好，有客户到工商行政管理部门举报袁女士出售假货。2017 年 3 月 13 日，当地工商行政管理部门责令袁女士停止销售冒牌产品，并处以 3000 元罚款。

2017 年 4 月，袁女士收到某品牌手袋公司发来的律师函，要求袁女士赔偿其 3 万元经济损失，否则就到法院起诉袁女士。袁女士认为，工商行政管理部门已对她的违法行为进行处罚，这件事已经过去了，某品牌手袋公司无权起诉她。

请问：袁女士的说法符合法律规定吗？

案例分析

本案主要涉及的是就同一注册商标权侵权行为，可否同时提起行政保护和司法保护的问题。

根据我国《商标法》第六十条规定，侵犯注册商标的行为，需承担行政责任和民事责任。

行政责任，主要是工商行政管理部门通过行政查处的方式，责令侵权者立即停止侵权行为，没收、销毁侵权商品以及相关的工具设备并罚款。故对行政责任的查处只能让对方停止侵害，并不涉及经济赔偿，所涉罚款也是收归国库。如涉及损失赔偿，工商行政管理部门只可根据当事人的请求进行调解。经工商行政管理部门调解，当事人未达成协议或者调解书生效后不履行的，当事人可以向人民法院起诉。

民事责任，主要是通过法院诉讼，要求侵权者停止侵权行为并赔偿经济损失。

综上可见，赔偿经济损失这一主张，并不属于行政责任，而是属于民事责任范畴。

本案中，袁女士因销售某品牌的高仿手袋构成侵犯他人注册商标侵权行为，虽已受到了当地工商行政管理部门的行政查处，承担了行政责任，但对于注册商标专用权人而言，其还可以追究袁女士的民事责任，即可要求袁女士承担经济损失赔偿责任，此民事责任并没有与工商行政管理部门的行政责任重叠或冲突，即便袁女士被工商行政管理部门处以3000元的罚款，但这也是行政部门对其的罚款，并非袁女士向注册商标专用权人支付的经济损失赔偿金，因此，某品牌手袋公司依然有权向法院起诉要求袁女士承担向其支付经济损失赔偿金的民事责任。

风险防范与建议

《商标法》第六十条至第六十三条规定了侵犯注册商标专用权的四种救济途径，分别是当事人协商解决、商标权人或利害关系人请求工商行政管理部门处理、商标权人或利害关系人向人民法院提起民事诉讼以及对侵害者定罪量刑追究刑事责任。

因此，如果侵犯了注册商标专用权，有可能需承担的责任方式有：

（1）行政责任：停止侵权行为，被没收、销毁侵权商品以及相关的工具设备，罚款。

（2）民事责任：停止侵权行为、赔偿经济损失。

（3）刑事责任：判处有期徒刑或拘役，并处罚金。

对于同一侵犯注册商标专用权行为，以上三种责任方式都有可能同时适用，并不重叠或冲突。

鉴于此，建议企业在日常经营中务必合法经营，切不可侵犯他人注册商标。

法条链接

《商标法》（2019年修正）第六十条 有本法第五十七条所列侵犯注册商标专用权行为之一，引起纠纷的，由当事人协商解决；不愿协商或者协商不成的，商标注册人或者利害关系人可以向人民法院起诉，也可以请求工商行政管理部门处理。

工商行政管理部门处理时，认定侵权行为成立的，责令立即停止侵权行为，没收、销毁侵权商品和主要用于制造侵权商品、伪造注册商标标识的工具，违法经营额五万元以上的，可以处违法经营额五倍以下的罚款，没有违法经营额或者违法经营额不足五万元的，可以处二十五万元以下的罚款。对五年内实施两次以上商标侵权行为或者有其他严重情节的，应当从重处罚。销售不知道是侵犯注册商标专用权的商品，能证明该商品是自己合法取得并说明提供者的，由工商行政管理部门责令停止销售。

对侵犯商标专用权的赔偿数额的争议，当事人可以请求进行处理的工商行政管理部门调解，也可以依照《中华人民共和国民事诉讼法》向人民法院起诉。经工商行政管理部门调解，当事人未达成协议或者调解书生效后不履行的，当事人可以依照《中华人民共和国民事诉讼法》向人民法院起诉。

第六十七条 未经商标注册人许可，在同一种商品上使用与其注册商标相同的商标，构成犯罪的，除赔偿被侵权人的损失外，依法追究刑事责任。

伪造、擅自制造他人注册商标标识或者销售伪造、擅自制造的注册商标标识，构成犯罪的，除赔偿被侵权人的损失外，依法追究刑事责任。

销售明知是假冒注册商标的商品，构成犯罪的，除赔偿被侵权人的损失外，依法追究刑事责任。

《刑法》（2017 年修正）第二百一十四条 销售明知是假冒注册商标的商品，销售金额数额较大的，处三年以下有期徒刑或者拘役，并处或者单处罚金；销售金额数额巨大的，处三年以上七年以下有期徒刑，并处罚金。

32. 代工企业受托生产的产品侵犯他人的商标权，责任由谁承担？

情景案例

甲公司是一家服装加工企业，由邓某与许某于 2015 年 1 月创办。2015 年 3 月，甲公司通过网络接到乙公司生产 10 万条牛仔裤的大订单。乙公司要求甲公司在牛仔裤上打上某品牌牛仔裤的 LOGO。邓某与许某在接单前都认为，该行为是乙公司侵犯他人商标权的违法行为，与自己无关。

2015 年 6 月，乙公司出售假冒产品的行为被举报，工商行政管理部门在甲公司的仓库查获到大量的假冒产品。2015 年 7 月，某品牌公司向法院起诉，要求甲公司与乙公司共同承担赔偿责任。

请问：甲公司要承担赔偿责任吗？

案例分析

本案主要涉及的是接受委托加工商标侵权产品，是否属于侵犯他人注册商标专用权行为的问题。

我国《商标法》第五十七条第一项规定，只要未经商标注册人许可，在同一种商品上使用与其注册商标相同的商标，就属侵犯注册商标专用权的违法行为，不管使用人是否存在主观故意或其他原因。

本案中，甲公司受乙公司委托，未经某品牌牛仔裤注册商标所有人的许可，擅自在其加工的牛仔裤上打上某品牌牛仔裤的 LOGO，不管主观上是否存在过错，并不影响其商标侵权违法行为的构成。综上所述，甲公司的行为属于侵犯他人注册商标专用权的违法行为，依法需承担赔偿责任。

风险防范与建议

定牌加工企业如需避免知识产权侵权纠纷，防范定牌加工所引起的商标侵权，在经营中需重点注意以下三点：

（1）认真审核委托方定牌加工产品商标的权利证明。受理业务前，谨慎审查委托企业的商标资质，对于其出具的证明文件和法律文书进行严格的形式审查。

（2）重视合同。一要明确该合同为加工承揽合同而非销售合同。二要明确该批货物的具体销售地点，并再次确认委托企业在相应销售地具有使用有关商标的权利。三要在合同中明确约定商标权利瑕疵担保条款，明确商标责任的承担，具体条款举例如下：委托方保证对其要求在加工的商品上所使用的商标具有所有权或许可使用的权利，并保证其要求在加工的商品上所使用的商标不侵犯他人的商标专用权。如受托方在使用、销售、出口贴附该商标的产品时被第三方主张权利，或被工商行政管理部门、海关部门给予行政处罚等而受到损失的，委托方应赔偿受托方因此造成的所有损失。

（3）完成贴牌任务后，确保所有商品销往合同指定的国家或地区，并妥善留存相关单据和文书。

只有建立周密的防范措施，才能将商标侵权风险消弭于无形。

法条链接

《商标法》（2019 年修正）第五十七条 有下列行为之一的，均属侵犯注册商标专用权：

（一）未经商标注册人的许可，在同一种商品上使用与其注册商标相同的商标的；

（二）未经商标注册人的许可，在同一种商品上使用与其注册商标近似的商标，或者在类似商品上使用与其注册商标相同或者近似的商标，容易导致混淆的；

（三）销售侵犯注册商标专用权的商品的；

（四）伪造、擅自制造他人注册商标标识或者销售伪造、擅自制造的注册商标标识的；

（五）未经商标注册人同意，更换其注册商标并将该更换商标的商品又投入市场的；

（六）故意为侵犯他人商标专用权行为提供便利条件，帮助他人实施侵犯商标专用权行为的；

（七）给他人的注册商标专用权造成其他损害的。

33. 如何确定商标侵权人的赔偿数额?

情景案例

A公司是“达×尔”注册商标的所有权人，而此注册商标一直为自己使用，并未许可他人，其生产的羽绒服等服装商品在业内具有较高的知名度。B公司也是一家羽绒服生产企业，2017年3月，B公司未经许可，擅自在其生产的羽绒服上标有“达×尔”标识，严重侵害了A公司享有的商标专用权。A公司派人收集到足够的B公司侵权事实证据后，准备到B公司所在地法院起诉。

但A公司在草拟起诉状的时候遇到一个难题，其无法寻得B公司违法经营所得方面的证据材料，因此，不知如何合理计算索赔数额。

请问：A公司应该如何计算索赔数额?

案例分析

本案主要涉及的是如何合理计算商标侵权赔偿数额的问题。

我国现行《商标法》第六十三条针对商标侵权赔偿数额的确定给出了5种计算方法：“权利人损失计算法”“侵权所得计算法”“许可费倍数计算法”“惩罚性赔偿计算法”及“法定赔偿计算法”。具体如下：

权利人损失计算法。即按照权利人因被侵权所受到的实际损失确定。但在我国目前的司法实践中很少按这种计算方法来确定赔偿数额。因影响产品单位价格和销售利润的市场因素很多，并不单纯是因为涉案商标被侵权导致，所以在实际中，即便在侵权事实发生后产品销售收入下降，也很难判断是因为客观原因导致还是因为侵权事实导致。

侵权所得计算法。即赔偿数额按照侵权人因侵权行为所获得的利益来计算。但该计算方法面临两大难题：其一是举证难，侵权证据一般掌握在侵权人手中，很难取得；其二是利润核算难，“侵权利润”指除成本外的所有利润，对“成本”范围如何界定，现无明文规定。

许可费倍数计算法。即赔偿数额参照商标许可使用费的倍数合理来计算。但使用该方法计算的前提条件是，不仅需要签订真实有效的商标许可使用合同，而且必须真实履行。此外，上述许可使用还需要与涉案侵权事实在使用类别、使用时间、使用范围等方面存在相似性或可参照性。只有满足上述条件，权利人的主张才能获得人民法院的支持。

此外针对赔偿问题，规定如下：

惩罚性赔偿计算法。即对恶意侵犯他人注册商标专用权，情节严重的，以上述3种计算方法之一确定以金额的1倍以上5倍以下确定赔偿数额。

法定赔偿计算法。即权利人因被侵权所受到的实际损失、侵权人因侵权所获得的利益、注册商标许可使用费难以确定的，由人民法院根据侵权行为的情节判决给予五百万元以下的赔偿。在我国目前的司法实践中，“法定赔偿”是确定商标侵权损害赔偿数额的最主要方式。

本案中，首先，A 公司因无法取得 B 公司违法经营所得方面的证据材料，故无法适用侵权所得计算法，A 公司也从未将其注册商标进行过商标许可，无法适用许可费倍数计算法。如果能确定自身产品因 B 公司侵权行为导致的损失数额的，可选择适用权利人损失计算法；如果无法确定自身损失的，只能由法院根据侵权行为的情节予以确定，但 A 公司为制止侵权行为所支付的合理开支，是应当获得赔偿的，包括对侵权行为进行调查、取证的合理费用、符合国家有关部门规定的律师费等。

风险防范与建议

损害赔偿是商标侵权诉讼的一个难点，皆因举证难。如欲在法院诉讼中获得高额赔偿，建议做好以下准备工作：

（1）根据考量因素针对性尽力举证。

权利人关于赔偿主张的举证，对侵权赔偿数额有很大影响。即使是采用法定赔偿方式，权利人也应当尽力举证。关于法院在确定赔偿数额时所参考的因素，我国商标法仅规定“情节”一项，参考因素有：侵权行为的性质、期间、后果，商标的声誉，侵权规模、商标使用许可费的数额，商标使用许可的种类、时间、范围及制止侵权的合理开支等 9 项，而合理开支包括调查、取证、律师代理费用。因此，权利人应针对上述因素尽力举证。

（2）善于利用诉讼权利和证据规则收集证据。

现有法律赋予权利人申请调查令、证据保全、要求法院责令侵权人提供与侵权行为相关的账簿、资料等诉讼权利，权利人可充分利用这些法律赋予的权利去弥补自身举证能力的不足。

法条链接

《商标法》（2019 年修正）第六十三条 侵犯商标专用权的赔偿数额，按照权利人因被侵权所受到的实际损失确定；实际损失难以确定的，可以按照侵权人因侵权所获得的利益确定；权利人的损失或者侵权人获得的利益难以确定的，参照该商标许可使用费的倍数合理确定。对恶意侵犯商标专用权，情节严重的，可以在按照上述方法确定数额的一倍以上五倍以下确定赔偿数额。赔偿数额应当包括权利人为制止侵权行为所支付的合理开支。

人民法院为确定赔偿数额，在权利人已经尽力举证，而与侵权行为相关的账簿、资料主要由侵权人掌握的情况下，可以责令侵权人提供与侵权行为相关的账簿、资料；侵权人不提供或者提供虚假的账簿、资料的，人民法院可以参考权利人的主张和提供的证据判定赔偿数额。

权利人因被侵权所受到的实际损失、侵权人因侵权所获得的利益、注册商标许可使用费难以确定的，由人民法院根据侵权行为的情节判决给予五百万元以下的赔偿。

人民法院审理商标纠纷案件，应权利人请求，对属于假冒注册商标的商品，除特殊情况外，责令销毁；对主要用于制造假冒注册商标的商品的材料、工具，责令销毁，且不予补偿；或者在特殊情况下，责令禁止前述材料、工具进入商业渠道，且不予补偿。

假冒注册商标的商品不得在仅去除假冒注册商标后进入商业渠道。

《最高人民法院关于审理商标民事纠纷案件适用法律若干问题的解释》（法释〔2002〕32号）第十六条 侵权人因侵权所获得的利益或者被侵权人因被侵权所受到的损失均难以确定的，人民法院可以根据当事人的请求或者依职权适用商标法第五十六条第二款的规定确定赔偿数额。

人民法院在确定赔偿数额时，应当考虑侵权行为的性质、期间、后果，商标的声誉，商标使用许可费的数额，商标使用许可的种类、时间、范围及制止侵权行为的合理开支等因素综合确定。

当事人按照本条第一款的规定就赔偿数额达成协议的，应当准许。

第十七条 商标法第五十六条第一款规定的制止侵权行为所支付的合理开支，包括权利人或者委托代理人对侵权行为进行调查、取证的合理费用。

人民法院根据当事人的诉讼请求和案件具体情况，可以将符合国家有关部门规定的律师费用计算在赔偿范围内。

34. 商标侵权行为发生已超过两年，还可以索赔吗?

情景案例

甲公司成立于2003年，是一家生产手机充电器的民营企业，投资人为曾某。甲公司自2005年3月开始使用“金×安”商标，2006年12月取得商标专用权。“金×安”牌充电器主要在广东地区销售。2014年3月，曾某到武汉出差时，在当地超市、专卖店均发现“金×安”牌充电器的假冒产品。曾某在某超市购买了10个假冒产品并在当地办理公证手续，以备起诉之用。经调查，侵权者是位于湖北宜昌的B公司。

后来，因公司业务经营事务繁多，甲公司在对B公司的侵权产品进行公证购买后，就一直没有去法院起诉，直到2016年5月，甲公司在整理公司资料时，突然发现此案件还没进行诉讼处理，而且，最主要的是，B公司经过几年的发展，现在也成了甲公司的竞争对手，其假冒“金×安”牌充电器的产品还在市场上销售。于是，甲公司的投资人曾某想到法院起诉此案，要求B公司因其侵权行为赔偿甲公司经济损失。

请问：曾某的诉求能得到法院支持吗？

案例分析

本案主要是关于侵犯商标专用权诉讼时效问题。

《最高人民法院关于审理商标民事纠纷案件适用法律若干问题的解释》规定，侵犯注册商标专用权的诉讼时效为2年，自商标注册人或者利害权利人知道或者应当知道侵权行为之日起计算。商标注册人或者利害关系人超过2年起诉的，如果侵权行为在起诉时仍在持续，在该注册商标专用权有效期限内，人民法院应当判决被告停止侵权行为，侵权损害赔偿数额应当自权利人向人民法院起诉之日起向前推算2年计算。

本案中，甲公司的投资人曾某在2014年3月到武汉出差时，在某超市购买了10个B公司生产的假冒甲公司“金×安”牌充电器的产品并在当地办理公证手续，可见，甲公司知道侵权行为的时间是2014年3月，到了2016年5月，已过2年的诉讼时效，按照一般的诉讼时效规定，甲公司因诉讼时效已过丧失了胜诉权，也就是说其诉求不能得到法院支持。

但是，甲公司发现B公司在2016年5月还在市场上销售其假冒甲公司“金×安”牌充电器的产品，也就是说，B公司的侵权行为仍在持续，而甲公司在2006年12月取得“金×安”注册商标专用权，商标有效期为10年，即截至2016年12月，且有效期限届满还可续期，因此，甲公司仍享有“金×安”注册商标专用权。综上所述，甲公司虽然在其知道B公司侵权行为之日起超过2年后起诉，但因B公司侵权行为仍在持续，且在该注册商标专用权有效期内，因此，甲公司的诉求未过诉讼时效。

风险防范与建议

法律规定诉讼时效是为了避免权利人“躺在权利上睡觉”、督促其行使权利而设计的制度，一旦权利人在法定期间内不行使权利，期间届满后，权利则不受法律保护。

因此，为防范诉讼时效，建议如下：

（1）明确诉讼时效的起算时点，做到心中有数。

（2）及时行使诉讼权利，尽量在诉讼时效内向法院提起诉讼。

（3）如暂时还未向法院起诉的，为了防止超过诉讼时效，应通过主张权利造成诉讼时效中断的法律效果，以延长诉讼时效期间。

（4）万一超过诉讼时效，如对方在侵权告知函上签字，或部分清偿、请求延期、支付利息、主张抵消、和解商谈等，都应视为对诉讼时效抗辩权的放弃。

另外，我国 2017 年 10 月 1 日施行的《民法总则》第一百八十八条规定，向人民法院请求保护民事权利的诉讼时效期间为三年。法律另有规定的，依照其规定。《商标法》对保护商标专用权的诉讼时效未做特别规定，因此，从 2017 年 10 月 1 日起，侵犯注册商标专用权的诉讼时效适用《民法总则》三年的诉讼时效期间。

法条链接

《最高人民法院关于审理商标民事纠纷案件适用法律若干问题的解释》（法释〔2002〕32 号）第十八条　侵犯注册商标专用权的诉讼时效为二年，自商标注册人或者利害权利人知道或者应当知道侵权行为之日起计算。商标注册人或者利害关系人超过二年起诉的，如果侵权行为在起诉时仍在持续，在该注册商标专用权有效期限内，人民法院应当判决被告停止侵权行为，侵权损害赔偿数额应当自权利人向人民法院起诉之日起向前推算二年计算。

《民法总则》第一百八十八条　向人民法院请求保护民事权利的诉讼时效期间为三年。法律另有规定的，依照其规定。

诉讼时效期间自权利人知道或者应当知道权利受到损害以及义务人之日起计算。法律另有规定的，依照其规定。但是自权利受到损害之日起超过二十年的，人民法院不予保护；有特殊情况的，人民法院可以根据权利人的申请决定延长。

《最高人民法院关于适用〈中华人民共和国民法总则〉诉讼时效制度若干问题的解释》第一条　民法总则施行后诉讼时效期间开始计算的，应当适用民法总则第一百八十八条关于三年诉讼时效期间的规定。当事人主张适用民法通则关于二年或者一年诉讼时效期间规定的，人民法院不予支持。

第二条　民法总则施行之日，诉讼时效期间尚未满民法通则规定的二年或者一年，当事人主张适用民法总则关于三年诉讼时效期间规定的，人民法院应予支持。

第三条　民法总则施行前，民法通则规定的二年或者一年诉讼时效期间已经届满，当事人主张适用民法总则关于三年诉讼时效期间规定的，人民法院不予支持。

35. 向法院起诉后，对方仍然实施商标侵权行为，怎么办?

情景案例

2016年3月，因商标侵权纠纷，乙公司被“蓝×坊”商标专用权人甲公司起诉至法院。乙公司对自己的违法行为十分清楚，也做好赔偿甲公司损失的准备。但是，当时乙公司刚刚接到一个大订单，如果不按期交货，乙公司将要承担数百万美元的违约金。为减少公司损失，乙公司并没有理会甲公司的起诉，继续照常生产侵权产品。

请问：甲公司应该如何处理呢？

案例分析

本案主要涉及的是如何向法院申请先行停止侵犯商标专用权行为的法律问题。

我国《商标法》第六十五条规定：“商标注册人或者利害关系人有证据证明他人正在实施或者即将实施侵犯其注册商标专用权的行为，如不及时制止将会使其合法权益受到难以弥补的损害的，可以依法在起诉前向人民法院申请采取责令停止有关行为和财产保全的措施。”

《最高人民法院关于诉前停止侵犯注册商标专用权行为和保全证据适用法律问题的解释》第十六条规定，商标注册人或者利害关系人向人民法院提起商标侵权诉讼时或者诉讼中，提出先行停止侵犯注册商标专用权请求的，人民法院可以先行作出裁定。

人民法院接受商标注册人或者利害关系人提出责令停止侵犯注册商标专用权行为的申请后，经审查符合要求的，应当在48小时内作出书面裁定，裁定责令被申请人停止侵犯注册商标专用权行为的，应当立即开始执行。

停止侵犯注册商标专用权行为裁定的效力，一般应维持到终审法律文书生效时止。人民法院也可以根据案情，确定停止有关行为的具体期限，期限届满时，根据当事人的请求及追加担保的情况，可以作出继续停止有关行为的裁定。

本案中，甲公司对于乙公司明知侵权被起诉仍继续实施侵权行为的恶劣行径，可以依法向法院申请先行停止侵犯商标专用权行为，提前有效制止乙公司的侵权行为，防止甲公司经济损失扩大。

风险防范与建议

向法院申请行为保全，即申请先行停止侵犯商标专用权行为，是一种有效提前制止侵权行为的措施，但其在具体运用中需注意以下要点：

（1）法院在考量是否采取行为保全时，一般在坚持比例均衡原则的基础上，综合考虑申请人权利基础的稳定性、胜诉可能性、侵权行为的紧急性、采取诉前保全行为是否会损害公共利益、申请人是否提供了恰当的担保。

（2）采取行为保全需要提供相应的担保，担保的形式灵活多样，只要不违反法律的禁止性规定，并且能保证将来被申请人因为保全行为所遭受的损失能够获得清偿即可。

（3）因为行为担保的意义本身就在于及时制止侵权行为，允许采用反担保解除禁止令和行为担保本身的目的相悖，所以行为担保不可以采用反担保的方式解除行为禁令。

法条链接

《商标法》（2019 年修正）第六十五条 商标注册人或者利害关系人有证据证明他人正在实施或者即将实施侵犯其注册商标专用权的行为，如不及时制止将会使其合法权益受到难以弥补的损害的，可以依法在起诉前向人民法院申请采取责令停止有关行为和财产保全的措施。

《民法总则》第一百八十八条 向人民法院请求保护民事权利的诉讼时效期间为三年。法律另有规定的，依照其规定。

诉讼时效期间自权利人知道或者应当知道权利受到损害以及义务人之日起计算。法律另有规定的，依照其规定。但是自权利受到损害之日起超过二十年的，人民法院不予保护；有特殊情况的，人民法院可以根据权利人的申请决定延长。

《最高人民法院关于诉前停止侵犯注册商标专用权行为和保全证据适用法律问题的解释》（法释〔2002〕2 号）第八条 停止侵犯注册商标专用权行为裁定所采取的措施，不因被申请人提供担保而解除，但申请人同意的除外。

第九条 人民法院接受商标注册人或者利害关系人提出责令停止侵犯注册商标专用权行为的申请后，经审查符合本规定第四条的，应当在四十八小时内作出书面裁定；裁定责令被申请人停止侵犯注册商标专用权行为的，应当立即开始执行。

人民法院作出诉前责令停止有关行为的裁定，应当及时通知被申请人，至迟不得超过五日。

第十四条 停止侵犯注册商标专用权行为裁定的效力，一般应维持到终审法律文书生效时止。

人民法院也可以根据案情，确定停止有关行为的具体期限；期限届满时，根据当事人的请求及追加担保的情况，可以作出继续停止有关行为的裁定。

第十六条 商标注册人或者利害关系人向人民法院提起商标侵权诉讼时或者诉讼中，提出先行停止侵犯注册商标专用权请求的，人民法院可以先行作出裁定。前款规定涉及的有关申请、证据提交、担保的确定、裁定的执行和复议等事项，参照本司法解释有关规定办理。

36. 起诉前发现对方毁灭商标侵权证据，怎么办?

情景案例

2011 年，彭某与吕某一起投资创办 A 公司，主要生产“西×铁”牌蛋卷。A 公司于 2012 年 8 月提起“西×铁”商标的注册申请，2013 年 12 月取得商标专用权。随着全国各地经销商的增多，“西×铁”牌蛋卷很快畅销全国各地。

正当彭某对未来充满憧憬的时候，A 公司业务于 2014 年 8 月开始出现急速下滑，大量经销商表示终止合作。直至 2014 年 12 月，A 公司才知道市场上出现了假冒产品。经调查，假冒产品出厂价格仅为 A 公司的 70%，侵权人是来自湖南邵阳的 B 公司。当 A 公司准备外出调查取证时，B 公司已开始回购已出售假货并进行销毁。

请问：A 公司应该如何处理？

案例分析

本案主要涉及的是如何向法院申请证据保全的法律问题。

我国《商标法》第六十六条规定，为制止侵权行为，在证据可能灭失或者以后难以取得的情况下，商标注册人或者利害关系人可以依法在起诉前向人民法院申请保全证据。

本案中，A 公司对于 B 公司意图毁灭侵权证据的行为，可以依法在起诉前向人民法院申请保全证据，人民法院经审查后主动采取证据保全措施，巩固和确定侵权人的侵权证据。

风险防范与建议

为能有效地向法院申请证据保全，建议如下：

（1）符合申请证据保全的条件。

有初步证据证明侵权事实的存在，保全的证据与案件具有关联性，客观上权利人无法取得。

（2）明确保全方式。

申请人在申请证据保全时应当在申请书中明确载明要求法院保全证据的方式。

（3）提供担保。

对于证据保全，法院都要求申请人提供担保，如果申请人不愿意提供担保，法院可依法驳回保全申请。

至于担保数额问题，目前大部分法院通常只会要求提供相当于保全标的物30%左右的财物作为担保，或者还可以提供担保公司的保函。

法条链接

《商标法》（2019年修正）第六十六条　为制止侵权行为，在证据可能灭失或者以后难以取得的情况下，商标注册人或者利害关系人可以依法在起诉前向人民法院申请保全证据。

《最高人民法院关于民事诉讼证据的若干规定》第二十四条第一款　人民法院进行证据保全，可以根据具体情况，采取查封、扣押、拍照、录音、录像、复制、鉴定、勘验、制作笔录等方法。

37. 企业贴防伪标志可避免商标侵权吗？

情景案例

甲公司由苏某与卢某共同创办，是一家洗衣粉生产企业，2010年招商引资进入某市，因拥有独创的核心配方，甲公司生产的“欧×白”牌洗衣粉深受消费者欢迎。“欧×白”虽然已申请商标注册，但苏某还是担心市场上出现假货，希望能找到避免商标侵权的方法。卢某认为，可考虑在产品包装上贴防伪标志，消费者通过防伪标志可判断产品真假，这样可彻底避免商标侵权行为。

请问：卢某的说法有道理吗？

案例分析

本案主要涉及的是如何避免商标侵权的问题。

我国《商标法》第五十七条规定了侵犯注册商标专用权行为的七种情形，如果在同一种或相类似商品上使用了与注册商标相同或相近似的商标，就有可能涉及侵犯注册商标专用权。

商标侵权行为，强调的是商标的假冒，而非产品的假冒，也就是说只要使用了商标没有经注册商标专用权人许可的话，无论是用在正品还是伪劣产品上，都构成侵犯注册商标专用权行为。

防伪标志，强调的是对正品的保护，关注的是产品质量，并非商标。

本案中，甲公司在其生产的“欧×白”牌洗衣粉包装上贴防伪标志，保障的是产品质量，让消费者可通过防伪标志识别产品真假，但防伪标志毕竟不是商标，起不到识别产品来源的功能，因此无法达到识别商标真伪的作用，也就无法彻底避免商标侵权行为。所以卢某认为防伪标志可避免商标侵权行为的观点与法律不符。

风险防范与建议

为避免自身商标被侵权，建议如下：

（1）尽早注册商标。注册商标是塑造品牌的第一步，因此，在策划时就应当及时注册商标。

（2）经常对商标监测。商标监测是维护商标持有人权利的主要方式之一，通过商标监测，可以获悉其他与商标持有人相同或近似的商标注册最新公告，既可以及时阻止他人不法抢注行为，也能够及时阻止他人“傍名牌”以削弱企业的品牌影响力。可登陆各大网站平台（目前最权威的商标查询网站是中国商标网）进行查询。

（3）及时维权。通过市场监控、商标监测，如果发现侵权嫌疑，立即取证后，加以制止。如对方还是屡教不改，可向工商行政管理机关投诉或向法院起诉，用法律武器进行维权。

（4）加强对商标法律及相关知识学习。注册商标专用权人如想要更好地保护自己的合法权益，需加强商标法相关知识的学习，提升认知。

法条链接

《商标法》（2019 年修正）第五十七条　有下列行为之一的，均属侵犯注册商标专用权：

（一）未经商标注册人的许可，在同一种商品上使用与其注册商标相同的商标的；

（二）未经商标注册人的许可，在同一种商品上使用与其注册商标近似的商标，或者在类似商品上使用与其注册商标相同或者近似的商标，容易导致混淆的；

（三）销售侵犯注册商标专用权的商品的；

（四）伪造、擅自制造他人注册商标标识或者销售伪造、擅自制造的注册商标标识的；

（五）未经商标注册人同意，更换其注册商标并将该更换商标的商品又投入市场的；

（六）故意为侵犯他人商标专用权行为提供便利条件，帮助他人实施侵犯商标专用权行为的；

（七）给他人的注册商标专用权造成其他损害的。

38. 企业可以聘请律师打假吗?

情景案例

A公司是一家面粉生产企业，由蒋某与蔡某共同创办。2008年3月，A公司开始使用“立×奇”商标，2010年10月取得商标专用权，核定使用的种类为第30类。由于产品实惠、性价比高，深受消费者欢迎。2012年3月，A公司通过调研发现，我国三四线城市存在很多假冒“立×奇”牌面粉的山寨产品。蒋某认为：单靠公司的力量，根本无法起诉这么多侵权者，建议委托专业律师帮助公司打假。蔡某认为：现在我国法律已禁止律师或专业打假人打假，这种方法行不通。

请问：A公司可以聘请律师打假吗?

案例分析

本案主要涉及的是律师是否可接受企业委托为企业提供商标侵权维权服务的问题。

根据原国家工商行政管理总局、司法局印发的《律师事务所从事商标代理业务管理办法》规定，律师事务所可以接受当事人委托，指派律师代理商标行政复议、诉讼案件、代理商标侵权证据调查、商标侵权投诉等，这就为律师可接受企业委托为企业提供商标侵权维权服务提供了法律依据。

律师代理商标侵权维权案件不同于所谓的专业打假人打假。

首先，商标侵权案件属于知识产权案件，是专业性比较强的案件，一般法院都设立专门的法院或专门的知识产权庭来审理这类型的案件，而专业打假人打假属于一般的民事案件，由法院的民事审判庭来审理。

其次，从法律适用方面，商标侵权案件，一般适用的是《商标法》和《反不正当竞争法》，而专业打假人打假案件，适用的是《消费者权益保护法》。

最后，现行法律也并未明确禁止专业打假人打假，对食品和药品允许知假买假打假。

综上所述，现行法律是允许和支持企业委托律师进行商标维权服务的。

本案中，蔡某将商标维权和伪劣假冒产品的打假相混淆，主要也还是对相关法律规定不了解，才产生禁止委托律师进行商标维权服务的误解。其实，现在商标侵权诉讼案件，主要还是需要律师来代理进行，因此，委托律师进行商标维权是妥当的方式。

风险防范与建议

商标，你对它了解越少，越觉得简单，当对商标了解得越深，越会发现里面所需了解的法律知识越多。商标，不仅是申请注册，涉及从开始的策划、检索、注册、许可、转让，到后期的调查、谈判、复审、异议争议、工商查处、法院诉讼等诸多法律业务。

仅法院诉讼环节，就涉及诉讼管辖法院的选择、侵权调查、证据保全、赔偿数额确定等。尤其证据的调查取证，商标侵权案件的专业性较强，一般权利人自行取证的话，对取证的方向和范围往往难以把握，而律师是专门从事法律工作的人士，具有丰富的办案经验和熟练的诉讼技巧。一般来说，律师调查取证要比当事人自行取证更为便利、有效，收集证据的范围也更为广泛、准确，在司法实践中往往具有较高的可信度，易于被法庭采纳。

鉴于商标侵权案件的复杂性和专业性，如涉及商标维权事宜，还是建议委托律师代为处理。

法条链接

《律师事务所从事商标代理业务管理办法》（工商标字〔2012〕192号）第五条 律师事务所可以接受当事人委托，指派律师办理下列商标代理业务：

（一）代理商标注册申请、变更、续展、转让、补证、质权登记、许可合同备案、异议、注销、撤销以及马德里国际注册等国家工商行政管理总局商标局（以下简称商标局）主管的有关商标事宜；

（二）代理商标注册驳回复审、异议复审、撤销复审及注册商标争议案件等国家工商行政管理总局商标评审委员会（以下简称商评委）主管的有关商标事宜；

（三）代理其他商标国际注册有关事宜；

（四）代理商标侵权证据调查、商标侵权投诉；

（五）代理商标行政复议、诉讼案件；

（六）代理参加商标纠纷调解、仲裁等活动；

（七）担任商标法律顾问，提供商标法律咨询，代写商标法律事务文书；

（八）代理其他商标法律事务。

律师事务所从事前款第一项、第二项商标代理业务，应当向商标局办理备案。

《最高人民法院关于审理食品药品纠纷案件适用法律若干问题的规定》（法释〔2013〕28号）第三条 因食品、药品质量问题发生纠纷，购买者向生产者、销售者主张权利，生产者、销售者以购买者明知食品、药品存在质量问题而仍然购买为由进行抗辩的，人民法院不予支持。

39. 网络购买商标侵权产品，可否在收货地法院诉讼?

情景案例

甲公司系某商标权利人。2016年8月以来，甲公司发现网络上存在大量销售涉嫌侵犯其商标权的商品。甲公司遂通过网购的方式从网络销售商处购买了大量涉嫌侵权的产品，该产品通过物流从全国各地送至甲公司住所地。2016年9月，甲公司打算向其公司住所地即网购收货地的法院提起侵害商标权诉讼。

请问：甲公司可以在收货地法院提起诉讼吗?

案例分析

本案主要涉及的是网络购物收货地能否作为商标侵权案件管辖地的问题。

我国最高人民法院的司法解释规定，在侵犯商标权案件中，除大量侵权商品的储藏地以及海关、工商等行政机关依法查封、扣押侵权商品的所在地外，仅侵权行为的实施地或者被告住所地可以作为管辖依据，而不再依据侵权结果发生地确定管辖。

虽然《最高人民法院关于适用〈中华人民共和国民事诉讼法〉的解释》第二十条规定，以信息网络方式订立的买卖合同，通过信息网络交付标的的，以买受人住所地为合同履行地；通过其他方式交付标的的，收货地为合同履行地，但由于合同案件与侵犯商标专用权案件存在较大的不同，合同案件一般发生在合同当事人之间，且其影响基本仅限于特定的行为和特定的当事人，而在侵犯商标专用权案件中，当事人通过网络购物方式取得被诉侵权产品，虽然形式上与“以信息网络方式订立买卖合同”并无区别，但其所提出的侵权主张并非仅针对这一特定的产品，而是包含了特定权利的所有产品；其主张也并非仅针对合同的另一方主体，而可能是针对此产品相关的、根据法律规定可能构成侵权的其他各方主体。考虑到上述区别，并且侵犯商标专用权案件中对侵权行为地的确定有专门的规定，故在商标侵权案件中，如果原告通过网络购物方式购买被诉侵权产品，不宜适用《最高人民法院关于适用〈中华人民共和国民事诉讼法〉的解释》第二十条的规定来确定案件的地域管辖。

且由于原告可以要求卖家将侵权产品发送到任何地址，如果将网络侵权产品收货地作为侵权行为地，将会增加当事人选择管辖法院的随意性，减损此类案件管辖的确定性，违背有关管辖规定的本意。网络产品收货地不应或不宜享有管辖权。

综上所述，在商标侵权案件中，司法实务一般不将网络收货地作为商标侵权案件管辖地。

本案中，甲公司不能以网络收货地为由要求在甲公司住所地诉讼，应在侵权行为的实施地、侵权商品的储藏地、被告住所地中择一法院进行诉讼。

风险防范与建议

必须注意的是，这里强调的是商标侵权案件，不能以网络收货地为案件管辖地，并非全部的知识产权案件都不能以网络收货地为案件管辖地。根据目前的司法解释，侵害专利权纠纷案件与侵害商标权等纠纷案件在依据侵权行为地确定管辖时仍有所区别，特别是在能否依据侵权结果发生地确定管辖的问题上存在差异，因此不应当然地将这两类案件关于根据侵权行为地确定管辖的法律规定等同视之。在侵害专利权案件中，被诉销售侵权行为的结果发生地即购买被诉侵权产品的收货地人民法院应当有权管辖。

法条链接

《最高人民法院关于审理商标民事纠纷案件适用法律若干问题的解释》（法释〔2002〕32号）第六条 因侵犯注册商标专用权行为提起的民事诉讼，由商标法第十三条、第五十二条所规定侵权行为的实施地、侵权商品的储藏地或者查封扣押地、被告住所地人民法院管辖。

前款规定的侵权商品的储藏地，是指大量或者经常性储存、隐匿侵权商品所在地；查封扣押地，是指海关、工商等行政机关依法查封、扣押侵权商品所在地。

《最高人民法院关于适用〈中华人民共和国民事诉讼法〉的解释》（法释〔2015〕5号）第二十条 以信息网络方式订立的买卖合同，通过信息网络交付标的的，以买受人住所地为合同履行地；通过其他方式交付标的的，收货地为合同履行地。合同对履行地有约定的，从其约定。

40. 有人用我的注册商标名称做淘宝店铺名，算侵权吗？

情景案例

A公司成立于1998年，是一家生产销售木地板的公司，对“万×乐”享有商标专用权，2016年3月，A公司发现淘宝网上有一家名为“万×乐企业官方店”的淘宝店铺，注册者是B公司，与A公司销售的是同一类产品。经查询，B公司成立于2015年5月，于2015年8月在淘宝网上注册开通企业店铺，主要从事木地板的销售业务。发现这一情况后，A公司立即给B公司发函，要求其停止使用“万×乐”做淘宝店铺名，但遭到B公司拒绝。B公司认为：店铺出售的是其他品牌的木地板，不构成商标侵权。

请问：B公司的行为构成侵权吗？

案例分析

本案主要涉及的是注册商标专用权与企业名称冲突的法律问题。

企业注册商标与企业名称之间的冲突一直都存在，这主要是商标与企业名称中的字号都天然地具有指示商品或服务提供者来源的功能属性，但却分属于两个互不交叉的登记管理体系的缘故。

我国《商标法》第五十八条规定，将他人注册商标、未注册的驰名商标作为企业名称中的字号使用，误导公众，构成不正当竞争行为的，依照《反不正当竞争法》处理。具体地，如果在后企业恶意登记与在先知名商标相同或近似的字号，造成公众混淆误认的，可以根据《反不正当竞争法》第二条所规定的公平和诚实信用原则认定其构成不正当竞争，商标权利人同样可以阻止在后企业对该企业名称继续使用。

值得注意的是，在后登记字号的企业具有攀附在先商标商誉和“搭便车”的不正当主观恶意是适用《反不正当竞争法》的一个先决条件。因此，如果在后登记字号的企业仅仅是出于巧合登记了相同或近似的字号，将不被认定为不正当竞争，但在先的商标权利人可以要求该企业更名或者规范使用其企业名称，附加适当区别标识，不得误导公众，造成市场混淆。

本案中，淘宝店铺名，类似于民法中企业主体的商号，即字号。A公司的“万×乐”商标注册在先，而B公司在淘宝注册的店铺名“万×乐企业官方店”在后，B公司的淘宝店铺名“万×乐”与A公司的注册商标一致，且都是经营木地板产品，由此可见B公司仅仅是出于巧合使用了相同字号的可能性很小，显然存在攀附A公司注册商标商誉的故意，造成公众混淆误认，因此，B公司在其淘宝店铺名使用“万×乐”的行为，构成了对A公司享有的“万×乐”注册商标专用权的侵权，应承担停止侵权、赔偿损失等民事责任。

风险防范与建议

在企业名称与商标两个系统仍将保持独立登记的情况下，建议企业尽量保持企业字号和商标的统一。具体如下：

（1）新创立的企业，建议在名称登记环节就同步考虑办理商标注册申请。同时，在考虑企业名称时，尽量不要使用与在先注册商标、驰名商标相同或相类似的名称。

（2）已设立的企业，如果企业字号已经具有一定知名度而相同或近似文字未作为商标注册，建议及时将字号进行商标注册加强保护；如果企业商标知名度较高而商标字号不一致，建议通过变更企业名称的方式实现字号和商标的统一。

企业使用统一的字号和商标不但有利于集中企业形象和品牌宣传成本，让企业名称和商标在使用过程中有效地相互照应和强化，能尽量尽快地提高企业形象塑造和品牌培育的收益，更能有效避免以后可能出现的企业名称和商标冲突，防范潜在的侵权和被“搭便车”风险，降低维权成本，有利于企业合法权益的保护。

法条链接

《商标法》（2019 年修正）第五十八条 将他人注册商标、未注册的驰名商标作为企业名称中的字号使用，误导公众，构成不正当竞争行为的，依照《中华人民共和国反不正当竞争法》处理。

《反不正当竞争法》（2019 年修正）第六条 经营者不得实施下列混淆行为，引人误认为是他人商品或者与他人存在特定联系：

（一）擅自使用与他人有一定影响的商品名称、包装、装潢等相同或者近似的标识；

（二）擅自使用他人有一定影响的企业名称（包括简称、字号等）、社会组织名称（包括简称等）、姓名（包括笔名、艺名、译名等）；

（三）擅自使用他人有一定影响的域名主体部分、网站名称、网页等；

（四）其他足以引人误认为是他人商品或者与他人存在特定联系的混淆行为。

五、商标许可

41. 加盟商合同期限届满后，继续使用企业商标怎么办?

情景案例

甲公司经营某中式快餐连锁品牌，因业务发展需要，甲公司在全国各地开了几百家分店。2014 年 6 月，丁某与甲公司签订加盟合同，合同期限为 3 年，加盟费为 5 万元。丁某经营的门店统一使用甲公司的商标标识。2017 年 6 月，加盟期限届满，双方合作终止。

2017 年 8 月，甲公司巡店人员发现丁某的门店继续使用甲公司的商标标识。为此，甲公司给丁某发出书面通知，要求其要么续签加盟合同，要么立即停止合用商标标识。

请问：丁某可以继续使用甲公司的商标标识吗?

案例分析

本案主要涉及的是商标许可使用合同到期后被许可人继续使用是否构成侵权的问题。

我国《商标法》第五十七条规定，未经商标注册人的许可，在同一种商品或者类似商品上使用与其注册商标相同或者近似的商标的，属侵犯注册商标专用权的行为。

本案中，丁某与甲公司签署加盟协议，并向甲公司支付了加盟费，甲公司授权丁某使用甲公司的商标标识。因此，在加盟合同有效期限内，丁某合法有权使用甲公司的商标标识。

但在 2017 年 6 月，双方加盟合同期限届满，丁某在未经甲公司许可的情况下，仍在门店继续使用甲公司的商标标识，则明显构成对甲公司商标专用权的侵权，依法应承担停止侵权、赔偿经济损失等相应民事责任。

风险防范与建议

加盟经营，大部分情况都涉及商标许可使用问题，商标权利人若想通过许可他人使用商标实现自己商标的又一重价值，建议到商标局进行商标许可备案，最大限度地实现并保障自己的权益。

进行商标许可使用合同备案可规避的法律风险有：

（1）如果不备案，商标被许可人可能随意使用核准注册的商品/服务项目。

（2）如果不备案，商标被许可人可以不按照商标的许可期限合法使用该商标。

（3）如果不备案，商标被许可人不注重该商标的商品质量，随意使用在假冒伪劣产品上，损害了原商标权利的商标品牌效益。

（4）商标许可使用合同经过备案可以防止地方工商行政管理部门的查处，避免竞争对手去工商行政管理部门进行的可能的投诉。

（5）最重要的是，商标许可备案也可以作为商标的一种使用方式，可以有效作为商标被撤销时提供商标已使用的有力证据，同时如涉及商标侵权维权，也可作为赔偿金额计算的依据。

总之，备案的许可协议更具有证明力和说服力。

法条链接

《商标法》（2019 年修正）第四十三条第三款 许可他人使用其注册商标的，许可人应当将其商标使用许可报商标局备案，由商标局公告。商标使用许可未经备案不得对抗善意第三人。

第五十七条 有下列行为之一的，均属侵犯注册商标专用权：

（一）未经商标注册人的许可，在同一种商品上使用与其注册商标相同的商标的；

（二）未经商标注册人的许可，在同一种商品上使用与其注册商标近似的商标，或者在类似商品上使用与其注册商标相同或者近似的商标，容易导致混淆的；

（三）销售侵犯注册商标专用权的商品的；

（四）伪造、擅自制造他人注册商标标识或者销售伪造、擅自制造的注册商标标识的；

（五）未经商标注册人同意，更换其注册商标并将该更换商标的商品又投入市场的；

（六）故意为侵犯他人商标专用权行为提供便利条件，帮助他人实施侵犯商标专用权行为的；

（七）给他人的注册商标专用权造成其他损害的。

42. 商标被许可人擅自将商标许可他人使用，是否构成侵权？

情景案例

“家×丰”是A公司于2010年注册的商标。2016年6月，A公司与B公司签订《商标许可使用合同》，A 公司许可 B 公司在产品包装与宣传上使用“家 × 丰”商标，使用期限为 3 年。合同约定：乙公司必须在许可使用范围内使用商标，且未经 A 公司同意不能将商标另行许可给第三人使用。2017 年 3 月，A 公司发现 B 公司生产的产品上未标准 B 公司的名称，却使用了 C 公司的联系方式（网址、微信二维码和联系方式等）。

请问：A 公司可否追究 B 公司和 C 公司的责任？

案例分析

本案主要是关于商标许可使用的许可使用类型所引发的法律纠纷。

我国《商标法》第四十三条规定，商标注册人可以通过签订商标使用许可合同许可他人使用其注册商标。但被许可人使用许可商标的商品或服务应当与该商标被商标局核准使用的商品或服务相一致，不得超出商标局核准使用的商品或服务范围，以及约定的许可使用范围。一旦超过许可范围使用，其行为有可能涉及侵犯商标专用权，被追究侵权责任。

本案中，A 公司是“家 × 丰”注册商标的商标权人，其授权许可 B 公司在许可使用范围内使用商标，则 B 公司有权在约定范围内使用被许可商标开展业务，但对商标权的使用不应超出或违反双方的约定。现 B 公司在其生产的产品上使用了与 A 公司的“家 × 丰”相同或近似的标识，另外，未使用自己的公司名称，却使用了 C 公司的联系方式（网址、微信二维码和联系方式等），这种行为会使消费者误认为 C 公司是服务的提供者，其与 A 公司或 A 公司的“家 × 丰”注册商标存在关联，显然已超出了 A 公司的授权许可范围，侵犯了 A 公司享有的注册商标专用权。至于 C 公司，其未经授权，和 B 公司共同实施了上述行为，亦侵犯了 A 公司的注册商标专用权，应共同承担侵权责任。

风险防范与建议

注册商标专用权人将商标许可给他人使用时，需注意以下风险防范：

（1）做好许可期间的质量监控。

许可人与被许可人最好书面明确产品质量标准以及相应的监督方案，并且在合同履行期间贯彻始终，一旦出现质量状况，迅速采取措施，必要时终止商标许可合同，收回许可权，以防造成不利影响。

（2）防止被许可人超越许可范围或擅自许可他人使用商标。

许可人应经常在市场上对被许可人使用商标的情况进行监控，检查被许可人是否按约定的许可使用范围使用商标，或擅自许可他人使用商标，一旦发现，可采取必要的法律措施制止侵权行为。

（3）防范被许可人注册或使用与被许可商标类似或近似的商标，以防止品牌影响力被削弱。

商标许可使用过程中，被许可人不规范使用被许可商标，如将被许可商标部分内容与自身商标组合后注册或使用，甚至自行注册或使用与被许可商标类似或近似的商标，造成市场混淆，为避免这类风险，建议许可人在合同中明确：

未经许可人同意，被许可人不得将被许可商标与其他具有显著性的文字或图形进行组合使用或注册；

未经许可人同意，被许可人不得使用或注册与被许可商标类似或近似的商标；

未经许可人同意，被许可人不得将许可事项中涉及的产品名称、许可人企业商号、包装设计和广告用语等申请为商标。

（4）通过合同条款约定事后补救措施和违约追偿以减少相关风险造成的损失。

被许可人擅自处置商标、拖欠许可使用费、许可期满后继续使用商标等风险虽难以避免，但许可人可在合同权利义务、违约责任条款中予以细化约定，做好风险发生后的补救措施和相应的违约追偿，如终止许可合同、要求被许可人承担违约金、缴纳履约保证金等。

法条链接

《商标法》（2019 年修正）第四十三条 商标注册人可以通过签订商标使用许可合同，许可他人使用其注册商标。许可人应当监督被许可人使用其注册商标的商品质量。被许可人应当保证使用该注册商标的商品质量。

经许可使用他人注册商标的，必须在使用该注册商标的商品上标明被许可人的名称和商品产地。

许可他人使用其注册商标的，许可人应当将其商标使用许可报商标局备案，由商标局公告。商标使用许可未经备案不得对抗善意第三人。

第五十七条 有下列行为之一的，均属侵犯注册商标专用权：

（一）未经商标注册人的许可，在同一种商品上使用与其注册商标相同的商标的；

（二）未经商标注册人的许可，在同一种商品上使用与其注册商标近似的商标，或者在类似商品上使用与其注册商标相同或者近似的商标，容易导致混淆的；

（三）销售侵犯注册商标专用权的商品的；

（四）伪造、擅自制造他人注册商标标识或者销售伪造、擅自制造的注册商标标识的；

（五）未经商标注册人同意，更换其注册商标并将该更换商标的商品又投入市场的；

（六）故意为侵犯他人商标专用权行为提供便利条件，帮助他人实施侵犯商标专用权行为的；

（七）给他人的注册商标专用权造成其他损害的。

43. 以商标权作价投资金额入股，需要签订商标使用许可合同吗?

情景案例

甲公司是一家经营五金制品的民营公司，由叶某于2009年创办。“家×旺”是甲公司于2011年3月注册的商标。2013年5月，魏某拟成立乙公司，注册资本100万元。经协商，魏某同意甲公司以“家×旺”商标专用权入股，占公司20%股权。对于如何办理入股手续，叶某与魏某发生分歧。叶某认为：双方签订一份《商标许可使用合同》即可。魏某认为：甲公司应该在乙公司成立后，将“家×旺”商标专用权转让给乙公司。

请问：魏某的说法正确吗?

案例分析

本案主要是关于商标入股的法律问题。

我国《公司法》第二十七条中对非货币出资的规定是“可以用货币估价并可以依法转让的非货币财产”。这里强调必须可以“依法转让”，商标所有权权属可转移、可流通、可用货币评估，因此，以商标所有权出资入股，法律上是允许的。

问题是，可否以商标使用权作为出资入股?

我国现行法律层面并没有对商标使用权出资作出明确规定，因为权属的转移是指所有权的转移，并非使用权的转移，故以商标使用权出资并不完全符合《公司法》第二十七条的规定。

而我国《公司登记管理条例》第十四条规定，股东不得以特许经营权作价出资。商标的许可使用，根据《商业特许经营管理条例》第三条规定，可以被认作为商业特许经营，因此，商标许可使用人，也即特许经营权人。故根据上述规定可以推出，行政法规层面上并不支持商标使用权作为设立公司的股东出资。因此，关于是否允许商标使用权出资，很大程度上取决于主管工商行政管理部门的态度，因此，在商定出资方式之前，请先咨询注册地工商行政管理部门。

本案中，关于甲公司欲以其注册商标“家×旺”作价入股乙公司，规范做法应当以商标的所有权作价入股，即需要与乙公司签署商标专用权转让合同，依法与乙公司办理商标权属转移手续，将商标所有权转让给乙公司，这才符合我国公司法中对商标入股的规定。

风险防范与建议

以商标作价入股出资需要经历两个关键步骤：一是应当评估作价，二是需要转让所有权。

关于知识产权出资到底是否需要评估的问题，目前由于注册资本制度改革，公司注册资本改为认缴制，股东出资由股东们在公司章程中自行规定，工商部门一般不作强制性要求。因此，从工商登记角度而言，并无强制评估的制度。但是，从规范性和出资有效性角度而言，建议出资人仍应对用于出资的知识产权进行评估作价。因为，根据《公司法》第三十条规定，未经评估、仅依协商定价，该资产价值可能被高估，股东可能被要求补足差额，其他股东也可能承担连带责任。同时，《最高人民法院关于适用〈中华人民共和国公司法〉若干问题的解释（三）》第九条规定："出资人以非货币财产出资，未依法评估作价，公司、其他股东或者公司债权人请求认定出资人未履行出资义务的，人民法院应当委托具有合法资格的评估机构对该财产评估作价。评估确定的价额显著低于公司章程所定价额的，人民法院应当认定出资人未依法全面履行出资义务。"由此可见，仅依协商作价的方式，对于商标出资，还是存在一定的法律风险的。

法条链接

《公司法》（2018 年修正）第二十七条 股东可以用货币出资，也可以用实物、知识产权、土地使用权等可以用货币估价并可以依法转让的非货币财产作价出资；但是，法律、行政法规规定不得作为出资的财产除外。

对作为出资的非货币财产应当评估作价，核实财产，不得高估或者低估作价。法律、行政法规对评估作价有规定的，从其规定。

第三十条 有限责任公司成立后，发现作为设立公司出资的非货币财产的实际价额显著低于公司章程所定价额的，应当由交付该出资的股东补足其差额；公司设立时的其他股东承担连带责任。

《公司登记管理条例》（2016 年修订）第十四条 股东的出资方式应当符合《公司法》第二十七条的规定，但是，股东不得以劳务、信用、自然人姓名、商誉、特许经营权或者设定担保的财产等作价出资。

《商业特许经营管理条例》第三条 本条例所称商业特许经营（以下简称特许经营），是指拥有注册商标、企业标志、专利、专有技术等经营资源的企业（以下称特许人），以合同形式将其拥有的经营资源许可其他经营者（以下称被特许人）使用，被特许人按照合同约定在统一的经营模式下开展经营，并向特许人支付特许经营费用的经营活动。

企业以外的其他单位和个人不得作为特许人从事特许经营活动。

《最高人民法院关于适用〈中华人民共和国公司法〉若干问题的规定（三）》

第九条 出资人以非货币财产出资，未依法评估作价，公司、其他股东或者公司债权人请求认定出资人未履行出资义务的，人民法院应当委托具有合法资格的评估机构对该财产评估作价。评估确定的价额显著低于公司章程所定价额的，人民法院应当认定出资人未依法全面履行出资义务。

44. 商标许可使用合同不备案，有什么法律后果？

情景案例

“×佳乐”是A公司于2014年3月注册的商标。2015年5月，A公司与B公司签订一份《商标许可使用合同》，A公司允许B公司独家使用其注册商标3年，B公司一次性支付商标许可费用50万元。合同签订后，双方没有到商标局办理备案手续。2015年9月，C公司给B公司发送律师函，要求B公司停止使用“×佳乐”商标，理由是其与A公司于2015年8月已签订独家使用的《商标许可使用合同》。经调查得知，A公司由于资金周转不过来，隐瞒了已将商标独家许可给B公司使用的情况，将商标再许可给C公司使用，C公司也向A公司支付了合理的商标许可费用，且C公司的《商标许可使用合同》已到商标局登记备案。

请问：“×佳乐”商标许可使用权应该由谁使用？

案例分析

本案主要是关于商标许可使用合同是否登记备案以及登记备案的法律效力问题。

根据《最高人民法院关于审理商标民事纠纷案件适用法律若干问题的解释》第十九条规定，商标使用许可合同未经备案的，不影响该许可合同的效力，但不得对抗善意第三人，即未经备案的，许可双方当事人不得对善意第三人主张商标使用许可的效力。

本案中，A公司与B公司签订了《商标许可使用合同》，A公司允许B公司独家使用其注册商标3年，虽然合同签订后没有到商标局办理备案手续，但根据《商标法》第四十三条规定，给B公司的《商标许可使用合同》合法有效。

同样，A公司与C公司签订的《商标许可使用合同》也合法有效。

现问题是，A公司就其注册商标“×佳乐”分别与B公司和C公司签订的独家许可《商标许可使用合同》都合法有效的情况下，A公司的注册商标“×佳乐”的许可使用权到底归哪家公司？

虽然，A 公司与 C 公司签订的《商标许可使用合同》在后，但 A 公司对 C 公司隐瞒了已将商标许可给 B 公司使用的情况，C 公司作为不知情人，且支付了合理的对价，因此，在法律上，应认定 C 公司为善意的第三人。而 A 公司与 B 公司签订的《商标许可使用合同》虽然在先，但此合同并没有到商标局登记备案，依法不能对抗作为善意第三人的 C 公司，且 A 公司与 C 公司签署的《商标许可使用合同》在商标局登记备案了，备案的使用许可优于未备案的使用许可，同时 C 公司作为善意第三人，有权要求排他使用许可使用商标，即有权要求 B 公司停止使用“×佳乐”商标，而 B 公司不能以其在先的商标许可进行对抗。B 公司权利救济的方式是追究 A 公司的违约责任。

风险防范与建议

商标许可使用合同并不是一定要提交商标局备案，但经过备案的商标许可使用合同能够更好地保护被许可使用人的合法权益。因此，从被许可人保护自身利益的角度，被许可人（特别是独占许可和排他许可的被许可人）应要求许可人向商标局报备该商标使用许可。

法条链接

《商标法》（2019 年修正）第四十三条 商标注册人可以通过签订商标使用许可合同，许可他人使用其注册商标。许可人应当监督被许可人使用其注册商标的商品质量。被许可人应当保证使用该注册商标的商品质量。

经许可使用他人注册商标的，必须在使用该注册商标的商品上标明被许可人的名称和商品产地。

许可他人使用其注册商标的，许可人应当将其商标使用许可报商标局备案，由商标局公告。商标使用许可未经备案不得对抗善意第三人。

《最高人民法院关于审理商标民事纠纷案件适用法律若干问题的解释》（法释〔2002〕32 号）第十九条 商标使用许可合同未经备案的，不影响该许可合同的效力，但当事人另有约定的除外。

商标使用许可合同未在商标局备案的，不得对抗善意第三人。

45. 注册商标转让前签订的商标许可合同，是否继续有效?

情景案例

甲公司在 2010 年开始使用“好×快”商标，并于 2012 年 5 月取得商标专用权，核定使用的种类为第 28 类。2012 年 8 月，甲公司与乙公司签订《商标许可使用合同》，合同期限为5年，合同中对商标转让事宜没有约定。2015年12月，甲公司将“好×快”商标转让给丙公司，并办理商标变更手续。2016年9月，丙公司要求乙公司停止使用“好×快”商标，但遭到乙公司拒绝。乙公司认为：虽然甲公司已将商标转让给丙公司，但商标转让前签订的商标许可合同是生效的，丙公司无权要求其停止使用。

请问：乙公司的说法正确吗？

案例分析

本案主要涉及注册商标权人将同一商标既许可他人使用又转让第三人的情况下，如何认定在先商标许可使用法律效力的问题。

《最高人民法院关于审理商标民事纠纷案件适用法律若干问题的解释》第二十条规定，注册商标的转让不影响转让前已经生效的商标使用许可合同的效力，但商标使用许可合同另有约定的除外。

本案中，甲公司与乙公司签订的《商标许可使用合同》是双方真实意思表示，不违反法律法规的强制性规定，为合法有效的合同。虽然丙公司其后依法受让了甲公司“好×快”注册商标，但根据法律规定，在甲公司与乙公司签订的《商标许可使用合同》对商标权转让相关问题没有另外约定的情况下，丙公司作为“好×快”注册商标的受让人，应当与乙公司继续全面履行《商标许可使用合同》。

综上所述，乙公司的说法符合法律规定，丙公司应当与乙公司继续全面履行《商标许可使用合同》，无权要求乙公司停止使用。

风险防范与建议

实务中，如何规避商标被许可后又转让的法律风险呢？建议如下：

就受让人来说，在决定受让商标前，应做好尽职调查。如果该商标存在在先已经生效的许可合同，需评估该许可合同是否会对受让人的商标使用产生影响，从而决定是否继续受让商标，或与商标注册人协商是否可解除已经生效的许可合同、商标受让金额等事宜。

就商标注册人来说，作为转让人，为避免事后被追究违约责任，其应对受让人就商标情况充分告知。作为许可人，如果其已经有转让商标之意向，应在与被许可人签订许可合同时向被许可人告知，争取在《商标使用许可合同》中增加许可人可解除合同的条件。

就被许可人来说，被许可商标被转让是潜在的商业风险，因为受让人很可能不知晓被许可人的存在，从而将该商标许可给他人使用。虽然最高人民法院的司法解释站在被许可人方，但商标使用许可一次最多10年，当被许可人将品牌扩大之时，也已几乎到了权利用尽之日，因此，被许可人对此亦要慎重对待。

法条链接

《最高人民法院关于审理商标民事纠纷案件适用法律若干问题的解释》（法释〔2002〕32号）第二十条 注册商标的转让不影响转让前已经生效的商标使用许可合同的效力，但商标使用许可合同另有约定的除外。

46. 商标许可要办理公证吗?

情景案例

A公司于2015年8月获得“加×达”的商标专用权。2013年12月，A公司将“加×达”商标许可给B公司使用，合同约定期限为10年，签约后双方到商标局办理备案手续。在B公司运作下，“加×达”于2017年被评为本省著名商标。为此，A公司以当时签订的《商标使用许可合同》没有办理公证为由，提出合同无效，并要求立即与B公司解除合同。B公司认为：商标许可不需要办理公证，不能以没办理公证为由主张合同无效。

请问：B公司的说法正确吗?

案例分析

本案主要涉及的是商标许可使用合同是否需经公证才生效的问题。

我国《商标法》第四十三条规定，商标注册人可以通过签订商标使用许可合同，许可他人使用其注册商标，许可人应当将其商标使用许可报商标局备案，由商标局公告。商标使用许可未经备案不得对抗善意第三人。由此可见，法律并没有规定商标使用许可合同必须要公证。

目前，无论是《商标法》《商标法实施条例》，还是商标局的《注册商标许可使用指南》及其他相关文件，均没有明确规定在商标许可使用备案时双方提供的商标许可使用协议需要公证机关的公证。

本案中，A公司与B公司签订《商标使用许可合同》是双方真实意思表示，不违反法律法规的强制性规定，为合法有效的合同。该合同对双方具有法律约束力，双方应按约定全面履行自己的义务。A公司以当时签订的《商标使用许可合同》无公证为由认为合同无效的主张没有法律依据。B公司的说法符合法律规定。

风险防范与建议

《商标使用许可合同》如无约定生效条件的，一经许可人和被许可人双方签名或盖章，就成立生效。《商标许可使用合同》并不一定要提交商标局备案，但经过备案的《商标许可使用合同》能够更好地保护被许可使用人的合法权益，因此，建议最好还是到商标局备案。

法条链接

《商标法》（2019 年修正）第四十三条 商标注册人可以通过签订商标使用许可合同，许可他人使用其注册商标。许可人应当监督被许可人使用其注册商标的商品质量。被许可人应当保证使用该注册商标的商品质量。

经许可使用他人注册商标的，必须在使用该注册商标的商品上标明被许可人的名称和商品产地。

许可他人使用其注册商标的，许可人应当将其商标使用许可报商标局备案，由商标局公告。商标使用许可未经备案不得对抗善意第三人。

《最高人民法院关于审理商标民事纠纷案件适用法律若干问题的解释》（法释〔2002〕32 号）第十九条 商标使用许可合同未经备案的，不影响该许可合同的效力，但当事人另有约定的除外。

商标使用许可合同未在商标局备案的，不得对抗善意第三人。

47. 企业如何通过“商标许可”获得收入？

情景案例

A 公司是一家砧板生产企业，2010 年开始使用“俏×田”商标，2012 年取得商标专用权，核定使用的种类为第 21 类，核定使用商品包括：砧板、家庭和厨房用器具及容器、电梳、电牙刷和筷子等。2016 年，“俏×田”被评为省级著名商标。B 公司是一家生产电牙刷的代工企业，为提高企业的品牌效益，B 公司于 2017 年 3 月向 A 公司发送合作邀请函，希望 A 公司能将“俏×田”商标独家许可给 B 公司使用，核定使用商品限电牙刷一项即可。A 公司创始人叶先生认为：如果商标能够许可电牙刷一个产品，我当然愿意许可 B 公司使用，因为我不做电牙刷这个产品，但担心我国法律不允许这样做。

请问：A 公司可以许可 B 公司生产“俏×田”牌电牙刷吗？

案例分析

本案主要涉及的是当商标权利人未在注册商标的核定范围内自行生产某项商品时，可否将此项商品的商标使用权许可给他人使用的问题。

商标权能的实现，需要注册商标与产品进行结合，同时需要在使用的商品或服务范围内使用，无论商标权利人自身还是商标的被许可人，均不得擅自超出核定使用的商品或服务范围内使用注册商标。

因此，商标权利人许可他人使用自身商标，也只能在核定使用的商品或服务范围内许可他人使用该注册商标，被许可人的使用范围不能超出被许可商标核定使用的商品或服务范围。

本案中，A 公司注册的“俏 × 田”商标，其核定使用商品范围有“电牙刷”一项，即便其自身并没有将商标注册类别用于产品，但并不妨碍其可以许可 B 公司生产“俏 × 田”牌电牙刷。

风险防范与建议

商标作为企业的知识产权，与其他财产一样是企业的财富，并且可以通过转让、许可给他人使用或质押来转换实现商标的价值。

相比而言，商标许可是实现商标价值最方便的操作途径，其对商标权利人的益处众多。例如：

（1）与商标转让相比，商标许可“出售”的只是使用权，因商标权利人对商标仍享有所有权，因此，可多次“出售”。也就是说，可就此商标多次获利；而商标转让，出售的是“所有权”，一经转让，就买断权利，商标权利人对商标不再享有任何权利，无法再次获利。

（2）商标许可其实也是商标运营，通过将商标许可他人使用，借助他人之力，扩大商标品牌效应和影响力。

（3）防范商标因“连续三年不使用”被撤销。如商标权利人自身连续三年不使用商标的话，会面临他人依法申请撤销此商标的风险，而通过许可他人使用，即可避免此风险。

（4）提升和简化商标侵权赔偿金额。众所周知，对于商标被侵权的赔偿额，权利人损失、侵权人获利的取证难度很大，而法定赔偿额在现阶段又比较低，参照商标许可使用费的倍数确定赔偿数额，就是一条能简单快捷地确定商标侵权赔偿数额的路径。

法条链接

《商标法》（2019 年修正）第四十三条 商标注册人可以通过签订商标使用许可合同，许可他人使用其注册商标。许可人应当监督被许可人使用其注册商标的商品质量。被许可人应当保证使用该注册商标的商品质量。

经许可使用他人注册商标的，必须在使用该注册商标的商品上标明被许可人的名称和商品产地。

许可他人使用其注册商标的，许可人应当将其商标使用许可报商标局备案，由商标局公告。商标使用许可未经备案不得对抗善意第三人。

第六十三条第一款 侵犯商标专用权的赔偿数额，按照权利人因被侵权所受到的实际损失确定；实际损失难以确定的，可以按照侵权人因侵权所获得的利益确定；权利人的损失或者侵权人获得的利益难以确定的，参照该商标许可使用费的倍数合理确定。对恶意侵犯商标专用权，情节严重的，可以在按照上述方法确定数额的一倍以上五倍以下确定赔偿数额。赔偿数额应当包括权利人为制止侵权行为所支付的合理开支。

六、商标转让

48. 商标转让存在哪些法律风险?

情景案例

甲公司是一家化妆品生产企业，由余某与妻子潘某共同创办。邓某是余某在2016年广州美博会上认识的化妆品经销商，两人平时来往甚少。2017年5月，邓某找到余某，希望将其刚注册的“澳×妮”商标转让给甲公司，转让费用为10万元。余某很喜欢这个商标名字，想尽快办理商标转让手续。但是，由于与邓某交情不深，余某担心被骗，于是找潘某商量此事。潘某认为，商标转让存在诸多风险，如商标是否还在注册中？余某是否有权处置商标权？商标是否存在质押等限制？如果确定要受让该商标，建议在签约前找专业知识产权律师评估风险。

请问：潘某的说法正确吗？

案例分析

本案主要涉及的是商标转让的法律风险问题。

商标是承载企业商誉和商品声誉的符号载体。形式上，商标转让是商标权人在商标注册证上或商标申请文件上的名义变更；实质上，商标转让是企业一项重要无形资产的转让，并不是一件简单的事情，涉及许多法律问题，既包含商标转让合同的订立和商标行政部门的变更登记，也包括转让过程中商标价值的评估，还包括相应法律风险的识别与防控。

因此，本案中，潘某的说法有道理，实践中，为避免法律风险，在商标转让前，必须厘清以下问题：

（1）商标是否已经被核准注册。

商标在尚未取得核准时的转让需要等待商标注册核准后才会进行审批，如果商标还在申请过程中，那商标的转让就存在风险，如果该商标未被核准注册，那商标的转让也就无效。

（2）注册商标是否已被注销或撤销，或者在有效期以外未续展。

（3）已被质押的商标或已被冻结的商标不得转让或移转。

被人民法院冻结的商标以及办理了质押登记的商标，在冻结期和质押期内，未经人民法院和质权人的同意，该商标不得转让。

（4）已许可他人使用的商标转让。

依据现行法律规定，发生在许可后的商标转让合同不能影响在先许可合同的效力，被许可人在许可合同有效期内仍可以继续使用该商标。

如果受让人受让的注册商标为独占许可，那受让的商标对于受让人来说根本享受不到商标的权益，排他许可也会给受让人许可给他人使用造成障碍。因此受让人需充分了解转让商标的各方信息。

（5）商标的一并转让。

《商标法》《商标法实施条例》均明确规定，转让注册商标时，转让方应将同一种商品上注册的近似商标，或者在类似商品上注册的相同或者近似的商标一并转让。所以受让方除应查清转让方实际拥有的相同或近似商标外，还可以要求转让方作出就相同或近似商标不再申请注册的有效承诺，避免后续商标使用过程中可能出现的侵权风险，及注册申请中可能出现的权利在先障碍。

风险防范与建议

商标转让申请被商标局核准后并非就可以高枕无忧了，实践当中出现很多商标转让完成后被其他主体撤销的情况。遇到问题最多的是商标由于连续三年未使用而被撤销的情况，因此，对此方面要加强风险管控，具体为：

（1）受让前，受让人需明确转让人在近三年是否使用，如有使用，请转让人配合提供部分使用证据。

（2）如没有正当理由，应尽快使用，使用过程中应保存好相关发票，发票上必须有商标名称，因为审查机关一般情况下只认可发票的证明效力。

（3）最重要的是，向商标局提交了转让手续后，受让人务必重新以自身名义向商标局就完全相同的商标再申请一次，因商标转让已核准，则受让方重新申请的该相同商标则会顺利通过注册。如此一来，即便受让的商标因三年未使用被提撤销，但受让人新注册的相同商标并不存在此问题，因此还可以另一种方式保留住该商标。但要注意，受让人在重新申请时万不可在原来的商标上添加任何要素，尤其是图形要素。

法条链接

《商标法》（2019 年修正）第四十二条　转让注册商标的，转让人和受让人应当签订转让协议，并共同向商标局提出申请。受让人应当保证使用该注册商标的商品质量。

转让注册商标的，商标注册人对其在同一种商品上注册的近似的商标，或者在类似商品上注册的相同或者近似的商标，应当一并转让。

对容易导致混淆或者有其他不良影响的转让，商标局不予核准，书面通知申请人并说明理由。

转让注册商标经核准后，予以公告。受让人自公告之日起享有商标专用权。

《商标法实施条例》（2014年修订）第三十一条 转让注册商标的，转让人和受让人应当向商标局提交转让注册商标申请书。转让注册商标申请手续应当由转让人和受让人共同办理。商标局核准转让注册商标申请的，发给受让人相应证明，并予以公告。

转让注册商标，商标注册人对其在同一种或者类似商品上注册的相同或者近似的商标未一并转让的，由商标局通知其限期改正；期满未改正的，视为放弃转让该注册商标的申请，商标局应当书面通知申请人。

第三十二条 注册商标专用权因转让以外的继承等其他事由发生移转的，接受该注册商标专用权的当事人应当凭有关证明文件或者法律文书到商标局办理注册商标专用权移转手续。

注册商标专用权移转的，注册商标专用权人在同一种或者类似商品上注册的相同或者近似的商标，应当一并移转；未一并移转的，由商标局通知其限期改正；期满未改正的，视为放弃该移转注册商标的申请，商标局应当书面通知申请人。

商标移转申请经核准的，予以公告。接受该注册商标专用权移转的当事人自公告之日起享有商标专用权。

49. 注册商标被恶意转让，应该怎么办？

情景案例

A公司于2009年申请注册了一件商标，商标注册证、公司营业执照、公章等资料一直由公司行政经理杜某保管。2012年8月，杜某辞职后到B公司工作。2013年12月，A公司发现注册商标已转让给B公司并经国家商标局公告。A公司立即查询公司账户，发现收到B公司转账的一笔3万元的款项，并备注为商标转让费。

A公司怀疑是杜某在职期间利用职务之便将商标恶意转让给B公司，并从中获得巨额利益报酬，但苦于没有证据证明。对于A公司的指控，杜某矢口否认，并声称自己并不清楚此事。

请问：在这情况下，A公司应该如何维权？

案例分析

本案主要涉及的是注册商标被他人擅自转让的法律风险问题。

商标也是财产，是无形资产，故其转让除了适用《商标法》之外，同样也适用《合同法》和《物权法》的相关规定。根据我国《物权法》第一百零六条规定，无处分权人将不动产或者动产转让给受让人的，如果受让人是善意且支付了合理对价，并受让了财产的，受让人适用善意取得，取得该财产的所有权。

本案中，即便杜某利用手中掌握的商标注册证、公司营业执照、公章等擅自将A公司的商标转让给了B公司，除非是B公司有意与杜某合谋，否则B公司作为不知情的第三人，在其看到杜某持有A公司的商标注册证、公司营业执照、公章等情况下，有理由相信杜某有权限处理A公司的商标转让事宜。因此，依据表见代理制度，不能认为杜某与B公司就商标转让签署的合同无效。

因A公司无证据证明B公司受让涉案商标有恶意行为，且B公司已向A公司支付了合理对价，而国家商标局对其商标转让行为的公告期限届满，按照相关的法律规定，B公司作为善意的受让人，适用善意取得规定，取得了该商标的所有权，也就是说，商标的所有权是属于B公司的，A公司无法取回。

对于A公司所造成的损失，A公司有权向杜某请求赔偿损失。

风险防范与建议

关于如何保护好自己的注册商标，要澄清一个误区，不要以为控制着商标注册证就高枕无忧，现我国相关法律法规对商标转让，并不要求附送原《商标注册证》，而只要求双方向商标局提交转让注册商标申请书即可。因此，商标权人除管好自己的营业执照、公章、法定代表人私章外，还要做好商标监控和管理制度，定期到商标局查询和核实自身注册商标的情况。另外，最重要的是，如联系地址变更的话，务必立即到商标局办理变更手续，以防遗误重要信息，因为商标局的所有通知，都是通过邮寄的方式进行。

法条链接

《物权法》第一百零六条　无处分权人将不动产或者动产转让给受让人的，所有权人有权追回；除法律另有规定外，符合下列情形的，受让人取得该不动产或者动产的所有权：

（一）受让人受让该不动产或者动产时是善意的；

（二）以合理的价格转让；

（三）转让的不动产或者动产依照法律规定应当登记的已经登记，不需要登记的已经交付给受让人。

受让人依照前款规定取得不动产或者动产的所有权的，原所有权人有权向无处分权人请求赔偿损失。

当事人善意取得其他物权的，参照前两款规定。

《合同法》第四十九条　行为人没有代理权、超越代理权或者代理权终止后以被代理人名义订立合同，相对人有理由相信行为人有代理权的，该代理行为有效。

《商标法实施条例》（2014年修订）第三十一条 转让注册商标的，转让人和受让人应当向商标局提交转让注册商标申请书。转让注册商标申请手续应当由转让人和受让人共同办理。商标局核准转让注册商标申请的，发给受让人相应证明，并予以公告。

转让注册商标，商标注册人对其在同一种或者类似商品上注册的相同或者近似的商标未一并转让的，由商标局通知其限期改正；期满未改正的，视为放弃转让该注册商标的申请，商标局应当书面通知申请人。

50. 公司商标转让给公司外的第三方，需要经公司全体股东同意吗？

情景案例

A公司由甲、乙、丙三人共同创办，甲是公司大股东兼董事长，占有A公司60%的股份。2012年3月，经原国家工商行政管理总局商标局核准并公告，甲公司依法获得“曼×昵”注册商标的专用权。2014年1月，甲未经乙、丙同意或股东会授权，私下将“曼×昵”注册商标转让给B公司，转让费用为100万元。2014年2月，B公司按约定将100万元转让费打到A公司银行账户。2014年3月，刚从外地出差回来的乙知道此事后，表示强烈反对。乙认为，商标转让必须要经公司全体股东同意才生效，甲与B公司私下签订的《商标转让协议》无效。

请问：乙的说法正确吗？

案例分析

本案涉及的主要问题是公司注册商标转让的法律效力判定问题。

从法律上讲，商标作为公司的无形资产，与公司的经营和发展有着密切的关系，商标的转让直接影响到公司未来的经营与发展，并进而影响到股东的利益。故公司注册商标的转让属于公司决策上的重大事项，应由公司股东会或董事会决议。

但从立法情况来看，我国《公司法》并未对公司转让公司资产的相关事项作出明确具体的规定，在这种情况下，公司章程的相关规定就成为公司资产转让的重要依据。如果公司章程规定公司转让资产必须经股东会或董事会决定，则未经公司股东会或董事会同意的情况下，任何人无权对公司的注册商标进行转让。如果公司章程没有作出这样的规定，则不能当然认为公司注册商标转让必须经公司全体股东同意才有效。即便公司章程规定了公司资产转让必须经股东会或董事会的决定，该规定也不当然具有对外的效力，其效力应视具体情况而定。我国《合同法》第四十九条规定了表见代理制度，如果善意受让人有理由相信公司人员的行为是公司行为，属于履行职务行为的话，其所签订的注册商标转让协议应当认定有效。如果受让人知道或者应当公司人员的代理行为没有权限或超越权限，而仍然与其签订转让协议，则所签订的协议应认定为无效。

本案中，甲利用其控股地位，未经其他股东同意，擅自将A公司的商标转让给了B公司，其行为固有不当，但A公司章程对公司资产转让无约定，且B公司作为善意第三人，签订了商标转让协议，在此基础上支付合理对价，并且向商标局申请办理注册商标转让手续，商标局审查核准后又进行公告。此时，A公司即便有证据证明甲对注册商标没有处分权，也不能当然认定甲与B公司签订的《商标转让协议》无效。因此，乙的说法并不正确。

当然，如果A公司认为甲的处分行为给A公司造成损失，A公司可以向法院请求甲赔偿因此造成的损失。

风险防范与建议

基于表见代理制度和善意取得制度，公司以外的第三方作为善意第三人，如果支付了合理对价且商标局也进行了商标转让公告，即便转让人对商标无处分权，受让人也依法取得了商标所有权。但要注意的是，公司董事、高级管理人员违反公司章程的规定或者未经股东会、股东大会同意，与本公司订立合同或进行交易的，此合同或关联交易无效。董事、高级管理人员因该合同或关联交易取得的财产，应向公司返还。

法条链接

《合同法》第四十九条　行为人没有代理权、超越代理权或者代理权终止后以被代理人名义订立合同，相对人有理由相信行为人有代理权的，该代理行为有效。

《公司法》（2018年修正）第一百四十八条　董事、高级管理人员不得有下列行为：

（一）挪用公司资金；

（二）将公司资金以其个人名义或者以其他个人名义开立账户存储；

（三）违反公司章程的规定，未经股东会、股东大会或者董事会同意，将公司资金借贷给他人或者以公司财产为他人提供担保；

（四）违反公司章程的规定或者未经股东会、股东大会同意，与本公司订立合同或者进行交易；

（五）未经股东会或者股东大会同意，利用职务便利为自己或者他人谋取属于公司的商业机会，自营或者为他人经营与所任职公司同类的业务；

（六）接受他人与公司交易的佣金归为己有；

（七）擅自披露公司秘密；

（八）违反对公司忠实义务的其他行为。

董事、高级管理人员违反前款规定所得的收入应当归公司所有。

51. 商标受让人能否对商标转让前的侵权行为提出索赔？

情景案例

甲公司是某品牌手袋的生产厂家。2015 年 8 月，甲公司将旗下的“美×狼”商标转让给乙公司，转让费用为 300 万元。夏某是乙公司在湖南省的独家代理商。

2016 年 3 月，乙公司无意中从夏某口中得知，湖南株洲的丙公司在 2015 年 6 月曾生产过“美×狼”牌手袋，夏某从丙公司进货金额达 60 多万元。经调查，丙公司 2015 年 6 月确实存在生产“美×狼”牌手袋的行为，但 2016 年开始已没有再生产，甲公司未对丙公司的侵权行为进行追偿，甲公司与乙公司签署的商标转让协议中也无约定乙公司对转让前的侵权行为有追诉的权利。

请问：乙公司可以向丙公司提出索赔吗？

案例分析

本案涉及的主要问题是注册商标专用权的受让人对于受让前的侵权行为能否主张权利。

商标权人起诉他人侵犯其商标权的前提就是在发生侵权行为时其系注册商标的合法权利人。注册商标专用权的受让人自商标转让公告之日起才享有该商标专用权和禁止他人在相同或者类似商品或者服务中使用该商标的权利，对于转让前发生的侵权行为，因其当时并非商标权人，故不能对转让前发生的侵权行为主张权利。但有特别约定或者至商标转让公告之日仍在持续侵权行为的除外。

本案中，丙公司的商标侵权行为发生在乙公司受让注册商标之前。丙公司的侵权行为发生时，商标权利人是甲公司而非乙公司，而甲公司与乙公司签署的商标转让协议并没有约定乙公司有追诉的权利，对此侵权行为，只有甲公司有主张的权利，乙公司没有。因此，乙公司不能向丙公司提出索赔。但甲公司作为侵权期间的原商标权利人，只要侵权行为未过诉讼时效，甲公司有权追究丙公司在商标转让前的侵权行为。

风险防范与建议

如无特别约定，注册商标专用权的受让人对于受让前的侵权行为不能主张权利。为避免此风险，建议在转让注册商标时，应当在商标转让协议中约定对于转让前发生的侵权行为，受让人有权主张权利。如此，受让人可以就侵犯注册商标专用权的行为向人民法院起诉，也可以请求工商行政管理部门处理。

当然，如果侵犯注册商标专用权的行为至商标转让公告之日仍在持续的，注册商标受让人作为新的商标权人可以对侵权行为提起诉讼，也可以请求工商行政管理部门处理。注册商标受让人有证据证明他人正在实施或者即将实施侵犯其注册商标专用权的行为，如不及时制止将会使其合法权益受到难以弥补的损害的，还可以依法在起诉前向人民法院申请采取责令停止有关行为和财产保全的措施。

法条链接

《商标法》（2019 年修正）第六十条第一款　有本法第五十七条所列侵犯注册商标专用权行为之一，引起纠纷的，由当事人协商解决；不愿协商或者协商不成的，商标注册人或者利害关系人可以向人民法院起诉，也可以请求工商行政管理部门处理。

52. 企业注销后，商标还可以转让吗？

情景案例

A 公司系一家灯饰公司，钟某是该公司创始人。A 公司生产的“顶×坊”牌灯饰销往全国各地，深受消费者欢迎。由于灯饰行业利润越来越低，钟某于 2013 年开始入股某房产公司，并将事业重心转到房地产行业上。2014 年 2 月，钟某决定注销 A 公司，并到某房产公司担任总经理。2015 年 8 月，B 公司找到钟某，希望以 300 万元的价格购买“顶×坊”的商标专用权，A 公司同意了，但一直没有与 B 公司办理商标转让手续。2015 年 12 月底，A 公司注销，在注销公司清算报告中没有明确说明公司商标的归属情况，仅有债权债务由股东继承的相关表述。A 公司的股东共 2 人。B 公司在得知 A 公司注销后，立即找到钟某，让钟某赶紧办理将“顶×坊”商标转让给 B 公司的手续。

请问：A 公司已注销，如果 A 公司的股东现签署一份协议或声明，一致同意将商标转让给 B 公司，A 公司的“顶×坊”商标能否转到 B 公司名下？

案例分析

本案涉及的主要是公司注销后的商标可否转让的问题。

公司在注销登记前未处置其注册商标，在注销后，只要相关注册商标依然有效，就仍然是一项合法财产，该公司的权利义务承继者可继受取得该注册商标。为此，我国《商标法实施条例》第三十二条规定了商标的移转问题。

本案中，A 公司注销时未在清算报告中明确说明公司商标的归属情况，那么 A 公司的“顶×坊”商标在公司注销后，归公司的两名股东共同所有，如需继续将商标转让给 B 公司的话，A 公司的全体股东可按照公司注销时遗漏财产来处理，即签署一份协议或声明，一致同意将商标转让给 B 公司，并附上 B 公司营业执照、A 公司由工商行政管理部门出具的注销证明、A 公司向工商行政管理部门备案的清算资格证明及清算报告文件等，到商标局办理相关的手续。

风险防范与建议

商标转让在企业商标管理中是非常需要重视的，如果因为经营需要，要注销一家公司，建议最好是赶在公司注销前，提交商标转让申请，这样就会免去以后诸多麻烦。同时，留好商标注册证、营业执照复印件和公章，随时用作转移证明条件。

法条链接

《商标法实施条例》（2014 年修正）第三十二条 注册商标专用权因转让以外的继承等其他事由发生移转的，接受该注册商标专用权的当事人应当凭有关证明文件或者法律文书到商标局办理注册商标专用权移转手续。

注册商标专用权移转的，注册商标专用权人在同一种或者类似商品上注册的相同或者近似的商标，应当一并移转；未一并移转的，由商标局通知其限期改正；期满未改正的，视为放弃该移转注册商标的申请，商标局应当书面通知申请人。

商标移转申请经核准的，予以公告。接受该注册商标专用权移转的当事人自公告之日起享有商标专用权。

53. 商标转让需要交税吗?

情景案例

A 公司于 2012 年 5 月申请注册“乐×福”商标，2013 年取得商标专用权，核定使用的种类为第 36 类。商标注册后，A 公司没有将这件事放在心上。2016 年 8 月，B 公司突然找到 A 公司，希望以 30 万元的价格购买“乐×福”商标专用权。经过协商，双方最终以 35 万元签约成交。A 公司收到 35 万元商标转让款后，A 公司的财务经理赵某督促 A 公司的法定代表人要主动到税局申报纳税，否则要承担相关责任。赵某认为，商标转让也要纳税，否则是偷税行为，要承担相应的责任。

请问：赵某的说法符合法律规定吗？

案例分析

本案涉及的主要是商标转让的纳税问题。

商标作为一种无形资产，其交易也需要纳税，根据不同的商标转让主体，商标转让可能需要缴纳的相关税种有：

（1）增值税。

增值税是指在流通过程中根据商品或服务的增值而征收的一种流转税，增值税征收范围包括商标和著作权转让服务在内的文化创意服务，涉及商标转让、商誉和合作。因此，转让商标需缴纳增值税，税率为6%－17%。

（2）企业所得税。

企业所得税是对我国内资企业和经营单位的生产经营所得和其他所得征收的一种税。包括转让财产所得，而商标属于企业的无形资产。因此，企业转让商标应缴纳企业所得税。

（3）印花税。

根据《印花税暂行条例》，在中华人民共和国境内书立、领受某些凭证的单位和个人应当缴纳印花税，其中包括商标转让合同。即双方应按印花税税率缴纳印花税，具体为合同价值的0.03%－0.05%。

本案中，A公司以35万元的价格将其“乐×福”注册商标转让给了B公司，依法应交纳增值税、企业所得税和印花税，否则就涉嫌逃税。

风险防范与建议

企业在进行商标交易提高企业资产的同时，也要注意依法纳税，否则要承担相应的行政责任，严重者涉嫌刑事责任。

行政责任方面，根据我国《税收征管法》，对纳税人偷税，不缴或者少缴应纳税款的，由税务机关追缴其不缴或者少缴的税款、滞纳金，并处不缴或者少缴的税款百分之五十以上五倍以下的罚款。

刑事责任方面，我国《刑法》规定，纳税人采取欺骗、隐瞒手段进行虚假纳税申报或者不申报，逃避缴纳税款数额较大并且占应纳税额百分之十以上的，处三年以下有期徒刑或者拘役，并处罚金；数额巨大并且占应纳税额百分之三十以上的，处三年以上七年以下有期徒刑，并处罚金。

《刑法》同时规定，经税务机关依法下达追缴通知后，补缴应纳税款，缴纳滞纳金，已受行政处罚的，不予追究刑事责任；但是，五年内因逃避缴纳税款受过刑事处罚或者被税务机关给予二次以上行政处罚的除外。

随着我国税制改革的推进，税收制度不断完善，无论是企业还是个人都需牢固树立依法纳税意识。

法条链接

《应税服务范围注释》

三、部分现代服务业

（三）文化创意服务。

文化创意服务，包括设计服务、商标著作权转让服务、知识产权服务、广告服务和会议展览服务。

……

2. 商标著作权转让服务，是指转让商标、商誉和著作权的业务活动。

《刑法》（2017 年修订）第二百零一条 纳税人采取欺骗、隐瞒手段进行虚假纳税申报或者不申报，逃避缴纳税款数额较大并且占应纳税额百分之十以上的，处三年以下有期徒刑或者拘役，并处罚金；数额巨大并且占应纳税额百分之三十以上的，处三年以上七年以下有期徒刑，并处罚金。

扣缴义务人采取前款所列手段，不缴或者少缴已扣、已收税款，数额较大的，依照前款的规定处罚。

对多次实施前两款行为，未经处理的，按照累计数额计算。

有第一款行为，经税务机关依法下达追缴通知后，补缴应纳税款，缴纳滞纳金，已受行政处罚的，不予追究刑事责任；但是，五年内因逃避缴纳税款受过刑事处罚或者被税务机关给予二次以上行政处罚的除外。

《税收征收管理法实施细则》（2016 年修订）第九十八条 税务代理人违反税收法律、行政法规，造成纳税人未缴或者少缴税款的，除由纳税人缴纳或者补缴应纳税款、滞纳金外，对税务代理人处纳税人未缴或者少缴税款 50% 以上 3 倍以下的罚款。

七、法律责任

54. 在未注册的商标上加®标记，有什么法律后果？

情景案例

A公司由汪某与田某共同创办，是一家机械设备生产企业，旗下有一个机械设备产品名叫“正×隆”，没有申请商标注册。为增强采购商对产品的信心，汪某提议在产品名称上标记®进行销售，但遭到田某反对。汪某认为，在产品上标记一个®标志，最坏打算是被工商行政管理部门警告与罚款，没有什么大不了。田某认为，在未注册的商标上加®标记，从表面上来看是小事，但实质上是冒用注册商标、涉嫌虚假宣传的严重违法行为，如果被工商行政管理部门查处，企业不仅要面临罚款，法定代表人与相关责任人还要承担刑事责任。

请问：田某的说法符合法律规定吗？

案例分析

本案涉及的主要是商标标记的正确使用问题。

我国《商标法实施条例》规定，商标注册人有权标明“注册商标”或者注册标记，说明商标注册标记是商标注册人的一种权利，商标专用权人有权根据实际使用的需要，标注或不标注。而“㊟”或“®”只能使用在经商标局正式核准注册的商标图样上。企业申请注册商标后，如果只是见到商标初步审定公告，还不能使用上述标志，必须从商标局正式核准注册并刊登注册商标公告之日起方可使用。

同样，根据我国《商标法》第五十二条规定，如果将未注册商标冒充注册商标使用的，由地方工商行政管理部门予以制止，限期改正，可以予以通报，并处罚款。

本案中，A公司并没有将产品名称“正×隆”注册为商标，因此，A公司不能通过自行在此产品名称上加注商标标识而获得注册商标的法律地位和法律保护，反而此行为还违反了《商标法》第五十二条规定，除需受到工商行政管理部门的处罚外，如产品名称“正×隆”被他人在同类或类似产品上注册了商标的话，A公司继续使用此产品名称“正×隆”的行为还会涉及侵犯他人注册商标，严重者，触犯刑事责任。

因此，A 公司如果想在产品名称上标记®进行销售或获得相应法律保障，应尽快申请商标注册。

风险防范与建议

一个圆圈中有“®”字母的符号和“注”字符号，都是我国法律规定的注册商标标记，表明该商标已在国家商标局提出注册申请并获得审查通过，拿到了商标注册证书，成为注册商标。

注册商标具有排他性、独占性、唯一性等特点，属于注册商标所有人所独占，受法律保护，任何企业或个人未经注册商标所有权人许可或授权，均不可自行使用，否则将承担侵权责任。

于是，不少企业刚拿到《商标受理通知书》就把注册中的商标放到了企业产品的各种包装、合同甚至广告中。殊不知，这样做有侵权的风险，也有不少企业因此被起诉到法院。

因为《商标受理通知书》仅仅表明商标局已经收到了申请人的申请，但是还没有开始审查。也就是说，哪怕注册跟知名商标一模一样的商标，也可以拿到《商标受理通知书》。

因此，建议广大企业在商标申请注册期间，如果确实想使用该商标：

一是要进行细致的商标检索，最大限度地保证之前没有相同或者近似商标；

二要控制有关该申请中商标的各种投入包装、宣传的成本。

企业大规模的宣传、推广最好是在正式拿到商标注册证书之后，以防止自己投钱，却为他人做了嫁衣。

法条链接

《商标法实施条例》（2014 年修订）第六十三条 使用注册商标，可以在商品、商品包装、说明书或者其他附着物上标明“注册商标”或者注册标记。

注册标记包括㊟和®。使用注册标记，应当标注在商标的右上角或者右下角。

《商标法》（2019 年修正）第五十二条 将未注册商标冒充注册商标使用的，或者使用未注册商标违反本法第十条规定的，由地方工商行政管理部门予以制止，限期改正，并可以予以通报，违法经营额五万元以上的，可以处违法经营额百分之二十以下的罚款，没有违法经营额或者违法经营额不足五万元的，可以处一万元以下的罚款。

55. 对自己已注册的商标图形不满意，自行修改后再使用，是否可以？

情景案例

甲公司是一家生产水龙头的企业，由任某与妻子姜某一起创办。甲公司于2013年开始使用“达×丰”商标，并于2014年5月提起商标注册的申请，2015年8月取得商标专用权。2015年9月，甲公司委托某广告公司进行“达×丰”牌的产品包装设计。任某与姜某看到广告公司交来设计稿后，一致认为已注册的商标图形不好看，强烈要求稍做修改再使用。让任某想不到的是，广告公司拒绝修改已注册的商标图形。广告公司负责人范某认为：注册商标图样不能随意修改，否则是违法行为。

请问：范某的说法正确吗？

案例分析

本案涉及的主要是注册商标的图样可否随意更改的问题。

我国《商标法》规定，商标注册人享有商标专用权，受法律保护。注册商标专用权以核准注册的商标图样为限，即实际使用在商品或服务上的商标图样应与核准注册的商标图样一致，只能按比例放大缩小，不得自行改变商标的文字和图形。由于商标涉及的字体不同，各种字体外观有时会相差很远，商标中的图形也是如此，如果文字或图形改动较大，使之形成了不同的外观形象，就可能构成自行改变注册商标甚至冒充注册商标。更为严重的是，如果改变后的外观形象与他人注册商标近似的，还可能构成商标侵权。

同时，如果使用的商标与核准注册的商标不同，也可能给商标的保护带来不利的影响，因为保护注册商标专用权是以核准注册的商标为准，而不以实际使用的商标为准。

本案中，甲公司注册了“达×丰”商标，因此，在实际使用中，如标注为注册商标的话，就必须严格按照核准注册的商标图样使用，可按比例放大或缩小，但不得随意修改或添加，也不得拆分使用商标的元素，否则，构成将未注册商标冒充注册商标使用，将会受到工商行政管理部门的处罚。如果改变后的外观形象与他人注册商标近似的，还可能构成商标侵权。因此，范某的说法有道理。

风险防范与建议

我国商标法采用注册制度，即只有注册商标才受到商标法的保护。仅使用而未注册的商标，除非被认定为驰名商标，否则不受商标法保护。但成为驰名商标的条件较严苛、认定程序也极为复杂。所以，建议商标权人如需对注册商标的图样进行修改的话，对图样改变后的商标予以重新申请商标注册。

法条链接

《商标法》（2019 年修正）第九条 申请注册的商标，应当有显著特征，便于识别，并不得与他人在先取得的合法权利相冲突。

商标注册人有权标明“注册商标”或者注册标记。

第二十四条 注册商标需要改变其标志的，应当重新提出注册申请。

第四十九条第一款 商标注册人在使用注册商标的过程中，自行改变注册商标、注册人名义、地址或者其他注册事项的，由地方工商行政管理部门责令限期改正；期满不改正的，由商标局撤销其注册商标。

第五十二条 将未注册商标冒充注册商标使用的，或者使用未注册商标违反本法第十条规定的，由地方工商行政管理部门予以制止，限期改正，并可以予以通报，违法经营额五万元以上的，可以处违法经营额百分之二十以下的罚款，没有违法经营额或者违法经营额不足五万元的，可以处一万元以下的罚款。

《商标法实施条例》（2014 年修订）第六十三条 使用注册商标，可以在商品、商品包装、说明书或者其他附着物上标明“注册商标”或者注册标记。

注册标记包括㊟和®。使用注册标记，应当标注在商标的右上角或者右下角。

56. 产品包装字体和注册商标的字体不一样，合法吗？

情景案例

A 公司是一家面粉生产企业，其于 2014 年 4 月向商标局申请注册“滋 × 丽”商标，并于 2015 年 3 月取得商标专用权，核定使用商品类别是第 30 类。2015 年 4 月，A 公司向 B 公司定制 10 万个包装纸箱，在签订合同时，A 公司将“滋 × 丽”商标注册证的复印件交给 B 公司。在使用时，A 公司发现包装纸箱印制的注册商标字体不一样。为此，A 公司以字体不对为由提出退货，但遭到 B 公司拒绝。B 公司负责人方某认为：产品包装字体与注册商标字体可以不一样，很多企业都是这样做，并没有受到任何处罚。

请问：方某的说法正确吗？

案例分析

本案涉及的主要是注册商标的字体可否随意更改的问题。

我国《商标法》第二十四条规定，注册商标需要改变其标志，应当重新提出注册申请。第四十九条规定，商标注册人在使用注册商标的过程中，自行改变注册商标、注册人名义、地址或者其他注册事项的，由地方工商行政管理部门责令期限改正；期满不改正的，由商标局撤销其注册商标。

这意味着商标的使用要严格限制在核准注册的商标图样和核定使用的商品之内，改变商标图样或者超出了核定使用的商标范围，跨类别使用，都不应当加注标记，否则属于冒充注册商标行为；改变后的商标图样或者超出了核定使用的商品范围，与他人已注册的商标相同或者近似，还要承担商标侵权法律责任。

因此，注册什么字体就应当适用什么样的字体，不可以随意改变，并加注标识。

本案中，A 公司在其产品包装上使用“滋×丽”商标时，其商标字体应当与核准注册的图样一致，B 公司未经 A 公司的允许，擅自在包装纸箱上变更 A 公司“滋×丽”商标字体的行为，属于履行不当，应当及时纠正，否则，A 公司有权要求退货。因此，方某的说法是不正确的。

风险防范与建议

商标权利人在使用其注册商标时，务必注意按照核准注册的商标图样使用，不得随意修改或拆分，否则，存在以下法律风险：

（1）涉及将未注册商标冒充注册商标使用，将会受到地方工商行政管理部门处罚。

（2）如地方工商行政管理部门责令期限内不改正的，由商标局撤销此注册商标。

（3）如与他人已注册的商标相同或者近似，构成商标侵权。

（4）如果使用的商标与核准注册的商标不同，也可能给商标的保护带来不利影响，因为保护注册商标专用权是以核准注册的商标为准，而不以实际使用的商标为准。届时，注册商标有可能会面临“连续三年不使用”而被他人申请撤销的风险。

因此，建议如对注册商标图样有修改的，立即重新申请商标注册。

法条链接

《商标法》（2019 年修正）第二十四条 注册商标需要改变其标志的，应当重新提出注册申请。

第四十九条第一款 商标注册人在使用注册商标的过程中，自行改变注册商标、注册人名义、地址或者其他注册事项的，由地方工商行政管理部门责令限期改正；期满不改正的，由商标局撤销其注册商标。

第五十二条 将未注册商标冒充注册商标使用的，或者使用未注册商标违反本法第十条规定的，由地方工商行政管理部门予以制止，限期改正，并可以予以通报，违法经营额五万元以上的，可以处违法经营额百分之二十以下的罚款，没有违法经营额或者违法经营额不足五万元的，可以处一万元以下的罚款。

第五十七条 有下列行为之一的，均属侵犯注册商标专用权：

（一）未经商标注册人的许可，在同一种商品上使用与其注册商标相同的商标的；

（二）未经商标注册人的许可，在同一种商品上使用与其注册商标近似的商标，或者在类似商品上使用与其注册商标相同或者近似的商标，容易导致混淆的；

（三）销售侵犯注册商标专用权的商品的；

（四）伪造、擅自制造他人注册商标标识或者销售伪造、擅自制造的注册商标标识的；

（五）未经商标注册人同意，更换其注册商标并将该更换商标的商品又投入市场的；

（六）故意为侵犯他人商标专用权行为提供便利条件，帮助他人实施侵犯商标专用权行为的；

（七）给他人的注册商标专用权造成其他损害的。

第二章

专利法律问题

一、专利申请

57. 自己将技术公开后又申请专利的，可获得授权吗?

情景案例

2015 年 3 月，A 公司研制出一种节能电磁铁，可以使电磁离合器等大功率电磁器件，只要瞬间激励就能使磁铁吸合或释放，从而节约电能。2015 年 6 月，A 公司在某杂志公开发文刊登该技术方案。2016 年 3 月 10 日，A 公司委托某专利代理公司向国家知识产权局提出专利发明申请。专利代理公司总经理谭某了解情况后，拒绝接受 A 公司的委托。谭某认为，该技术方案已公开发表，不具有新颖性，因此可以申请专利，但授权的可能性不大。

请问：谭某的说法正确吗?

案例分析

本案涉及的主要是申请日以前公开的现有技术对专利新颖性和创造性实质性审查的影响问题。

我国《专利法》第三十九条规定，发明专利申请经实质审查没有发现驳回理由的，由国务院专利行政部门作出授予专利权的决定，发给发明专利证书，同时予以登记和公告。发明专利权自公告之日起生效。因此，发明专利申请要想获得授权必须先经过实质审查。

在实质审查过程中，审查员会对申请日以前公开的现有技术进行检索以对发明专利的新颖性以及创造性进行评判。审查员进行检索的现有技术包括专利文献以及非专利文献。其中，非专利文献包括论文、期刊、教材以及网页内容等。审查员最终检索到用于评述发明新颖性和创造性的对比文件的权利人既可以是他人也可以是发明专利申请的权利相关人。权利相关人包括申请人或者发明人。因此，即便是申请人或发明人自行发表的文献，也会成为现有技术，影响到自身专利申请中的新颖性评价。

本案中，在发明专利申请前，A 公司在某杂志社发文刊登该技术方案并发表后，该技术方案就成了现有技术，A 公司对此发表的技术方案文章仅享有著作权，无法阻止别人免费使用文章中记载的技术方案，也就是说，世界上的任何人都可以免费地使用论文上记载的技术方案，既不侵权，也无须付给 A 公司任何费用。

而且，当A公司后续再想将此技术方案申请发明专利时，因此技术方案之前已有杂志公开发表，现有技术新颖性不足，导致获得授权的可能性不大。

因此，本案中谭某的说法有一定的道理。

风险防范与建议

因新颖性对专利获得授权的影响性非常之大，企业或个人在申请专利时，必须强化技术相关人员的保密意识，在技术进行专利申请之前杜绝将相关文件公开于网页、期刊等媒介的事故发生。

如果涉及技术信息被公开的，有以下方法可补救：

（1）根据我国《专利法》第二十四条规定，申请专利的发明创造在申请日以前六个月内，有三种情况是提前公开而不丧失新颖性的，包括：在中国政府主办或者承认的国际展览会上首次展出的；在规定的学术会议或者技术会议上首次发表的；他人未经申请人同意而泄露其内容的。

（2）如果不属于上述情况而又公开了技术信息的，可以选择继续去深耕技术，在原有技术的基础上进行技术改进，但注意要绕开他人专利的技术保护范围，这样也可以提高获得授权的可能性。

法条链接

《专利法》（2008年修正）第二十二条 授予专利权的发明和实用新型，应当具备新颖性、创造性和实用性。

新颖性，是指该发明或者实用新型不属于现有技术；也没有任何单位或者个人就同样的发明或者实用新型在申请日以前向国务院专利行政部门提出过申请，并记载在申请日以后公布的专利申请文件或者公告的专利文件中。

创造性，是指与现有技术相比，该发明具有突出的实质性特点和显著的进步，该实用新型具有实质性特点和进步。

实用性，是指该发明或者实用新型能够制造或者使用，并且能够产生积极效果。

本法所称现有技术，是指申请日以前在国内外为公众所知的技术。

第二十四条 申请专利的发明创造在申请日以前六个月内，有下列情形之一的，不丧失新颖性：

（一）在中国政府主办或者承认的国际展览会上首次展出的；

（二）在规定的学术会议或者技术会议上首次发表的；

（三）他人未经申请人同意而泄露其内容的。

第三十九条 发明专利申请经实质审查没有发现驳回理由的，由国务院专利行政部门作出授予发明专利权的决定，发给发明专利证书，同时予以登记和公告。

发明专利权自公告之日起生效。

58. 企业如何到国外申请专利?

情景案例

甲公司是一家生产音箱的高新技术企业，由张某与刘某共同创办，已申请三项实用新型专利。2016 年 5 月，甲公司成立电子商务部，之后公司通过网络获得了大量海外订单，客户来自美国、英国、德国、印度、泰国等。为避免公司产品在海外产生知识产权纠纷，张某建议在产品销往海外之前，公司最好先在销售地国家申请专利保护。刘某同意张某的提议，但两人都不知道如何办理国外专利申请手续。

请问：甲公司应该如何申请国外专利？

案例分析

本案主要涉及的是如何到国外申请专利的问题。

在中国，想要进行国外专利申请，最常见的有两种方法，一种是通过《保护工业产权巴黎公约》（以下简称巴黎公约），另一种是通过《PCT 条约》。两者并不矛盾，PCT 可以是巴黎公约的有益补充。无论是通过何种途径向其他国家提交专利申请，最终该项专利申请能否在这些国家真正被授予专利权，都要由这些国家根据本国法律进行审查，授权与否同该申请通过何种途径提交并无必然联系。

（1）通过巴黎公约途径向外国提交专利申请的主要流程。

①向中国知识产权局提交专利申请，该申请的申请日即为优先权日。

②自上述优先权日起 12 个月（发明、实用新型）或 6 个月（外观设计）内，由涉外代理机构将该项专利向申请人期望获得保护的其他国家知识产权机构提交一份单独的专利申请，然后由这些国家按照本国法律对该项专利进行审查，进而授予专利权或驳回申请。

（2）通过 PCT 途径向外国提交专利申请的主要流程。

①向中国知识产权局就一项发明创造提交专利申请，该申请的申请日期即为优先权日。

②自上述优先权日起 12 个月（发明、实用新型）内，向中国知识产权局 PCT 处或国际局提交国际申请，即进入国际阶段。在国际阶段完成国际申请的受理、检索、修改（可选）、公开和初步审查（可选）等工作。

③自优先权日起 30 个月内向申请人期望获得保护的其他国家知识产权机构办理进入国家阶段的各种手续，然后由这些国家按照本国法律对该项发明创造进行

审查，进而授予专利权或驳回申请。

本案中，因甲公司已在中国申请了三项实用新型，故其三项实用新型可以根据公司的实际需要选择巴黎公约方式或 PCT 方式向其需要的国家申请专利保护。

风险防范与建议

虽然《巴黎公约》途径和 PCT 途径都是可以向国外申请专利的方法，但两者还是各有优缺点。

一般情况来讲，建议选择《巴黎公约》的情况有：

（1）如果需要申请国外外观设计专利保护的（我国不是《海牙协定》缔约国）、向非 PCT 成员国申请专利的（巴黎公约成员国多于 PCT 条约成员国），则必须选择《巴黎公约》途径。

（2）如果“着急的”，最优选择是《巴黎公约》途径。

（3）如果对欲申请的目标国家很明确，并且资金和文件都准备得很充分，则建议选择《巴黎公约》途径。

而优先考虑选择 PCT 途径的情况有：

（1）如果技术更新换代比较快，市场变化也快，通过 PCT 途径则相对较好，这是因为通过 PCT 途径申请人可以获得 30 个月或 31 个月的决策时间，从而可以充分地根据当前技术发展情况和市场前景等因素确定目标国家，而不是必须在 12 个月作出决定，从而降低了决策风险。

（2）如果申请人对欲保护的技术的创新程度信心不足，则可以选择 PCT 途径，因为一件 PCT 国际专利申请在国际阶段经历了国际检索和/或国际初步审查，申请人可以根据国际检索单位的检索结果和/或国际初步审查单位的审查结果来决定是否要进入目标国家。如果检索到的对比文件强有力且难以克服，则可以尽早放弃以避免后续进入各目标国家的国家阶段的费用。

向国外申请专利是占据国外市场的重要步骤，选择申请途径并非只有费用一个考量因素。申请人应根据实际情况，结合人力、物力、财力等各方面因素权衡考虑，实现对所拥有技术最高效、最经济和最全面的保护。

法条链接

《专利法》（2008 年修正）第二十条 任何单位或者个人将在中国完成的发明或者实用新型向外国申请专利的，应当事先报经国务院专利行政部门进行保密审查。保密审查的程序、期限等按照国务院的规定执行。

中国单位或者个人可以根据中华人民共和国参加的有关国际条约提出专利国际申请。申请人提出专利国际申请的，应当遵守前款规定。

国务院专利行政部门依照中华人民共和国参加的有关国际条约、本法和国务院有关规定处理专利国际申请。

对违反本条第一款规定向外国申请专利的发明或者实用新型，在中国申请专利的，不授予专利权。

第二十九条　申请人自发明或者实用新型在外国第一次提出专利申请之日起十二个月内，或者自外观设计在外国第一次提出专利申请之日起六个月内，又在中国就相同主题提出专利申请的，依照该外国同中国签订的协议或者共同参加的国际条约，或者依照相互承认优先权的原则，可以享有优先权。

申请人自发明或者实用新型在中国第一次提出专利申请之日起十二个月内，又向国务院专利行政部门就相同主题提出专利申请的，可以享有优先权。

59. 申请人对驳回专利的申请决定不服，怎么办？

情景案例

A公司是一家从事网络安全前沿技术研究的科技公司，2016年8月，A公司通过某专利代理机构申请了一种涉及信息搜索与发布方法的发明专利。本发明提供的技术方案适用于互联网检索，解决了通用性搜索引擎功能局限性问题，实现了按照用户习惯的要求定向精确地进行信息发布。2017年9月，国家知识产权局以本发明专利申请的权利要求不具备创造性为由，驳回A公司的专利申请。A公司拿着一纸驳回决定书，每天忐忑不安，心焚似火，不知道如何是好。

请问：A公司对驳回专利申请的决定不服，怎么办？

案例分析

本案主要涉及的是专利申请被驳回后如何救济的法律问题。

根据我国《专利法》第四十一条和《国家知识产权局行政复议规程》第五条规定，专利申请人对驳回专利申请的决定不服的，不能申请行政复议，也不能直接向法院起诉，仅能选择专利复审。

根据我国《专利法实施细则》规定，专利复审请求的客体仅限于对专利申请作出的驳回决定，具体包括两大类：一是发明、实用新型、外观设计专利申请初步审查时，发现不符合《专利法实施细则》第四十四条的规定，经过陈述意见、修改或两次补正后仍然没有消除缺陷，而作出的驳回决定；二是发明专利申请实质审查时，发现不符合《专利法实施细则》第五十三条的规定，经过陈述意见、修改后仍然没有消除缺陷，而作出的驳回决定。除这两大类外的其他决定均不属于专利复审的客体，如果申请复审将不予受理或者即使受理了也将被驳回。

若复审决定维持驳回决定，申请人的专利申请不能被授予专利权，而申请人对复审决定仍然不服，可以在收到复审决定之日起三个月内向北京市知识产权法院起诉，启动行政诉讼程序，寻求司法程序救济。

本案中，A 公司对驳回专利申请的决定不服，依法需在收到通知之日起三个月内，向专利复审委员会请求复审。

风险防范与建议

如收到针对国家知识产权局下发的驳回专利申请的决定，不要轻易放弃，要坚持申请复审（尤其是发明专利）。申请专利复审是救济被驳回申请的唯一途径。只有申请复审，才有机会获得成功，何况申请专利复审的费用比较低，一旦复审成功，今后会给申请人带来更大的收益。再有，通过复审，可以帮助申请人找到真正的创新点，使得专利权更稳定，有价值的发明点更突出。

法条链接

《国家知识产权局行政复议规程》（2012）第五条 对下列情形之一，不能申请行政复议：

（一）专利申请人对驳回专利申请的决定不服的；

……

《专利法》（2008 年修正）第四十一条 国务院专利行政部门设立专利复审委员会。专利申请人对国务院专利行政部门驳回申请的决定不服的，可以自收到通知之日起三个月内，向专利复审委员会请求复审。专利复审委员会复审后，作出决定，并通知专利申请人。

专利申请人对专利复审委员会的复审决定不服的，可以自收到通知之日起三个月内向人民法院起诉。

《专利法实施细则》（2010 年修订）第四十四条 专利法第三十四条和第四十条所称初步审查，是指审查专利申请是否具备专利法第二十六条或者第二十七条规定的文件和其他必要的文件，这些文件是否符合规定的格式，并审查下列各项：

（一）发明专利申请是否明显属于专利法第五条、第二十五条规定的情形，是否不符合专利法第十八条、第十九条第一款、第二十条第一款或者本细则第十六条、第二十六条第二款的规定，是否明显不符合专利法第二条第二款、第二十六条第五款、第三十一条第一款、第三十三条或者本细则第十七条至第二十一条的规定；

（二）实用新型专利申请是否明显属于专利法第五条、第二十五条规定的情形，是否不符合专利法第十八条、第十九条第一款、第二十条第一款或者本细则第十六条至第十九条、第二十一条至第二十三条的规定，是否明显不符合专利法第二条第三款、第二十二条第二款、第四款、第二十六条第三款、第四款、第三十一条第一款、第三十三条或者本细则第二十条、第四十三条第一款的规定，是否依照专利法第九条规定不能取得专利权；

（三）外观设计专利申请是否明显属于专利法第五条、第二十五条第一款第（六）项规定的情形，是否不符合专利法第十八条、第十九条第一款或者本细则第十六条、第二十七条、第二十八条的规定，是否明显不符合专利法第二条第四款、第二十三条第一款、第二十七条第二款、第三十一条第二款、第三十三条或者本细则第四十三条第一款的规定，是否依照专利法第九条规定不能取得专利权；

（四）申请文件是否符合本细则第二条、第三条第一款的规定。

国务院专利行政部门应当将审查意见通知申请人，要求其在指定期限内陈述意见或者补正；申请人期满未答复的，其申请视为撤回。申请人陈述意见或者补正后，国务院专利行政部门仍然认为不符合前款所列各项规定的，应当予以驳回。

第五十三条　依照专利法第三十八条的规定，发明专利申请经实质审查应当予以驳回的情形是指：

（一）申请属于专利法第五条、第二十五条规定的情形，或者依照专利法第九条规定不能取得专利权的；

（二）申请不符合专利法第二条第二款、第二十条第一款、第二十二条、第二十六条第三款、第四款、第五款、第三十一条第一款或者本细则第二十条第二款规定的；

（三）申请的修改不符合专利法第三十三条规定，或者分案的申请不符合本细则第四十三条第一款的规定的。

60. 专利申请被驳回，能否解除已订立的专利申请权转让合同?

情景案例

2016年3月，甲公司与乙公司签订一份《转让安全节能电镀循环过滤加热器专利申请权合同》，合同约定：甲公司将其投入研发的“安全节能电镀循环过滤加热器”的专利申请权转让给乙公司，由乙公司自主办理专利申请，甲公司永远放弃本产品实用新型专利申请权，即使乙公司只实施，未申请专利，甲公司也不得提出申请。合同签订后，乙公司一次向甲公司支付专利申请权转让费30万元。2016年4月，甲公司与乙公司一起到国家专利行政部门办理了专利申请权转让的登记备案手续。

2016年5月，乙公司向国家知识产权局提出专利申请。2017年6月，乙公司申请的专利被中国专利局驳回申请。为此，乙公司找甲公司协商退款事宜，但遭到甲公司拒绝，而双方就合同解除条件未有约定。无奈之下，乙公司将甲公司起诉至法院，要求其退还30万元专利申请权转让费。

请问：乙公司能否解除已订立的专利申请权转让合同？

案例分析

本案主要涉及的是专利申请被驳回时，已订立的专利申请权转让合同能否解除的法律问题。

根据《最高人民法院关于审理技术合同纠纷案件适用法律若干问题的解释》第二十三条规定，专利申请权转让合同当事人以专利申请被驳回或者被视为撤回为由请求解除合同，该事实发生在依照专利法第十条第三款的规定办理专利申请权转让登记之前的，人民法院应当予以支持；发生在转让登记之后的，不予支持，但当事人另有约定的除外。专利申请因专利申请权转让合同成立时即存在尚未公开的同样发明创造的在先专利申请被驳回，当事人依据合同法第五十四条第一款第二项的规定请求予以变更或者撤销合同的，人民法院应当予以支持。

本案中，甲公司与乙公司签署的《专利申请权合同》为双方真实意思表示，且已向国家专利局登记备案，合法有效。由于专利申请被驳回的时间是在专利申请权已转让给乙公司之后，由于甲、乙双方在《专利申请转让合同》中没有对专利申请权被驳回的责任问题进行约定，因此，乙公司要求解除已订立的专利申请权转让合同的主张依法得不到法院支持。

风险防范与建议

受让专利申请权是有一定风险的，因为其受让的不是专利权，而是专利申请权，且专利申请可能会被驳回。专利申请在公开以前被驳回，该发明创造仍可作为非专利技术进行转让；但如果专利申请在公开后被驳回，则该发明创造成为社会公知的技术，不能再进行技术转让。

鉴于专利申请被驳回会给专利申请权转让合同的受让方造成不同程度的损失，故建议双方当事人应在合同中约定专利申请被驳回后的损失承担。

如双方在合同中没有约定专利申请被驳回的风险责任承担，则视为让与方对专利申请被驳回不承担责任，如果专利申请被驳回发生在转让登记之后的，受让方无权要求让与方返还价款或赔偿损失，但让与方侵害他人合法权益除外。

法条链接

《专利法》（2008年修正）第十条第三款 转让专利申请权或者专利权的，当事人应当订立书面合同，并向国务院专利行政部门登记，由国务院专利行政部门予以公告。专利申请权或者专利权的转让自登记之日起生效。

《最高人民法院关于审理技术合同纠纷案件适用法律若干问题的解释》第二十三条　专利申请权转让合同当事人以专利申请被驳回或者被视为撤回为由请求解除合同，该事实发生在依照专利法第十条第三款的规定办理专利申请权转让登记之前的，人民法院应当予以支持；发生在转让登记之后的，不予支持，但当事人另有约定的除外。

专利申请因专利申请权转让合同成立时即存在尚未公开的同样发明创造的在先专利申请被驳回，当事人依据合同法第五十四条第一款第（二）项的规定请求予以变更或者撤销合同的，人民法院应当予以支持。

61. 发明专利申请究竟多久才能授权?

情景案例

邓某于2015年9月研发出一种治疗风湿疾病的药物，并于当月委托某专利代理机构向国家知识产权局申请了发明专利。2015年11月，某医药公司提出以80万元购买邓某的专利技术，但前提是邓某必须于2016年10月前取得专利证书，邓某以为从申请之日起一年之内就可取得专利证书，不过，邓某为了慎重，还是特意向某专利代理机构工作人员咨询，被告知发明专利申请一般需要二年时间才能授权。

请问：邓某什么时候才能获得专利授权?

案例分析

本案主要涉及的是发明专利申请多长时间才能授权的问题。

依据我国专利法，发明专利申请的审批程序包括受理、初审、公布、实质审查以及授权五个阶段。实用新型或者外观设计专利申请在审批中不进行早期公布和实质审查，只有受理、初审和授权三个阶段。因此，实用新型和外观实行形式审查制度，形式审查通过后就可以授权公告。而发明则实行形式审查和实质审查制度，即专利局在对申请案件进行审查时，不仅要对申请案件的形式要件进行审查，还要对申请案件中的发明创造是否符合新颖性、创造性和实用性等实质性要件进行审查。所以，发明专利申请所需时间比实用新型和外观设计专利申请长，一般来说，发明专利从申请到发放权利证书需要2－3年的时间。

据国家知识产权局于2018年1月5日发布的《国家知识产权局2017年主要工作进展》文件显示，目前发明专利授权周期稳定在22个月左右。

本案中，邓某的发明专利在2015年9月向国家知识产权局递交了专利申请文件，如果申请文件无须补充或修改的，按照现在的审查流程，一般22个月可获得专利授权，但如果文件不齐或专利文件撰写不妥需要补充或修正的，那时间上就会有所延长。

风险防范与建议

因发明专利审查周期长，而实用新型较短，往往实用新型专利授权发证了，发明专利可能才刚刚进入实质审查阶段，所以通常采用发明和实用新型同时申请的形式，先拿到一本实用新型的专利证书以尽快维护自身的权益。

而且，《专利法实施细则》第四十一条第五款规定实用新型专利权自公告授予发明专利权之日起终止，即在发明的答复过程中，为了能获得发明的授权而提交了实用新型的放弃专利权声明，其生效条件也应明确是发明的授权，若审查员针对发明又审查出其他的问题，导致该发明无法授权时，该实用新型的放弃专利权声明是不会生效的。因此，实用新型和发明的保护时间是无缝对接的，不需要担心实用新型授权了是否会影响到发明申请的授权。

最重要的是，如果发明技术在授权之前的公布阶段被人使用了，可以通过实用新型专利权进行维权，要求侵权方承担赔偿责任，而不只是要求侵权方承担发明公开状态的技术使用费。

因此，建议如有可能，可在申请发明专利的同时申请一项实用新型专利。

法条链接

《专利法》（2008 年修正）第三十四条 国务院专利行政部门收到发明专利申请后，经初步审查认为符合本法要求的，自申请日起满十八个月，即行公布。国务院专利行政部门可以根据申请人的请求早日公布其申请。

第三十五条 发明专利申请自申请日起三年内，国务院专利行政部门可以根据申请人随时提出的请求，对其申请进行实质审查；申请人无正当理由逾期不请求实质审查的，该申请即被视为撤回。

国务院专利行政部门认为必要的时候，可以自行对发明专利申请进行实质审查。

第三十九条 发明专利申请经实质审查没有发现驳回理由的，由国务院专利行政部门作出授予发明专利权的决定，发给发明专利证书，同时予以登记和公告。发明专利权自公告之日起生效。

《专利法实施细则》（2010 年修订）第四十一条 两个以上的申请人同日（指申请日；有优先权的，指优先权日）分别就同样的发明创造申请专利的，应当在收到国务院专利行政部门的通知后自行协商确定申请人。

同一申请人在同日（指申请日）对同样的发明创造既申请实用新型专利又申请发明专利的，应当在申请时分别说明对同样的发明创造已申请了另一专利；未作说明的，依照专利法第九条第一款关于同样的发明创造只能授予一项专利权的规定处理。

国务院专利行政部门公告授予实用新型专利权，应当公告申请人已依照本条第二款的规定同时申请了发明专利的说明。

发明专利申请经审查没有发现驳回理由，国务院专利行政部门应当通知申请人在规定期限内声明放弃实用新型专利权。申请人声明放弃的，国务院专利行政部门应当作出授予发明专利权的决定，并在公告授予发明专利权时一并公告申请人放弃实用新型专利权声明。申请人不同意放弃的，国务院专利行政部门应当驳回该发明专利申请；申请人期满未答复的，视为撤回该发明专利申请。

实用新型专利权自公告授予发明专利权之日起终止。

62. 能否在竞争对手的专利申请授权之前阻止其授权？

情景案例

A公司是一家灯饰公司，2016年8月向国家知识产权局申请了一种“新型彩色美耐灯”技术生产方法的发明专利。2017年3月，B公司发现A公司申请发明专利的产品与B公司某款畅销产品十分相似，如果A公司成功获得专利权，将严重冲击B公司的正常经营，会给B公司造成较大的经济损失。为此，B公司委托律师给A公司发律师函，以先生产该款产品为由，要求A公司立即撤销专利申请，否则追究其侵权责任。A公司认为不存在侵权行为，不同意B公司提出的要求。

请问：B公司能否在A公司的专利申请授权之前阻止其授权？

案例分析

本案主要涉及的问题是如何防止竞争对手专利授权。

根据我国《专利法》第四十五条规定，自国务院专利行政部门公告授予专利权之日起，任何单位或者个人认为该专利权的授予不符合本法有关规定的，可以请求专利复审委员会宣告该专利权无效。

但对于发明，除无效宣告程序外，根据我国《专利法实施细则》第四十八条的规定，还可在发明专利申请阶段通过提交公众意见来阻止目标专利申请被授权。

首先，提交公众意见的主体可以是任何人，因此在提交公众意见时不像专利无效等事务一样，无须提供请求人的详细信息。公众意见提出后不会通知该专利申请的权利人，而且即使权利人通过其他途径了解公众意见内容，也无法知道提出公众意见的主体的真实身份。

其次，提交公众意见的时机，可以在审查员进行实质审查开始之前提出，也可以在审查员发出通知书之后提出。如果公众意见是在审查员发出授予专利权的通知之后提出的，审查员就不考虑了。

此外，提交公众意见不需要向国家知识产权局缴纳任何费用，其费用主要包括检索费用和撰写意见费用。

提交公众意见的程序方面，相比无效程序而言，没有答复权利人方意见和口审的程序，程序相对简单，因此可以节省相当大一部分费用。

最后，提交公众意见所需要的证据和理由，可以主要考虑影响该专利申请新颖性和创造性的证据和理由。如果公众意见中提到的证据和理由确实不利于该专利申请的专利性，负责审理的审查员在实质审查过程中一般都会考虑，并且很有可能基于此证据和理由驳回该专利申请。

如没有找到影响该专利申请新颖性和创造性的合适证据的话，还可以考虑权利要求是否清楚以及是否得到说明书支持等理由，迫使对方尽量缩小权利要求的保护范围，以为己方产品争取有利的市场和法律环境。

本案中，B 公司对 A 公司申请的发明专利有异议，觉得其发明技术与自己公司生产的产品所使用的技术相近似，可以在发明专利申请阶段通过提交公众意见来阻止 A 公司的发明专利申请被授权；如果 A 公司的发明专利申请已公告授权，可向专利复审委员会申请宣告该专利权无效。

风险防范与建议

因为实用新型和外观设计专利没有实质审查程序，因而公众看到的公开文本就是授权文本，所以，无法在专利申请阶段通过提交公众意见来阻止目标专利申请被授权，只能通过提出无效来挑战对方的专利性。

法条链接

《专利法》（2008 年修正）第四十五条 自国务院专利行政部门公告授予专利权之日起，任何单位或者个人认为该专利权的授予不符合本法有关规定的，可以请求专利复审委员会宣告该专利权无效。

《专利法实施细则》（2010 年修订）第四十八条 自发明专利申请公布之日起至公告授予专利权之日止，任何人均可以对不符合专利法规定的专利申请向国务院专利行政部门提出意见，并说明理由。

63. 计算机程序可否直接获得专利保护?

情景案例

甲公司由赵某与蒋某共同创办，是一家软件公司。2013 年 3 月，赵某研发出“一种扩充移动计算设备存储容量的方法”的计算机程序，其技术方案为“现有移动计算设备例如便携式计算机、手机等由于其体积以及便携性的要求，通常使用存储容量较小的闪存卡作为存储介质，使得移动计算设备由于受到存储容量的限制而不能处理需要大存储容量的多媒体数据，因而在移动计算设备上无法应用多媒体技术。发明专利申请提供了一种利用虚拟设备文件系统来扩充移动计算设备存储容量的方法，使移动计算设备能够将服务器上的大容量存储空间用于本地应用”，具有极高的市场价值。2013 年 4 月，赵某在公司会议上提出将该项技术拿去申请发明专利，以获得法律保护。蒋某认为，能申请发明专利当然好，但我国法律规定计算机程序不能直接获得专利保护，只能申请著作权保护。

请问：赵某研发的计算机程序可以申请专利保护吗?

案例分析

本案主要是关于计算机程序的发明专利申请问题。

仅仅是计算机软件，属于人类智力活动的规则和方法，根据《专利法》第二十五条第一款第二项的规定，不能授予专利权。但是如果涉及计算机软件的发明是为了解决发明提出的问题，全部或者部分以计算机程序处理流程为基础，通过计算机执行上述流程编制的计算机程序，对计算机外部对象或者内部对象进行控制或处理的解决方案的话，是可以申请发明专利的。

那么如何判断涉及计算机程序的方案是否可以申请发明专利?

根据《审查指南》中第二部分第九章的相关规定，判断涉及计算机程序的方案是否可以申请发明专利的主要依据包括：（1）是否构成技术方案以满足专利法第二条第二款的规定；（2）是否属于《专利法》第二十五条第一款第二项所规定的智力活动规则和方法。

如果涉及计算机程序的发明专利申请的解决方案执行计算机程序的目的是解决技术问题，在计算机上运行计算机程序从而对外部或内部对象进行控制或处理所反映的是遵循自然规律的技术手段，并且由此获得符合自然规律的技术效果，则这种解决方案属于《专利法》第二条第二款所说的技术方案，属于专利保护的客体。

如果一项权利要求仅仅涉及一种算法或数学计算规则，或者计算机程序本身或仅仅记录在载体上的计算机程序，或者游戏的规则和方法等，则该权利要求属于智力活动的规则和方法，不属于专利保护的客体。

如果一项权利要求在对其进行限定的全部内容中既包含智力活动的规则和方法，又包含技术特征，则该权利要求就整体而言并不是一种智力活动的规则和方法，不应当依据《专利法》第二十五条排除其获得专利权的可能性。

本案中，赵某研发的计算机程序，该解决方案是一种改进移动计算机设备存储容量的方法，解决的是如何增加便携式计算机等移动计算设备的有效存储容量的技术问题，该方法通过执行计算机程序实现对移动计算设备内部运行性能的改进，反映的是利用虚拟设备文件系统模块在本地计算机上建立虚拟存储空间，将对本地存储设备的访问转换为对服务器上存储设备的访问，利用的是遵循自然规律的技术手段，获得移动计算设备对数据的存储不受其本身存储容量限制的技术效果。因此，该涉及计算机程序的发明专利申请是一种通过执行计算机程序实现计算机内部系统性能改进的解决方案，属于《专利法》第二条第二款规定的技术方案，属于专利保护的客体，可以申请专利保护。

风险防范与建议

计算机软件程序可以进行软件著作权登记，从而通过著作权法加以保护，而针对某些可构成技术方案的计算机软件程序还可以进行发明专利申请，从而通过专利法寻求保护。因此，建议在编写计算机程序时，尽量设计出通过计算机程序解决技术问题的发明，以便申请专利法保护。

法条链接

《专利法》（2008 年修正）第二条第二款 发明，是指对产品、方法或者其改进所提出的新的技术方案。

第二十五条 对下列各项，不授予专利权：

（一）科学发现；

（二）智力活动的规则和方法；

（三）疾病的诊断和治疗方法；

（四）动物和植物品种；

（五）用原子核变换方法获得的物质；

（六）对平面印刷品的图案、色彩或者二者的结合作出的主要起标识作用的设计。

对前款第（四）项所列产品的生产方法，可以依照本法规定授予专利权。

二、专利权属

64. 专利受让人在办理更名手续后，拒不支付专利转让款，后又将专利转让给他人，那专利权归谁所有?

情景案例

A公司是一家生产电饭煲的家电企业。2016年9月，A公司决定以80万元向B公司购买3项外观设计专利，双方于2016年10月签订了《专利转让合同》。2016年11月，B公司按合同约定将名下专利权转让至A公司名下。但是，A公司一直以各种理由拒绝支付专利转让款。

2017年3月，C公司以150万元购买了A公司的3项专利权，并到专利局办理了更名手续。B公司得知此情况后，将A公司起诉至法院，以A公司拒不支付专利转让款为由，要求确认其与A公司签订的《专利转让合同》无效，并要求将专利转名回至B公司。

请问：B公司的诉讼请求能得到法院支持吗?

案例分析

本案主要涉及的是专利权的善意占有制度。

我国《物权法》第一百零六条规定，无处分权人将不动产或者动产转让给受让人的，如受让人取得该动产的所有权时是善意，并以合理的价格受让，该动产亦完成交付的，该动产的所有权属于受让人，原所有权人无权取回。

本案中，虽然A公司从B公司受让涉案的3项专利时没有依照《专利转让合同》约定支付专利转让款，但由于B公司已将专利权更名至A公司名下，在专利局的公示上A公司已成为涉案3项专利权的权属人。C公司按照专利局的公示支付了合理转让款并完成了专利权属的转名手续，C公司作为善意占有人合法取得了涉案3项专利的所有权。

而对于A公司未向B公司支付专利转让费的行为，B公司可因A公司的违约行为致使其合同目的无法实现主张合同解除，也可以在不解除合同的情况下要求A公司立即支付转让费用并承担违约责任。由于C公司依照善意占有制度已合法取得涉案3项专利的所有权，因此，B公司如果要求解除合同并返还专利的话，法院会驳回B公司要求返还专利的主张。故B公司最好在不解除合同的情况下要求A公司立即支付转让费用并承担违约责任。

风险防范与建议

企业在办理专利转让过程中，有哪些注意事项呢？建议如下：

（1）转让方与受让方应签订书面合同。实际上，《合同法》中明确规定涉及技术转让的应签订书面合同，且专利转让应向专利行政部门备案。

（2）采取渐进方式转移专利权。为防止合同履行过程中出现本案的情况，专利权人转让后无法得到合法的经济利益，建议采取分步骤支付费用的方式，如约定在签订合同时支付一部分费用，更名后支付剩余的费用，以减少损失。

法条链接

《物权法》第一百零六条 无处分权人将不动产或者动产转让给受让人的，所有权人有权追回；除法律另有规定外，符合下列情形的，受让人取得该不动产或者动产的所有权：

（一）受让人受让该不动产或者动产时是善意的；

（二）以合理的价格转让；

（三）转让的不动产或者动产依照法律规定应当登记的已经登记，不需要登记的已经交付给受让人。

受让人依照前款规定取得不动产或者动产的所有权的，原所有权人有权向无处分权人请求赔偿损失。

当事人善意取得其他物权的，参照前两款规定。

《合同法》第三百五十二条 受让人未按照约定支付使用费的，应当补交使用费并按照约定支付违约金；不补交使用费或者支付违约金的，应当停止实施专利或者使用技术秘密，交还技术资料，承担违约责任；实施专利或者使用技术秘密超越约定的范围的，未经让与人同意擅自许可第三人实施该专利或者使用该技术秘密的，应当停止违约行为，承担违约责任；违反约定的保密义务的，应当承担违约责任。

65. 职务发明中，专利权归企业所有吗？

情景案例

甲公司是一家摩托车生产企业，汪某为甲公司员工，从事公司管理工作。2015年11月，汪某私下向国家知识产权局提出名为“摩托车用高能点火系统”的专利申请。2016年3月，甲公司董事长齐某得知汪某申请发明专利的事情后，表示要严肃处理此事。齐某认为，汪某申请的发明专利技术方案是在职期间完成的，因此应属职务发明，专利权应归公司所有。汪某认为，技术方案是利用晚上与周末业余时间完成的，既不是执行本单位的任务，也不是履行本岗位职责，也不是利用本单位的物质技术条件，因此应属于非职务发明。

请问：汪某的说法符合法律规定吗?

案例分析

本案主要涉及的是职务发明的认定以及职务发明的权利归属问题。

依据我国《专利法》第六条及《专利法实施细则》第十二条的规定，我国专利制度中的发明创造分为职务发明创造和非职务发明创造，前者专利申请权和专利权属于单位；后者专利申请权和专利权属于发明人或者设计人。

我国专利制度中的职务发明创造分为“执行本单位的工作任务”所完成的发明创造和“主要是利用本单位的物质技术条件”所完成的发明创造两类。

第一类“执行本单位的工作任务”所完成的发明创造，又可以区分为两种情形：

（1）在完成单位工作任务中完成的发明创造。此情形是履行本单位工作任务的过程中完成的发明创造。此类职务发明创造要求：完成时间要件是在发明人与单位工作关系的存续期间内，内容要件是发明创造的内容必须属于发明人在单位工作任务的内容。

（2）离职1年内完成的与原单位工作任务有关的发明创造。这种情形是针对发明人在离开原单位1年内作出的发明创造，此类职务发明创造要求：完成时间要件扩大到发明人与原单位脱离工作关系1年内；内容要件不限于发明创造属于发明人在原单位的工作任务，还包括与原单位工作任务有关的发明创造，显然，法律规定这种情形的立法目的就在于避免相关人员利用原单位、临时工作单位的职务便利，在掌握了原单位、临时工作单位的职务发明创造内容时突然离职跳槽到其他单位，以掌握的原单位的职务发明创造内容为基础，以自己或其他单位的名义申请专利，使原单位、临时工作单位的合法利益遭受损失的情形。

第二类“主要是利用本单位的物质技术条件”所完成的发明创造，指主要是利用本单位的物质技术条件，包括：资金、设备、零部件、原材料或者不对外公开的技术资料等所完成的发明创造。

此类职务发明创造虽然与发明人在本单位的工作任务无关，但是由于发明人在研发过程中，必须依赖单位的资金、设备、零部件等物质技术条件，为了保障单位的经济利益，法律规定此类职务发明创造申请专利的权利和专利权也归属于该单位，但是，由于主要利用单位的物质技术条件的情形，单位的经济利益是可以通过返还资金，支付设备使用费等方式予以保障的。因此，为了鼓励发明人在完成工作任务之外进行发明创造，法律规定，此类职务发明，单位与发明人可以通过合同约定的形式确定权利归属。

综上，判断一项发明创造是否属于职务发明创造，专利申请权或专利权是否属于单位所有，需综合考量员工的技术背景、任职岗位、工作任务是否主要利用单位物质技术条件和离职时间等因素。

本案中，汪某在甲公司从事的是管理工作，而甲公司未能提供证据证明汪某直接参与了公司相关专利技术的研发、对发明创造的实质性特点作出创造性贡献，亦无证据证明汪某在本职工作中或执行甲公司交付的本职工作之外的任务中发明了涉案专利，也无证据证明汪某是利用了公司的物质技术条件完成的发明创造，因此，汪某向国家知识产权局提交的“摩托车用高能点火系统”的专利申请属于非职务发明。

风险防范与建议

为了更好地规范职务发明，建议企业在日常管理工作中做好以下工作：

（1）签署合同明确约定。企业在签订劳动合同、劳务合同或技术开发合同时，明确约定员工的岗位、职责和工作内容，尤其是对员工完成本职工作中的研发成果和利用单位物质技术条件完成的发明创造的归属需明确约定。

（2）规范管理企业的技术资料，加强档案管理。

（3）及时将相关方的创造结果申请保护，或者纳入商业秘密管理，明确相关员工的保密义务。

（4）完善对退休及离职员工的后续管理，确立相关人员的竞业禁止义务。

法条链接

《专利法》（2008 年修正）第六条 执行本单位的任务或者主要是利用本单位的物质技术条件所完成的发明创造为职务发明创造。职务发明创造申请专利的权利属于该单位；申请被批准后，该单位为专利权人。

非职务发明创造，申请专利的权利属于发明人或者设计人；申请被批准后，该发明人或者设计人为专利权人。

利用本单位的物质技术条件所完成的发明创造，单位与发明人或者设计人订有合同，对申请专利的权利和专利权的归属作出约定的，从其约定。

《专利法实施细则》（2010 年修订）第十二条 专利法第六条所称执行本单位的任务所完成的职务发明创造，是指：

（一）在本职工作中作出的发明创造；

（二）履行本单位交付的本职工作之外的任务所作出的发明创造；

（三）退休、调离原单位后或者劳动、人事关系终止后1年内作出的，与其在原单位承担的本职工作或者原单位分配的任务有关的发明创造。

专利法第六条所称本单位，包括临时工作单位；专利法第六条所称本单位的物质技术条件，是指本单位的资金、设备、零部件、原材料或者不对外公开的技术资料等。

第十三条　专利法所称发明人或者设计人，是指对发明创造的实质性特点作出创造性贡献的人。在完成发明创造过程中，只负责组织工作的人、为物质技术条件的利用提供方便的人或者从事其他辅助工作的人，不是发明人或者设计人。

66. 合作开发的发明创造，专利权归谁所有？

情景案例

田某与任某是大学同学，两人关系甚好。2014年2月，由于事业发展需要，田某决定利用业余时间研发一项充电电池技术，但由于时间有限，于是找到任某帮忙。任某对此项技术非常感兴趣，于是也利用业余时间参与该项技术研发。2015年12月，田某想将与任某一起研发的充电电池电极制作方法及设备技术拿去申请专利，但任某不同意，田某说他也是该项专利技术的发明人，他有权去申请专利权，任某无权阻止。关于这专利技术的权属，双方也没签订过任何协议。现在，任某不知怎么办才好。

请问：田某与任某共同研发的发明创造，专利权归谁所有？

案例分析

本案主要涉及的是合作开发的发明创造的权利归属问题。

依据我国《专利法》第八条及《合同法》第三百四十条规定，合作完成的发明创造，除另有协议的以外，申请专利的权利属于合作开发的当事人共有。当事人一方转让其共有的专利申请权的，其他各方享有以同等条件优先受让的权利。合作开发的当事人一方声明放弃其共有的专利申请权的，可以由另一方单独申请或者由其他各方共同申请。申请人取得专利权的，放弃专利申请权的一方可以免费实施该专利。合作开发的当事人一方不同意申请专利的，另一方或者其他各方不得申请专利。

本案中，田某与任某有共同开发相关专利技术的意思表示，实际上也存在共同研发技术的行为，因田某和任某就合作开发的发明创造的专利权属没有约定，因此，该合作开发的发明创造的权属属于合作开发的当事人共有，即由田某和任某共有。

现因作为合作开发一方的任某不同意申请专利，田某也不得申请专利，否则田某涉及侵权。

风险防范与建议

合作开发完成的发明创造，除当事人另有约定外，申请专利的权利属于合作开发的当事人共有。因此，为避免日后纠纷，在合作开发发明创造前，提前约定好相关的专利权属问题就很有必要。

合作开发合同中，当事人如约定技术成果的归属，可有以下几种方式：

（1）约定研究成果的专利申请权为一方所有，但享有专利申请权的一方对另一方作出适当补偿。

（2）约定向合同外第三方转让研究成果时，应经合作开发合同当事人协商一致，由此获得的利益由各方共享。

（3）约定对技术成果的分享份额以及各自享有的专利申请权。

（4）约定由当事人一方享有对合作开发成果的独占使用权或转让权，但取得这一权利的当事人对其他各方当事人支付约定的价款。

法条链接

《专利法》（2008 年修正）第八条 两个以上单位或者个人合作完成的发明创造、一个单位或者个人接受其他单位或者个人委托所完成的发明创造，除另有协议的以外，申请专利的权利属于完成或者共同完成的单位或者个人；申请被批准后，申请的单位或者个人为专利权人。

《合同法》第三百四十条 合作开发完成的发明创造，除当事人另有约定的以外，申请专利的权利属于合作开发的当事人共有。当事人一方转让其共有的专利申请权的，其他各方享有以同等条件优先受让的权利。

合作开发的当事人一方声明放弃其共有的专利申请权的，可以由另一方单独申请或者由其他各方共同申请。申请人取得专利权的，放弃专利申请权的一方可以免费实施该专利。

合作开发的当事人一方不同意申请专利的，另一方或者其他各方不得申请专利。

67. 委托开发合同未约定开发成果的专利申请权归属，怎么办？

情景案例

2013 年 8 月，A 公司委托 B 研究所研发一种电力新设备，并提供研发经费

200 万元，双方签订的委托开发合同中未约定研发完成的发明创造的专利申请权归谁所有。2014 年 12 月，B 研究所如期完成了这一电力新设备的研发并准备申请专利，但在谁该享有专利申请权的问题上产生了纠纷。A 公司认为，该技术成果应当归 A 公司所有，因为研发费用由 A 公司提供。B 研究所认为，委托开发完成的发明创造，申请专利的权利应当属于研究开发人；研究开发人取得专利权后，可以授权 A 公司免费实施该专利。

请问：B 研究所的说法符合法律规定吗？

案例分析

本案主要涉及的是委托开发的发明创造的权利归属问题。

依据我国《合同法》第三百三十九条规定，委托开发完成的发明创造，除当事人另有约定外，申请专利的权利属于研究开发人。研究开发人取得专利权的，委托人可以免费实施该专利。研究开发人转让专利申请权的，委托人享有以同等条件优先受让的权利。

本案中，A 公司与 B 研究所签订的委托开发合同，委托人为 A 公司，研究开发人为 B 研究所。由于该合同中没有约定发明创造的权利归属，故申请专利的权利属于研究开发人，即 B 研究所对研究开发的成果享有申请专利的权利。A 公司要求确认发明专利的申请权归其独有的主张，因缺乏法律依据，依法得不到法院支持。

风险防范与建议

企业与他人合作或委托他人进行技术开发时，应当注意在相关合同中对知识产权的权属及各方的权利、义务作出明确无误的约定，否则将很难取得知识产权所有权。

法条链接

《专利法》（2008 年修正）第八条　两个以上单位或者个人合作完成的发明创造、一个单位或者个人接受其他单位或者个人委托所完成的发明创造，除另有协议的以外，申请专利的权利属于完成或者共同完成的单位或者个人；申请被批准后，申请的单位或者个人为专利权人。

《合同法》第三百三十九条　委托开发完成的发明创造，除当事人另有约定的以外，申请专利的权利属于研究开发人。研究开发人取得专利权的，委托人可以免费实施该专利。

研究开发人转让专利申请权的，委托人享有以同等条件优先受让的权利。

68. 两人作出同样的发明创造，专利权归谁所有？

情景案例

A公司位于湖南省长沙市，于2015年12月研发出“开关时阀芯无旋转磨损寿命长”技术，为不让该技术公开，A公司决定暂不进行专利权申请。B公司位于广东省东莞市，于2016年3月也研发出与A公司同样的技术。与A公司不同的是，B公司于2016年4月向国家知识产权局提交专利申请。A公司知道B公司抢先申请专利权后，立即向国家知识产权局提出申诉。A公司认为，该技术由其先研发，专利权应当归其所有。

请问：A公司与B公司作出同样的发明创造，专利权归谁所有？

案例分析

本案主要涉及的是专利制度中的先申请原则。

我国《专利法》第九条规定，两个以上的申请人分别就同样的发明创造申请专利的，专利权授予最先申请的人。如果两人是同一天向国家知识产权局提出专利申请的，那么国家知识产权局会向他们发出自行协商确定申请人的通知。收到通知后，在通知中指定的协商期限届满后，不答复的人，其申请会被视为撤回；没有协商出结果的，国家知识产权局就会将两人的专利申请都驳回。

本案中，就同样的发明创造，虽然A公司首先研发出该专利技术，但B公司在A公司之前向国家知识产权局提交了专利申请，因此，依照先申请原则，该专利权属于B公司。

风险防范与建议

虽然专利权属的取得是依照先申请原则，但《专利法》第六十九条同样规定了先用权制度，即在专利申请日前已经制造相同产品、使用相同方法或者已经作好制造、使用的必要设备，并且在原有范围继续制造、使用的，不视为侵犯专利权。这一规定使先发明人有可能在一定范围内实施其发明创造，不受他人获得的专利独占权的限制。

不过，为了保护自身的专利技术，建议还是尽早向国家知识产权局申请专利。

法条链接

《专利法》（2008年修正）第九条 同样的发明创造只能授予一项专利权。但是，同一申请人同日对同样的发明创造既申请实用新型专利又申请发明专利，先获得的实用新型专利权尚未终止，且申请人声明放弃该实用新型专利权的，可以授予发明专利权。

两个以上的申请人分别就同样的发明创造申请专利的，专利权授予最先申请的人。

第六十九条　有下列情形之一的，不视为侵犯专利权：

（一）专利产品或者依照专利方法直接获得的产品，由专利权人或者经其许可的单位、个人售出后，使用、许诺销售、销售、进口该产品的；

（二）在专利申请日前已经制造相同产品、使用相同方法或者已经作好制造、使用的必要准备，并且仅在原有范围内继续制造、使用的；

（三）临时通过中国领陆、领水、领空的外国运输工具，依照其所属国同中国签订的协议或者共同参加的国际条约，或者依照互惠原则，为运输工具自身需要而在其装置和设备中使用有关专利的；

（四）专为科学研究和实验而使用有关专利的；

（五）为提供行政审批所需要的信息，制造、使用、进口专利药品或者专利医疗器械的，以及专门为其制造、进口专利药品或者专利医疗器械的。

69. 专利登记簿副本与专利证书，哪个更重要？

情景案例

甲公司由石某与谭某共同创办，主要经营卫浴产品。2015 年 3 月，甲公司向国家知识产权局提交一项产品外观设计的专利申请。2016 年 5 月，甲公司成功取得专利证书。2017 年 1 月，甲公司地址变更。石某认为，专利如果做了变更、转让、抵押等一系列的活动，在专利证书上不会体现，建议申请办理专利登记簿副本，因为专利权人的相关信息、专利权的状态是否变动、专利是否被无效宣告等都会记录在这个登记簿上。谭某认为，从法律的角度来说，专利证书与专利登记簿上记载的内容是一致的，在法律上具有同等效力，没有必要花时间去办理专利登记簿副本。

请问：甲公司有必要去办理专利登记簿副本吗？

案例分析

本案主要涉及的是专利登记簿和专利证书的区别。

一般来说，跟专利有关的副本包括专利证书副本和专利登记簿副本。

通常情况下，国家知识产权局向第一专利权人颁发一份专利证书。但当一件获权专利拥有多个共同专利权人的时候，如果其他共同权利人也需要专利证书的，那么是可以请求国家知识产权局出具专利证书副本的。但必须要注意的是，对同一专利权出具的专利证书副本数目不能超过颁发证书时共同权利人的总数。

专利登记薄副本，则是指国家知识产权局授予一项专利权利时建立的专利登记簿的副本。授予专利权时，专利登记簿与专利证书上记载的内容是一致的，在法律上具有同等效力；而在专利权授予之后，专利的法律状态的变更仅在专利登记簿上记载，由此导致专利登记簿与专利证书上记载的内容不一致，但专利的法律状态却是以专利登记簿上记载的法律状态为准。

专利证书的本质则是一种权利证明。专利登记簿副本的本质是一种即时法律状态的证明，其价值在衡量专利权价值层面，不亚于甚至超过了专利证书本身的价值。

本案中，按照谭某的说法，只是在授予专利权时，专利证书与专利登记簿上记载的内容是一致的，但在专利权授予之后，如果专利的法律状态发生变更，则专利登记簿与专利证书上记载的内容不一致。虽然甲公司已有专利证书，但其在取得专利证书后进行过经营地址变更，而此变更信息只记载在专利登记簿上，因此，甲公司需办理专利登记簿副本。

风险防范与建议

如专利的法律状态发生变更后，建议企业在办理变更手续的同时申请办理专利登记簿副本，理由为：

（1）专利证书只下发一次，若专利权人不慎遗失，国家知识产权局不予以补发。此时，专利权人可通过办理专利登记簿副本作为拥有专利权的证明。

（2）专利证书只能反映专利授权时的信息，而专利登记簿副本还记录了专利授权后发生的法律状态或其他事项的变更信息，如专利权的转移、无效宣告、终止、质押，专利实施许可合同的备案、强制许可，以及专利权人名称、地址的变更等。

（3）此外，专利登记簿副本可便于项目申报、高新技术企业资质认定、诉讼、上市、行政执法和海关备案等。

法条链接

《专利法》（2008 年修正）第三十九条 发明专利申请经实质审查没有发现驳回理由的，由国务院专利行政部门作出授予发明专利权的决定，发给发明专利证书，同时予以登记和公告。发明专利权自公告之日起生效。

第四十条 实用新型和外观设计专利申请经初步审查没有发现驳回理由的，由国务院专利行政部门作出授予实用新型专利权或者外观设计专利权的决定，发给相应的专利证书，同时予以登记和公告。实用新型专利权和外观设计专利权自公告之日起生效。

70. 离职后所作发明创造专利权应该归谁？

情景案例

A公司系一家主要从事智能污水处理和集成服务的有限责任公司，廖某曾在A公司任职，历任产品研发部副总监、总监、副总经理等职务，并完成了多项与污水监测系统相关的职务发明创造。2015年8月，廖某从A公司离职。2016年7月，廖某申请了名称为“一种污水监控及净化处理集成装置”的实用新型专利，该申请于2017年9月授权公告。2017年10月，A公司创始人雷某知道此事后十分生气。雷某认为，该专利是廖某利用在A公司工作期间掌握的技术信息进行的发明创造，应属职务发明创造。为此，A公司将廖某起诉至法院，请求判令确认该专利权归A公司所有。

请问：A公司的请求能得到法院的支持吗？

案例分析

本案主要涉及的是离职后的发明创造是否属于职务发明的问题。

我国《专利法》第六条第一款规定，执行本单位的任务或者主要利用本单位的物质技术条件完成的发明创造为职务发明创造。职务发明创造申请专利的权利属于该单位；申请被批准后，该单位为专利权人。《专利法实施细则》第十二条所规定的与原单位本职工作有关，并非要求系争发明创造在发明人于原单位任职期间即已完成，而是将发明人离职后1年内作出的与原单位本职工作有关的发明创造的权利强制性规定归属于原单位，其主要目的在于保护原单位的合法利益。

本案中，涉案专利申请日为2016年7月，至该申请日止，发明人廖某从A公司离职不足1年，因此，涉案专利系廖某自A公司离职后1年内完成的发明创造。此外，廖某在A公司所任职务职责均与涉案专利有关。而且，涉案专利产品系A公司开发的污水监测系统的相关产品，廖某在任职期间完成了其他多项与污水监测系统相关的职务发明创造。因此，涉案专利系廖某自离职后1年内完成的与本职工作有关的发明创造，该职务发明专利权归A公司所有。

风险防范与建议

企业在对员工，尤其是技术人员进行管理时，应当注重对员工入职前的知识产权背景进行调查，避免权属纠纷；而当技术人员离职后，应签署保密协议，如有条件，可签署竞业限制协议，同时还需关注员工离职后的去向及其作为发明人新申请的专利，必要时采取法律措施维护自身权益。

法条链接

《专利法》(2008年修正)第六条第一款 执行本单位的任务或者主要是利用本单位的物质技术条件所完成的发明创造为职务发明创造。职务发明创造申请专利的权利属于该单位;申请被批准后,该单位为专利权人。

《专利实施细则》(2010年修订)第十二条 专利法第六条所称执行本单位的任务所完成的职务发明创造,是指:

(一)在本职工作中作出的发明创造;

(二)履行本单位交付的本职工作之外的任务所作出的发明创造;

(三)退休、调离原单位后或者劳动、人事关系终止后1年内作出的,与其在原单位承担的本职工作或者原单位分配的任务有关的发明创造。

专利法第六条所称本单位,包括临时工作单位;专利法第六条所称本单位的物质技术条件,是指本单位的资金、设备、零部件、原材料或者不对外公开的技术资料等。

三、专利效力

71. 不服专利复审委员会作出的专利无效审查决定，怎么办？

情景案例

邹某于2014年8月向国家知识产权局申请名称为“椅扶手”的外观设计专利，并于2015年10月获得专利证书。2015年12月，熊某向专利复审委员会提出“椅扶手”专利无效宣告请求，理由是：在该专利申请日之前已有与其相近似的外观设计在出版物上公开发表过，并在国内公开使用过；同时，邹某申请注册的专利与熊某在先取得的外观设计相近似。

专利复审委员会经审查后，于2016年5月作出维持本专利权继续有效决定。熊某对此表示不服，但不知道怎么办才好。

请问：熊某还可以申诉吗？

案例分析

本案主要涉及的是不服专利复审委员会决定的法律救济问题。

根据我国《专利法》第四十六条第二款规定，对专利复审委员会宣告专利权无效或者维持专利权的决定不服的，可以自收到通知之日起三个月内向人民法院起诉。人民法院应当通知无效宣告请求程序的对方当事人作为第三人参加诉讼。

本案中，熊某向专利复审委员会提出的“椅扶手”专利无效宣告请求，专利复审委员会经审查后，于2016年5月作出维持本专利权继续有效决定。熊某对此不服的，可在收到专利复审委员会通知之日起三个月内向人民法院进行行政诉讼。

风险防范与建议

当事人不服专利复审委员会的决定，向人民法院起诉，有三个月的起诉期限。该起诉期限非常关键，因为过了起诉期限再起诉，法院将不予受理。因此，务必注意和保存“收到通知之日”的凭证，且必须在限定期限内及时行使诉权。

法条链接

《专利法》（2008年修正）第四十六条第二款 对专利复审委员会宣告专利权无效或者维持专利权的决定不服的，可以自收到通知之日起三个月内向人民法院起诉。人民法院应当通知无效宣告请求程序的对方当事人作为第三人参加诉讼。

《行政诉讼法》（2017年修正）第四十六条 公民、法人或者其他组织直接向人民法院提起诉讼的，应当自知道或者应当知道作出行政行为之日起六个月内提出。法律另有规定的除外。

因不动产提起诉讼的案件自行政行为作出之日起超过二十年，其他案件自行政行为作出之日起超过五年提起诉讼的，人民法院不予受理。

《最高人民法院关于适用〈中华人民共和国行政诉讼法〉的解释》第六十九条 有下列情形之一，已经立案的，应当裁定驳回起诉：

（一）不符合行政诉讼法第四十九条规定的；

（二）超过法定起诉期限且无行政诉讼法第四十八条规定情形的；

（三）错列被告且拒绝变更的；

（四）未按照法律规定由法定代理人、指定代理人、代表人为诉讼行为的；

（五）未按照法律、法规规定先向行政机关申请复议的；

（六）重复起诉的；

（七）撤回起诉后无正当理由再行起诉的；

（八）行政行为对其合法权益明显不产生实际影响的；

（九）诉讼标的已为生效裁判或者调解书所羁束的；

（十）其他不符合法定起诉条件的情形。

前款所列情形可以补正或者更正的，人民法院应当指定期间责令补正或者更正；在指定期间已经补正或者更正的，应当依法审理。

人民法院经过阅卷、调查或者询问当事人，认为不需要开庭审理的，可以迳行裁定驳回起诉。

72. 专利申请后不使用，是否会被撤销？

情景案例

A公司是一家开关插座生产企业，由张某与陆某共同创办。2014年3月，A公司向国家知识产权局提交名为“M型高压开关”的实用新型专利申请，该申请于2015年5月授权公告。获得专利权后，由于资金不足，A公司一直没有使用该专利。2016年8月，张某从一个知识产权讲座中得知专利申请后3年不使用，有可能会被撤销。为确保专利不会被撤销，张某打算向银行贷款300万元生产该专利产品，但遭到陆某反对。陆某认为，只要按时缴纳专利年费，专利权不可能会被撤销。

请问：陆某的说法符合我国法律规定吗？

案例分析

本案主要涉及的是专利权是否会因不使用而被撤销的法律问题。

根据我国《专利法》的相关规定，专利权经授权公告后，唯有期限届满、没有按照规定缴纳年费的、专利权人以书面声明放弃其专利权、专利局或专利复审委员会宣告无效，专利权人才丧失专利权。现行法律法规并没有规定，专利权经授权公告后因不使用而被撤销的，毕竟专利的取得并非易事，需维护专利的稳定性。

本案中，A公司的实用新型专利经授权公告获得专利证书后，如果每年都按照规定缴纳年费，在期限内都具有效力，不存在因不使用而被撤销的情形，因此，陆某的说法在此方面符合我国法律规定。

风险防范与建议

在专利权期限届满前，如果权利人没有按照规定缴纳年费的，专利权会终止。这里友情提醒，鉴于专利取得不易，专利法规定有专利等待恢复的宽限期，即专利权人可在缴纳年费期满之日起6个月内补缴年费，同时缴纳滞纳金，此时专利权人仍然享有恢复权利请求权。其若向国务院专利行政部门请求恢复权利并经审查符合规定的，权利可以得到恢复。若在权利恢复期内不请求恢复的，则国务院专利行政部门经核对处理无误后将依照《专利法》第四十四条的规定在专利公报上予以公告，宣布该专利终止，此时才属于权利不可恢复的终止。

且任何人均不得在专利等待恢复的宽限期内未经许可实施他人专利；若未经许可实施他人专利的，应承担相应的后果。

法条链接

《专利法》（2008年修正）第四十四条　有下列情形之一的，专利权在期限届满前终止：

（一）没有按照规定缴纳年费的；

（二）专利权人以书面声明放弃其专利权的。

专利权在期限届满前终止的，由国务院专利行政部门登记和公告。

《专利法实施细则》（2010年修订）第六条　当事人因不可抗拒的事由而延误专利法或者本细则规定的期限或者国务院专利行政部门指定的期限，导致其权利丧失的，自障碍消除之日起2个月内，最迟自期限届满之日起2年内，可以向国务院专利行政部门请求恢复权利。

除前款规定的情形外，当事人因其他正当理由延误专利法或者本细则规定的期限或者国务院专利行政部门指定的期限，导致其权利丧失的，可以自收到国务院专利行政部门的通知之日起2个月内向国务院专利行政部门请求恢复权利。

当事人依照本条第一款或者第二款的规定请求恢复权利的，应当提交恢复权利请求书，说明理由，必要时附具有关证明文件，并办理权利丧失前应当办理的相应手续；依照本条第二款的规定请求恢复权利的，还应当缴纳恢复权利请求费。

当事人请求延长国务院专利行政部门指定的期限的，应当在期限届满前，向国务院专利行政部门说明理由并办理有关手续。

本条第一款和第二款的规定不适用专利法第二十四条、第二十九条、第四十二条、第六十八条规定的期限。

第九十八条 授予专利权当年以后的年费应当在上一年度期满前缴纳。专利权人未缴纳或者未缴足的，国务院专利行政部门应当通知专利权人自应当缴纳年费期满之日起6个月内补缴，同时缴纳滞纳金；滞纳金的金额按照每超过规定的缴费时间1个月，加收当年全额年费的5%计算；期满未缴纳的，专利权自应当缴纳年费期满之日起终止。

73. 获得专利证书就等于获得有效的专利权吗？

情景案例

A公司经过自主研发，在2017年3月向国家专利局申请了一项实用新型专利，并在2018年2月经授权公告取得了专利证书。为此，A公司的法定代表人陈某对此专利非常重视，认为有了专利证书就高枕无忧了，也不再用心去研发新的专利技术。潘某是A公司的法律顾问，为防止公司出现知识产权法律风险，对陈某说，即便公司的技术获得了实用新型专利授权，有了专利证书，但也不代表这项专利能在期限内长期有效，会有被他人宣告无效的风险，还需继续保持研发状态，多研发新技术申请新专利。

请问：潘某的说法有道理吗？

案例分析

本案涉及的主要是一个常见的误区：获得了专利证书就等于有效的专利权。

专利证书即使获得了，也不代表真正拥有专利权，这一点很多人容易忽略。这是因为对实用新型和外观设计专利，国家知识产权局不进行实质审查，即使在申请之前已经有人就相同的技术方案申请过相同的专利，该申请仍可能会被批准，也就是说能获得证书。如果没有人提出异议，专利权会维持下去。一旦有人提出无效宣告，那专利就可能会被宣告无效，失去专利权。即便是发明专利，虽然国家知识产权局进行实质审查，但也不能保证发明专利审查部门对世界范围内所有相关的文献资料都检索过，也存在被无效的风险。所以得到专利证书，并不代表专利是真正有效的，只是代表国家知识产权行政机关对该专利申请的批准。

只有在专利有效期内没有人提出无效宣告或者有人提出无效宣告但复审委员会经过复审后维持了专利权，此时专利才是真正有效的。

本案中，A公司的实用新型专利，因其未经过实质审查，相比于发明，是一种权利状态不稳定的专利技术，如有人提出异议，找到与其相同或相类似的先有技术，很容易令此专利丧失新颖性而被无效，失去专利权。同时，还需按照规定每年缴纳年费，维持专利的效力。因此，潘某的说法具有一定的法律依据。

风险防范与建议

专利证书获得后，为确保专利正常使用，建议需要继续做好以下工作：

（1）每年按规定及时缴纳年费。

（2）关注变更信息。

专利权人的信息发生变化，如名称、地址变更等，需及时到国家知识产权局进行更改，以便维持专利权的有效性。

（3）防止专利被无效。

专利授权后，需要及时关注相关信息，建议定期到专利局官方网站对自身专利权的法律状况进行查询，及时了解和掌握自身专利情况，避免因错失国家知识产权局的发文，无法行使相关权利而丧失专利权。

法条链接

《专利法》（2008年修正）第四十四条　有下列情形之一的，专利权在期限届满前终止：

（一）没有按照规定缴纳年费的；

（二）专利权人以书面声明放弃其专利权的。

专利权在期限届满前终止的，由国务院专利行政部门登记和公告。

第四十五条　自国务院专利行政部门公告授予专利权之日起，任何单位或者个人认为该专利权的授予不符合本法有关规定的，可以请求专利复审委员会宣告该专利权无效。

74. 国外的实用新型专利，授权国内企业生产产品，在国内销售，但在国内有近似的实用新型专利，如继续使用该技术方案生产产品是否存在侵权风险？

情景案例

美国B公司有一项实用新型专利技术方案，2005年在美国申请了专利，现想与中国A公司合作，授权中国A公司在中国国内利用该专利技术方案生产产品，并在中国国内销售。但经查询，发现在2010年国内已有近似的实用新型专利，A公司担心如果使用该技术方案在国内生产产品，在国内销售的话，存在侵权风险。

请问：A公司的担忧是否成立？

案例分析

本案主要涉及的是国外专利在国内的法律效力问题。

专利是具有地域性的，一个专利在该国家申请了，才在该国家有专利保护权，到了其他国家就不再受法律保护。

本案中，美国B公司拥有的实用新型专利是在美国申请的，因此该项专利技术方案在美国受到保护。也就是说，如果有人未经美国B公司的许可在美国使用、生产和销售了与该项专利技术方案相同或相近似的产品，都构成侵权。

由于专利具有地域性，即便美国B公司的实用新型专利在美国申请了专利，也不等同于在中国就有专利权，本案中美国B公司在中国没有就上述技术方案申请专利，因此美国B公司的实用新型专利在中国就不会受到中国专利法保护。也就是说，如果有人未经美国B公司的许可，在中国使用、生产和销售该项专利技术方案相同或相近似的产品，将不被认为构成中国专利法上的侵权。

但如果国内有与美国B公司的实用新型技术方案近似的实用新型专利，经技术比对，美国B公司的实用新型技术方案均落在国内实用新型专利的技术保护范围内的话，中国A公司在国内使用美国B公司的技术方案在国内生产产品，确实会存在对国内近似的实用新型专利的侵权风险。

或许会有人问，实用新型专利讲求新颖性，为何同一项技术方案可以在两个国家申请专利？要澄清一下，实用新型确实要讲求新颖性，但由于在我国对实用新型授权审查并不进行实质审查，难免会出现对先有技术核查的遗漏，但我国专利法也同时规定，任何人如对已授权的专利有异议的，均可向国家知识产权局提出无效宣告。

风险防范与建议

鉴于专利保护的地域性，如有海外拓展和发展计划的单位或个人，建议还需提前做好专利保护范围扩大的准备工作，一般有两种方式：

（1）在多个国家或地区均提交专利申请文件。

（2）按照专利合作条约提出国际专利申请。

“国际专利申请”是按照《专利合作条约》（PCT）提出的一种“国际化”专利申请（PCT是一份拥有超过152个缔约国的国际条约，中国、美国都是成员国），通过只提交一份国际专利申请（而不是分别向多个不同国家或地区提交申请），即可请求在为数众多的国家对其发明或实用新型进行专利保护。

本案中，如果美国公司依据PCT对其实用新型技术方案申请国际专利，即可在包括中国在内的152个国家获得保护，如果未经授权使用该专利，即便是中国A公司使用该专利，也将构成侵权。

法条链接

《专利法》（2008年修正）第十一条 发明和实用新型专利权被授予后，除本法另有规定的以外，任何单位或者个人未经专利权人许可，都不得实施其专利，即不得为生产经营目的制造、使用、许诺销售、销售、进口其专利产品，或者使用其专利方法以及使用、许诺销售、销售、进口依照该专利方法直接获得的产品。

外观设计专利权被授予后，任何单位或者个人未经专利权人许可，都不得实施其专利，即不得为生产经营目的制造、许诺销售、销售、进口其外观设计专利产品。

第十八条 在中国没有经常居所或者营业所的外国人、外国企业或者外国其他组织在中国申请专利的，依照其所属国同中国签订的协议或者共同参加的国际条约，或者依照互惠原则，根据本法办理。

四、专利侵权

75. 发现别人侵犯自己的专利权，怎么办？

情景案例

甲公司是一家电饭煲生产企业，位于广东省佛山市。甲公司旗下的专利产品“乐×丰”牌电饭煲畅销全国，广受我国消费者欢迎。2017年6月，甲公司创始人孔某在浙江省义乌市出差时，发现批发市场上存在大量侵犯甲公司专利权的仿冒产品，且产品批发价格仅为“乐×丰”牌电饭煲的一半。经调查，侵权公司系来自湖南省长沙市的乙公司。2017年7月，甲公司以侵犯专利权为由给乙公司发函，要求其停止生产被控侵权产品，并连带赔偿损失50万元。对于甲公司的发函，乙公司不仅没有回复，而且还继续生产侵权产品。

请问：甲公司应该如何维权？

案例分析

本案主要涉及的是专利被侵权的法律救济途径问题。

根据我国《专利法》第六十条的规定，专利权被侵犯的救济方式包括：（1）协商，即专利侵权纠纷可以由当事人协商解决；（2）司法救济，即专利权人或者利害关系人向人民法院提起民事诉讼；（3）行政救济，即专利权人或者利害关系人请求管理专利工作的部门处理，要求责令停止侵权行为，也可以就赔偿额请求调解。

管理专利工作的部门对专利侵权纠纷的处理包括以下职能：一是应当事人的请求，对专利侵权纠纷进行处理，认定侵权行为成立的，责令侵权人立即停止侵权行为，这是具体行政行为，当事人不服的，可以依法提起行政诉讼。侵权人期满不起诉又不停止侵权行为的，管理专利工作的部门可以申请人民法院强制执行。二是在行政处理的过程中，应当事人的请求，就专利侵权的赔偿额进行调解。这是一种调解，不具有约束力，调解不成的，当事人可以依法提起民事诉讼。

本案中，甲公司就乙公司多次侵犯其专利的行为，要求对方停止侵权行为并赔偿损失的，可选择向管理专利工作的部门投诉的行政救济方式，也可选择向法院提起民事诉讼。如果甲公司仅向管理专利工作的部门投诉要求责令停止侵权行为，并未提及赔偿的，还可就赔偿事宜另向人民法院提起民事诉讼。

风险防范与建议

当专利权人的专利权受到侵害时，可以自主地选择是到人民法院起诉还是请求专利管理机关进行处理，而两者还是有一定区别的：

首先，专利管理机关在处理专利侵权时，虽然有权责令侵权人停止侵权行为，但这种处理不是终局的，只要当事人有一方不服的（可能是专利权人，也可能是被控侵权人），在收到专利管理机关的处理通知之日起三个月内，仍可以向人民法院起诉。只有当双方当事人对专利管理机关的处理决定表示接受或者在规定的起诉期间内没有到人民法院起诉，该处理决定才具有法律效力，专利管理机关方可请求人民法院强制执行。而人民法院对专利侵权的判决是终局的，行政机关不能改变司法判决。

其次，专利管理机关所能行使的救济手段是有限的，只能责令侵权人停止侵权，而人民法院可以行使《民法通则》所规定的一切民事救济手段。

上述两种救济途径，虽有差异，但无优劣之分，建议当事人根据案件的具体实际情况选择适当的法律救济途径。

法条链接

《专利法》（2008 年修正）第六十条　未经专利权人许可，实施其专利，即侵犯其专利权，引起纠纷的，由当事人协商解决；不愿协商或者协商不成的，专利权人或者利害关系人可以向人民法院起诉，也可以请求管理专利工作的部门处理。管理专利工作的部门处理时，认定侵权行为成立的，可以责令侵权人立即停止侵权行为，当事人不服的，可以自收到处理通知之日起十五日内依照《中华人民共和国行政诉讼法》向人民法院起诉；侵权人期满不起诉又不停止侵权行为的，管理专利工作的部门可以申请人民法院强制执行。进行处理的管理专利工作的部门应当事人的请求，可以就侵犯专利权的赔偿数额进行调解；调解不成的，当事人可以依照《中华人民共和国民事诉讼法》向人民法院起诉。

76. 假冒专利产品，生产商、销售商是否可列为共同被告起诉？

情景案例

A 公司是一家专业生产热水器的民营企业，由崔某与康某共同创办。A 公司生产的“达×和”牌热水器申请了实用新型专利。由于产品性价比高，“达×和”牌热水器深受我国消费者欢迎。2017 年 10 月，A 公司发现网络上有很多仿冒产品。经调查，发现 B 公司系仿冒产品的生产商，C 公司系仿冒产品的网络销售商。

A公司在保存相关证据后，遂将B公司与C公司起诉至法院，要求其承担连带赔偿责任。

请问：A公司可否将B公司和C公司列为共同被告起诉？

案例分析

本案主要涉及的是专利侵权纠纷的诉讼程序问题。

《最高人民法院关于审理专利纠纷案件适用法律问题的若干规定》第六条第一款规定，专利权人可同时将生产商和销售商作为共同被告起诉，要求其共同承担责任。原因在于：首先，诉讼标的的同一性。专利权人将被诉侵权产品的生产商和销售商作为共同被告时，尽管生产商和销售商分别实施了不同的侵权行为，但是其侵权行为密切关联。被诉侵权产品生产商制造并售出被诉侵权产品后，下游销售商的销售行为属于生产商制造、销售行为的自然延伸。两者针对的被诉侵权产品相同，均以同一被诉侵权产品落入专利保护范围为基础，且侵权结果部分重叠，从而形成了部分相同的诉讼标的。其次，防止裁判冲突的政策考虑。由于针对被诉侵权产品生产商和销售商的诉讼均以同一被诉侵权产品落入专利保护范围为主要诉讼标的，将两者作为共同被告一并予以审理，可以有效防止或者减少裁判冲突的可能性。最后，经济效果的政策考虑。将针对被诉侵权产品生产商和销售商的诉讼作为必要共同诉讼一并予以审理，既可以避免专利权人分别起诉生产商和销售商时可能造成的双重得利，又可以适度减轻专利权人的维权成本、当事人的诉讼成本以及法院的审理成本。

本案中，A公司就B公司生产仿冒其专利产品的行为以及C公司销售仿冒产品的行为可以在同一诉讼中将两个公司作为共同被告起诉，要求其承担侵权赔偿责任，其中，B公司作为生产商，原则上其所承担的赔偿责任大于C公司。

风险防范与建议

根据我国现行专利法，销售者只要销售了侵犯他人知识产权的产品，即构成知识产权侵权行为。但销售商的侵权赔偿责任不同于生产商，并不是只要存在侵权行为即应承担赔偿责任，销售商承担赔偿责任的条件是不能提供销售的侵权产品或商品的合法来源，并且明知或应知销售的是侵权产品或商品即存在过错。如果销售商提供的证据足以让法院采信其不知情及提供合法来源的，销售商是不承担赔偿责任的。

法条链接

《最高人民法院关于审理专利纠纷案件适用法律问题的若干规定》（2015年修正）第六条第一款 原告仅对侵权产品制造者提起诉讼，未起诉销售者，侵权产品制造地与销售地不一致的，制造地人民法院有管辖权；以制造者与销售者为共同被告起诉的，销售地人民法院有管辖权。

《专利法》（2008 年修正）第七十条 为生产经营目的使用、许诺销售或者销售不知道是未经专利权人许可而制造并售出的专利侵权产品，能证明该产品合法来源的，不承担赔偿责任。

77. 竞争对手正在生产企业的专利产品，可以要求先行停止吗?

情景案例

甲公司是一家专门生产老年人收音机的企业，位于山东省青岛市。“得×立”牌收音机是甲公司的主营产品，已申请实用新型专利并获得授权。由于产品技术含量高、设计新颖，深受我国中老年消费者喜爱。2016 年 10 月，甲公司发现乙公司生产的“得×立”牌收音机涉嫌侵犯其专利权，如果不及时阻止，很多大客户会被乙公司抢走。为此，甲公司向法院提起诉讼，要求乙公司先行停止生产。

请问：甲公司的请求能得到法院支持吗?

案例分析

本案的焦点问题是，专利被许可人因被控侵权人侵犯其专利权提起诉讼，若不采取相关措施，将会给被许可人造成无法弥补的损害，在此情况下，专利被许可人可否申请诉前停止侵害专利权。

根据我国《专利法》第六十六条规定，专利权人或者利害关系人有证据证明他人正在实施或者即将实施侵犯专利权的行为，如不及时制止将会使其合法权益受到难以弥补的损害的，可以在起诉前向人民法院申请采取责令停止有关行为的措施。

本案中，甲公司是实用新型专利的专利权人，且有证据证明乙公司生产的“得×立”牌收音机涉嫌侵犯了其专利权，如不采取有关措施，责令乙公司停止被控侵权行为，被控侵权产品一旦流入市场，对甲公司造成的损失难以计算，维权成本过高，甲公司也难以在涉案专利权有效期内正常行使权利。因此，在甲公司向法院提起诉讼，并提交诉前停止侵害专利权申请和相应担保后，法院将根据甲公司的请求依法作出是否裁定乙公司立即停止侵权行为的裁定书。

风险防范与建议

目前无论是诉前禁令还是诉讼中临时禁令，在知识产权案件中，尤其是专利案件中，法院裁定停止侵权行为还是很慎重的，是否准许，都要基于对胜诉可能性、实施的紧迫性、损害平衡性以及是否损害公共利益等诸多因素综合考量判断，一般在事实比较清楚、侵权易于判断的前提下才会发出诉前禁令。

因此，实务中适用诉讼禁令，要在立案前或立案的同时按照法律要求的要件准备充分的证据材料，按程序与审理法院做好充分的沟通与衔接，力争最大限度地维护自身合法权益。

法条链接

《专利法》（2008 年修正）第六十六条 专利权人或者利害关系人有证据证明他人正在实施或者即将实施侵犯专利权的行为，如不及时制止将会使其合法权益受到难以弥补的损害的，可以在起诉前向人民法院申请采取责令停止有关行为的措施。

申请人提出申请时，应当提供担保；不提供担保的，驳回申请。

人民法院应当自接受申请之时起四十八小时内作出裁定；有特殊情况需要延长的，可以延长四十八小时。裁定责令停止有关行为的，应当立即执行。当事人对裁定不服的，可以申请复议一次；复议期间不停止裁定的执行。

申请人自人民法院采取责令停止有关行为的措施之日起十五日内不起诉的，人民法院应当解除该措施。

申请有错误的，申请人应当赔偿被申请人因停止有关行为所遭受的损失。

《民事诉讼法》（2017 年修订）第一百零一条 利害关系人因情况紧急，不立即申请保全将会使其合法权益受到难以弥补的损害的，可以在提起诉讼或者申请仲裁前向被保全财产所在地、被申请人住所地或者对案件有管辖权的人民法院申请采取保全措施。申请人应当提供担保，不提供担保的，裁定驳回申请。

人民法院接受申请后，必须在四十八小时内作出裁定；裁定采取保全措施的，应当立即开始执行。

申请人在人民法院采取保全措施后三十日内不依法提起诉讼或者申请仲裁的，人民法院应当解除保全。

第一百零八条 当事人对保全或者先予执行的裁定不服的，可以申请复议一次。复议期间不停止裁定的执行。

78. 竞争对手非法取得公司专利资料，但尚未生产出产品的，构成侵权吗？

情景案例

A 公司位于广东省深圳市，是一家集设计、生产、销售于一体的专业 U 盘生产企业。毛某是A公司的技术总监，主要在公司负责“U盘加密”的技术研发。2012年3月，A公司申请了3项关于U盘加密技术的发明专利。2012年12月，毛某主动提出辞职，双方终止劳动关系。毛某辞职后，入职另一家U盘生产企业B公司。2013年5月，A公司通过熟人关系获知，毛某为获得B公司的重用，私下将A公司的“U盘加密”专利技术资料带到B公司。经调查，B公司尚未生产出侵权产品。

请问：B公司的行为构成侵权吗？

案例分析

本案主要涉及的问题是仅获取了专利的技术方案信息是否构成侵权。

众所周知，专利制度是一种“以公开换取保护”的制度。因此从原则上讲，获得专利权的发明创造、实用新型和外观设计的技术方案和技术要点都必须予以公开，使公众在专利权届满之后能够自由实施该项专利权。因此，除了一些特殊情况之外，向任何国家提交的专利申请都是被公开的。

本案中，当A公司将其U盘加密技术的发明创造申请专利后，此“U盘加密”专利的技术方案和技术要点其实已经公开，任何人都可以通过国家知识产权局查询，因此B公司无论是从毛某个人处获得还是从外界以其他方式获得，都不构成对A公司该项发明创造专利的侵权。但若B公司未经A公司许可使用A公司的专利技术生产产品，则构成侵权。

风险防范与建议

关于某著名可乐品牌可乐配方的事例即可清晰地告诉大家是采取商业秘密方式还是申请专利公开方式获取保护，关键看自身产品的特性和市场情况。如想获得专利的保护，就申请专利，但就意味专利技术方案必须公之于世；如想不公开技术，就须采取商业秘密的方式予以保护。

法条链接

《专利法》（2008年修正）第六十条 未经专利权人许可，实施其专利，即侵犯其专利权，引起纠纷的，由当事人协商解决；不愿协商或者协商不成的，专利权人或者利害关系人可以向人民法院起诉，也可以请求管理专利工作的部门处理。管理专利工作的部门处理时，认定侵权行为成立的，可以责令侵权人立即停止侵权行为，当事人不服的，可以自收到处理通知之日起十五日内依照《中华人民共和国行政诉讼法》向人民法院起诉；侵权人期满不起诉又不停止侵权行为的，管理专利工作的部门可以申请人民法院强制执行。进行处理的管理专利工作的部门应当事人的请求，可以就侵犯专利权的赔偿数额进行调解；调解不成的，当事人可以依照《中华人民共和国民事诉讼法》向人民法院起诉。

《反不正当竞争法》(2019年修正)第九条 经营者不得实施下列侵犯商业秘密的行为：

(一)以盗窃、贿赂、欺诈、胁迫、电子侵入或者其他不正当手段获取权利人的商业秘密；

(二)披露、使用或者允许他人使用以前项手段获取的权利人的商业秘密；

(三)违反保密义务或者违反权利人有关保守商业秘密的要求，披露、使用或者允许他人使用其所掌握的商业秘密；

(四)教唆、引诱、帮助他人违反保密义务或者违反权利人有关保守商业秘密的要求，获取、披露、使用或者允许他人使用权利人的商业秘密。

经营者以外的其他自然人、法人和非法人组织实施前款所列违法行为的，视为侵犯商业秘密。

第三人明知或者应知商业秘密权利人的员工、前员工或者其他单位、个人实施本条第一款所列违法行为，仍获取、披露、使用或者允许他人使用该商业秘密的，视为侵犯商业秘密。

本法所称的商业秘密，是指不为公众所知悉、具有商业价值并经权利人采取相应保密措施的技术信息、经营信息等商业信息。

79. 对失效专利的使用，构成侵权吗？

情景案例

2005年5月10日，A公司向国家知识产权局提交一项名称为“正转链条给煤装置”的实用新型专利申请，该申请于2006年12月授权公告，专利有效期至2015年12月。B公司是A公司的主要竞争对手，由于生产技术不如A公司，B公司的销售收入一直不如A公司。为提高产品质量，B公司于2016年1月使用了A公司的失效专利进行新一代产品的生产。由于B公司新产品价格仅为A公司的80%，因此新产品投放市场后，让A公司流失很多老客户。A公司对B公司的行为表示非常不满，但专利有效期已过，不知道能否阻止B公司的非法行为。

请问：B公司对A公司失效专利的使用，构成侵权吗？

案例分析

本案主要涉及的是失效专利的利用问题。

失效专利，是指因法律规定的各种原因而失去专利权、不再受专利法律保护的专利，成为公知技术。失效专利只是指在法律意义上不保护专利权人的独占权，并不是说它在市场上没有意义，对失效专利进行研究与挖掘，可以获得更多的技术信息改进现有技术，促进新技术的研发，进而赢得更好的市场效益。

失效专利有两个效用：一是任何单位或个人可以无偿使用；二是任何单位或个人可以无偿地对失效专利进行改进并实施。

本案中，A 公司的“正转链条给煤装置”的实用新型专利因保护期限届满而失效，成为公知技术，因此 B 公司可以合法无偿使用此专利技术，并可以在此基础上进行改进，生产新产品投放市场，因此并不构成对 A 公司的侵权。

风险防范与建议

专利技术的法律保护失效与市场的消失并不能画等号，如企业在感叹技术能力不足、不能占领市场时，不妨考虑搜寻失效专利，在失效专利的基础上进一步研发，站在前人的肩膀上进步。

失效专利的获取途径可有以下方式：

（1）通过光盘获取失效专利申请。

由专利文献出版社正式出版发行的《中国失效专利光盘数据库》，大约存贮了 25 万条失效专利信息，是检索中国知识产权局自 1985 年 4 月 1 日以来有关学科失效专利信息的重要文库，具有检索途径多、功能强、速度快的优点，检索结果还显示该专利失效的原因和日期。

（2）通过网络获取失效专利。

通过计算机网络查到国家知识产权局，并进入该网站，点击中国专利文献数据库，失效专利文献便出现，供人们选择利用。

（3）从常规途径获取失效专利。

通过印刷型专利文献《中国专利索引》《专利公报》和《专利说明书》获取失效专利。

法条链接

《专利法》（2008 年修正）第四十七条 宣告无效的专利权视为自始即不存在。

宣告专利权无效的决定，对在宣告专利权无效前人民法院作出并已执行的专利侵权的判决、调解书，已经履行或者强制执行的专利侵权纠纷处理决定，以及已经履行的专利实施许可合同和专利权转让合同，不具有追溯力。但是因专利权人的恶意给他人造成的损失，应当给予赔偿。

依照前款规定不返还专利侵权赔偿金、专利使用费、专利权转让费，明显违反公平原则的，应当全部或者部分返还。

80. 企业应该向哪个法院起诉专利侵权?

情景案例

甲公司是一家食品生产企业，1998年成立于广东省深圳市，秦某是公司创始人。甲公司一直重视企业知识产权保护，自公司成立至2016年12月，甲公司已经拥有3项外观设计专利与2项发明专利。2017年开始，秦某明显感到了压力，因为市面上仿制品越来越多，而且通过各大网店、商城公开售卖，甚至深圳本地的商店都有销售，严重影响企业的产品销售。自己的研发成果被窃取，秦某心里自然不好受，当朋友建议他拿起法律武器来维护自己的权益时，秦某却犹豫了，因为仿冒品生产商乙公司来自哈尔滨，不知向哪个法院起诉好。

请问：甲公司应该向哪个法院起诉乙公司侵权?

案例分析

本案主要涉及的是专利侵权案件管辖问题。

根据我国《民事诉讼法》第二十八条规定，因侵权行为提起的诉讼，由侵权行为地或者被告住所地人民法院管辖，同时，根据《最高人民法院关于审理专利纠纷案件适用法律问题的若干规定》第五条第二款规定，专利权侵权纠纷的侵权行为地包括：被诉侵犯发明、实用新型专利权的产品的制造、使用、许诺销售、销售、进口等行为的实施地；专利方法使用行为的实施地，依照该专利方法直接获得的产品的使用、许诺销售、销售、进口等行为的实施地；外观设计专利产品的制造、许诺销售、销售、进口等行为的实施地；假冒他人专利的行为实施地。上述侵权行为的侵权结果发生地。

本案中，甲公司认为其所有的外观设计专利和发明专利受到乙公司侵犯，而提起的侵权之诉，乙公司的住所地法院，即哈尔滨的法院依法对本案有管辖权；同时，因乙公司生产仿冒甲公司的专利产品，其生产行为实施地及侵权结果发生地（如销售地）的法院对本案亦有管辖权，根据《民事诉讼法》第三十五条的规定，两个以上人民法院都有管辖权的诉讼，甲公司可以向其中任意一个人民法院起诉。也就是说甲公司既可以选择向哈尔滨的人民法院起诉，也可以选择向深圳的人民法院起诉。

风险防范与建议

根据目前的司法解释，侵害专利权纠纷案件与侵害商标权等纠纷案件在依据侵权行为地确定管辖时仍有所区别，特别是在依据侵权结果发生地确定管辖的规定上存在差异。

在最高人民法院（2016）最高法民辖终107号民事裁定书中，最高人民法院认为根据商标法相关司法解释的规定，在侵犯商标权案件中，除大量侵权商品的储藏地以及海关、工商等行政机关依法查封、扣押侵权商品的所在地外，仅侵权行为的实施地或者被告住所地可以作为管辖依据，而不再依据侵权结果发生地确定管辖。而根据《最高人民法院关于审理专利纠纷案件适用法律问题的若干规定》第五条规定，在侵害专利权案件中，被诉侵权行为的结果发生地人民法院却有权管辖。

法条链接

《民事诉讼法》（2017年修订）第二十八条 因侵权行为提起的诉讼，由侵权行为地或者被告住所地人民法院管辖。

第三十五条 两个以上人民法院都有管辖权的诉讼，原告可以向其中一个人民法院起诉；原告向两个以上有管辖权的人民法院起诉的，由最先立案的人民法院管辖。

《最高人民法院关于审理专利纠纷案件适用法律问题的若干规定》（2015年修正）第五条 因侵犯专利权行为提起的诉讼，由侵权行为地或者被告住所地人民法院管辖。

侵权行为地包括：被诉侵犯发明、实用新型专利权的产品的制造、使用、许诺销售、销售、进口等行为的实施地；专利方法使用行为的实施地，依照该专利方法直接获得的产品的使用、许诺销售、销售、进口等行为的实施地；外观设计专利产品的制造、许诺销售、销售、进口等行为的实施地；假冒他人专利的行为实施地。上述侵权行为的侵权结果发生地。

81. 侵犯专利权的诉讼时效是多少年？

情景案例

A公司于2010年3月申请了名称为“制备高纯度二氧化氯设备”的发明专利，该专利于2011年5月获得授权。2015年12月，A公司发现竞争对手B公司生产的产品侵犯其专利权，要求B公司停止生产侵权产品并连带赔偿损失50万元。B公司认为，A公司在2015年12月就知道我司侵权行为，但在2018年8月才提起诉讼，至今已过二年的诉讼时效，因此只同意停止侵权，不同意赔偿损失。

请问：B公司的说法符合法律规定吗？

案例分析

本案主要涉及的是专利侵权案件的诉讼时效问题。

我国《民法总则》第一百八十八条规定，向人民法院请求保护民事权利的诉讼时效期间为三年。由于《民法总则》自2017年10月1日施行，关于诉讼时效计算的衔接问题，最高人民法院的司法解释是诉讼时效在2017年10月1日前已满二年的，不再适用三年的诉讼时效；如诉讼时效在2017年10月1日时尚未满二年的，适用三年的诉讼时效，即延长至三年。

本案中，2015年12月，A公司发现B公司的侵权行为，其在2017年10月1日时尚未满二年，因此，根据《民法总则》以及相关的司法解释，应适用三年的诉讼时效，即至2018年12月止。A公司在2018年8月向法院起诉没有超过诉讼时效，因此B公司对其侵权行为需承担停止侵权和赔偿损失的责任。

风险防范与建议

专利权人的请求权分为物权请求权和债权请求权，前者包括停止侵害、消除影响、返还原物、恢复原状等权利，从时效制度角度来看，这类请求权本身不受诉讼时效的限制；后者指赔偿损失，则适用诉讼时效，赔偿额为从专利权人向人民法院起诉之日起向前推算三年内的侵权损失。

法条链接

《民法总则》第一百八十八条 向人民法院请求保护民事权利的诉讼时效期间为三年。法律另有规定的，依照其规定。

诉讼时效期间自权利人知道或者应当知道权利受到损害以及义务人之日起计算。法律另有规定的，依照其规定。但是自权利受到损害之日起超过二十年的，人民法院不予保护；有特殊情况的，人民法院可以根据权利人的申请决定延长。

《最高人民法院关于适用〈中华人民共和国民法总则〉诉讼时效制度若干问题的解释》第一条 民法总则施行后诉讼时效期间开始计算的，应当适用民法总则第一百八十八条关于三年诉讼时效期间的规定。当事人主张适用民法通则关于二年或者一年诉讼时效期间规定的，人民法院不予支持。

第二条 民法总则施行之日，诉讼时效期间尚未满民法通则规定的二年或者一年，当事人主张适用民法总则关于三年诉讼时效期间规定的，人民法院应予支持。

第三条 民法总则施行前，民法通则规定的二年或者一年诉讼时效期间已经届满，当事人主张适用民法总则关于三年诉讼时效期间规定的，人民法院不予支持。

82. 申请专利后尚未得到授权时被山寨怎么办?

情景案例

甲公司于2014年3月向国家知识产权局提出名称为“强化木地板及其制造方法”的发明专利申请。2014年6月，甲公司将该专利产品投放市场，获得了大量订单。2014年12月，甲公司打假办工作人员在武汉某木地板专卖店发现侵权产品，该产品包装标注制造商为乙公司。经调查，乙公司成立于2001年3月，位于河北省石家庄市。甲公司打假办给乙公司发函，要求其立即停止侵权行为并赔偿损失10万元，但遭到乙公司拒绝。乙公司认为，甲公司申请的专利尚未得到国家知识产权局授权，因此不构成侵权。

请问：甲公司可以向乙公司主张赔偿吗?

案例分析

本案主要涉及的问题是在发明专利授权之前，非专利权人实施该发明专利技术的行为属不属于专利侵权行为?

发明专利采取“早期公开、延迟审查”制，故存在专利申请公布日与授权公告日之间的临时保护期。因《专利法》第十一条规定的侵权行为均在专利权被授予后，故临时保护期内实施发明，如制造、销售、进口被诉专利侵权产品在性质上不属于侵权行为。

虽然在临时保护期内实施发明在性质上不属于侵权行为，但根据《专利法》第十三条规定，申请人可以要求在专利临时保护期内实施其发明的单位或者个人支付适当的费用，即享有请求给付发明专利临时保护期使用费的权利，但对于专利临时保护期内实施其发明的行为并不享有请求停止实施的权利。

在专利临时保护期内制造、销售、进口被诉专利侵权产品不为专利法禁止的情况下，其后续的使用、许诺销售、销售该产品的行为，即使未经专利权人许可，也应当得到允许。也就是说，专利权人无权禁止他人对专利临时保护期内制造、销售、进口的被诉专利侵权产品的后续使用、许诺销售、销售。当然，这并不否定专利权人根据《专利法》第十三条规定行使要求实施其发明者支付适当费用的权利。

本案中，乙公司制造、销售被诉产品的行为发生在甲公司发明专利申请公布后授权公告之前（即专利临时保护期）内，依法不属于侵权行为，但应向甲公司支付发明专利临时保护期使用费。

风险防范与建议

企业若要依据《专利法》第十三条行使发明专利临时保护期使用费请求权，

需要满足一定的前提条件：（1）他人具有实施行为，且没有不承担责任的理由。（2）实施行为发生在临时保护期范围内。（3）请求人为申请人或者获得申请人授权的专利权人。（4）权利人在获得专利权后提出诉讼请求，且该请求是在三年诉讼时效期间范围内提出的。（5）权利人向相应的侵权行为地或者被告住所地法院提起诉讼。

企业应当注意保存收集相应证据，并要特别注意与使用费计算方法相关的一些证据，如实施人采用该技术生产产品的价格、数量及该技术在产品中的重要程度等。

法条链接

《专利法》（2008 年修正）第十三条 发明专利申请公布后，申请人可以要求实施其发明的单位或者个人支付适当的费用。

《最高人民法院关于审理侵犯专利权纠纷案件应用法律若干问题的解释（二）》第十八条 权利人依据专利法第十三条诉请在发明专利申请公布日至授权公告日期间实施该发明的单位或者个人支付适当费用的，人民法院可以参照有关专利许可使用费合理确定。

发明专利申请公布时申请人请求保护的范围与发明专利公告授权时的专利权保护范围不一致，被诉技术方案均落入上述两种范围的，人民法院应当认定被告在前款所称期间内实施了该发明；被诉技术方案仅落入其中一种范围的，人民法院应当认定被告在前款所称期间内未实施该发明。

发明专利公告授权后，未经专利权人许可，为生产经营目的使用、许诺销售、销售在本条第一款所称期间内已由他人制造、销售、进口的产品，且该他人已支付或者书面承诺支付专利法第十三条规定的适当费用的，对于权利人关于上述使用、许诺销售、销售行为侵犯专利权的主张，人民法院不予支持。

83. 擅自制造侵犯专利权产品并全部出口到国外，构成侵权吗？

情景案例

甲公司是一家工艺品生产企业，2014 年 8 月，甲公司申请了名称为“一种制作金属工艺美术品的造型工艺”的发明专利，并于 2015 年 10 月获得专利授权。2016 年 12 月，甲公司发现乙公司大规模生产侵犯甲公司专利权的仿冒产品，并将产品全部出口到国外。2017 年 1 月，甲公司委托律师给乙公司发送律师函，告知其所外销的上述工艺品是侵犯甲公司上述发明专利权的侵权产品，要求其立即停止销售并赔偿损失 30 万元。乙公司认为，其制造的产品全部出口到国外，不构成侵权，甲公司无权干涉其合法经营行为。

请问：乙公司的行为构成侵权吗?

案例分析

本案主要涉及的问题是制造专利侵权产品仅供出口的行为是否属于侵权行为。

根据我国《专利法》第十一条规定，未经专利权人许可擅自制造侵权产品并全部出口到国外的行为，虽然因产品全部销往国外，并不会损害专利权人在本国市场销售其专利产品，但其仍然构成制造专利产品的行为，属于侵权行为。

本案中，乙公司大规模生产侵犯甲公司专利权的仿冒产品，虽然其产品全部出口到国外，并不会损害专利权人在本国市场的销售，但其依然实施了仿冒产品的生产行为，依法构成了对甲公司专利权的侵权。

风险防范与建议

为防范仿冒产品流向国外，影响专利权人产品的国外市场，进行海关知识产权备案就成为此方面除了自行维权、法律诉讼等手段之外一个高效率的辅助手段。

海关备案，是知识产权权利人将其知识产权的法律状况、有关货物的情况、知识产权合法使用情况和侵权货物进出口情况以书面形式通知海关总署，以便海关总署在对进出口货物的监管过程中主动对有关知识产权实施保护的一种法律制度。

由于海关可以对进出口侵权货物予以没收，并给予进出口企业行政处罚，因此尽早进行知识产权海关备案，可以对进出口侵权货物的企业产生警告和震慑作用，促使其自觉地尊重他人知识产权，不能如此肆无忌惮。

法条链接

《专利法》（2008 年修正）第十一条第一款　发明和实用新型专利权被授予后，除本法另有规定的以外，任何单位或者个人未经专利权人许可，都不得实施其专利，即不得为生产经营目的制造、使用、许诺销售、销售、进口其专利产品，或者使用其专利方法以及使用、许诺销售、销售、进口依照该专利方法直接获得的产品。

84. 销售商搭送的赠品侵犯他人专利权，构成侵权吗?

情景案例

A 公司是一家皮具生产企业，其生产的“依×鸟”牌皮包拥有 2 项外观设计专利，由于产品设计新颖，广受消费者欢迎。2015 年 9 月，陈某在上海某商场开了一家羽绒服专卖店。2016年12月27日，陈某购进500只比市场价格便宜90%的“依×鸟”牌皮包，并于2017年1月1日开展了“买一赠一”的促销活动，买一件羽绒服即赠送一只“依×鸟”牌皮包。

A公司打假人员杨某购买了一件羽绒服并获赠一只皮包。经鉴定，赠品皮包为假冒专利产品，侵犯了A公司外观设计专利权。为此，A公司将陈某起诉至法院，要求其承担专利侵权责任。陈某认为，皮包只是赠品，我没有收取客户任何费用，因此不构成专利侵权。

请问：陈某的说法符合法律规定吗？

案例分析

本案主要涉及的是搭送的赠品侵犯他人专利权是否构成侵权的问题。

赠送或搭送，是指销售者在销售某种商品或提供服务时，基于广告宣传等目的免费赠送某种商品或服务。虽然搭送行为从形式上对消费者是免费的，但这并不意味着即便搭送的是侵权产品，销售商也不承担侵权责任。如果销售商搭送的产品或服务侵犯了他人专利权，即使销售的产品未侵权，搭送行为和主销售行为合并成为一种特殊的销售行为，也构成侵犯专利权的行为。

本案中，虽然陈某销售的羽绒服并无构成侵权，但其搭送的赠品皮包为假冒专利产品。显然，陈某搭送皮包的目的是帮助销售主商品羽绒服进而获利，消费者的主要目的也是购买主商品羽绒服而不是获得赠品，赠品的获得只是购买主商品的结果，由于消费者和陈某之前的目的是买卖而不是赠送，两者构成的是买卖关系而不是赠与关系。因此，即使陈某销售的羽绒服未侵权，但其搭送假冒专利产品行为和主销售行为合并成为一种特殊的销售行为，构成专利侵权。

风险防范与建议

商家在销售时搭送赠品本是一件有利于自身产品销售的有效促销手段，但也千万不要忽视赠品的知识产权风险问题，对赠品也要注意以下问题：

第一，不要将“三无”产品作为赠品；第二，保留合法来源凭证，对自己进货的相关凭证要注意保留；第三，要增强知识产权保护的意识，同时，也要避免侵害他人的知识产权。

法条链接

《专利法》（2008年修正）第十一条 发明和实用新型专利权被授予后，除本法另有规定的以外，任何单位或者个人未经专利权人许可，都不得实施其专利，即不得为生产经营目的制造、使用、许诺销售、销售、进口其专利产品，或者使用其专利方法以及使用、许诺销售、销售、进口依照该专利方法直接获得的产品。

外观设计专利权被授予后，任何单位或者个人未经专利权人许可，都不得实施其专利，即不得为生产经营目的制造、许诺销售、销售、进口其外观设计专利产品。

85. 销售商因不知情销售了侵犯专利权的产品，构成侵权吗?

情景案例

2014年9月，刘某在广东省东莞市开了一家玩具零售店。2015年3月，刘某通过正规渠道从批发市场进了一批新款儿童玩具，并保留了相关完整的购买凭证。由于该玩具设计新颖，十分畅销。2015年4月，刘某突然收到法院传票，说他销售的玩具侵犯他人的专利权，需要承担侵权赔偿责任。刘某认为，我在不知情的情况下才销售了该产品，肯定不构成侵权，于是不理会法院传票，也不打算参加法庭诉讼。

请问：刘某的行为构成侵权吗?

案例分析

本案主要涉及的是销售者不知情情况下销售侵权产品，是否构成侵权以及承担赔偿责任问题。

根据我国《专利法》第七十条规定，为生产经营目的使用、许诺销售或者销售不知道是未经专利权人许可而制造并售出的专利侵权产品，能证明该产品合法来源的，不承担赔偿责任。合法来源抗辩作为一个法律赋予善意侵权产品销售者的权利，需具备两个条件：销售者无主观过错及被诉侵权产品具有合法来源。即销售者需提供证据证明被诉侵权产品具有合法的购货渠道、合理的价格及直接的供货方。

但同时需要注意，合法来源抗辩成立，虽然免除了销售者的赔偿责任，但由于其行为本质上仍属于未经专利权人许可而擅自销售专利产品的侵权行为，故其仍构成侵权，应承担停止销售涉案专利产品的法律责任，依案件具体情况，依法还需承担权利人的合理维权费用。

本案中，刘某通过正规渠道从批发市场进了一批新款儿童玩具，不知道自己销售的产品是专利侵权产品，同时他可以提供完整的进货渠道的证据证明其销售的产品有合法来源。因此，刘某对其被诉情况必须积极应诉，并向法院提交其保存的完整的进货渠道证明以进行涉诉产品合法来源抗辩。如果刘某进行了有效举证和抗辩，则刘某的行为将被认定为侵犯专利权的行为，只是法律上因其善意行为而免其赔偿责任，但刘某须立即停止侵权行为，并须承担专利权人的合理维权费用。如果刘某不积极应诉，既不参加庭审也不向法院提交对自己有利的证据材料，那么刘某将承担败诉风险，其行为很可能被认定为侵权行为，则刘某需要承担侵权赔偿责任。

风险防范与建议

为避免进货时误进假冒专利产品，销售者在进货时需注意以下情况：

首先，购货时应注意产品是否有标注生产厂家名称及厂址、生产日期及产品质量合格证明，“三无”产品最好不要购进销售；其次，必须留存好供货方的销售单、发票、己方的转账凭证，有条件的需签订购货合同，并尽量在销售单、购货合同或发票上注明产品的种类、型号；最后，在收到专利权人的侵权警告函后，应立即停止销售。如果真的被起诉的话，应积极应诉，证明自己销售的产品有合法来源，从而避免承担赔偿责任。

法条链接

《专利法》（2008 年修正）第七十条 为生产经营目的使用、许诺销售或者销售不知道是未经专利权人许可而制造并售出的专利侵权产品，能证明该产品合法来源的，不承担赔偿责任。

86. 将侵权产品作为零部件制造另一产品并销售，构成专利侵权吗？

情景案例

A 公司系“防火防腐高强度晶体化高分子材料”发明专利的专利权人，申请日为 2012 年 5 月，2014 年 8 月发布授权公告。2015 年 12 月，A 公司发现 B 公司在网络上销售的高档手表中的表壳侵犯了其发明专利，于是通过网络向 B 公司购买了手表一只。而 B 公司交代，该手表系 B 公司从 C 公司购进，A 公司继续调查，发现手表是 C 公司生产的，包括表壳也是 C 公司自行生产的。A 公司认为，因 B 公司销售手表中含有侵犯了 A 公司发明专利的零部件——表壳，故 B 公司的销售行为构成对 A 公司专利的侵权行为，而表壳是 C 公司生产的，C 公司也构成帮助侵权，应当承担相应法律责任。为此，A 公司将 C 公司起诉至法院，要求其与 B 公司承担连带赔偿责任。

请问：C 公司构成专利侵权吗？

案例分析

本案主要涉及的是将侵权产品作为零部件制造另一产品并销售的行为，是否构成专利侵权?

根据《最高人民法院关于审理侵犯专利权纠纷案件应用法律若干问题的解释》(法释〔2009〕21号)第十二条规定,将侵犯发明或者实用新型专利权的产品作为零部件,制造另一产品的,属于使用侵权产品的行为;销售该另一产品的,属于销售侵权产品的行为。

本案中,B公司销售的手表上装有侵犯A公司“防火防腐高强度晶体化高分子材料”发明专利的表壳,构成对专利产品的许诺销售和销售行为,因B公司提供了其手表有合法来源的证明,即其从C公司处购置的,可依据《专利法》第七十条的规定,虽不承担赔偿责任,但应停止侵权行为。

而C公司未经A公司许可,为生产经营目的,将A公司享有发明专利权的“防火防腐高强度晶体化高分子材料”发明专利作为零部件制造了手表当中表壳的行为,依法构成属于使用侵权产品的行为,构成侵权,依法应承担停止侵权并赔偿责任。

风险防范与建议

企业在生产研发其产品过程中,需使用他人专利产品时,务必取得专利权人的许可。否则,同样构成对他人专利权的侵权。

法条链接

《专利法》(2008年修正)第十一条第一款　发明和实用新型专利权被授予后,除本法另有规定的以外,任何单位或者个人未经专利权人许可,都不得实施其专利,即不得为生产经营目的制造、使用、许诺销售、销售、进口其专利产品,或者使用其专利方法以及使用、许诺销售、销售、进口依照该专利方法直接获得的产品。

第七十条　为生产经营目的使用、许诺销售或者销售不知道是未经专利权人许可而制造并售出的专利侵权产品,能证明该产品合法来源的,不承担赔偿责任。

《最高人民法院关于审理侵犯专利权纠纷案件应用法律若干问题的解释》(法释〔2009〕21号)第十二条　将侵犯发明或者实用新型专利权的产品作为零部件,制造另一产品的,人民法院应当认定属于专利法第十一条规定的使用行为;销售该另一产品的,人民法院应当认定属于专利法第十一条规定的销售行为。

将侵犯外观设计专利权的产品作为零部件,制造另一产品并销售的,人民法院应当认定属于专利法第十一条规定的销售行为,但侵犯外观设计专利权的产品在该另一产品中仅具有技术功能的除外。

对于前两款规定的情形,被诉侵权人之间存在分工合作的,人民法院应当认定为共同侵权。

第十六条第二款 侵犯发明、实用新型专利权的产品系另一产品的零部件的，人民法院应当根据该零部件本身的价值及其在实现成品利润中的作用等因素合理确定赔偿数额。

五、专利实施许可

87. 基于先前使用，可否默示获得专利许可?

情景案例

A 公司拥有一项“单程线性内存模块”发明专利权，A 公司向 B 公司提供了涉及该专利的图纸和其他技术细节，B 公司据此制造并销售该内存模块长达 5 年之久，其中该内存模块也销售给了 A 公司，但 A 公司一直并没有向 B 公司告知其已就此技术获得专利权。5 年后，A 公司主张 B 公司制造销售该内存模块的行为侵犯了其专利权。

请问：B 公司是否构成侵权?

案例分析

本案主要涉及的问题是基于先前使用可否默示获得专利许可。

我国《专利法》第十二条当中提及的“与专利权人订立实施许可合同”，并没有强调“书面”，这并非鼓励专利权人和被许可人之间不签订书面专利许可合同，而是从此条文约定可见法律允许非书面的专利许可合同形式，如口头约定、默示行为等。

如果专利权人先前存在允许他人使用的行为，如指导或推荐他人实施其专利，则他人有可能基于该先前使用获得实施专利的默示许可。

本案中，A 公司通过提供设计、图纸和其他技术细节，诱使 B 公司进入内存模块市场，而 A 公司最终也向 B 公司购买了该内存模块产品；同时，双方长达 5 年的合作已经让 B 公司合理地相信 A 公司同意其制造和销售专利产品。基于合理信赖的基本原则，B 公司已经基于对专利技术的在前先使用获得了实施专利的默示许可，其行为不构成侵犯专利权。

风险防范与建议

如果是为他人代制造技术产品的，无论是专利技术还是非专利技术，最好还是与权利人签署书面的技术实施许可合同，更好地保障自身的权利；如果确实没有签署书面的技术实施许可合同，也要保留权利人同意其使用的证据，届时可以专利默示许可的理由进行抗辩。

法条链接

《专利法》（2008 年修正）第十二条 任何单位或者个人实施他人专利的，应当与专利权人订立实施许可合同，向专利权人支付专利使用费。被许可人无权允许合同规定以外的任何单位或者个人实施该专利。

《民法通则》（2009 年修正）第五十六条 民事法律行为可以采取书面形式、口头形式或者其他形式。法律规定用特定形式的，应当依照法律规定。

88. 许可使用的专利被宣告无效，能主张返还费用吗？

情景案例

A 公司生产经营范围为汽车修理专用可调铰刀、板牙架等。2013 年 8 月，A 公司申请了名为“气门座圈拉器”的实用新型专利并被授予专利权。2015 年 5 月，A 公司与 B 公司签订《专利权许可使用合同》，约定 A 公司将该专利许可给 B 公司使用，使用期限为五年，专利许可使用费为每年 10 万元，共 50 万元。2018 年 5 月，该专利被国家知识产权局专利复审委会员宣告全部无效。为此，B 公司要求 A 公司全部退还已给付的专利许可使用费，但遭到 B 公司拒绝。无奈之下，B 公司将 A 公司起诉至法院。

请问：B 公司可以要求 A 公司返还专利许可使用费吗？

案例分析

本案主要涉及的是许可使用的专利被宣告无效后，专利许可合同是否有效以及许可使用费用可否退还的问题。

我国《合同法》第三百四十四条规定，专利实施许可合同只在该专利权的存续期间内有效。专利权有效期限届满或者专利权被宣布无效的，专利权人不得就该专利与他人订立专利实施许可合同。

同时，我国《专利法》第四十七条第一款、第二款规定，宣告无效的专利权视为自始即不存在。宣告专利权无效的决定，对在宣告专利权无效前人民法院作出并已执行的专利侵权的判决书、调解书，已经履行或者强制执行的专利侵权纠纷处理决定，以及已经履行的专利实施许可合同和专利权转让合同，不具有追溯力。但是因专利权人的恶意给他人造成的损失，应当给予赔偿。

本案中，关于 A 公司与 B 公司签订《专利权许可使用合同》，依据《合同法》第三百四十四条规定，双方所签订的《专利权许可使用合同》自 2018 年 5 月作为合同标的物的案涉专利被宣布无效时亦应终止，故 B 公司可向法院要求解除双方签订的《专利权许可使用合同》。

关于B公司要求A公司返还专利许可使用费问题，根据《专利法》第四十七条第二款规定，B公司在宣告专利权无效的决定作出前已交纳的专利许可使用费因无追溯力，A公司不应返还，反之，之后交纳的专利许可使用费应予返还。即2018年5月至2020年4月的专利许可使用费应由A公司返还给B公司。

风险防范与建议

无论是专利的受让人还是被许可人，如果在受让或许可后，专利被宣告无效，其所支付的专利转让费和许可使用费都很难追回。为避免此损失，在签订专利转让合同和专利许可使用合同时，就必须注重专利有效性条款的约定，以保护自己的合法权益。

此条款可以针对专利权有效性的不同情况分别作出约定。

第一，如果担心专利权人没有及时交纳专利年费而导致专利权提前终止的，则合同可以约定被许可方可以不再支付专利使用费，并要求专利权人返还在不知情的情况下所支付的部分使用费。

第二，如果担心转让或许可实施的专利在合同订立后，专利权因任何第三人提出请求而被专利局宣告无效的，则合同可以约定其溯及力。受让方可以要求转让方返还已经支付的转让费或专利使用费，返还的比例可以根据使用的年限来决定。

第三，如果担心实施专利如涉嫌侵犯第三人权利的，除可以在合同中约定专利权人对此应承担的责任外，受让方还可以在合同中要求约定转让费或使用费的返还比例，损失赔偿的范围等事项。

诸如前述条款，合同当事人可以根据实际情况约定，也可以根据本合同的具体情况协商确定。

法条链接

《专利法》（2008年修正）第四十七条　宣告无效的专利权视为自始即不存在。

宣告专利权无效的决定，对在宣告专利权无效前人民法院作出并已执行的专利侵权的判决、调解书，已经履行或者强制执行的专利侵权纠纷处理决定，以及已经履行的专利实施许可合同和专利权转让合同，不具有追溯力。但是因专利权人的恶意给他人造成的损失，应当给予赔偿。

依照前款规定不返还专利侵权赔偿金、专利使用费、专利权转让费，明显违反公平原则的，应当全部或者部分返还。

《合同法》第三百四十四条　专利实施许可合同只在该专利权的存续期间内

有效。专利权有效期限届满或者专利权被宣布无效的，专利权人不得就该专利与他人订立专利实施许可合同。

89. 可以用专利权来出资入股开设公司吗?

情景案例

江某于2013年8月提交一项名称为“石材切压成型机”的实用新型专利申请，该申请于2014年10月获得授权。2015年8月，江某与史某拟共同成立一家注册资本为1000万元的五金制造公司。由于江某没有资金出资，在征得史某的同意下，江某打算以专利权出资入股。经第三方权威机构专业评估，江某拥有的“石材切压成型机”专利权市场价值为500万元。

请问：江某的出资方式是否可行?

案例分析

本案主要涉及的是以专利权出资入股的问题。

我国《公司法》第二十七条规定，允许以知识产权评估作价入股，且并没有限制公司全体股东（发起人）的货币出资金额占注册资本的比例，也就是说，可以以知识产权评估作价100%作为注册资本注资。

本案中，江某和史某双方共同约定，愿意以江某拥有的“石材切压成型机”的实用新型专利作价出资入股，共同成立一家注册资本为1000万元的五金制造公司。且此专利权经评估作价为500万元，符合法律规定，江某可以以此专利出资入股，但如果以此专利出资的，必须依法到国家知识产权局办理专利权转移手续。

风险防范与建议

鉴于专利转移过程存在诸多不确定因素，因此，在专利入股中，除审查技术来源、权利瑕疵、权利期限等基础风险点外，通常还应当注意以下三点：

（1）以专利出资的，应当明确办理专利转移登记及权属资料移交的具体时间节点，同时应当重点关注在入股专利的基础上研发出的技术成果，即后续改进成果的范围及权利归属问题。

（2）技术所有人以技术作价入股公司后，基于技术的有效实施和产业化推广，通常技术所有人还会在公司实际任职，负责组建研发团队，继续进行技术研发和改制，并由公司发放工资、缴纳社保等。此时，“技术股东”除“股东”身份外，还与公司之间存在劳动关系，具有“职工”身份。因此，应当明确约定技术股东具体的工作范围、职务技术成果范围及奖励报酬比例，以及保密协议、竞业限制协议等。

（3）即使获专利权后，后期同样存在无效、侵权等风险，同时，由于技术条件差异，在产业化生产的过程中，可能会出现技术缺陷无法批量生产等问题，导致技术入股后可能存在技术价值贬值的潜在风险。因此，可以明确在出现技术价值贬值时，技术股东相应的股权比例调整及资本补充责任。

法条链接

《公司法》（2018 年修正）第二十七条 股东可以用货币出资，也可以用实物、知识产权、土地使用权等可以用货币估价并可以依法转让的非货币财产作价出资；但是，法律、行政法规规定不得作为出资的财产除外。

对作为出资的非货币财产应当评估作价，核实财产，不得高估或者低估作价。法律、行政法规对评估作价有规定的，从其规定。

第二十八条 股东应当按期足额缴纳公司章程中规定的各自所认缴的出资额。股东以货币出资的，应当将货币出资足额存入有限责任公司在银行开设的账户；以非货币财产出资的，应当依法办理其财产权的转移手续。

股东不按照前款规定缴纳出资的，除应当向公司足额缴纳外，还应当向已按期足额缴纳出资的股东承担违约责任。

《最高人民法院关于适用〈中华人民共和国公司法〉若干问题的规定（三）》

第九条 出资人以非货币财产出资，未依法评估作价，公司、其他股东或者公司债权人请求认定出资人未履行出资义务的，人民法院应当委托具有合法资格的评估机构对该财产评估作价。评估确定的价额显著低于公司章程所定价额的，人民法院应当认定出资人未依法全面履行出资义务。

第十条 出资人以房屋、土地使用权或者需要办理权属登记的知识产权等财产出资，已经交付公司使用但未办理权属变更手续，公司、其他股东或者公司债权人主张认定出资人未履行出资义务的，人民法院应当责令当事人在指定的合理期间内办理权属变更手续；在前述期间内办理了权属变更手续的，人民法院应当认定其已经履行了出资义务；出资人主张自其实际交付财产给公司使用时享有相应股东权利的，人民法院应予支持。

出资人以前款规定的财产出资，已经办理权属变更手续但未交付给公司使用，公司或者其他股东主张其向公司交付、并在实际交付之前不享有相应股东权利的，人民法院应予支持。

第十五条 出资人以符合法定条件的非货币财产出资后，因市场变化或者其他客观因素导致出资财产贬值，公司、其他股东或者公司债权人请求该出资人承担补足出资责任的，人民法院不予支持。但是，当事人另有约定的除外。

90. 专利实施许可可以进行地域限制吗？

情景案例

2016 年 1 月，甲公司与乙公司签订一份《专利技术实施许可合同》，双方约定：甲公司独占许可乙公司使用名称为“自接式轻钢龙骨”的发明专利，技术实施许可地域为广东省范围内，即乙公司只准在广东省范围内生产与销售甲公司拥有的专利产品，合同期限为五年。2016 年 8 月，乙公司在湖南省长沙市设厂生产上述专利产品。甲公司发现乙公司的违约行为后，要求其立即将湖南省长沙市工厂关闭，但遭到乙公司拒绝。乙公司认为，专利实施许可约定“地域限制”条款是合同无效条款，乙公司可以在全国范围内使用该专利，甲公司无权干涉。

请问：乙公司的说法符合法律规定吗？

案例分析

本案主要涉及的是专利实施许可中可否约定区域性独占许可的问题。

通常，专利实施许可双方会在许可合同中对许可的性质作出明确约定，如许可性质为普通许可、排他许可或独占许可。同时，由于专利权系由国家知识产权局授予的权利，其效力范围及于授权国家的全部地域，因此独占实施许可的范围通常为授权国家的全部行政区域。但在专利技术的实施与特定地域产生联系时，专利权人将专利实施许可的范围按照省市地域进行划分后再分别进行许可，无疑有助于推广专利技术并可借此扩大自身的专利许可收益。因此，法律允许专利权人将被许可人独占实施专利技术的地域限定于某个特定省市区域，此为区域性独占许可。

本案中，甲公司将其享有的“自接式轻钢龙骨”的发明专利独占许可乙公司在广东省范围内实施，对此地域性的限制是法律允许的，并没有违反法律规定，而乙公司没有按照《专利技术实施许可合同》的约定，在许可实施区域以外实施专利，不仅属于违约行为，需承担违约责任，还构成了对甲公司专利权的侵权，可能需承担侵权赔偿责任。

风险防范与建议

专利独占实施许可合同对被许可人实施专利的地域范围和行为方式均有限定时，被许可人不仅在实施许可时，需受许可地域范围和行为方式的限制，且被许可人提起侵权诉讼的权利也受到许可合同约定的约束。对被诉侵权人在许可实施地域范围外或者超出许可实施方式实施的侵权行为，被许可人不能主张诉讼权利。

法条链接

《专利法》（2008 年修正）第十二条　任何单位或者个人实施他人专利的，应当与专利权人订立实施许可合同，向专利权人支付专利使用费。被许可人无权允许合同规定以外的任何单位或者个人实施该专利。

91. 专利许可合同需要备案吗？

情景案例

2015 年 1 月，顾某与侯某签订了一份《专利技术实施许可合同》，约定由顾某提供独有的专利技术，由侯某负责产品生产，双方按照 3:7 的比例分配利润。截至 2016 年 1 月 31 日，该专利产品税后销售利润为 300 万元，但侯某并没有按约定给顾某分配利润。侯某认为，其与顾某签订的《专利技术实施许可合同》是无效合同，因为二人并没有到国家知识产权局办理合同备案手续。为此，顾某将侯某起诉至法院，要求侯某按约定支付利润分红。

请问：请问侯某的说法符合法律规定吗？

案例分析

本案主要涉及的问题是不备案的专利实施许可合同是否有效。

首先，从本质上来说，专利实施许可合同实际上属于民事合同，因此，只要符合《合同法》第四十四条规定的法定要件、有效期限尚未届满、专利权未被宣布无效、且没有违反《合同法》第五十二条规定的合同无效的几种情形，都是合法有效的。

其次，我国的《专利法》及其实施细则并没有关于专利实施许可合同必须备案才能生效的强制性规定，仅在《合同法》第三百四十二条规定了专利实施许可合同属于技术转让合同，而技术转让合同应当采用书面形式。

《专利法实施细则》第十四条规定了办理备案手续的时间要求——备案应当自合同生效之日起 3 个月内提出，第八十九和第九十条中分别规定将专利实施许可合同的备案内容作为专利登记簿副本的登记事项以及将专利实施许可合同的备案内容作为专利行政部门定期出版的专利公报的公告内容。

因此，无论是否将专利实施许可合同进行备案，都不会影响合同本身的效力，也就是说，专利实施许可合同备案并不是专利实施许可合同的生效要件，而是政府管理部门对专利许可行为的一种管理方式。

本案中，顾某与侯某签订的《专利技术实施许可合同》虽然没有到国家知识产权局备案，但并不影响合同的效力。该合同自双方签订之日起生效，且顾某按合同约定将专利许可侯某实施，侯某也利用专利生产产品销售盈利，合同也实际履行。因此，侯某应当按照《专利技术实施许可合同》约定向顾某支付利润分红，否则属于违约行为，需承担违约责任。

风险防范与建议

专利实施许可合同虽然不要求必须备案，但建议如有可能，还是尽量备案，备案有以下好处：

（1）可以保障被许可人利益。

对于独占性专利实施许可合同而言，如果没有备案登记，权利人违反约定，再次向第三方授权许可的，第三方得以善意第三人抗辩，在先独占性被许可人不得追究其侵权责任，可追究权利人违约责任；如果在先许可没有备案登记，权利人再次向第三方发放独占性许可并经备案的，在后独占性被许可人可以对抗在先被许可人，从而禁止在先被许可人实施专利技术方案，在先被许可人可通过追究权利人违约责任获得救济。

（2）专利实施许可合同备案证明可以作为海关知识产权备案等相关手续的证明文件。

（3）在发生专利侵权纠纷时，已备案的专利实施许可合同可以作为被许可人要求诉前停止侵犯专利行为的重要依据。

法条链接

《专利法实施细则》（2010 年修订）第十四条第二款 专利权人与他人订立的专利实施许可合同，应当自合同生效之日起 3 个月内向国务院专利行政部门备案。

第八十九条 国务院专利行政部门设置专利登记簿，登记下列与专利申请和专利权有关的事项：

……

（四）专利实施许可合同的备案；

……

第九十条 国务院专利行政部门定期出版专利公报，公布或者公告下列内容：

……

（十）专利实施许可合同的备案；

……

《合同法》第四十四条第一款 依法成立的合同，自成立时生效。

第五十二条 有下列情形之一的，合同无效：

（一）一方以欺诈、胁迫的手段订立合同，损害国家利益；

（二）恶意串通，损害国家、集体或者第三人利益；

（三）以合法形式掩盖非法目的；

（四）损害社会公共利益；

（五）违反法律、行政法规的强制性规定。

第三百四十二条 技术转让合同包括专利权转让、专利申请权转让、技术秘密转让、专利实施许可合同。

技术转让合同应当采用书面形式。

92. 在被诉侵权产品上标注商标、企业名称等商业标识的商标权利人，是否需承担侵权责任？

情景案例

A公司将其商标许可B公司在其生产的摩托车上使用，双方将此商标许可使用合同在国家商标局登记备案。C公司拥有一项摩托车的外观设计专利，后来C公司发现B公司销售的摩托车质量是合格的，但外形与C公司的外观设计专利一模一样。摩托车的机动车整车出产合格证均明确地标明了制造商是B公司，而摩托车的机身上有A公司的商标标识，因此，C公司认为A公司和B公司为假冒专利产品的共同生产制造者，侵犯其专利权，告上了法院。

请问：A公司需要对B公司的专利侵权行为负责吗？

案例分析

本案涉及的主要问题是商品上所标注商标的权利人是否需要对被许可人的专利侵权行为负责。

根据我国《专利法》第十一条规定，专利权本身只赋予专利权人排除他人未经许可实施其专利的权利，并没有赋予专利权人排除被许可人在经其许可制造的专利产品上标注其他厂商的商业标识的权利。因此，除非有特别约定，否则专利权人无权限制专利被许可人在其制造的专利产品上标注其他厂商的名称等商业标识。

本案中，A公司虽是商标许可人，但根据《商标法》第四十三条之规定，许可人应当监督被许可人使用其注册商标的商品质量。被许可人应当保证使用该注册商标的商品质量。本案现有证据反映被诉摩托车系经国家相关部门审批后生产的质量合格产品，A公司作为商标权人，对被许可商标商品的质量尽到了注意义务。另外，A公司许可B公司使用商标，是以其标识本身的外观、呼叫、知名度来引导消费者认牌购物，而外观设计则是以富于美感的视觉效果吸引消费者，二者采用不同的方式引导消费者购买商品，故B公司使用商标和擅自使用他人的外观设计属于两个独立的行为，并且摩托车是一种高速交通工具，国家对其生产商的要求不同于一般商品的生产商。从本案证据来看，车辆一致性证书、机动车整车出产合格证均明确地标明了制造商是B公司，故不需从商标持有人推定生产商。且本案中，并没有证据证明A公司参与了被诉侵权行为的其他环节，如制造、销售行为等。基于此，在本案被诉产品具有明确生产者的情况下，无须认定商标权利人A公司为产品制造者。因此，A公司无须为B公司的侵权行为负责。

风险防范与建议

虽然本案中A公司因确无证据证明其参与了被诉侵权行为的其他环节从而不承担侵权责任，但司法实践中仍有一些案件根据《合同法》《产品质量法》《最高人民法院关于产品侵权案件的受害人能否以产品的商标所有人为被告提起民事诉讼的批复》之规定认定在被诉侵权产品上标注商标、企业名称等商业标识的厂商为被诉侵权产品的制造商，承担专利侵权责任。

为避免风险，建议商标许可人在商标许可合同中增设一条款，特别声明禁止被许可人将商标使用在专利侵权产品上，且需明确被许可人的专利侵权行为均与商标许可人无关。

法条链接

《专利法》（2008年修正）第十一条第一款 发明和实用新型专利权被授予后，除本法另有规定的以外，任何单位或者个人未经专利权人许可，都不得实施其专利，即不得为生产经营目的制造、使用、许诺销售、销售、进口其专利产品，或者使用其专利方法以及使用、许诺销售、销售、进口依照该专利方法直接获得的产品。

《最高人民法院关于产品侵权案件的受害人能否以产品的商标所有人为被告提起民事诉讼的批复》

北京市高级人民法院：

你院京高法〔2001〕271号《关于荆其廉、张新荣等诉美国通用汽车公司、美国通用汽车海外公司损害赔偿案诉讼主体确立问题处理结果的请示报告》收悉。经研究，我们认为，任何将自己的姓名、名称、商标或者可资识别的其他标识体现在产品上，表示其为产品制造者的企业或个人，均属于《中华人民共和国民法通则》第一百二十二条规定的“产品制造者”和《中华人民共和国产品质量法》规定的“生产者”。本案中美国通用汽车公司为事故车的商标所有人，根据受害人的起诉和本案的实际情况，本案以通用汽车公司、通用汽车海外公司、通用汽车巴西公司为被告并无不当。

93. 专利许可合同中，是否需要约定专利后续改进成果的归属?

情景案例

张某是名称为“高强度低成本煤气发生炉”发明专利的专利权人，赵某是张某的妻子。2015 年 10 月 10 日，张某与 A 公司达成专利许可合作的意向。2015 年 10 月 15 日，A 公司草拟一份《专利实施许可合同》，约定张某允许 A 公司使用该专利技术五年，A 公司一次支付 30 万元专利许可费用。

张某对 A 公司草拟的合同没有意见，但赵某建议合同上增加“专利后续改进成果无条件归张某所有”的条款，以保障张某的专利权不被 A 公司抢走。张某认为，专利后续改进成果肯定归专利权人所有，没有必要在合同上增加该条款。

请问：张某的说法符合法律规定吗?

案例分析

本案主要涉及的是在专利许可合同中约定专利后续改进成果归属的必要性问题。

后续改进，是指在技术转让合同有效期内，当事人一方或各方对作为合同标的的专利技术或者技术秘密成果所作的革新和改良。技术转让合同的订立和履行，不仅实现了现有技术的转移、推广和应用，而且也是当事人进行改良、革新和进行新研究开发的基础。合同订立后，当事人一方或者双方在技术转让合同标的技术的基础上作出创新和改良是常见现象。这种创新和改良推动了科学技术迅速发展。

我国《合同法》第三百五十四条规定了后续改进的技术成果的分享方式：有合同约定则依照约定，没有约定或者约定不明确另行协议补充，不能达成补充协议的按照合同有关条款或者交易习惯确定的基本处置原则。另，该条同时明确了如果依照前述方式仍不能确定，那么一方后续改进技术的技术成果，其他各方无权分享，即相应的后续改进的技术成果属于完成该项后续改进的人。

本案中，张某虽然是专利权人，在其将专利许可给 A 公司使用后，如果《专利实施许可合同》对后续改进技术的归属没有约定，也不能另行补充约定或通过交易习惯确认的话，后续改进的技术成果依法属于完成该项后续改进的人，并不必然是属于专利权人的。因此，张某的说法不符合法律规定。

风险防范与建议

目前技术发展迅速，许可方和被许可方都有可能对专利技术作出改进，因此在专利许可合同中应对专利技术后续改进的内容明确界定。

此外，如果改进是由许可方做出的，那么改进后的技术将影响到现有专利技术的市场占有率，如果没有事先约定，则会对被许可方带来消极影响。虽然难以在许可合同签订时明确未来改进后的专利技术的具体使用费数额，但是将某一方做出改进后的权利归属进行明确，无疑降低了以后产生纠纷的风险。

法条链接

《合同法》第三百五十四条 当事人可以按照互利的原则，在技术转让合同中约定实施专利、使用技术秘密后续改进的技术成果的分享办法。没有约定或者约定不明确，依照本法第六十一条的规定仍不能确定的，一方后续改进的技术成果，其他各方无权分享。

《最高人民法院关于印发全国法院知识产权审判工作会议关于审理技术合同纠纷案件若干问题的纪要的通知》（法〔2001〕84 号）

56. 合同法第三百五十四条所称后续改进，是指在技术转让合同有效期内，当事人一方或各方对合同标的技术所作的革新或者改良。

94. 专利权人把专利许可予被许可人、签署许可合同并完成许可备案后，未经被许可人同意，专利权人能否把专利质押予质权人？

情景案例

A 公司申请了一项实用新型专利，并获得了专利证书。A 公司将此专利许可 B 公司使用，许可方式是普通许可，双方签署了专利许可合同，并完成了许可备案，B 公司也依约支付了许可使用费。后来，A 公司了解到专利运营，除许可外，还可质押融资，且经评估，A 公司此项实用新型专利的经济效益非常好，具有良好的市场价值，且也有银行愿意接受 A 公司的专利质押提供资金供其发展，于是 A 公司想将其实用新型专利质押给银行。

请问：A 公司已将专利许可给他人使用的情况下可否将专利质押？

案例分析

本案主要涉及的问题是专利权人把专利许可予被许可人后，可否又将专利质押予质权人？

根据我国《物权法》第二百二十三条，《担保法》第七十五条和第七十九条规定，依法可以转让的商标专用权、专利权、著作权中的财产权可以质押。

质权设定的要求专利权人与质权人签署质押合同并向国家知识产权局办理质押登记，质权自登记时设立。专利权人因对其专利拥有所有权，有当然的权利向质权人出质专利，与质权人签署质押合同并向国家知识产权局办理质押登记。且质权人基于专利权人对专利的质押设定的质权与被许可人基于专利权人对专利的许可获得的使用权并无权益冲突，质权亦不会对许可使用权造成损害或妨碍，因此，专利权人把专利许可予被许可人、签署许可合同并完成许可备案后，专利权人可以把专利质押予质权人。

本案中，A公司作为该项实用新型的专利权人，其只是将该项实用新型的使用权以普通许可方式许可B公司使用，换言之，A公司对该项实用新型专利还是享有占有、使用、处置、收益的物权权能，因此依法可以将此专利质押予质权人，质押并不等于许可使用，因此该质权亦不会对B公司的许可使用权造成损害或妨碍。

风险防范与建议

专利质押融资是解决科技型企业融资难、融资贵的重要渠道，无论是对于企业转型升级还是参与市场竞争，都具有很强的实际作用。一般比较容易质押融资成功的专利，需具备以下条件：已有专利授权且授权稳定、专利与企业主营产品技术一致、不存在侵权纠纷。

如果属于国家政策层面支持的行业，属于行业领先技术，剩余技术寿命时间比较长，属于获利上升期的专利，会更容易获得质押贷款。

法条链接

《物权法》第二百二十三条　债务人或者第三人有权处分的下列权利可以出质：

（一）汇票、支票、本票；

（二）债券、存款单；

（三）仓单、提单；

（四）可以转让的基金份额、股权；

（五）可以转让的注册商标专用权、专利权、著作权等知识产权中的财产权；

（六）应收账款；

（七）法律、行政法规规定可以出质的其他财产权利。

《担保法》第七十五条　下列权利可以质押：

（一）汇票、支票、本票、债券、存款单、仓单、提单；

（二）依法可以转让的股份、股票；

（三）依法可以转让的商标专用权，专利权、著作权中的财产权；

（四）依法可以质押的其他权利。

第七十九条　以依法可以转让的商标专用权，专利权、著作权中的财产权出质的，出质人与质权人应当订立书面合同，并向其管理部门办理出质登记。质押合同自登记之日起生效。

95. 专利权人把专利质押予质权人、签署质押合同并完成质押登记后，未经质权人同意，出质人可否把专利许可予被许可人？

情景案例

A公司拥有一项非常具有市场价值的实用新型专利，其将此专利质押给B银行融资贷款人民币500万元。后C公司对A公司该项实用新型专利非常感兴趣，多次与A公司沟通，希望A公司能将此专利许可给C公司实施使用，但A公司担心因此专利已质押给B银行，如果再许可，会违反法律规定。

请问：A公司可否将已出质的专利再许可？

案例分析

本案主要涉及的是专利可否"先质押，后许可"的问题。

根据我国《物权法》第二百二十七条第二款，《担保法》第八十条规定，知识产权出质后，出质人不得转让或许可他人使用，但经出质人与质权人协商同意的可以转让或者许可他人使用。出质人所得的转让费、许可费应当向质权人提前清偿所担保的债权或者向与质权人约定的第三人提存。

这是因为，以专利权的财产权出质的，权利虽然仍属于知识产权人，但由于该知识产权是有负担的权利，因此，出质人不能自由转让或者许可他人使用。如果允许出质人自由转让或者许可他人使用其专利权中的财产权；则无论是有偿转让还是无偿转让，无论是许可他人有偿使用还是无偿使用，都将损害质权人的利益。因为一方面转让的费用和许可他人使用的费用都要归出质人收取；另一方面出质人有权无限制地转让其专利权中的财产权，必然导致该专利权中的财产权价值下降，最终的结果必然损害质权人的利益，不利于担保债权的实现。但是如果经出质人与质权人协商同意，可以转让或者许可他人使用出质的专利权中的财产权。因为此时转让是经过质权人同意的，是否会损害质权人的利益，由质权人自己判断，法律不加干涉。

本案中，因A公司已将其专利质押给了B银行，故如果想再将专利许可给C公司使用，必须经质权人B银行的同意，否则不能许可。如果B银行同意许可的话，那C公司支付的专利许可实施使用费必须交付给B银行以提前清偿所担保的债权。

风险防范与建议

在专利许可实务中，如果专利已有出质的情况下，建议专利权人应于许可前获得质权人的同意；若事先未获知专利已被质押的，被许可人可基于许可合同实施专利，并建议后续通过法律谈判获得质权人的同意，完成许可备案，以扩展其权益边界。

法条链接

《物权法》第二百二十七条第二款 知识产权中的财产权出质后，出质人不得转让或者许可他人使用，但经出质人与质权人协商同意的除外。出质人转让或者许可他人使用出质的知识产权中的财产权所得的价款，应当向质权人提前清偿债务或者提存。

《担保法》第七十九条 以依法可以转让的商标专用权，专利权、著作权中的财产权出质的，出质人与质权人应当订立书面合同，并向其管理部门办理出质登记。质押合同自登记之日起生效。

第八十条 本法第七十九条规定的权利出质后，出质人不得转让或者许可他人使用，但经出质人与质权人协商同意的可以转让或者许可他人使用。出质人所得的转让费、许可费应当向质权人提前清偿所担保的债权或者向与质权人约定的第三人提存。

96. 专利技术许可方按合同约定，向专利技术接收方提供包含专利技术的专用生产设备，使其用于生产和销售专利产品的，是否属于“非法垄断技术、妨碍技术进步”的行为?

情景案例

A公司与B该公司签订《专利技术合作及专利技术实施许可合同》一份，约定：A公司许可B公司实施A公司拥有的专利技术项目是石材切压成型机，机器品牌为“××牌”K100型石板材一次压制成型机，该生产线的货款为500万元；签订合同后，B公司需向A公司支付定金，A公司在收到定金后，分批制造出合同项下应供给B公司的生产线设备，并负责运输到B公司指定地点，安装调试，并对B公司的员工进行技术培训。生产线安装调试合格后，B公司需付清全部货款。合同签订后，A公司依约将应供给B公司的生产线设备运输到B公司，但B公司拒收，认为A公司实施专利许可的目的是强制并高价销售并非实施专利必不可少的设备，属于“非法垄断技术、妨碍技术进步”的行为，因此双方签订的《专利技术合作及专利技术实施许可合同》无效，要求A公司将其已支付的定金返还。

请问：B公司的主张符合法律规定吗?

案例分析

本案主要涉及的问题是专利技术许可方按合同约定，向专利技术接收方提供包含专利技术的专用生产设备，使其用于生产和销售专利产品的，是否属于“非法垄断技术、妨碍技术进步”的行为？

根据我国《合同法》第三百二十九条规定，非法垄断技术、妨碍技术进步的技术合同无效。而《最高人民法院关于审理技术合同纠纷案件适用法律若干问题的解释》第十条第四项规定，要求技术接受方接受并非实施技术必不可少的附带条件，包括购买非必需的技术、原材料、产品、设备、服务以及接收非必需的人员等，属于“非法垄断技术、妨碍技术进步”的行为。

本案中，讼争专利实施许可合同涉及的石材成型机是包含专利技术的专用设备，B公司实施该技术，购买该机器设备是必需的。依据专利实施许可合同的约定，实施该专利技术所使用的设备包括主机、特种模具及传送带，以建立造价为人民币500万元的生产线。B公司从A公司处约定获得的专利实施许可，并不是制造专利产品（即石材切压成型机），而是通过使用该专利产品生产、销售最终产品石材。因此，在专利实施许可合同中约定由技术许可方提供履行合同所需要的专用设备并不违反法律、法规的规定。

风险防范与建议

在拟订或审核专利技术转让合同时，要注意查看是否有限制技术竞争和发展的条款，如有，必须把握好度。例如，限制被许可人根据市场需求实施专利技术（即阻碍实施）、限制被许可方采购渠道等。如果权利人在许可合同中列入了上述法律禁止的苛刻许可条款，可能导致合同整体无效，如果上述涉嫌无效条款不影响合同其他部分效力的，则其他部分有效，仅上述法律禁止的苛刻许可条款无效。

法条链接

《合同法》第三百二十九条 非法垄断技术、妨碍技术进步或者侵害他人技术成果的技术合同无效。

《最高人民法院关于审理技术合同纠纷案件适用法律若干问题的解释》第十条 下列情形，属于合同法第三百二十九条所称的“非法垄断技术、妨碍技术进步”：

（一）限制当事人一方在合同标的技术基础上进行新的研究开发或者限制其使用所改进的技术，或者双方交换改进技术的条件不对等，包括要求一方将其自行改进的技术无偿提供给对方、非互惠性转让给对方、无偿独占或者共享该改进技术的知识产权；

（二）限制当事人一方从其他来源获得与技术提供方类似技术或者与其竞争的技术；

（三）阻碍当事人一方根据市场需求，按照合理方式充分实施合同标的技术，包括明显不合理地限制技术接受方实施合同标的技术生产产品或者提供服务的数量、品种、价格、销售渠道和出口市场；

（四）要求技术接受方接受并非实施技术必不可少的附带条件，包括购买非必需的技术、原材料、产品、设备、服务以及接收非必需的人员等；

（五）不合理地限制技术接受方购买原材料、零部件、产品或者设备等的渠道或者来源；

（六）禁止技术接受方对合同标的技术知识产权的有效性提出异议或者对提出异议附加条件。

97. 专利技术许可合同约定专利被许可方承担许可方包括个人所得税在内的所有开票税额的，那专利被许可方还可以在需支付的专利许可使用费中扣除许可方税费吗?

情景案例

陈某与A公司签订《专利授权使用协议》，约定：鉴于A公司拥有某产品的生产资质，而陈某拥有该产品的发明专利权，因此，在专利有效期内，陈某将专利授权给A公司有偿使用，同时陈某不再销售该专利产品。专利授权使用费为每年1000万元，该款项为A公司支付给陈某的净款项，A公司承担开票税额。陈某需配合A公司完成该款项的税务开票，即提供开税票所需要的相关资料即当事人身份证。

合同签订备案后，A公司向陈某支付了专利许可使用费800万元，并向地方税务局代缴了陈某应缴的个人所得税200万元。

陈某认为A公司未依照合同约定足额支付专利许可使用费，将A公司告到法院，但A公司认为其已足额支付，因为陈某是专利授权使用费应缴纳个人所得税的纳税义务人，A公司只是扣缴义务人，个人所得税应由陈某而非A公司承担，A公司属于法定代扣、代缴义务人，因此A公司将陈某应纳的个人所得税代扣后，已依约向陈某足额支付了专利许可使用费用。

请问：A公司的主张能否得到法院支持？

案例分析

本案主要涉及的是专利许可使用费的税费承担问题。

虽然我国《个人所得税法》第九条第一款规定，个人所得税，以所得人为纳税义务人，以支付所得的单位或者个人为扣缴义务人，但并未禁止纳税义务人与合同相对人约定由合同相对人或第三人缴纳税款。

本案中，虽然A公司是代扣代缴义务人，但A公司的代扣代缴义务并不影响合同双方对税费的实际承担者进行约定，缔约当事人书面约定因交易产生的应纳税款由纳税义务人的合同相对人承担，实质是交易成本的分配，并未因此导致纳税主体的转移，亦未导致国家税收的减少。故涉案协议约定“A公司承担开票税额”系双方真实意思表示，不违反法律、法规的强制性规定，应为合法有效。

既然协议约定“款项为A公司支付给陈某的净款项，A公司承担开票税额”，且该约定合法有效，A公司理应依约全面履行合同义务，即由A公司承担本次交易所产生的包括个人所得税在内的税款，其应支付给陈某的1000万元专利授权使用费为税后净款项。因此，A公司为陈某向地方税务局代缴个人所得税税款200万元，应视为A公司履行合同义务之行为，并非履行法定代扣、代收税款义务之行为。

故根据法律规定并结合“开票数额由A公司承担”的合同约定，可以认定个人所得税由A公司负担。A公司认为开票税额不包含个人所得税的主张与合同约定不符，因此，A公司还需再向陈某支付剩余的专利许可使用费200万元。

风险防范与建议

在专利许可合同中，如约定税费均由被许可方承担，务必要注明合同中约定的被许可方支付给许可方专利许可使用费是税后净款项，以免发生歧义。

法条链接

《个人所得税法》（2018年修正）第九条第一款 个人所得税以所得人为纳税人，以支付所得的单位或者个人为扣缴义务人。

六、专利转让

98. 专利权受让人未办理专利著录项目变更的，可否就他人实施的专利侵权行为，以自己的名义单独提起侵权诉讼？

情景案例

张某拥有名为“带循环功能的燃气热水器”的实用新型专利权。A公司是一家热水器生产企业。2015年3月，张某通过某专利代理公司联系到A公司，希望以100万元的价格将专利权转让给A公司。经评估，A公司认为该专利可提升公司的产品质量，值得购买，于是A公司与张某签署了《专利技术转让合同》，A公司支付了专利转让费用，且张某也将全部的专利文件移交给了A公司。2015年年底，A公司董事长刘某发现B公司实施了对此专利的侵权行为，想向法院起诉，但其朋友陈某告知刘某，A公司作为专利权受让人，尚未办理专利著录项目变更，且当初与张某的《专利技术转让合同》中并未约定受让人在专利转让登记之前可以单独主张权利，因此，A公司暂时无法以其名义单独提起侵权诉讼。

请问：陈某的说法有道理吗？

案例分析

本案主要涉及的是专利侵权纠纷中的原告的诉讼主体资格问题。

根据我国《民事诉讼法》第一百一十九条规定，起诉的原告是与本案有直接利害关系的公民、法人和其他组织。而在专利侵权纠纷中，与本案有直接利害关系的，通常是指专利权人或专利权人授权的人。

因专利权转让合同较为特殊，法律规定了其生效要件，根据《专利法》第十条第三款规定，专利申请权（或专利权）的转移自登记日起生效，而登记日即专利局发出手续合格通知书的发文日，但要完成著录项目变更手续，专利局才发出《手续合格通知书》。如著录项目变更手续未完成前，专利局发出的通知书以及已进入专利公布或公告准备的有关事项，仍以变更前为准。

本案中，A公司虽然与原专利权人张某签订了书面转让合同，通过受让的方式获得涉案专利权，但是并未办理著录项目变更或者正在办理著录项目变更的过程中，这时候就要看书面合同中是否明确受让人从什么时间开始有权单独主张所受让的专利权，因为A公司与张某的转让合同中没有约定受让人在专利转让登记之前可以单独主张权利，A 公司依法并非案件适格的原告主体，即不能以其名义起诉他人的专利侵权行为。如 A 公司想有作为原告诉讼的资格，就必须立即完成专利著录项目的变更或者在专利转让合同中补充约定在专利转让登记之前其可享有单独主张侵权纠纷的权利。

风险防范与建议

因专利转让合同较为特殊，法律规定必须登记才生效。但在实际中，往往签署合同后，双方就完成了专利技术资料和费用的交付，而登记备案手续滞后。这时，如果发现他人有侵权行为，到底以谁的名义去诉讼就处于尴尬的局面，为避免此情况出现，建议双方在签署专利转让合同时约定，在专利转让登记之前专利受让人可享有单独主张侵权纠纷的权利。

法条链接

《民事诉讼法》（2017 年修正）第一百一十九条 起诉必须符合下列条件：

（一）原告是与本案有直接利害关系的公民、法人和其他组织；

……

《专利法》（2008 年修正）第十条 专利申请权和专利权可以转让。

中国单位或者个人向外国人、外国企业或者外国其他组织转让专利申请权或者专利权的，应当依照有关法律、行政法规的规定办理手续。

转让专利申请权或者专利权的，当事人应当订立书面合同，并向国务院专利行政部门登记，由国务院专利行政部门予以公告。专利申请权或者专利权的转让自登记之日起生效。

99. 专利被伪造签名转让，怎么办？

情景案例

2014 年 6 月，段某向国家知识产权局申请了“一次性多头加药器”实用新型专利，该专利于 2015 年 8 月获得授权。由于段某与汤某一同供职于 A 公司，且两人关系甚好，所以段某一直允许汤某和 A 公司无偿使用该专利。2016 年 3 月，段某辞职离开 A 公司。2016 年 8 月，汤某私下伪造一份《专利转让协议》，并向国家知识产权局申请将专利权利人由段某变更为汤某。2017 年 6 月，汤某与 B 公司签订《专利转让协议》，以转让费 20 万元价格将专利转让给 B 公司，B 公司在受让前，还专门到国家知识产权局核实专利权的法律状况，同时双方到国家知识产权局办理了转名手续。

2017年10月，段某打算以专利技术入股B公司时，才发现汤某伪造上述《转让协议》，并变更了专利权人。

请问：段某应该如何追究汤某的法律责任？

案例分析

本案主要涉及的是专利被他人冒名转让的法律维权问题。

根据我国《物权法》第一百零六条规定，无处分权人将不动产或者动产转让给受让人的，如受让人受让该不动产或动产时是善意的、支付了合理对价并已交付的，受让人取得该不动产或动产所有权，原所有权人有权向无处分权人请求赔偿损失。

本案中，汤某通过伪造段某的签名，制作虚假专利转让协议，将段某持有的专利转让至其名下并办理了专利转让变更登记，后将前述专利另行转让给B公司，属于无权处分行为。《物权法》所规定的善意取得制度也适用于专利转让。因B公司已支付了合理价款，并尽到了谨慎审查义务，应当认定其已经善意取得该专利所有权，段某无法要求B公司将专利权返还。

对于汤某的侵权行为，段某可以向法院起诉要求汤某承担损失赔偿责任。

风险防范与建议

针对本案发生的情况，提出如下建议：

（1）专利受让人在进行专利转让的交易过程中，应当尽到谨慎审查的义务，如到国家知识产权局查询专利的法律状态等。若尽到调查义务之后，仍未发现专利转让存在瑕疵，并支付了合理价款、完成专利变更登记，则合法取得专利权。原专利权人不得基于无权处分主张专利转让无效。

（2）原专利权人的专利权被他人无权处分之后，应当向相关侵权人即无权处分人主张承担相应的责任。特别是在第三人已经善意受让该专利权的情况下，若直接向法院起诉确认专利权归其所有，难以获得支持。

（3）一定要将自己能及时收到信件的地址在国家知识产权局备案，因为凡是涉及专利权信息的，国家知识产权局都只会通过信件送达专利权人备案的通信地址，如果地址不准确，信件无法送达，就会造成很大的贻误。

法条链接

《物权法》第一百零六条　无处分权人将不动产或者动产转让给受让人的，所有权人有权追回；除法律另有规定外，符合下列情形的，受让人取得该不动产或者动产的所有权：

（一）受让人受让该不动产或者动产时是善意的；

（二）以合理的价格转让；

（三）转让的不动产或者动产依照法律规定应当登记的已经登记，不需要登记的已经交付给受让人。

受让人依照前款规定取得不动产或者动产的所有权的，原所有权人有权向无处分权人请求赔偿损失。

当事人善意取得其他物权的，参照前两款规定。

100. 公司董事高管将专利转让给公司，需经股东会同意吗?

情景案例

甲公司是一家制药企业，由黎某、刘某、张某三人共同创办，黎某任公司董事长，负责公司日常事务管理。刘某与张某是公司投资人，平时不参与公司管理。黎某于2012年3月申请了一项外观设计专利并获得了专利证书。2013年10月，黎某在未经公司股东会同意的情况下，私下将该专利转让给了甲公司，转让费用为500万元。事后，刘某对此事表示反对。刘某认为，该专利价值根本不值500万元，显然是黎某利用其在公司董事的高管地位牟取私利，损害公司利益。黎某在公司章程没有约定公司高管可与公司进行交易的情况下，又未经股东会同意，因此其将自己专利转让给公司的行为是无效的。

请问：刘某的说法符合法律规定吗?

案例分析

本案主要涉及的是公司董事未经股东会同意可否将专利转让给公司的问题。

我国《公司法》第二十一条所禁止的关联行为系公司的控股股东、实际控制人、董事、监事、高级管理人员利用其关联关系进行利益转移输送，从而损害公司利益的行为。《公司法》明确规定，“董事、经理除公司章程规定或者股东会同意外，不得同本公司订立合同或者进行交易”。

本案中，黎某作为甲公司的董事长，是公司的高管人员，在与甲公司进行专利转让交易时，理应受到公司法的约束。《公司法》明确规定，“董事、经理除公司章程规定或者股东会同意外，不得同本公司订立合同或者进行交易”，该规定是为了保障董事、经理对公司的忠实义务的有效履行，属于法律的效力性强制性规定，必须严格遵守，违反该规定的合同无效。

由于甲公司章程中没有允许董事、经理同本公司订立合同或者进行交易的明确规定，且黎某与甲公司的专利转让交易、签订《专利转让协议》时均未得到股东会的同意，因此，尽管《专利转让协议》盖有甲公司的公章，亦不能就此推断黎某与甲公司专利转让的交易行为得到了股东会成员的同意。因此，黎某与甲公司签署的《专利转让合同》应被认定为无效。

风险防范与建议

董事、高级管理人员如欲与本公司订立合同，一定要在公司章程明确允许或者股东会同意的情况下进行。否则合同无效，董事、高级管理人员因该合同取得的财产，应向公司返还。

按司法实务，未经章程明确允许或未经股东会同意时，不仅董事、高级管理人员不得以自己名义与公司订立合同，其配偶或者其实际控制的其他公司也不能与公司订立合同。

被指控与公司订立的合同无效的董事、高级管理人员，可从以下三个方面提出抗辩理由：

（1）名为高管，实际并非公司法意义上的高管。

（2）虽然章程未明确允许董事、高级管理人员与公司订立合同，股东会也未就相关事宜作出股东会决议，但如有其他证据证明其他股东对此知情且同意的，则不影响订立的合同的效力。

（3）董事、高级管理人员与公司订立的合同，如属公司纯获利益的交易行为，则不影响合同的效力。

法条链接

《公司法》（2018 年修正）第二十一条 公司的控股股东、实际控制人、董事、监事、高级管理人员不得利用其关联关系损害公司利益。

违反前款规定，给公司造成损失的，应当承担赔偿责任。

第一百四十八条 董事、高级管理人员不得有下列行为：

（一）挪用公司资金；

（二）将公司资金以其个人名义或者以其他个人名义开立账户存储；

（三）违反公司章程的规定，未经股东会、股东大会或者董事会同意，将公司资金借贷给他人或者以公司财产为他人提供担保；

（四）违反公司章程的规定或者未经股东会、股东大会同意，与本公司订立合同或者进行交易；

（五）未经股东会或者股东大会同意，利用职务便利为自己或者他人谋取属于公司的商业机会，自营或者为他人经营与所任职公司同类的业务；

（六）接受他人与公司交易的佣金归为己有；

（七）擅自披露公司秘密；

（八）违反对公司忠实义务的其他行为。

董事、高级管理人员违反前款规定所得的收入应当归公司所有。

101. 转让已许可他人使用的专利技术，有效吗？

情景案例

2012年3月，易某设计出一种“手推式割禾机”，并于2013年6月获得国家专利。2013年8月，易某与A公司签订了一份《专利许可使用合同》，约定由A公司独家生产专利产品“手推式割禾机”，易某不得对外许可实施该专利。专利许可费用为50万元，协议有效期6年。

2015年8月，易某与B公司签订了“手推式割禾机”《专利技术转让合同》，以50万元的价格将该项专利技术转让给B公司，并于2015年10月经国家知识产权局登记和公告。2015年11月，A公司得知B公司在生产该专利产品，于是将B公司与易某起诉至法院，要求B公司立即停止生产该专利产品并赔偿相应的经济损失。A公司认为，在专利许可使用期间，易某无权将专利技术转让给第三方，他们之间签订的《专利技术转让合同》是无效合同。

请问：易某与B公司签订《专利技术转让合同》有效吗？

案例分析

本案主要涉及的是专利的许可和专利转让之间的法律问题。

根据我国《专利法》规定，专利权人有权依法处分自己的专利权，并不需要取得其他任何人的同意。同时，根据相关的司法解释，让与人与受让人订立的专利权、专利申请权转让合同，不影响在合同成立前让与人与他人订立的相关专利实施许可合同或者技术秘密转让合同的效力。

本案中，首先需明确，易某与A公司签订的《专利技术转让合同》是独占实施许可还是排他实施许可？独占许可，是指专利权人在独占实施许可有效期间，许可被许可人享有其全部专利实施权，被许可人以外的任何人，包括专利权人本人，都不得实施该项专利；排他实施许可，是指专利权人将实施专利的权利仅授予被许可人，在合同期间内，专利权人无权许可任何第三人实施该专利，但是专利权人仍能够实施该专利；而在普通实施许可下，被许可人不享有任何意义上的专有实施权，专利权人不仅自己可以实施，而且有权无限制地再许可他人实施专利。本案的《专利技术转让合同》只约定了易某在该产品专利有效期内，不得对外许可实施该专利，并未明确约定排除专利权人实施该专利的权利。所以，只能认定为专利权排他实施许可合同。

其次，易某作为专利权人，有权依法处分自己的专利权，更何况他只是排他实施许可的让与人，其本身是可以继续实施专利的，因此即便已存在一个在先的排他专利实施许可，也不能成为阻却易某转让其专利权的理由。故易某作为排他实施许可合同的转让方，其转让专利的行为并未超出法律规定和合同约定的范围，《专利技术转让合同》有效。

但由于涉案专利权上已经存在一个在先的A公司的排他实施许可，专利权的转让可能会影响被实施许可人A公司、受让人B公司的合法权利，故本着公平和诚实信用原则，易某在转让自己的专利权时，应当尽告知义务，将有关情况如实告知A公司和B公司。

风险防范与建议

另外，值得指出的是，根据我国相关的司法解释，排他实施许可合同让与人不具备独立实施其专利的条件，以普通许可的方式许可他人实施专利的，人民法院可以认定为让与人自己实施专利，但当事人另有约定的除外。所以，排他实施许可合同中受让人的排他实施专利权亦有可能受到一定程度的限制：让与人可以普通许可的方式许可他人实施专利。因此，作为排他实施许可的被许可方，如果只是允许专利权人实施，不允许其他人实施专利的话，必须在专利实施许可合同中约定明确。

法条链接

《最高人民法院关于审理技术合同纠纷案件适用法律若干问题的解释》第二十四条第二款 让与人与受让人订立的专利权、专利申请权转让合同，不影响在合同成立前让与人与他人订立的相关专利实施许可合同或者技术秘密转让合同的效力。

第二十五条 专利实施许可包括以下方式：

（一）独占实施许可，是指让与人在约定许可实施专利的范围内，将该专利仅许可一个受让人实施，让与人依约定不得实施该专利；

（二）排他实施许可，是指让与人在约定许可实施专利的范围内，将该专利仅许可一个受让人实施，但让与人依约定可以自行实施该专利；

（三）普通实施许可，是指让与人在约定许可实施专利的范围内许可他人实施该专利，并且可以自行实施该专利。

当事人对专利实施许可方式没有约定或者约定不明确的，认定为普通实施许可。专利实施许可合同约定受让人可以再许可他人实施专利的，认定该再许可为普通实施许可，但当事人另有约定的除外。

技术秘密的许可使用方式，参照本条第一、二款的规定确定。

第二十七条 排他实施许可合同让与人不具备独立实施其专利的条件，以一个普通许可的方式许可他人实施专利的，人民法院可以认定为让与人自己实施专利，但当事人另有约定的除外。

102. 申请中的专利可以转让吗？

情景案例

2015 年 3 月，常某将自己在工作实践中研制的“旋转式电连接装置”向国家知识产权局提出专利申请。2015 年 6 月，国家知识产权局向常某发出了受理通知书。2015 年 10 月，常某与 A 公司签订《专利申请权转让合同》，合同约定：常某将“旋转式电连接装置”的专利申请权转给 A 公司，A 公司付给赵某转让费 50 万元，且合同已在国家专利行政部门登记。2015 年 12 月，由于公司资金周转困难，A 公司以“申请中的专利不能转让”为由，要求常某尽快退还专利转让费 50 万元，否则就要到法院起诉常某。

请问：A 公司要求常某退还转让费，合法吗？

案例分析

本案主要涉及的是专利申请权可否转让的法律问题。

根据我国《专利法》第十条规定，专利申请权是可以转让的，且应当订立书面合同，并向国务院专利行政部门登记，由国务院专利行政部门予以公告。专利申请权的转让自登记之日起生效。专利申请权转让是指专利申请人将国家知识产权局已接收但仍未授权的专利依法转让给他人的行为。

本案中，常某与 A 公司签署的《专利申请权转让合同》为双方真实意思表示，合法有效，且向国家专利行政部门登记公告，A 公司也依约支付了专利许可费用，合同也实际履行，因此，A 公司“申请中的专利不能转让”的主张不符合法律规定，不能以此要求常某退换转让费。

风险防范与建议

专利申请权可以转让，但无论合同如何签订，都不能从根本上保证受让人未来一定能够成为受让发明创造的专利权人。因此，在拟订合同时，务必注意在合同中明确约定专利权无法授权或专利无效后的法律后果及可能产生的违约责任。

法条链接

《专利法》（2008 年修正）第十条 专利申请权和专利权可以转让。

中国单位或者个人向外国人、外国企业或者外国其他组织转让专利申请权或者专利权的，应当依照有关法律、行政法规的规定办理手续。

转让专利申请权或者专利权的，当事人应当订立书面合同，并向国务院专利行政部门登记，由国务院专利行政部门予以公告。专利申请权或者专利权的转让自登记之日起生效。

103. 授权未交费和下证书后的专利转让，有什么区别？

情景案例

某公司因公司发展需求，想购入一项发明专利，于是多方打听和咨询，后来终于物色了两项发明专利技术，都符合公司生产发展需求，其中A发明专利技术是已在国家专利局获得授权但未交费，B发明专利技术是已获得了专利证书的。某公司不知道该选择哪一个发明专利较好，凭感觉觉得应该选择已有专利证书的，有保障。这时，技术部总监张某向公司提议，应该选择授权未交费的A发明专利技术，这样下证书后，专利证书上直接显示权利人是公司了。

请问：张某的说法有道理吗？

案例分析

本案主要涉及的是专利转让中的“授权未交费”和“下证书”专利的区别。

如果要受让专利，选择“授权未交费”还是“下证书”专利，是专利交易或者转让需要重点考虑的。

授权未交费专利，主要是专利已经获得了授权，下发了授权通知书，但还需要缴纳授权登记费用，然后才能获得证书，这个阶段的专利进行转让，就是授权未交费专利转让。而下证书专利，则是专利已经获得了证书，然后进行的专利转让，这种专利的转让就是下证书转让。由此可见，授权未交费专利，就是没有出来证书，在此阶段进行转让变更，证书出来后的专利权人直接显示的是受让人的信息。而下证书专利，就是证书上的信息无法更改了，在此阶段进行转让变更，新的专利权人的信息只能体现在专利登记薄副本上。这是两者最大的区别，也是造成价值不一样的根本原因。

本案中，如果公司非常希望专利证书上直接显示其为专利权人的话，那选择受让“授权未交费”专利是最佳的选择。张某的提议是有一定道理的。

风险防范与建议

到底是选择“授权未交费”还是“下证书”专利，还是要根据自己实际需要判断。

专利的价格是由裸价和官费还有手续费组成的，裸价就是买卖双方达成的专利转让本身价格。这个价格因为授权未交费专利出来获得的是带有客户信息的证书，相对价值较高。但是，下证书也有优势，除了价格相对较低之外，还可以很快拿到证书。

不仅如此，授权未交费专利变更后还涉及费用减缴问题，维持费用相对较高；而下证书专利尽管在变更后也需要办理费用减缴，但可以在变更前根据减缴后的费用多缴纳年费，以此避免官费过多缴纳，视具体情况而定。

综上所述，授权未交费专利和下证书专利，要根据需要进行选择，两者价值不同，用途不一样，且获得证书时间也有差异，需要具体问题具体分析，最终获得自己需要的专利。

法条链接

《专利法》（2008年修正）第十条 专利申请权和专利权可以转让。

中国单位或者个人向外国人、外国企业或者外国其他组织转让专利申请权或者专利权的，应当依照有关法律、行政法规的规定办理手续。

转让专利申请权或者专利权的，当事人应当订立书面合同，并向国务院专利行政部门登记，由国务院专利行政部门予以公告。专利申请权或者专利权的转让自登记之日起生效。

104. 专利转让没有向国务院专利行政部门登记，有效吗？

情景案例

赵某申请了一项发明专利并获得授权。2016年10月，赵某与林某订立一份《专利权转让合同》，约定赵某将专利权转让给林某，转让费用为10万元。签订合同后，双方没有向国家知识产权局办理登记手续。2016年12月，由于资金周转困难，赵某又与刘某就同一专利权订立了转让合同并就这一转让向国家知识产权局进行了登记，并被公告。

2017年3月，林某才从熟人口中得知赵某将专利权再次转让给他人，十分生气，遂将赵某与刘某起诉至法院，要求确定赵某与刘某之间的《专利权转让合同》是无效合同。

请问：林某的请求能得到法院支持吗？

案例分析

本案主要涉及的是专利转让合同的登记备案问题。

专利权转让合同属技术转让合同的一种，是指当事人将其发明创造专利权转让受让方，受让方支付相应价款而订立的合同。根据我国《专利法》第十条规定，转让专利申请权或者专利权的，当事人应当订立书面合同，并向国务院专利行政部门登记，由国务院专利行政部门予以公告。专利申请权或者专利权的转让自登记之日起生效。据此，专利权转让合同较为特殊，法律规定了其生效要件，只有登记才能生效。

本案中，赵某作为转让人与受让人林某签订专利权转让合同，根据法律规定，需要到国务院专利行政部门登记后才能生效。合同成立后，因双方未办理登记手续，则赵某与林某之间的专利权转让合同未生效。

而赵某与刘某之间的专利转让合同，虽然签署日期在林某之后，但因为合同已在国家知识产权局进行了登记并公告，依法生效。故林某要求法院确认赵某与刘某之间的《专利权转让合同》是无效合同的主张得不到法院支持。林某就赵某将专利权另行转让给其造成的损失，可依法向法院提起诉讼要求赵某予以赔偿。

风险防范与建议

因专利权转让合同较为特殊，法律规定了其生效要件，只有登记才能生效，所以，双方在签署了专利转让合同后，务必及时到国家专利行政部门进行登记，以免影响合同效力。

法条链接

《专利法》（2008 年修正）第十条　专利申请权和专利权可以转让。

中国单位或者个人向外国人、外国企业或者外国其他组织转让专利申请权或者专利权的，应当依照有关法律、行政法规的规定办理手续。

转让专利申请权或者专利权的，当事人应当订立书面合同，并向国务院专利行政部门登记，由国务院专利行政部门予以公告。专利申请权或者专利权的转让自登记之日起生效。

七、法律责任

105. 假冒专利权要承担刑事责任吗?

情景案例

2012年8月，A公司研发了一种高效节能的机械，并就该项发明向国家知识产权局申请专利。国家知识产权局依法进行审查后于2014年10月授权该项发明专利。专利产品推出市场后，A公司获得了大量的订单，产品供不应求。2015年5月，B公司获悉这种机械具有良好的声誉和市场前景后，也在自己产品上标注A公司的专利号。在给客户介绍产品时，B公司称该产品是在A公司授权下生产的具有国际先进水平的专利产品，产品价格比A公司便宜30%。

出于对A公司产品的信赖，2015年7月，乔某购买了一批由B公司生产的“专利产品”，然而，在使用过程中发现这批产品质量比不上在A公司购买的专利产品，于是组织专家进行检测，发现这批产品的性能与A公司所生产的专利产品不符。

乔某向B公司提出退款要求，但遭到B公司拒绝。无奈之下，乔某向A公司反馈情况并向公安机关举报B公司的违法行为。经公安机关查证，B公司生产、销售假冒专利产品的非法经营额达500万元，非法获利300万元。

请问：B公司对其假冒专利权行为应承担怎样的刑事责任?

案例分析

本案主要涉及的是假冒专利的刑事犯罪问题。

根据我国《专利法》及《刑法》规定，假冒他人专利，除承担民事责任、行政责任外，构成犯罪的，还需承担刑事责任，处三年以下有期徒刑或者拘役，并处或者单处罚金。

本案中，B公司为牟取非法利益，违反国家专利管理法规，未经专利权人许可，在其制造或者销售的产品、产品的包装上标注A公司专利号，侵害了A公司作为专利权人的合法权益，非法经营数额达500万元，非法获利300万元，情节严重，其行为已构成假冒专利罪，依法应追究其刑事责任。

风险防范与建议

假冒专利行为，不仅要承担民事责任和行政责任，情节严重构成犯罪的，依法还要被追究刑事责任，故建议企业一定要合法经营，坚持原创或创新，千万不要假冒他人专利。

法条链接

《专利法》（2008 年修正）第六十三条 假冒专利的，除依法承担民事责任外，由管理专利工作的部门责令改正并予公告，没收违法所得，可以并处违法所得四倍以下的罚款；没有违法所得的，可以处二十万元以下的罚款；构成犯罪的，依法追究刑事责任。

《刑法》第二百一十六条 假冒他人专利，情节严重的，处三年以下有期徒刑或者拘役，并处或者单处罚金。

《最高人民法院、最高人民检察院关于办理侵犯知识产权刑事案件具体应用法律若干问题的解释》第四条 假冒他人专利，具有下列情形之一的，属于刑法第二百一十六条规定的“情节严重”，应当以假冒专利罪判处三年以下有期徒刑或者拘役，并处或者单处罚金：

（一）非法经营数额在二十万元以上或者违法所得数额在十万元以上的；

（二）给专利权人造成直接经济损失五十万元以上的；

（三）假冒两项以上他人专利，非法经营数额在十万元以上或者违法所得数额在五万元以上的；

（四）其他情节严重的情形。

第十条 实施下列行为之一的，属于刑法第二百一十六条规定的“假冒他人专利”的行为：

（一）未经许可，在其制造或者销售的产品、产品的包装上标注他人专利号的；

（二）未经许可，在广告或者其他宣传材料中使用他人的专利号，使人将所涉及的技术误认为是他人专利技术的；

（三）未经许可，在合同中使用他人的专利号，使人将合同涉及的技术误认为是他人专利技术的；

（四）伪造或者变造他人的专利证书、专利文件或者专利申请文件的。

106. 没有取得专利而自称专利产品，要承担法律责任吗？

情景案例

A 公司是“链条炉排生活垃圾炉”发明专利的专利权人，其生产的专利产品畅销全国。2015 年 7 月，A 公司发现竞争对手 B 公司从来没有申请过专利，但其在供应产品的宣传资料上使用了专利号。由于B公司的产品价格比A公司便宜30%，其违法行为给A公司造成一定的经济损失。为保留举报B公司责任的证据，A公司保全了B公司的对外宣传资料，并到公证处申请了证据保全。2015年8月，A公司向工商局匿名举报B公司“假冒专利号”的虚假宣传行为。

请问：B公司对其行为要承担法律责任吗？

案例分析

本案主要涉及的是假冒专利的法律问题。

专利号是一件专利的“身份证号码”，是用于和其他专利相区别的唯一标识。假冒专利不仅直接侵害了专利权人的合法权益，也欺骗了广大消费者，扰乱了专利管理秩序和社会经济秩序，因此，国家一直严厉打击假冒专利的行为。

根据我国《专利法》和《刑法》等相关法律法规规定，假冒专利，包括假冒他人专利的行为和以非专利产品冒充专利产品、以非专利方法冒充专利方法的行为。假冒专利行为的不良后果为：一是侵犯了专利权人的合法权益；二是欺骗了广大的消费者；三是扰乱了国家正常的专利管理秩序。因此，对假冒专利行为，应当依法追究其法律责任，包括民事责任、行政责任和刑事责任。

本案中，B公司在其供应产品的宣传资料上标记了专利号，但未标明专利权人和专利名称等信息，使公众对B公司的产品的相关技术是专利技术产生误认，构成假冒专利的行为，故B公司应当承担行政责任和民事责任，上述两种法律责任可同时承担，如构成犯罪的，还需承担刑事责任。

风险防范与建议

如果自身产品不是专利产品，仍在产品上标注专利号，即便此专利号并非他人的专利号，甚至是虚拟的，也属于假冒专利行为，需要承担法律责任。因此，建议企业在经营中一定要有知识产权意识，不要随便在产品上标注专利号。

法条链接

《专利法》（2008年修正）第六十三条 假冒专利的，除依法承担民事责任外，由管理专利工作的部门责令改正并予公告，没收违法所得，可以并处违法所得四倍以下的罚款；没有违法所得的，可以处二十万元以下的罚款；构成犯罪的，依法追究刑事责任。

《专利法实施细则》（2010年修订）第八十四条 下列行为属于专利法第六十三条规定的假冒专利的行为：

（一）在未被授予专利权的产品或者其包装上标注专利标识，专利权被宣告无效后或者终止后继续在产品或者其包装上标注专利标识，或者未经许可在产品或者产品包装上标注他人的专利号；

（二）销售第（一）项所述产品；

（三）在产品说明书等材料中将未被授予专利权的技术或者设计称为专利技术或者专利设计，将专利申请称为专利，或者未经许可使用他人的专利号，使公众将所涉及的技术或者设计误认为是专利技术或者专利设计；

（四）伪造或者变造专利证书、专利文件或者专利申请文件；

（五）其他使公众混淆，将未被授予专利权的技术或者设计误认为是专利技术或者专利设计的行为。

专利权终止前依法在专利产品、依照专利方法直接获得的产品或者其包装上标注专利标识，在专利权终止后许诺销售、销售该产品的，不属于假冒专利行为。

销售不知道是假冒专利的产品，并且能够证明该产品合法来源的，由管理专利工作的部门责令停止销售，但免除罚款的处罚。

107. 专利权终止后继续标注专利标识，可以吗？

情景案例

2017年10月，赖某购买了一台标注着“荣获国家发明专利”的电磁炉，但他在国家知识产权局网站查询后发现，该专利在7个月前已失效。赖某认为生产厂家甲公司涉嫌欺诈，于是要求甲公司“退一赔三”。甲公司创始人龚某承认该专利权已经被终止，原因是没有续交专利费。但龚某认为，产品本身质量没有问题，甲公司将专利号标注在包装上，是不想浪费已经生产的旧包装；旧包装用完后，公司会马上使用没有标注专利号的新包装。因此，甲公司对于赖某“退一赔三”的要求不能接受。

请问：甲公司的行为要承担法律责任吗？

案例分析

本案主要涉及的是专利号标注问题。

专利标识标注是专利权人的一项权利，专利权人可以自行决定是否标注，如果权利人选择标注专利标识，就必须按照规定准确标注，否则可能会被罚款。

根据我国《专利法实施细则》第八十四条规定，专利权被宣告无效后或者终止后继续在产品或者其包装上标注专利标识，属于假冒专利的行为，要承担民事责任、行政责任，甚至刑事责任。

本案中，甲公司在其专利已失效的情况下，就不能在其销售的产品上标注“荣获国家发明专利”以及专利号，此行为违反了专利法相关规定，属于假冒专利行为，依法需承担相应的民事责任、行政责任。

风险防范与建议

专利权人对其专利产品进行专利标识标注不仅可以起到警示作用、区别作用、广告宣传作用，还能起到证明作用。所以专利权人可以合理有效地行使这一权利，维护自身的合法权益。同时，谨记专利标识标注的规范使用，避免构成假冒专利行为，遭到相关部门的处罚。此外，如果专利标识标注不规范的，还会违反《广告法》的规定。

法条链接

《专利法》（2008 年修正）第六十三条 假冒专利的，除依法承担民事责任外，由管理专利工作的部门责令改正并予公告，没收违法所得，可以并处违法所得四倍以下的罚款；没有违法所得的，可以处二十万元以下的罚款；构成犯罪的，依法追究刑事责任。

《专利法实施细则》（2010 年修订）第八十四条 下列行为属于专利法第六十三条规定的假冒专利的行为：

（一）在未被授予专利权的产品或者其包装上标注专利标识，专利权被宣告无效后或者终止后继续在产品或者其包装上标注专利标识，或者未经许可在产品或者产品包装上标注他人的专利号；

（二）销售第（一）项所述产品；

（三）在产品说明书等材料中将未被授予专利权的技术或者设计称为专利技术或者专利设计，将专利申请称为专利，或者未经许可使用他人的专利号，使公众将所涉及的技术或者设计误认为是专利技术或者专利设计；

（四）伪造或者变造专利证书、专利文件或者专利申请文件；

（五）其他使公众混淆，将未被授予专利权的技术或者设计误认为是专利技术或者专利设计的行为。

专利权终止前依法在专利产品、依照专利方法直接获得的产品或者其包装上标注专利标识，在专利权终止后许诺销售、销售该产品的，不属于假冒专利行为。

销售不知道是假冒专利的产品，并且能够证明该产品合法来源的，由管理专利工作的部门责令停止销售，但免除罚款的处罚。

《广告法》（2018 年修正）第十二条 广告中涉及专利产品或者专利方法的，应当标明专利号和专利种类。

未取得专利权的，不得在广告中谎称取得专利权。

禁止使用未授予专利权的专利申请和已经终止、撤销、无效的专利作广告。

108. 侵犯专利权的法律责任，赔偿数额如何计算?

情景案例

2010 年 5 月，A 公司申请并被授予一项烧烤炉的外观设计专利权。2015 年 5 月，A 公司发现 B 公司未经许可制造与销售该专利产品。经调查，B 公司系从 2012 年 5 月开始生产侵权专利产品。A 公司因此遭受的实际损失难以确定，从调查证据来看，A 公司只知道 B 公司销售货款为 30 万元。A 公司收集足够证据后，准备向人民法院起诉 B 公司。起诉前，令 A 公司纠结的是，不知道如何计算损失与确定赔偿数额。

请问：A 公司应该如何计算赔偿数额?

案例分析

本案主要涉及的是专利侵权纠纷的赔偿损失额计算问题。

专利侵权赔偿的计算方法，从法律条文上看，主要规定在《专利法》第六十五条，《最高人民法院关于审理专利纠纷案件适用法律问题的若干规定》（2015 年修正，法释〔2015〕4 号）第二十条、第二十一条、第二十二条，《最高人民法院关于审理侵犯专利权纠纷案件应用法律若干问题的解释》（法释〔2009〕21 号）第十六条，《最高人民法院关于审理侵犯专利权纠纷案件应用法律若干问题的解释（二）》（法释〔2016〕1 号）第二十七条、第二十八条。

按照现行法律规定，专利侵权赔偿一共有五种计算方法：

（1）权利人损失。

用公式表示如下：

权利人损失 = 专利产品减少销量（或侵权产品销量）×专利产品合理利润

（2）侵权人获利。

用公式表示如下：

侵权人获利 = 侵权产品销售量 × 侵权产品合理利润（营业利润或销售利润）

其中，销售利润 = 销售收入 - 销售成本 - 销售费用 - 税收附加，而营业利润 = 销售利润 - 管理费用 - 财务费用。

（3）许可费的合理倍数。

（4）法定赔偿。

（5）约定赔偿。

根据《专利法》第六十五条规定，上述第 1 种到第 4 种计算方法有所谓的法定顺序，即只有前一种计算方法难以确定的，才能适用第二种计算方法，依次类推。

本案中，由于A公司对其自身因B公司的侵权行为而遭受的实际损失难以确定，虽然A公司知道B公司销售货款为30万元，但对B公司的管理费用、财务费用等支出不清楚，再者，涉案专利也无许可，无许可费标准参考，只能按照《专利法》第六十五条第二款规定，由法院根据专利权的类型、侵权行为的性质和情节等因素，确定给予一万元以上一百万元以下的赔偿。

风险防范与建议

在专利侵权案件中，权利人的损失和侵权人获得的利益往往难以计算和衡量，因为大部分权利人的专利技术都属于自己使用，专利许可使用费一般也不存在，在实践中一般都采取法定赔偿的方式；为提高法定赔偿额，建议在以下方面准备证据材料：

（1）侵权行为类型：充分考虑侵权行为的类型，制造、销售、许诺销售或使用，其中制造作为其他侵权行为的源头，一般应承担更高的赔偿。

（2）侵权行为的规模：主要包括侵权者的实际经营规模、侵权时间的长短、销售规模、销售数量等，实际经营规模越大、侵权时间越长、销售规模越大、销售数量越多，给权利人造成的损失就越大，就应承担更高的赔偿。

（3）侵权行为的主观恶意：如果权利人之前向侵权者发送过律师函或者侵权者在接到起诉状后仍然销售的，应当视为侵权者是明知的状态，如果侵权者明知侵权还继续实施侵权行为，应当承担更高的赔偿。

（4）涉案专利对侵权产品的价值：如果涉案专利为基础专利、侵权产品整体侵权，那么在法定赔偿时权利人一般会获得较高的赔偿。

法条链接

《专利法》（2008年修正）第六十五条 侵犯专利权的赔偿数额按照权利人因被侵权所受到的实际损失确定；实际损失难以确定的，可以按照侵权人因侵权所获得的利益确定。权利人的损失或者侵权人获得的利益难以确定的，参照该专利许可使用费的倍数合理确定。赔偿数额还应当包括权利人为制止侵权行为所支付的合理开支。

权利人的损失、侵权人获得的利益和专利许可使用费均难以确定的，人民法院可以根据专利权的类型、侵权行为的性质和情节等因素，确定给予一万元以上一百万元以下的赔偿。

《最高人民法院关于审理专利纠纷案件适用法律问题的若干规定》（2015年修正）第二十条 专利法第六十五条规定的权利人因被侵权所受到的实际损失可以根据专利权人的专利产品因侵权所造成销售量减少的总数乘以每件专利产品的合理利润所得之积计算。权利人销售量减少的总数难以确定的，侵权产品在市场上销售的总数乘以每件专利产品的合理利润所得之积可以视为权利人因被侵权所受到的实际损失。

专利法第六十五条规定的侵权人因侵权所获得的利益可以根据该侵权产品在市场上销售的总数乘以每件侵权产品的合理利润所得之积计算。侵权人因侵权所获得的利益一般按照侵权人的营业利润计算，对于完全以侵权为业的侵权人，可以按照销售利润计算。

第二十一条　权利人的损失或者侵权人获得的利益难以确定，有专利许可使用费可以参照的，人民法院可以根据专利权的类型、侵权行为的性质和情节、专利许可的性质、范围、时间等因素，参照该专利许可使用费的倍数合理确定赔偿数额；没有专利许可使用费可以参照或者专利许可使用费明显不合理的，人民法院可以根据专利权的类型、侵权行为的性质和情节等因素，依照专利法第六十五条第二款的规定确定赔偿数额。

第二十二条　权利人主张其为制止侵权行为所支付合理开支的，人民法院可以在专利法第六十五条确定的赔偿数额之外另行计算。

《最高人民法院关于审理侵犯专利权纠纷案件应用法律若干问题的解释》第十六条　人民法院依据专利法第六十五条第一款的规定确定侵权人因侵权所获得的利益，应当限于侵权人因侵犯专利权行为所获得的利益；因其他权利所产生的利益，应当合理扣除。

侵犯发明、实用新型专利权的产品系另一产品的零部件的，人民法院应当根据该零部件本身的价值及其在实现成品利润中的作用等因素合理确定赔偿数额。

侵犯外观设计专利权的产品为包装物的，人民法院应当按照包装物本身的价值及其在实现被包装产品利润中的作用等因素合理确定赔偿数额。

《最高人民法院关于审理侵犯专利权纠纷案件应用法律若干问题的解释（二）》第二十七条　权利人因被侵权所受到的实际损失难以确定的，人民法院应当依照专利法第六十五条第一款的规定，要求权利人对侵权人因侵权所获得的利益进行举证；在权利人已经提供侵权人所获利益的初步证据，而与专利侵权行为相关的账簿、资料主要由侵权人掌握的情况下，人民法院可以责令侵权人提供该账簿、资料；侵权人无正当理由拒不提供或者提供虚假的账簿、资料的，人民法院可以根据权利人的主张和提供的证据认定侵权人因侵权所获得的利益。

第二十八条　权利人、侵权人依法约定专利侵权的赔偿数额或者赔偿计算方法，并在专利侵权诉讼中主张依据该约定确定赔偿数额的，人民法院应予支持。

109. 企业不按时缴纳专利费用，有什么法律后果?

情景案例

2010年3月，A公司委托某专利代理公司向国家知识产权局申请名称为“全耐火纤维复合防火隔热卷帘”的实用新型专利，于2011年6月获得授权成为专利权人。从2012年起，A公司每年都按时将专利年费交给某专利代理公司，由其帮忙代交。但是，从2015年起某专利公司由于工作失误，一直没有帮A公司缴纳专利年费，导致A公司两年都没有续费。如果专利权因此失效，会给A公司造成至少数百万元的经济损失。

请问：A公司没有按时缴纳专利费用，有什么法律后果?

案例分析

本案主要涉及的是专利费用不按时缴纳的法律后果问题。

我国《专利法》第四十四条第一款规定，没有按照规定缴纳年费的，专利权在期限届满前终止。《专利法实施细则》第九十八条规定，专利权人应在上一年度届满前缴纳上一年度的专利年费，此处所指的“上一年度”非会计年度，指的是自申请之日起一个自然年度；如未按规定缴纳的，专利局给予6个月的宽限期且专利权人应缴纳相应的滞纳金；上述宽限期届满后仍未缴纳的，专利权自应当缴纳年费期满之日终止。《专利审查指南》第五部分第九章规定，专利年费滞纳期满仍未缴纳或者缴足专利年费或者滞纳金的，自滞纳期满之日起两个月后审查员应当发出专利权终止通知书。因此，未缴纳或缴足专利年费以及滞纳金的，将导致专利权被终止。该终止的状态不可逆。

专利权终止之后，专利技术将进入公共领域，任何人都可以不经专利权人同意而实施该技术，实施该专利技术的行为不构成对该专利的侵权。

本案中，A公司没有按时缴纳专利年费，且过了6个月的宽限期，因此，A公司的专利因没有按照规定缴纳年费，而在期限届满前终止，且此终止的状态不可逆，该专利技术进入公共领域，任何人都可以不经A公司同意而实施该技术，且实施该专利技术的行为不构成对A公司的侵权。

由于专利代理公司的失误导致A公司的专利失效，并对A公司造成巨大损失，A公司可根据与专利代理公司签署的委托代理合同的约定，向专利代理公司主张赔偿责任，如果合同无约定，也可根据《合同法》第四百零六条规定，向法院诉讼要求专利代理公司承担损失赔偿责任。

风险防范与建议

技术方案在申请专利之前不能是“为公众所知的现有技术”，如果该专利技术因未缴专利年费终止而进入公知领域的，即便是自己的技术，也不可能就相同的技术重复申请。

另外，丧失了专利权，会对企业产生一系列灾难性的影响，如因为核心技术丧失专利权，被其他人山寨技术却无法追究其法律责任；如企业丧失专利权之后等同于无形资产流失；如影响企业的上市。

因此，一项技术方案获得专利权后，一定要定期做好监测，以免忘记缴纳年费，导致专利权丧失而得不偿失。

法条链接

《专利法》（2008 年修正）第四十四条第一款 有下列情形之一的，专利权在期限届满前终止：

（一）没有按照规定缴纳年费的；

（二）专利权人以书面声明放弃其专利权的。

《专利法实施细则》（2010 年修订）第九十八条 授予专利权当年以后的年费应当在上一年度期满前缴纳。专利权人未缴纳或者未缴足的，国务院专利行政部门应当通知专利权人自应当缴纳年费期满之日起 6 个月内补缴，同时缴纳滞纳金；滞纳金的金额按照每超过规定的缴费时间 1 个月，加收当年全额年费的 5% 计算；期满未缴纳的，专利权自应当缴纳年费期满之日起终止。

《合同法》第四百零六条 有偿的委托合同，因受托人的过错给委托人造成损失的，委托人可以要求赔偿损失。无偿的委托合同，因受托人的故意或者重大过失给委托人造成损失的，委托人可以要求赔偿损失。

受托人超越权限给委托人造成损失的，应当赔偿损失。

110. 网络购买的订单号可否作为认定构成专利侵权的销售行为?

情景案例

张某是一项外观设计专利的专利权人，专利目前合法有效。张某发现在某网络购物平台上 A 店所出售的产品侵犯了其外观设计专利权，于是张某让公证处的公证人员利用公证处的计算机登录该网络购物平台页面，输入账号和密码，点击张某“已购买的宝贝”，查看订单编号和交易号等交易详情信息，交易详情页面显示了卖家信息、商品名称、购买数量、付款金额、付款时间、发货时间，在“订单详情”页面的“宝贝”图片，查看该商品的交易快照，显示有被诉侵权产品的图片。但张某在收到上述订单购买的产品时，该产品外包装上没有物流单、生产商、商标等信息，也未经第三方封存。

张某将A店店主诉至法院，要求其承担专利侵权责任。而A店店主抗辩，因张某出示的产品外包装上没有物流单、生产商、商标等信息，也未经第三方封存，无法证明是A店出售的，因此，A店没有实施销售专利侵权的行为。

请问：A店店主的抗辩理由成立吗？

案例分析

本案主要涉及的是专利侵权行为中对销售行为的认定问题。

我国《专利法》第十一条第二款规定，外观设计专利权被授予后，任何单位或者个人未经专利权人许可，都不得实施其专利，即不得为生产经营目的制造、许诺销售、销售、进口其外观设计专利产品。同时，《最高人民法院关于审理侵犯专利权纠纷案件应用法律若干问题的解释（二）》第十九条规定，“产品买卖合同依法成立的，人民法院应当认定属于专利法第十一条规定的销售”。

本案中，A店在其开设的网店中展示了被诉侵权产品的图片，依法构成许诺销售。根据相关司法解释，侵犯专利权的产品买卖合同依法成立的，即可认定构成销售侵犯专利权的产品，该产品所有权是否实际发生转移一般不影响销售是否成立的认定。张某出示的产品，因外包装上没有物流单、生产商、商标等信息，也未经第三方封存，无法证明是A店出售的，但根据公证书记载，买方已在网店中下单并支付了相应价款，即可认定双方买卖合同关系已成立，据此，可认定A店店主实施了销售被诉侵权产品的行为。

因此，A店店主认为其没有实施销售专利侵权产品行为的抗辩理由依法不成立。

风险防范与建议

如今电子商务兴起，很多产品购买行为均在网络上发生，因此作为网店的经营者，务必提高知识产权保护意识，认真审查自身销售的产品是否涉嫌侵犯他人的专利权，千万不要抱侥幸的心理，以为产品外包装上没有物流单、生产商、商标等信息，就无法证明自己实施了产品的销售行为，只要在网络购物平台上显示了订单信息，也能认定实施了专利侵权的销售行为。

法条链接

《专利法》（2008年修正）第十一条 发明和实用新型专利权被授予后，除本法另有规定的以外，任何单位或者个人未经专利权人许可，都不得实施其专利，即不得为生产经营目的制造、使用、许诺销售、销售、进口其专利产品，或者使用其专利方法以及使用、许诺销售、销售、进口依照该专利方法直接获得的产品。

外观设计专利权被授予后，任何单位或者个人未经专利权人许可，都不得实施其专利，即不得为生产经营目的制造、许诺销售、销售、进口其外观设计专利产品。

《最高人民法院关于审理侵犯专利权纠纷案件应用法律若干问题的解释（二）》第十九条 产品买卖合同依法成立的，人民法院应当认定属于专利法第十一条规定的销售。

111. 将侵犯专利权的产品用于商业演示、广告宣传，是否构成侵权？

情景案例

甲公司拥有一项汽车的外观设计专利，于2012年8月获得专利授权。2013年9月，乙公司制造了侵犯该专利的汽车。丙公司系乙公司的汽车经销商，为了销售该车型，丙公司制作了广告宣传片，片中出现了汽车整体外形与汽车高速行驶的镜头。甲公司认为，不仅乙公司构成专利侵权，丙公司制作与播放广告宣传片的行为也构成专利侵权。为此，甲公司将乙、丙公司起诉至法院，要求共同承担侵权赔偿责任。

请问：甲公司的请求能得到法院支持吗？

案例分析

本案主要涉及的是许诺销售认定的法律问题。

我国《专利法》第十一条规定，任何单位或者个人未经专利权人许可，不得为生产经营目的许诺销售其专利产品。根据《最高人民法院关于审理专利纠纷案件适用法律问题的若干规定》第二十四条规定，许诺销售，是指以做广告、在商店橱窗中陈列或者在展销会上展出等方式作出销售商品的意思表示。

本案中，乙公司制造了侵犯甲公司专利的汽车，乙公司已构成对甲公司专利的侵权，而丙公司本身系乙公司的汽车经销商，为了销售该车型，丙公司制作了广告宣传片，片中出现了汽车整体外形与汽车高速行驶的镜头，显然，此宣传片的目的在于利用汽车的技术属性，强调汽车的性能优越，以宣传片展示汽车性能的方式表明销售意愿、作出许诺销售行为，因此也构成了侵权。

故，本案中，甲公司可将乙公司和丙公司起诉至法院，其中乙公司需为其制造侵权产品的行为承担侵权赔偿责任，而丙公司需为其许诺销售侵权产品的行为承担侵权赔偿责任。

风险防范与建议

许诺销售与销售的区别在于：许诺销售仅仅是一种要约或者要约邀请，而销售则是物权的转移。因此，《合同法》第十五条规定的“寄送的价目表、拍卖公告、招标公告、招股说明书、商业广告等为要约邀请”的行为都属于许诺销售行为。因此，建议在进行产品销售推广时，也要强化知识产权意识，注意审查所推广销售的产品是否侵犯他人专利权。

法条链接

《专利法》（2008 年修正）第十一条 发明和实用新型专利权被授予后，除本法另有规定的以外，任何单位或者个人未经专利权人许可，都不得实施其专利，即不得为生产经营目的制造、使用、许诺销售、销售、进口其专利产品，或者使用其专利方法以及使用、许诺销售、销售、进口依照该专利方法直接获得的产品。

外观设计专利权被授予后，任何单位或者个人未经专利权人许可，都不得实施其专利，即不得为生产经营目的制造、许诺销售、销售、进口其外观设计专利产品。

《最高人民法院关于审理专利纠纷案件适用法律问题的若干规定》（2015 年修正）第二十四条 专利法第十一条、第六十九条所称的许诺销售，是指以做广告、在商店橱窗中陈列或者在展销会上展出等方式作出销售商品的意思表示。

112. 委托加工的产品侵犯专利权，责任由谁承担？

情景案例

甲公司是一家外贸服装企业，位于广东省佛山市。2017 年 9 月，甲公司与乙公司签订《委托加工合同》，约定乙公司按照甲公司提供的产品图纸及相关技术要求进行产品加工，所加工产品由甲公司贴牌销售，产品涉及的知识产权风险由甲公司承担。后来，丙公司在市场上发现，甲公司销售的上述产品侵犯了其外观设计专利权，遂以甲、乙公司侵犯其专利权为由向法院提起诉讼，要求甲、乙共同承担连带责任。

请问：丙公司的请求能得到法院的支持吗？

案例分析

本案主要涉及的是委托加工侵权产品的委托方和受托方是否构成侵犯专利权的行为。

我国《专利法》第十一条第二款规定，外观设计专利权被授予后，任何单位或者个人未经专利权人许可，都不得实施其专利，即不得为生产经营目的的制造、许诺销售、销售、进口其外观设计专利产品。如果委托加工的产品侵犯专利权，承揽人或加工人的加工行为构成实施专利的行为，定作人或委托人的委托行为也构成制造专利产品的行为。

本案中，在涉案专利权被授予后，甲公司未经丙公司的许可，委托乙公司制造落入涉案专利权保护范围的产品，存在制造以及销售被诉侵权产品的行为；而乙公司接受委托加工被诉侵权产品，也存在制造被诉侵权产品的行为，甲公司和乙公司共同实施侵权行为，构成共同侵权，应共同承担停止侵权及连带赔偿的民事责任。甲公司不能以其未直接制造专利产品为由不承担赔偿责任，乙公司也不得以相应的委托加工合同中有免责条款为由抗辩不构成侵权。当然，乙公司可以在对丙公司承担赔偿责任后依合同免责条款向甲公司追偿。

风险防范与建议

为防范在受托加工产品时掉进知识产权侵权的法律陷阱，加工企业在提高知识产权法律风险意识之外，还应当注意以下几点：

（1）务必签订书面的委托加工合同，这是最基本、也是最重要的防范侵权风险的措施，且在合同中务必约定是受托加工产品、费用以及知识产权保证条款来排除自己的侵权责任。即便在将来的诉讼中被判决承担赔偿责任，也可在诉后依据合同向委托方追偿，降低自己的损失和风险。

（2）务必重视知识产权审查，受托方应当对委托事项进行基本的知识产权审查，或者最好让委托方自行书面告知委托事项的知识产权情况，这样，即便委托事项发生侵权纠纷，受托方也会因尽到了基本审查义务而减免风险。

法条链接

《专利法》（2008 年修正）第十一条 发明和实用新型专利权被授予后，除本法另有规定的以外，任何单位或者个人未经专利权人许可，都不得实施其专利，即不得为生产经营目的制造、使用、许诺销售、销售、进口其专利产品，或者使用其专利方法以及使用、许诺销售、销售、进口依照该专利方法直接获得的产品。

外观设计专利权被授予后，任何单位或者个人未经专利权人许可，都不得实施其专利，即不得为生产经营目的制造、许诺销售、销售、进口其外观设计专利产品。

113. 承揽人将留置专利产品予以销售，是否构成专利权侵权？

情景案例

甲公司拥有一项“导气堤式侧向螺旋进气道的单杠直喷式柴油机缸头”的实

用新型专利权。2016年3月，甲公司与乙公司签订一份《加工承揽合同》，约定由乙公司为甲公司生产专利产品，乙公司不得自行销售。其后，甲公司违反合同约定，未按时向乙公司支付加工费，也未取回定作的专利产品。无奈之下，乙公司于合理期限后将已加工产品销售以充抵加工费。2017年9月，甲公司以侵犯专利权为由将乙公司起诉至法院，要求其赔偿损失100万元。

请问：乙公司构成侵犯专利权吗？

案例分析

本案主要涉及的是专利权与留置权权利冲突时如何解决的法律问题。

根据我国《合同法》第二百六十四条规定，定作人未向承揽人支付报酬或者材料费等价款的，承揽人对完成的工作成果享有留置权，但当事人另有约定的除外。虽然《专利法》第十一条规定，未经专利权人许可，任何人不得为生产经营目的制造、使用、许诺销售、销售、进口其专利产品，但这排斥的是他人以生产经营为目的而进行的制造、使用、销售等行为，而承揽人对留置物的销售行为是实现其债权而非以生产经营为目的。因此，司法实务上，认为承揽人将留置的专利产品销售的行为，不构成专利侵权。

本案中，甲公司作为专利权人，同时也作为定作人，与乙公司签署了《加工承揽合同》，合同当中并没有约定乙公司没有留置权，因此当甲公司未按照合同约定支付加工费且经催告在合理期限内既不支付加工费也不取回定作的专利产品时，乙公司作为承揽人，依法享有留置权，有权留置定作的专利产品予以销售，这是乙公司实现其依法享有的留置权，其行为没有违反合同约定和法律规定，不构成专利侵权。

风险防范与建议

专利权人在将专利产品交由他人承揽加工时，为避免专利产品因留置而被处置的风险，建议在签署加工承揽合同时，需特别约定排除承揽人享有的留置权，但最重要的是，如果承揽人不存在违约行为，还是按时依约支付合同费用，并及时将定作的专利产品取回。

法条链接

《专利法》（2008年修正）第十一条 发明和实用新型专利权被授予后，除本法另有规定的以外，任何单位或者个人未经专利权人许可，都不得实施其专利，即不得为生产经营目的制造、使用、许诺销售、销售、进口其专利产品，或者使用其专利方法以及使用、许诺销售、销售、进口依照该专利方法直接获得的产品。

外观设计专利权被授予后，任何单位或者个人未经专利权人许可，都不得实施其专利，即不得为生产经营目的制造、许诺销售、销售、进口其外观设计专利产品。

《合同法》第二百六十四条　定作人未向承揽人支付报酬或者材料费等价款的，承揽人对完成的工作成果享有留置权，但当事人另有约定的除外。

114. QQ空间发布的技术图片是否构成现有设计？

情景案例

A公司在2017年12月3日申请一项外观设计专利，并在2018年9月15日获得了专利证书，A公司实施此外观设计生产的产品，在市场上销售得非常好，结果，A公司发现B公司在仿冒其外观设计产品，不仅影响A公司产品的销售，且此仿冒专利产品质量差，严重影响到A公司的企业信誉，为此，A公司向法院诉讼，要求B公司停止侵权并赔偿损失。在诉讼中，B公司提出A公司外观设计专利无效的抗辩理由，因B公司发现，在2017年10月30日，A公司在其推广产品用客服的QQ空间发布了与A公司外观设计专利一样的图片，构成了现有设计，因此，B公司实施的属于现有设计，不构成侵犯A公司专利。

请问：B公司的抗辩理由成立吗？

案例分析

本案主要涉及的是QQ空间发布的技术图片是否构成现有设计的问题。

根据我国《专利法》第六十二条的规定，在专利侵权纠纷中，被诉侵权人有证据证明其实施的设计属于现有设计的，不构成侵犯专利权。具体而言，就是将被诉侵权的外观设计与一项现有设计进行对比，如果二者相同或者相近似，则认定被诉侵权人实施的设计属于现有设计，从而认定其行为不构成侵犯外观设计专利权。

本案中，B公司提交的用于同涉案外观设计专利对比的图片来源于QQ空间相册，该QQ号是A公司为推广产品用的客服QQ，而此QQ空间的相册已表明“所有人可见”。

QQ空间兼具公开性与私密性的双重特点，在判断其中图片是否构成现有设计时，应当根据QQ空间特点、图片的上传时间、图片的公开情况、QQ空间的主要用途、QQ空间的实际控制者五个要件进行综合判断。涉案图片的上传时间在本专利申请日前，涉案QQ空间主要用于公开推销产品的商业用途，而非仅为私密性的个人使用，对于以商业用途为主要目的的QQ空间，在申请日前对所有人公开的盖然性极大，如果A公司没有举出其他有力证据并提出充分理由的前提下，应视为其权限对所有人公开，而因 QQ 空间相册的上传时间无法修改，故所述客服 QQ 相册中图片的上传时间可以作为专利法意义上的公开时间，上传至 QQ 空间的涉案图片，可以作为涉案专利的现有设计。

鉴于存在现有设计，故 B 公司根据现有设计实施的设计，依法不构成对 A 公司外观设计专利的侵权。

风险防范与建议

由于现在大家都乐于用 QQ、微信、微博等便捷的社交平台进行工作上的沟通和交流，对于企业而言，在此方面必须加强知识产权保护意识，严格审查控制企业技术研发、产品信息的发布，做好技术秘密保护工作，在技术方案未申报专利前，切记不要在网络社交平台上发布，以免构成专利法意义上的公开，成为现有技术。

法条链接

《专利法》（2008 年修正）第六十二条 在专利侵权纠纷中，被控侵权人有证据证明其实施的技术或者设计属于现有技术或者现有设计的，不构成侵犯专利权。

《最高人民法院关于审理侵犯专利权纠纷案件应用法律若干问题的解释》第十四条 被诉落入专利权保护范围的全部技术特征，与一项现有技术方案中的相应技术特征相同或者无实质性差异的，人民法院应当认定被诉侵权人实施的技术属于专利法第六十二条规定的现有技术。

被诉侵权设计与一个现有设计相同或者无实质性差异的，人民法院应当认定被诉侵权人实施的设计属于专利法第六十二条规定的现有设计。

第三章

著作权法律问题

一、著作权登记

115. 作品完成后，如何申请著作权登记?

情景案例

陈某是一位中学老师，平时热爱写作。2017 年 8 月，陈某完成了一部 80 多万字的武侠小说写作。陈某预估本作品能成为年销量十万册的畅销书，十分看好本书的市场前景。2017 年 9 月，陈某找到某出版社，拟将本作品交给某出版社出版。签约合作前，出版社要求先对书稿内容进行综合性评估，再决定是否合作。陈某心想，将书稿内容全部发给出版社，如果出版社不讲信用或不小心将书稿内容外泄就会很被动。为避免纠纷，陈某决定先到版权部门办理著作权登记，然后再发给出版社。令陈某苦恼的是，他从来没有办理过著权权登记，不知如何申请才能办理。

请问：陈某应该如何申请著作权登记?

案例分析

本案涉及的是如何办理著作权登记的问题。

我国《作品自愿登记试行办法》第三条规定，各省、自治区、直辖市版权局负责本辖区的作者或其他著作权人的作品登记工作。国家版权局负责外国以及台湾、香港和澳门地区的作者或其他著作权人的作品登记工作。第四条规定，作品登记申请者应当是作者、其他享有著作权的公民、法人或者非法人单位和专有权所有人及其代理人。第八条规定，作者或其他著作权人申请作品登记应出示身份证明和提供表明作品权利归属的证明（如：封面及版权页的复印件、部分手稿的复印件及照片、样本等)，填写作品登记表，并交纳登记费。第九条规定，登记作品经作品登记机关核查后，由作品登记机关发给作品登记证。作品登记证按本办法所附样本由登记机关制作。登记机关的核查期限为一个月，该期限自登记机关收到申请人提交的所有申请登记的材料之日起计算。

本案中，陈某作为武侠小说的作者，符合上述《作品自愿登记试行办法》第四条规定的作品申请登记者的主体资格。根据上述第三条的规定，我国负责作品著作权登记工作的机构是各省、自治区、直辖市的版权局，陈某应该按照第八条的规定，向其住所地的版权局（原则上以身份证住址为准）申请武侠小说的著作权登记，并提供身份证明及武侠小说的权属证明，如书稿的复印件及照片等。同时按照版权登记机关的要求填写作品登记表，并交纳作品登记费。陈某依程序提交申请材料及交纳登记费，即完成了该武侠小说的著作权登记。版权登记机关在收到材料后核查，符合条件的，即可向陈某颁发载有作品登记号的登记证书。

风险防范与建议

如何更好地保护作品著作权？建议如下：

在著作权受到侵犯时，权利人必须提供自己是著作权人、享有著作权的证据。此时著作权人很难举证自己是作品的创作者或权利继受人，尤其是当一件作品设计的时间较长，或是委托他人设计，或是职务作品的时候，更难以收集原始证据，难以确定著作权人，给权利人主张权利造成极大的困难。版权自愿登记制度就是为了解决上述问题而设置的，如果权利人在作品创作完成后，先进行著作权登记，则在举证的时候，如果没有相反证据，只需要出示登记中心颁发的证书，就会得到法院或有关机关的初步认可，这就大大减轻了权利人的举证责任。

法条链接

《作品自愿登记试行办法》第三条 各省、自治区、直辖市版权局负责本辖区的作者或其他著作权人的作品登记工作。国家版权局负责外国以及台湾、香港和澳门地区的作者或其他著作权人的作品登记工作。

第四条 作品登记申请者应当是作者、其他享有著作权的公民、法人或者非法人单位和专有权所有人及其代理人。

第八条 作者或其他著作权人申请作品登记应出示身份证明和提供表明作品权利归属的证明（如：封面及版权页的复印件、部分手稿的复印件及照片、样本等），填写作品登记表，并交纳登记费。其他著作权人申请作品登记还应出示表明著作权人身份的证明（如继承人应出示继承人身份证明；委托作品的委托人应出示委托合同）。专有权所有人应出示证明其享有专有权的合同。

第九条 登记作品经作品登记机关核查后，由作品登记机关发给作品登记证。作品登记证按本办法所附样本由登记机关制作。登记机关的核查期限为一个月，该期限自登记机关收到申请人提交的所有申请登记的材料之日起计算。

第十条 作品登记表和作品登记证应载有作品登记号。作品登记号格式为作登字：（地区编号）－（年代）－（作品分类号）－（顺序号）号。国家版权局负责登记的作品登记号不含地区编号。

116. 作品必须经过著作权登记，才受法律保护吗？

情景案例

2016 年 5 月，某培训公司将多年实战的培训资料编撰成六本教材，共 100 多万字。教材编撰完成后，在是否申请著作权登记的问题上，培训公司创始人杨某与赵某两人有不同的意见。杨某认为，培训教材必须经过著作权登记才能受到法律保护，为防止被竞争对手抄袭或出现盗版书，建议到版权部门办理著作权登记。赵某认为，作品自创作完成之日起享有著作权，无须办理任何登记手续，因此建议将教材内容通过电子邮件发送给自己作为证据保存即可。

请问：杨某的说法符合法律规定吗？

案例分析

本案涉及的是我国作品著作权登记是否采取自愿登记原则的问题。

根据我国《著作权法》第二条第一款规定，中国公民、法人或者其他组织的作品，不论是否发表，依照本法享有著作权。《作品自愿登记试行办法》第二条规定，作品实行自愿登记。作品不论是否登记，作者或其他著作权人依法取得的著作权不受影响。

本案中，杨某认为培训教材必须经过著作权登记才能受到法律保护不符合我国法律规定。我国《著作权法》规定作品一经完成即依法享有著作权，且我国作品著作权登记采用自愿登记原则，不论作品是否登记，作者或者著作权人依法取得的著作权不受影响。杨某公司的培训资料一经编撰完成即享有著作权，受相关法律保护。杨某建议到版权部门办理著作权登记，为更好地保护著作权和解决著作权纠纷提供初步证据是合理的，但认为著作权登记是取得培训资料著作权的必要条件不符合我国法律规定。

风险防范与建议

企业如何更好地保护职务作品的著作权？建议如下：

（1）建议企业与员工签订合同，明确职务作品著作权的权属。

（2）建议企业及时办理作品著作权登记，为后期可能发生的著作权纠纷提供一项有力的证据。

（3）建议企业建立著作权许可使用、转让等事务的法律风险防范制度。

法条链接

《作品自愿登记试行办法》第二条 作品实行自愿登记。作品不论是否登记，作者或其他著作权人依法取得的著作权不受影响。

《著作权法》(2010 年修正) 第二条第一款 中国公民、法人或者其他组织的作品，不论是否发表，依照本法享有著作权。

117. 什么样的作品才能登记著作权?

情景案例

A 公司是一家服装生产企业，位于广东省东莞市。2015 年 8 月，A 公司花 8 万元委托某网络公司做了一个企业官方网站。A 公司创始人赵某对做出来的网站非常满意，但同时担心网站上线后会被其他公司抄袭、模仿。为此，赵某打算将企业官方网站的网页拿去办理著作权登记，以防止他人侵权。在办理网站域名备案手续时，某网络公司技术总监黄某告知赵某，只有文字作品才能申请著作权登记，网页、美术、摄影、计算机软件等作品都不能申请著作权登记。

请问：A 公司官方网站的网页可以申请著作权登记吗?

案例分析

本案涉及的是著作权保护的作品范围问题。

我国《著作权法》第五条和《作品自愿登记试行办法》第五条规定了除不受著作权法保护的作品、超过著作权保护期的作品和依法禁止出版、传播的作品外，其余作品均可以办理著作权登记。《著作权法》第三条规定了八类形式创作的文学、艺术和自然科学、社会科学、工程技术等作品受著作权法保护，其中包括了黄某所提及的美术、摄影、计算机软件作品，故本案中黄某的说法显然是错误的。

本案中，A 公司网页所涉及的网页设计版式属于图形作品，网页上呈现的内容则分别属于文字、美术、摄影等各类作品。因网页上呈现的内容可以随时更换，故虽然在理论上可以对整个网页申请著作权登记，但是为了便于维权保护，建议将网页内容中不同类型的作品，按照各自类别分别申请著作权登记，同时将网页版式设计也单独按照图形作品登记。此外，与文字、美术、摄影等作品相比，网页及其内容经常变化，在某些特定的纠纷中可能需要证明在某一个具体的时间点著作权人拥有什么样网页设计版式和内容，因此在实践中著作权人也可通过电子邮件、云证据、中国版权保护中心的“数字版权唯一标识符”(Digital Copyright Identifier，简称 DCI) 监测取证、大众版权保护平台等第三方专业平台对特定时间的网页设计版式和内容进行保存，作为登记著作权人拥有相应作品著作权的证据材料。

需要提醒的是，除对网页设计版式进行著作权登记外，A 公司和某网络公司还可以依照委托开发网页协议对软件著作权人的约定，由约定的著作权人依照《计算机软件保护条例》第七条和《计算机软件著作权登记办法》第六条对网站涉及的计算机软件（包括计算机程序及其有关文档）向中国版权保护中心（中华版权代理中心）申请计算机软件著作权登记。

风险防范与建议

尽管在理论上可以对网页设计版式申请著作权登记，但是在目前的实践中很难见到有对网页设计版式申请著作权登记的案例，主要原因在于网页设计的大部分常用版式已经进入了公共领域，目前的网页设计版式难以满足著作权登记的独创性要求。因此，在实践中针对不同的争议，多通过对网页具体内容的著作权进行登记或从反不正当竞争法律的角度进行维权。

法条链接

《著作权法》（2010年修正）第三条　本法所称的作品，包括以下列形式创作的文学、艺术和自然科学、社会科学、工程技术等作品：

（一）文字作品；

（二）口述作品；

（三）音乐、戏剧、曲艺、舞蹈、杂技艺术作品；

（四）美术、建筑作品；

（五）摄影作品；

（六）电影作品和以类似摄制电影的方法创作的作品；

（七）工程设计图、产品设计图、地图、示意图等图形作品和模型作品；

（八）计算机软件；

（九）法律、行政法规规定的其他作品。

第五条　本法不适用于：

（一）法律、法规，国家机关的决议、决定、命令和其他具有立法、行政、司法性质的文件，及其官方正式译文；

（二）时事新闻；

（三）历法、通用数表、通用表格和公式。

第十七条　受委托创作的作品，著作权的归属由委托人和受托人通过合同约定。合同未作明确约定或者没有订立合同的，著作权属于受托人。

《作品自愿登记试行办法》第五条　属于下列情况之一的作品，作品登记机关不予登记：

1. 不受著作权法保护的作品；

2. 超过著作权保护期的作品；

3. 依法禁止出版、传播的作品。

《计算机软件保护条例》（2013年修订）第七条 软件著作权人可以向国务院著作权行政管理部门认定的软件登记机构办理登记。软件登记机构发放的登记证明文件是登记事项的初步证明。

办理软件登记应当缴纳费用。软件登记的收费标准由国务院著作权行政管理部门会同国务院价格主管部门规定。

《计算机软件著作权登记办法（2002）》第六条 国家版权局主管全国软件著作权登记管理工作。

国家版权局认定中国版权保护中心为软件登记机构。

经国家版权局批准，中国版权保护中心可以在地方设立软件登记办事机构。

118. 创意跑步路线图可否申请著作权登记?

情景案例

徐某是某文化传播公司总经理，平时热爱跑步并用手机App记录跑步路线。

2017年8月10日的早晨，徐某在广州某公园成功跑出了一朵木棉花形状的跑步路线图。徐某的“木棉花”创意跑图在跑友间传播开后，很快便刷爆了朋友圈，一些社会跑团和商家甚至未经任何交涉和同意便开展跑“木棉花”的主题活动，甚至有人用这张创意跑图参与网上的微信投票来获取奖品。

徐某意识到“木棉花”创意跑图是有商业价值的，于是打算到国家版权部门办理著作权登记，以防止创意成果被他人抢走。

请问：“木棉花”创意跑图可否申请著作权登记?

案例分析

本案涉及的是创意跑图是否构成作品，能否依法办理著作权登记的问题。

《著作权法实施条例》第二条明确了著作权法所称作品是“具有独创性并能以某种有形形式复制的智力创作成果”，由于现实中的智力成果均需以某种载体呈现，亦在理论上均可以复制，但是可以复制的智力创作成果并不都是作品，故独创性是智力成果构成作品的核心要件，是判断智力创作成果是否构成著作权法意义上作品的关键。我国加入的《与贸易有关的知识产权协定》第九条第二款规定：“版权的保护仅延伸至表达方式，而不延伸至思想、程序、操作方法或数学概念本身。”据此，著作权法律所保护的是思想的表现形式，并非思想本身，也不是思想的载体。例如，同样表现玫瑰花的作品，水墨画、油画、刺绣因其表达方式各不相同可以申请不同的著作权登记。

本案中，徐某的“木棉花”创意跑图只要具备一定高度的独创性，且可以重复复制，就符合著作权法中关于“作品”的定义，可以申请著作权登记。

风险防范与建议

目前已有创意跑步路线图获得了著作权登记，但是著作权登记并不表示该登记著作权人获得了相应作品的著作权，依照《作品自愿登记试行办法》第六条之规定，出现与事实不符、重复登记等法定情况时，著作权登记可以被撤销。

法条链接

《著作权法实施条例》（2013 年修订）第二条　著作权法所称作品，是指文学、艺术和科学领域内具有独创性并能以某种有形形式复制的智力成果。

《著作权法》（2010 年修正）第三条　本法所称的作品，包括以下列形式创作的文学、艺术和自然科学、社会科学、工程技术等作品：

（一）文字作品；

（二）口述作品；

（三）音乐、戏剧、曲艺、舞蹈、杂技艺术作品；

（四）美术、建筑作品；

（五）摄影作品；

（六）电影作品和以类似摄制电影的方法创作的作品；

（七）工程设计图、产品设计图、地图、示意图等图形作品和模型作品；

（八）计算机软件；

（九）法律、行政法规规定的其他作品。

《与贸易有关的知识产权协定》（2017 年修正）第九条第二款　版权的保护仅延伸至表达方式，而不延伸至思想、程序、操作方法或数学概念本身。

二、著作权权属

119. 委托他人创作的作品，著作权归谁所有？

情景案例

孙某应邀为某电影公司写剧本，双方约定稿酬为20万元，但未对剧本著作权问题作任何约定。2015年8月，孙某将完成的剧本交给该电影公司，电影公司也按约定付给孙某稿酬。2016年12月，某出版社经某电影公司同意，拟出版与该电影同名的图书。2017年6月，该图书成功出版。虽然图书作者署名为孙某，但某出版社从来没有联系过孙某，更没有给孙某支付版税。2017年7月，孙某以某出版社侵犯其著作权为由提起诉讼，要求出版社停止侵权，公开道歉，并赔偿经济损失。出版社则称自己得到电影公司的合法授权，不构成侵权。

请问：孙某创作的剧本著作权归谁所有？

案例分析

本案涉及的是受委托创作作品著作权归属问题。

根据我国《著作权法》的规定，受委托创作的作品，著作权的归属由委托人和受托人通过合同约定；合同未作明确约定或者没有订立合同的，著作权属于受托人。本案中孙某与某电影公司未对剧本著作权问题作任何约定，故孙某作为受托人，对其创作的剧本享有著作权。

《最高人民法院关于审理著作权民事纠纷案件适用法律若干问题的解释》第十二条规定，在委托创作的作品著作权归属受托人的情况下，委托人在约定的使用范围内享有使用作品的权利。

本案中，如果孙某与某影视公司约定了某影视公司可以出版该剧本，则某影视公司不构成侵权；如未约定，则某影视公司无权许可出版社出版该作品，其许可行为构成侵权，应依照《著作权法》第四十七条和第四十八条承担侵权责任。另，依据《最高人民法院关于审理著作权民事纠纷案件适用法律若干问题的解释》第十九条的规定，在孙某与某影视公司能否对出版该作品没有约定的情况下，出版社称自己得到电影公司的合法授权需承担举证责任，如举证不能，则本案中的出版者应依据《著作权法》第四十七条和第四十八条的相应规定，承担包括停止侵害、消除影响、赔礼道歉、赔偿损失等在内的法律责任。

风险防范与建议

无论作为创作作品的委托人还是受托人，在双方确定建立委托关系时应当及时签订书面的创作委托合同，并在合同中明确约定委托创作作品的著作权归属、委托人和受托人各自享有的著作权权利和应当承担的义务，以避免因约定不明或没有约定导致的纠纷。

法条链接

《著作权法》（2010 年修正）第十一条　著作权属于作者，本法另有规定的除外。

创作作品的公民是作者。

由法人或者其他组织主持，代表法人或者其他组织意志创作，并由法人或者其他组织承担责任的作品，法人或者其他组织视为作者。

如无相反证明，在作品上署名的公民、法人或者其他组织为作者。

第十七条　受委托创作的作品，著作权的归属由委托人和受托人通过合同约定。合同未作明确约定或者没有订立合同的，著作权属于受托人。

第三十条　图书出版者出版图书应当和著作权人订立出版合同，并支付报酬。

第四十七条　有下列侵权行为的，应当根据情况，承担停止侵害、消除影响、赔礼道歉、赔偿损失等民事责任：

（一）未经著作权人许可，发表其作品的；

（二）未经合作作者许可，将与他人合作创作的作品当作自己单独创作的作品发表的；

（三）没有参加创作，为谋取个人名利，在他人作品上署名的；

（四）歪曲、篡改他人作品的；

（五）剽窃他人作品的；

（六）未经著作权人许可，以展览、摄制电影和以类似摄制电影的方法使用作品，或者以改编、翻译、注释等方式使用作品的，本法另有规定的除外；

（七）使用他人作品，应当支付报酬而未支付的；

（八）未经电影作品和以类似摄制电影的方法创作的作品、计算机软件、录音录像制品的著作权人或者与著作权有关的权利人许可，出租其作品或者录音录像制品的，本法另有规定的除外；

（九）未经出版者许可，使用其出版的图书、期刊的版式设计的；

（十）未经表演者许可，从现场直播或者公开传送其现场表演，或者录制其表演的；

（十一）其他侵犯著作权以及与著作权有关的权益的行为。

第四十八条 有下列侵权行为的，应当根据情况，承担停止侵害、消除影响、赔礼道歉、赔偿损失等民事责任；同时损害公共利益的，可以由著作权行政管理部门责令停止侵权行为，没收违法所得，没收、销毁侵权复制品，并可处以罚款；情节严重的，著作权行政管理部门还可以没收主要用于制作侵权复制品的材料、工具、设备等；构成犯罪的，依法追究刑事责任：

（一）未经著作权人许可，复制、发行、表演、放映、广播、汇编、通过信息网络向公众传播其作品的，本法另有规定的除外；

（二）出版他人享有专有出版权的图书的；

（三）未经表演者许可，复制、发行录有其表演的录音录像制品，或者通过信息网络向公众传播其表演的，本法另有规定的除外；

（四）未经录音录像制作者许可，复制、发行、通过信息网络向公众传播其制作的录音录像制品的，本法另有规定的除外；

（五）未经许可，播放或者复制广播、电视的，本法另有规定的除外；

（六）未经著作权人或者与著作权有关的权利人许可，故意避开或者破坏权利人为其作品、录音录像制品等采取的保护著作权或者与著作权有关的权利的技术措施的，法律、行政法规另有规定的除外；

（七）未经著作权人或者与著作权有关的权利人许可，故意删除或者改变作品、录音录像制品等的权利管理电子信息的，法律、行政法规另有规定的除外；

（八）制作、出售假冒他人署名的作品的。

第四十九条 侵犯著作权或者与著作权有关的权利的，侵权人应当按照权利人的实际损失给予赔偿；实际损失难以计算的，可以按照侵权人的违法所得给予赔偿。赔偿数额还应当包括权利人为制止侵权行为所支付的合理开支。

权利人的实际损失或者侵权人的违法所得不能确定的，由人民法院根据侵权行为的情节，判决给予五十万元以下的赔偿。

《最高人民法院关于审理著作权民事纠纷案件适用法律若干问题的解释》第十二条 按照著作权法第十七条规定委托作品著作权属于受托人的情形，委托人在约定的使用范围内享有使用作品的权利；双方没有约定使用作品范围的，委托人可以在委托创作的特定目的范围内免费使用该作品。

第十九条 出版者、制作者应当对其出版、制作有合法授权承担举证责任，发行者、出租者应当对其发行或者出租的复制品有合法来源承担举证责任。举证不能的，依据著作权法第四十六条、第四十七条的相应规定承担法律责任。①

① 《著作权法》已经于2010年修正，此处所说的第四十六条、第四十七条，已经修订为《著作权法》第四十七条、第四十八条。

120. 与他人合作完成的作品，著作权属于谁？

情景案例

胡某是某大学外语学院硕士研究生，2016 年 8 月，胡某受导师高某的委托，帮助翻译某本外语图书。交代任务后，高某给胡某 3000 元作为翻译劳务费，双方没有签订任何书面合同。全书共 12 章，高某翻译前 7 章，胡某翻译后 5 章。书稿翻译完成后，高某将书稿交给某出版社出版。图书出版后，胡某发现书的署名只有高某一人，没有他的名字，遂将高某与某出版社起诉至法院，要求其共同承担侵权责任。

请问：胡某请求能得到法院支持吗？

案例分析

本案涉及的是合作完成作品著作权归属问题。

假设胡某接受高某委托翻译涉诉作品后 5 章时，双方并未对作品后 5 章的著作权归属进行约定，则依照《著作权法》第十七条之规定，胡某拥有涉诉作品后 5 章的著作权，涉诉作品为合作作品。

《著作权法》第十三条规定，合作作品的著作权由合作作者共同享有，同时，合作作品作者可以对可分割使用的作品中各自创作的部分单独享有著作权。本案中，涉诉作品为原告胡某和被告高某共同翻译完成，属于合作作品，因此胡某也是涉诉作品的作者，对该作品享有著作权。

针对高某在涉诉作品上单独署名的行为，根据《著作权法》第四十七条的规定，未经合作作者许可将与他人合作创作的作品当作自己单独创作的作品发表，将构成对他人著作权的侵犯，侵权人应承担停止侵害、消除影响、赔礼道歉、赔偿损失等民事责任。因此，高某未经胡某许可而以自己名义单独署名发表涉诉作品的行为侵犯了胡某的著作权，原告胡某针对此侵权行为的相应诉讼请求可以获得法院支持。

针对高某发表和出版涉诉作品的行为，需要根据涉诉作品是否可以分割使用判断。如本案中作品为不可分割使用的，依据《著作权法实施条例》第九条之规定，不可分割使用的合作作品的合作作者不能协商一致行使著作权时，任何一方无正当理由不得阻止他方行使除转让以外的其他权利，但是所得收益应当合理分配给所有合作作者。则高某对不可分割使用的合作作品的出版行为并不属于侵权行为，胡某不能阻止高某发表和出版涉诉作品，其针对高某发表和出版涉诉作品的行为要求法院判决高某侵权的诉讼请求不能获得法院支持，但是胡某要求高某分配出版涉诉图书获得收益的请求可以获得法院支持。如本案中胡某翻译的后 5

章与高某翻译的前7章可以分割使用，则胡某对其翻译的后5章单独具有著作权。则依据《著作权法》第四十八条，高某出版涉诉作品中单独具有著作权的后5章的行为属于侵权行为，胡某针对此侵权行为的诉讼请求可以获得法院支持。

针对胡某要求出版社对高某侵权行为承担连带责任的诉讼请求，依据《最高人民法院关于审理著作权民事纠纷案件适用法律若干问题的解释》第十九条，《侵权责任法》第八条、第十三条和第十四条，如果出版社未能对其有合法授权出版胡某翻译的后5章作品进行有效举证，则依据《著作权法》第四十七条、第四十八条的相应规定，胡某要求出版社承担连带侵权责任的诉讼请求可以获得法院的支持，出版社具体承担的责任比例由法院依照责任大小相应裁判。

风险防范与建议

高等学校学生就读期间接受导师委托参与创作作品的情况十分常见，由于师生之间相对熟识和亲密的关系，双方多对相关作品的著作权进行口头约定甚至没有任何约定。建议无论是导师还是学生，均应及时签订相关委托创作或合作创作作品的合同，对通过委托创作而获得的合作作品的著作权归属和行使进行明确的书面约定，避免因没有约定或约定不明导致的纠纷。

法条链接

《著作权法》（2010年修正）第十一条 著作权属于作者，本法另有规定的除外。

创作作品的公民是作者。

由法人或者其他组织主持，代表法人或者其他组织意志创作，并由法人或者其他组织承担责任的作品，法人或者其他组织视为作者。

如无相反证明，在作品上署名的公民、法人或者其他组织为作者。

第十二条 改编、翻译、注释、整理已有作品而产生的作品，其著作权由改编、翻译、注释、整理人享有，但行使著作权时不得侵犯原作品的著作权。

第十三条 两人以上合作创作的作品，著作权由合作作者共同享有。没有参加创作的人，不能成为合作作者。

合作作品可以分割使用的，作者对各自创作的部分可以单独享有著作权，但行使著作权时不得侵犯合作作品整体的著作权。

第三十五条 出版改编、翻译、注释、整理、汇编已有作品而产生的作品，应当取得改编、翻译、注释、整理、汇编作品的著作权人和原作品的著作权人许可，并支付报酬。

第四十七条 有下列侵权行为的，应当根据情况，承担停止侵害、消除影响、赔礼道歉、赔偿损失等民事责任：

（一）未经著作权人许可，发表其作品的；

（二）未经合作作者许可，将与他人合作创作的作品当作自己单独创作的作品发表的；

（三）没有参加创作，为谋取个人名利，在他人作品上署名的；

（四）歪曲、篡改他人作品的；

（五）剽窃他人作品的；

（六）未经著作权人许可，以展览、摄制电影和以类似摄制电影的方法使用作品，或者以改编、翻译、注释等方式使用作品的，本法另有规定的除外；

（七）使用他人作品，应当支付报酬而未支付的；

（八）未经电影作品和以类似摄制电影的方法创作的作品、计算机软件、录音录像制品的著作权人或者与著作权有关的权利人许可，出租其作品或者录音录像制品的，本法另有规定的除外；

（九）未经出版者许可，使用其出版的图书、期刊的版式设计的；

（十）未经表演者许可，从现场直播或者公开传送其现场表演，或者录制其表演的；

（十一）其他侵犯著作权以及与著作权有关的权益的行为。

第四十八条　有下列侵权行为的，应当根据情况，承担停止侵害、消除影响、赔礼道歉、赔偿损失等民事责任；同时损害公共利益的，可以由著作权行政管理部门责令停止侵权行为，没收违法所得，没收、销毁侵权复制品，并可处以罚款；情节严重的，著作权行政管理部门还可以没收主要用于制作侵权复制品的材料、工具、设备等；构成犯罪的，依法追究刑事责任：

（一）未经著作权人许可，复制、发行、表演、放映、广播、汇编、通过信息网络向公众传播其作品的，本法另有规定的除外；

（二）出版他人享有专有出版权的图书的；

（三）未经表演者许可，复制、发行录有其表演的录音录像制品，或者通过信息网络向公众传播其表演的，本法另有规定的除外；

（四）未经录音录像制作者许可，复制、发行、通过信息网络向公众传播其制作的录音录像制品的，本法另有规定的除外；

（五）未经许可，播放或者复制广播、电视的，本法另有规定的除外；

（六）未经著作权人或者与著作权有关的权利人许可，故意避开或者破坏权利人为其作品、录音录像制品等采取的保护著作权或者与著作权有关的权利的技术措施的，法律、行政法规另有规定的除外；

（七）未经著作权人或者与著作权有关的权利人许可，故意删除或者改变作品、录音录像制品等的权利管理电子信息的，法律、行政法规另有规定的除外；

（八）制作、出售假冒他人署名的作品的。

第四十九条 侵犯著作权或者与著作权有关的权利的，侵权人应当按照权利人的实际损失给予赔偿；实际损失难以计算的，可以按照侵权人的违法所得给予赔偿。赔偿数额还应当包括权利人为制止侵权行为所支付的合理开支。

权利人的实际损失或者侵权人的违法所得不能确定的，由人民法院根据侵权行为的情节，判决给予五十万元以下的赔偿。

《著作权法实施条例》（2013 年修订）第九条 合作作品不可以分割使用的，其著作权由各合作作者共同享有，通过协商一致行使；不能协商一致，又无正当理由的，任何一方不得阻止他方行使除转让以外的其他权利，但是所得收益应当合理分配给所有合作作者。

《最高人民法院关于审理著作权民事纠纷案件适用法律若干问题的解释》第十九条 出版者、制作者应当对其出版、制作有合法授权承担举证责任，发行者、出租者应当对其发行或者出租的复制品有合法来源承担举证责任。举证不能的，依据著作权法第四十六条、第四十七条①的相应规定承担法律责任。

第二十条 出版物侵犯他人著作权的，出版者应当根据其过错、侵权程度及损害后果等承担民事赔偿责任。

出版者对其出版行为的授权、稿件来源和署名、所编辑出版物的内容等未尽到合理注意义务的，依据著作权法第四十八条②的规定，承担赔偿责任。

出版者尽了合理注意义务，著作权人也无证据证明出版者应当知道其出版涉及侵权的，依据民法通则第一百一十七条第一款的规定，出版者承担停止侵权、返还其侵权所得利润的民事责任。

出版者所尽合理注意义务情况，由出版者承担举证责任。

《侵权责任法》第八条 二人以上共同实施侵权行为，造成他人损害的，应当承担连带责任。

第十三条 法律规定承担连带责任的，被侵权人有权请求部分或者全部连带责任人承担责任。

第十四条 连带责任人根据各自责任大小确定相应的赔偿数额；难以确定责任大小的，平均承担赔偿责任。

支付超出自己赔偿数额的连带责任人，有权向其他连带责任人追偿。

---

① 《著作权法》已经于 2010 年修正，此处所说的第四十六条、第四十七条，已经修订为《著作权法》第四十七条、第四十八条。

② 《著作权法》已经于 2010 年修正，此处所说的四十八条，已经修订为《著作权法》第四十九条。

121. 员工在职期间完成的作品，著作权归企业所有吗?

情景案例

高某是一名软件工程师，2017 年 9 月应聘到 A 公司担任项目经理，负责公司年度某重要项目的开发工作。入职后，A 公司给高某分配了电脑和软件开发人员。软件开发完成后，A 公司在未与高某商量的情况下向国家版权中心申请了《软件著作权登记证书》。为此，高某感到十分生气，遂将 A 公司起诉至法院，请求法院判令该软件著作权归自己所有。高某认为，软件主要是在我的策划、主导下完成的，如果没有我，A 公司根本没有实力开发该软件。

请问：高某的请求能得到法院支持吗?

案例分析

本案涉及的是职务作品著作权归属的问题。

《著作权法》第十六条规定了公民为完成法人或者其他组织工作任务所创作的作品是职务作品，其中主要是利用法人或者其他组织的物质技术条件创作，并由法人或者其他组织承担责任的工程设计图、产品设计图、地图、计算机软件等职务作品的作者享有署名权，作品著作权的其他权利由法人或者其他组织享有。《著作权法实施条例》第十一条进一步明确了前款法律规定中的“工作任务”是指公民在该法人或者该组织中应当履行的职责，“物质技术条件”是指该法人或者该组织为公民完成创作专门提供的资金、设备或者资料。

本案中，首先高某应聘到 A 公司担任项目经理的岗位职责即为负责涉诉软件项目的开发工作，其主持开发的涉诉软件是著作权法规定的职务作品；其次 A 公司在涉诉软件开发过程中给高某分配了电脑和软件开发人员，故可以认为涉诉作品主要是利用 A 公司的物质技术条件创作完成的，因此判断涉诉软件的著作权是否应当归属 A 公司，关键在于涉诉作品的责任是否由 A 公司承担。如果是 A 公司承担涉诉作品责任，则相应著作权归 A 公司所有；如果不是 A 公司承担涉诉作品责任，则即使高某认为的涉诉软件在其策划、主导下完成的事实成立，但依据 A 公司分配软件开发人员的事实仍可以推断出该软件是多位作者共同开发的作品，属于合作作品，依据《著作权法》第十三条关于合作创作作品的规定以及本书第 121 问的分析，涉诉作品的著作权也不必然属于高某一人，应依据参与涉诉作品创作的作者之间的约定和作品是否能够分割使用判断。

综上，高某的请求不一定能得到法院支持。

风险防范与建议

尽管著作权法律对职务作品的著作权归属已有规定，但实践中因为单位与劳动者对作品的创作过程判断不一致导致的纠纷仍很常见，故建议单位与劳动者通过劳动合同或另行签订的协议明确职务作品著作权的归属，并明确在职务作品著作权归属单位的情况下劳动者应获得的奖励分配问题，避免因此导致纠纷。

法条链接

《著作权法》（2010 年修正）第十三条 两人以上合作创作的作品，著作权由合作作者共同享有。没有参加创作的人，不能成为合作作者。

合作作品可以分割使用的，作者对各自创作的部分可以单独享有著作权，但行使著作权时不得侵犯合作作品整体的著作权。

第十六条 公民为完成法人或者其他组织工作任务所创作的作品是职务作品，除本条第二款的规定以外，著作权由作者享有，但法人或者其他组织有权在其业务范围内优先使用。作品完成两年内，未经单位同意，作者不得许可第三人以与单位使用的相同方式使用该作品。

有下列情形之一的职务作品，作者享有署名权，著作权的其他权利由法人或者其他组织享有，法人或者其他组织可以给予作者奖励：

（一）主要是利用法人或者其他组织的物质技术条件创作，并由法人或者其他组织承担责任的工程设计图、产品设计图、地图、计算机软件等职务作品；

（二）法律、行政法规规定或者合同约定著作权由法人或者其他组织享有的职务作品。

《著作权法实施条例》（2013 年修订）第十一条 著作权法第十六条第一款关于职务作品的规定中的“工作任务”，是指公民在该法人或者该组织中应当履行的职责。

著作权法第十六条第二款关于职务作品的规定中的“物质技术条件”，是指该法人或者该组织为公民完成创作专门提供的资金、设备或者资料。

122. 利用工作以外的时间创作的作品，是否属于职务作品？

情景案例

林某是某影视公司的签约编剧，月薪 1 万元。2015 年 8 月开始，林某开始利用晚上与周末的业余时间创作一部言情小说。林某工作日坚持每天写作 1000 字，周末坚持每天写 6000 字。2015 年 12 月，林某完成了这部言情小说的创作，共 30 万字。当林某准备与出版社签约出版时，不小心被某影视公司总经理何某发现。何某认为，林某创作的言情小说是在职期间创作的，著作权应当归影视公司所有。林某则坚持作品是利用业余时间创作的，作品著作权应当属于自己所有。在协商无果的情况下，何某遂将林某起诉至法院，要求确认该作品著作权归影视公司所有。

请问：林某创作的言情小说，是否属于职务作品？

案例分析

本案涉及职务作品认定的问题。

依据《著作权法》第十六条和《著作权法实施条例》第十一条规定，判断作品是否为职务作品的要件为该作品是否是作者为了完成工作任务，履行与单位约定或单位规定的职责所创作，与作者是否在职和作品是否在工作时间内完成并无必然联系。

本案中，林某虽是某影视公司的签约编剧，但其岗位职责为创作剧本，并不包括创作其他作品，涉诉作品是林某创作的小说，是不同于剧本的文学作品，何况林某是利用休息时间（工作日晚上和休息日）完成的作品，因此不应认定为是职务作品。

风险防范与建议

鉴于完成工作任务，履行与单位约定或单位规定的职责是判断作品著作权归属的法定条件，故减少相关纠纷发生的关键在于作者与单位能够尽量预先明确“工作任务”的范畴。建议单位和作者在劳动合同或岗位职责中对完成工作任务的行为或判断该行为的标准作出明确约定，包括但不限于明确创作作品的时间、场所、类型等，以便作者与单位对相关作品著作权归属作出判断。

法条链接

《著作权法》（2010 年修正）第十六条　公民为完成法人或者其他组织工作任务所创作的作品是职务作品，除本条第二款的规定以外，著作权由作者享有，但法人或者其他组织有权在其业务范围内优先使用。作品完成两年内，未经单位同意，作者不得许可第三人以与单位使用的相同方式使用该作品。

有下列情形之一的职务作品，作者享有署名权，著作权的其他权利由法人或者其他组织享有，法人或者其他组织可以给予作者奖励：

（一）主要是利用法人或者其他组织的物质技术条件创作，并由法人或者其他组织承担责任的工程设计图、产品设计图、地图、计算机软件等职务作品；

（二）法律、行政法规规定或者合同约定著作权由法人或者其他组织享有的职务作品。

《著作权法实施条例》（2013 年修订）第十一条　著作权法第十六条第一款关于职务作品的规定中的“工作任务”，是指公民在该法人或者该组织中应当履行的职责。

著作权法第十六条第二款关于职务作品的规定中的“物质技术条件”，是指该法人或者该组织为公民完成创作专门提供的资金、设备或者资料。

123. 表演者表演他人作品，享有著作权吗？

情景案例

A公司是一家影视娱乐公司。为挖掘新歌手，2016年8月，A公司在广州举办了一场大型的歌唱比赛。郭某报名参加比赛，并凭借《××天空》这首歌曲获得了比赛冠军。比赛结束后，该歌曲在网络上进行了大量转载和热传。2016年9月，郭某发现在某网络音乐平台需要支付5元才能下载这首歌曲，但某网络音乐平台从来没有联系过他，更没有给他支付版权费用。为此，郭某将某网络平台起诉至法院，要求其支付版权使用费。庭审中，某网络音乐平台不同意向郭某支付版权费用，理由是：郭某只是《××天空》这首歌曲的表演者，不是这首歌曲的著作权人。

请问：郭某的请求能得到法院支持吗？

案例分析

本案涉及作品表演者权利性质的问题。

我国《著作权法》第十条规定，著作权中的表演权为公开表演作品以及用各种手段公开播送作品的表演的权利。著作权人拥有作品的信息网络传播权，即以有线或者无线方式向公众提供作品的权利和许可他人行使表演权，并依照约定或者本法有关规定获得报酬。《著作权法》第三十八条规定了表演者的六项权利，明确了表演者有权许可他人通过信息网络向公众传播其表演，并获得报酬。因此，合法表演他人作品的表演者可以行使著作权中的表演权和信息网络传播权。

本案中，某网络音乐平台通过付费下载的方式传播涉诉作品，并不符合《著作权法》第二十二条和《信息网络传播权保护条例》第六条列明的可以不经著作权人或表演者许可使用作品的条件。依照著作权法律和《信息网络传播权保护条例》第二条之规定，该网络平台应当取得涉诉作品著作权人和表演者关于通过信息网络传播该作品的双重许可并支付相应报酬。因此，本案中某网络音乐平台的行为侵犯了涉诉作品表演者郭某的表演者权利。依据《著作权法》第四十七条至第四十九条和《信息网络传播权保护条例》第十八条规定，该网络音乐平台应承担相应的民事责任。郭某要求该网络音乐平台停止侵害、消除影响、赔礼道歉、支付报酬和赔偿损失的诉讼请求可以获得法院的支持。

风险防范与建议

在目前网络信息传播非常便捷的情况下，表演者可以通过预防性措施和维权措施两方面来维护自身合法权利，包括：通过对其表演的作品采取技术措施防止第三方传播相应作品；根据《著作权集体管理条例》的相关规定，委托中国音乐著作权协会、中国音像著作权集体管理协会等著作权集体管理组织获得作品的表演权和管理自身对作品的表演者权利，以避免因为个人条件和精力有限不能及时维权的情况；在发现第三方侵犯自己的表演者权利时依据《著作权法》第五十条、第五十一条的规定向有管辖权的人民法院申请采取责令停止有关行为的措施、进行证据保全和财产保全；积极通过行政投诉、民事诉讼等方式开展具体维权工作；必要时可以联合其他著作权人共同维权。

法条链接

《著作权法》（2010 年修正）第三十八条 表演者对其表演享有下列权利：

（一）表明表演者身份；

（二）保护表演形象不受歪曲；

（三）许可他人从现场直播和公开传送其现场表演，并获得报酬；

（四）许可他人录音录像，并获得报酬；

（五）许可他人复制、发行录有其表演的录音录像制品，并获得报酬；

（六）许可他人通过信息网络向公众传播其表演，并获得报酬。

被许可人以前款第（三）项至第（六）项规定的方式使用作品，还应当取得著作权人许可，并支付报酬。

第四十七条 有下列侵权行为的，应当根据情况，承担停止侵害、消除影响、赔礼道歉、赔偿损失等民事责任：

（一）未经著作权人许可，发表其作品的；

（二）未经合作作者许可，将与他人合作创作的作品当作自己单独创作的作品发表的；

（三）没有参加创作，为谋取个人名利，在他人作品上署名的；

（四）歪曲、篡改他人作品的；

（五）剽窃他人作品的；

（六）未经著作权人许可，以展览、摄制电影和以类似摄制电影的方法使用作品，或者以改编、翻译、注释等方式使用作品的，本法另有规定的除外；

（七）使用他人作品，应当支付报酬而未支付的；

（八）未经电影作品和以类似摄制电影的方法创作的作品、计算机软件、录音录像制品的著作权人或者与著作权有关的权利人许可，出租其作品或者录音录像制品的，本法另有规定的除外；

（九）未经出版者许可，使用其出版的图书、期刊的版式设计的；

（十）未经表演者许可，从现场直播或者公开传送其现场表演，或者录制其表演的；

（十一）其他侵犯著作权以及与著作权有关的权益的行为。

第四十八条 有下列侵权行为的，应当根据情况，承担停止侵害、消除影响、赔礼道歉、赔偿损失等民事责任；同时损害公共利益的，可以由著作权行政管理部门责令停止侵权行为，没收违法所得，没收、销毁侵权复制品，并可处以罚款；情节严重的，著作权行政管理部门还可以没收主要用于制作侵权复制品的材料、工具、设备等；构成犯罪的，依法追究刑事责任：

（一）未经著作权人许可，复制、发行、表演、放映、广播、汇编、通过信息网络向公众传播其作品的，本法另有规定的除外；

（二）出版他人享有专有出版权的图书的；

（三）未经表演者许可，复制、发行录有其表演的录音录像制品，或者通过信息网络向公众传播其表演的，本法另有规定的除外；

（四）未经录音录像制作者许可，复制、发行、通过信息网络向公众传播其制作的录音录像制品的，本法另有规定的除外；

（五）未经许可，播放或者复制广播、电视的，本法另有规定的除外；

（六）未经著作权人或者与著作权有关的权利人许可，故意避开或者破坏权利人为其作品、录音录像制品等采取的保护著作权或者与著作权有关的权利的技术措施的，法律、行政法规另有规定的除外；

（七）未经著作权人或者与著作权有关的权利人许可，故意删除或者改变作品、录音录像制品等的权利管理电子信息的，法律、行政法规另有规定的除外；

（八）制作、出售假冒他人署名的作品的。

《著作权集体管理条例》（2013 年修订）第四条 著作权法规定的表演权、放映权、广播权、出租权、信息网络传播权、复制权等权利人自己难以有效行使的权利，可以由著作权集体管理组织进行集体管理。

《信息网络传播权保护条例》（2013 年修订）第二条 权利人享有的信息网络传播权受著作权法和本条例保护。除法律、行政法规另有规定的外，任何组织或者个人将他人的作品、表演、录音录像制品通过信息网络向公众提供，应当取得权利人许可，并支付报酬。

第十八条 违反本条例规定，有下列侵权行为之一的，根据情况承担停止侵害、消除影响、赔礼道歉、赔偿损失等民事责任；同时损害公共利益的，可以由著作权行政管理部门责令停止侵权行为，没收违法所得，非法经营额 5 万元以上的，可处非法经营额1倍以上5倍以下的罚款；没有非法经营额或者非法经营额5万元以下的，根据情节轻重，可处25万元以下的罚款；情节严重的，著作权行政管理部门可以没收主要用于提供网络服务的计算机等设备；构成犯罪的，依法追究刑事责任：

（一）通过信息网络擅自向公众提供他人的作品、表演、录音录像制品的；

（二）故意避开或者破坏技术措施的；

（三）故意删除或者改变通过信息网络向公众提供的作品、表演、录音录像制品的权利管理电子信息，或者通过信息网络向公众提供明知或者应知未经权利人许可而被删除或者改变权利管理电子信息的作品、表演、录音录像制品的；

（四）为扶助贫困通过信息网络向农村地区提供作品、表演、录音录像制品超过规定范围，或者未按照公告的标准支付报酬，或者在权利人不同意提供其作品、表演、录音录像制品后未立即删除的；

（五）通过信息网络提供他人的作品、表演、录音录像制品，未指明作品、表演、录音录像制品的名称或者作者、表演者、录音录像制作者的姓名（名称），或者未支付报酬，或者未依照本条例规定采取技术措施防止服务对象以外的其他人获得他人的作品、表演、录音录像制品，或者未防止服务对象的复制行为对权利人利益造成实质性损害的。

124. 企业家的演讲稿著作权归属谁?

情景案例

A公司是一家新能源科技企业，何某是公司创始人与大股东。2017年6月，何某应邀到某电视台录制一个演讲节目。由于一直忙着公司业务，何某没有时间写演讲稿，于是委托秘书小马帮他草拟一篇关于“我国新能源产业现状与发展趋势”的演讲稿，自己负责审核定稿。后来，何某的演讲大获成功，不但在行业里引起轰动，本地政府领导也给予演讲高度的评价。在征得何某同意后，上海某报社还刊载了这篇演讲稿。

令小马没想到的是，报纸上刊登的演讲稿的署名作者竟然是何某，他心里极不平衡。小马认为，演讲稿是我创作的，要发表也应由我来署名和行使著作权，何某署上自己的名字，还堂而皇之领取报社丰厚的稿酬，这是侵权的违法行为。

请问：小马撰写的演讲稿著作权归属谁?

案例分析

本案涉及为领导撰写的演讲稿著作权归属的问题。

我国《著作权法》第十一条规定，著作权属于作者，本法另有规定的除外。《最高人民法院关于审理著作权民事纠纷案件适用法律若干问题的解释》第十三条规定："除著作权法第十一条第三款规定的情形外，由他人执笔，本人审阅定稿并以本人名义发表的报告、讲话等作品，著作权归报告人或者讲话人享有。著作权人可以支付执笔人适当的报酬"。换言之，通常情形下，创作作品的公民享有著作权，但是小马写的演讲稿不属于《著作权法》第十一条第三款规定的单位作品，也不是与何某的合作作品，而是按发表人的意思做了起草、整理或文笔润色工作，并最终经发表人定稿审阅并以其个人的名义对外发表的作品，该类作品著作权由发表人享有。因此，小马撰写的演讲稿著作权归何某。

风险防范与建议

演讲稿权属要区分不同的情形，因此我们建议：

（1）如演讲稿属于合作作品，讲话人与执笔人最好事先约定作品著作权归属，如不进行约定，视为共同享有。

（2）如演讲稿属于委托作品，建议双方通过合同约定著作权归属，无明确约定的，著作权由受托人即执笔人享有。当讲话人与执笔人无任何隶属的职务关系时，通常认为演讲稿是讲话人委托执笔人创作的作品。

（3）如演讲稿为职务作品，是执笔人以自己的意志完成的单位的工作任务，著作权归执笔人享有，单位有优先使用权。

（4）如演讲稿为单位作品，是执笔人在单位的主持下仅参与创作，作品体现的是单位的意志，由单位对演讲稿负责，则演讲稿属于单位作品，单位对演讲稿享有包括署名权在内的全部著作权。

（5）对于本案中的情形，演讲稿著作权归讲话人所有，建议双方也事先约定报酬。

法条链接

《著作权法》（2010 年修正）第十一条 著作权属于作者，本法另有规定的除外。

创作作品的公民是作者。

由法人或者其他组织主持，代表法人或者其他组织意志创作，并由法人或者其他组织承担责任的作品，法人或者其他组织视为作者。

如无相反证明，在作品上署名的公民、法人或者其他组织为作者。

第十三条 两人以上合作创作的作品，著作权由合作作者共同享有。没有参加创作的人，不能成为合作作者。

合作作品可以分割使用的，作者对各自创作的部分可以单独享有著作权，但行使著作权时不得侵犯合作作品整体的著作权。

《最高人民法院关于审理著作权民事纠纷案件适用法律若干问题的解释》第十三条　除著作权法第十一条第三款规定的情形外，由他人执笔，本人审阅定稿并以本人名义发表的报告、讲话等作品，著作权归报告人或者讲话人享有。著作权人可以支付执笔人适当的报酬。

125. 自传体作品著作权归谁所有？

情景案例

罗某是一名自由撰稿人，平时热爱在报纸、杂志上发表文章，曾出版过两本图书，在当地小有名气。2016 年 8 月，甲公司创始人梁某找到罗某，请求罗某帮他写一部自传，并许诺给罗某 5 万元作为酬劳。后来，罗某在梁某口述的基础上执笔整理，于 2016 年 12 月完成关于梁某的自传写作。

写作完成后，梁某按约定给罗某支付 5 万元酬劳。本书出版后，罗某发现该书上没有署上自己的名字，十分生气。在协商无果的情况下，罗某将梁某与出版社起诉至法院，要求其共同承担侵权责任。

请问：罗某的请求能得到法院支持吗？

案例分析

本案涉及以特定人物经历为题材完成的自传体作品的著作权，归撰写人所有还是归该特定人物所有的问题。

我国《著作权法》第十七条规定，受委托创作的作品，著作权的归属由委托人和受托人通过合同约定。合同未作明确约定或者没有订立合同的，著作权属于受托人。但是对于自传体作品我国《最高人民法院关于审理著作权民事纠纷案件适用法律若干问题的解释》第十四条规定，当事人合意以特定人物经历为题材完成的自传体作品，当事人对著作权权属有约定的，依其约定；没有约定的，著作权归该特定人物享有，执笔人或整理人对作品完成付出劳动的，著作权人可以向其支付适当的报酬。本案中，罗某仅作为执笔人整理，没有实质性的创作，双方对自传作品也没有约定著作权归属，因此，关于梁某的自传作品著作权归梁某所有，罗某的请求不能得到法院支持。

风险防范与建议

避免此类自传体著作权纠纷最好的方式，就是对权属以及报酬进行约定。在没有约定的情形下，执笔人实际上进行了创造性劳动的，建议保存自身参与创作的证据，通过主张该作品是合作作品，共同享有著作权。参与创作的证据应当能直接或间证明如下事实：

（1）证明创作的人是否是作者本人；

（2）证明作品完成的时间；

（3）创作的内容与待证明的作品内容一致。

对于文字作品，自行保存这些证据常用的方法包括将自己的作品通过邮局寄给自己且收到不拆封，发生争议时，依靠信封邮戳上的时间和里面的文稿证明自己参与了创作。随着科技的进步，可信的时间戳技术应用也愈加广泛，该技术能够通过提取作品电子文件的特征信息并附以可信的准确时间来证明作品的原创属性。创作人可以向中国科学院国家授时中心及下属机构申请这项付费服务。除此之外，还有一个常见的方式是进行著作权登记，取得著作权登记证书作为自己是著作权人的初步证据。

法条链接

《著作权法》（2010 年修正）第十一条 著作权属于作者，本法另有规定的除外。

创作作品的公民是作者。

由法人或者其他组织主持，代表法人或者其他组织意志创作，并由法人或者其他组织承担责任的作品，法人或者其他组织视为作者。

如无相反证明，在作品上署名的公民、法人或者其他组织为作者。

第十三条 两人以上合作创作的作品，著作权由合作作者共同享有。没有参加创作的人，不能成为合作作者。

合作作品可以分割使用的，作者对各自创作的部分可以单独享有著作权，但行使著作权时不得侵犯合作作品整体的著作权。

第十七条 受委托创作的作品，著作权的归属由委托人和受托人通过合同约定。合同未作明确约定或者没有订立合同的，著作权属于受托人。

《最高人民法院关于审理著作权民事纠纷案件适用法律若干问题的解释》第十四条 当事人合意以特定人物经历为题材完成的自传体作品，当事人对著作权权属有约定的，依其约定；没有约定的，著作权归该特定人物享有，执笔人或整理人对作品完成付出劳动的，著作权人可以向其支付适当的报酬。

《作品自愿登记试行办法》第一条 为维护作者或其他著作权人和作品使用者的合法权益，有助于解决因著作权归属造成的著作权纠纷，并为解决著作权纠纷提供初步证据，特制定本办法。

第四条 作品登记申请者应当是作者、其他享有著作权的公民、法人或者非法人单位和专有权所有人及其代理人。

126. 电影作品著作权归谁所有?

情景案例

宋某在某电影拍摄前期投资5000万元，后又通过拉赞助的方式筹集资金拍摄，在电影制作过程中，宋某向编剧、导演、制片主任等相关演职人员支付了报酬。2016年8月，在电影作品拍摄完成后，编剧郑某称该电影剧本是他写的，电影著作权应当归其所有，宋某只有该作品的使用权。在与宋某协商无果的情况下，郑某将宋某起诉至法院，要求法院确认该电影著作权归其所有。宋某认为，电影著作权应当归制片人、投资人所有，编剧、导演、演员、摄影等人员只享有署名权。

请问：宋某投资拍摄的电影作品，著作权归谁所有？

案例分析

本案涉及电影和以类似摄制电影的方法创作的作品著作权归属问题。

电影作品和以类似摄制电影的方法创作的作品是一个多方参与，复杂而系统的智力创作过程，至少有编剧、导演、演员、剧务、摄影、化妆、灯光、美工、制片、特技、后期制作以及投资人等各方一起协调工作，即使是电影拍摄完成后，在发行环节也还需多方参与。可以说各方对一部电影的诞生和市场商业价值的实现都起到了各自不同的作用，那么电影的著作权到底属于谁呢？根据我国《著作权法》第十五条第一款规定，电影作品和以类似摄制电影的方法创作的作品的著作权由制片者享有，但编剧、导演、摄影、作词、作曲等作者享有署名权，并有权按照与制片者签订的合同获得报酬。即电影作品和以类似摄制电影的方法创作的作品的著作权人为制片方，因此宋某的说法是正确的。郑某起诉要求法院确认该电影著作权归其所有，不能得到法院的支持。但是需要说明的是，由于剧本是可以单独使用、单独存在的，所以郑某享有剧本的著作权，并且郑某也有权在电影的演职员表中署名，表明自己的编剧身份。

风险防范与建议

如前所述，电影和以类似摄制电影的方法创作的作品参与方众多，而且商业利益和风险巨大，特别是随着近年来网络剧的兴起和电影产品的快速出品，优质IP稀缺导致同题材创作、相同原著各自改编等情形频发，相关著作权纠纷案件类型新、数量大、社会关注度高。相对行业的快速发展，行业从业者对著作权相关法律法规的理解显得有些不足。例如，对于署名的意义以及署名与著作权主体之间的对应关系，许多从业者不甚清晰，以编剧的署名为例：如果剧本本身就是为了电影而创作的，那么在演职员表中将编剧署名为剧本作者一般没有争议，但是如果剧本改编自其他人的文学作品，则在演职员表中编剧的署名就经常会发生争议，如未注明该文学作品的作者姓名。我们建议，在此种情况下署名方式为：由××（改编人名）根据××（原创作者名）创作的××（原创作品名）小说改编。

法条链接

《著作权法》（2010年修正）第十一条 著作权属于作者，本法另有规定的除外。

创作作品的公民是作者。

由法人或者其他组织主持，代表法人或者其他组织意志创作，并由法人或者其他组织承担责任的作品，法人或者其他组织视为作者。

如无相反证明，在作品上署名的公民、法人或者其他组织为作者。

第十二条 改编、翻译、注释、整理已有作品而产生的作品，其著作权由改编、翻译、注释、整理人享有，但行使著作权时不得侵犯原作品的著作权。

第十五条 电影作品和以类似摄制电影的方法创作的作品的著作权由制片者享有，但编剧、导演、摄影、作词、作曲等作者享有署名权，并有权按照与制片者签订的合同获得报酬。

电影作品和以类似摄制电影的方法创作的作品中的剧本、音乐等可以单独使用的作品的作者有权单独行使其著作权。

《著作权法实施条例》（2013年修订）第十条 著作权人许可他人将其作品摄制成电影作品和以类似摄制电影的方法创作的作品的，视为已同意对其作品进行必要的改动，但是这种改动不得歪曲篡改原作品。

127. 翻译作品的著作权归谁所有？

情景案例

谢某是某名牌大学外语系大四学生，平时喜欢看外国小说。2015年8月，谢某在原著版权人的授权下，利用课余时间翻译了一本外国小说。谢某与某出版社谈合作时，出版社工作人员告知谢某，本书的译文著作权（包括署名权）归谢某所有，并非原著作者所有。对于出版社工作人员的观点，谢某半信半疑，不知如何是好。谢某认为，本书是原著作者智力成果的结晶，我只是负责翻译加工，著作权应该归原著作者所有才对。

请问：谢某翻译的外国小说，著作权归谁所有？

案例分析

本案涉及翻译作品著作权认定的问题。

根据我国《著作权法》第十二条规定，翻译已有作品而产生的作品，其著作权由翻译人享有。本案中，谢某经过原著版权人（著作权人）授权翻译小说，是小说译本的翻译人，故小说译本的著作权应归谢某所有。另，我国《著作权法》第十条同时明确规定了署名权是著作权的一项人身权，谢某拥有小说译本的著作权，自然拥有在小说译本上署名的权利。

风险防范与建议

尽管我国著作权法律规定了翻译人拥有作品译本的著作权，但不等于翻译人可以随意翻译作品，也不等于翻译人可以随意署名或行使其他各项著作权权利。《著作权法》第十二条对翻译人行使翻译作品的著作权做了限制，即“翻译人行使著作权时不得侵犯原作品的著作权”。故本案中，谢某在小说译本上署名时，需要明确自己作为翻译人的身份，同时明确署上原作者的姓名，并向原作者支付合理报酬。而如果出版社拟出版该小说译作，按《著作权法》第三十五条之规定，除取得翻译人谢某的授权许可并支付相应报酬外，还应同时取得原作者的授权许可并支付相应报酬。

法条链接

《著作权法》（2010 年修正）第十条 著作权包括下列人身权和财产权：

（一）发表权，即决定作品是否公之于众的权利；

（二）署名权，即表明作者身份，在作品上署名的权利；

（三）修改权，即修改或者授权他人修改作品的权利；

（四）保护作品完整权，即保护作品不受歪曲、篡改的权利；

（五）复制权，即以印刷、复印、拓印、录音、录像、翻录、翻拍等方式将作品制作一份或者多份的权利；

（六）发行权，即以出售或者赠与方式向公众提供作品的原件或者复制件的权利；

（七）出租权，即有偿许可他人临时使用电影作品和以类似摄制电影的方法创作的作品、计算机软件的权利，计算机软件不是出租的主要标的的除外；

（八）展览权，即公开陈列美术作品、摄影作品的原件或者复制件的权利；

（九）表演权，即公开表演作品，以及用各种手段公开播送作品的表演的权利；

（十）放映权，即通过放映机、幻灯机等技术设备公开再现美术、摄影、电影和以类似摄制电影的方法创作的作品等的权利；

（十一）广播权，即以无线方式公开广播或者传播作品，以有线传播或者转播的方式向公众传播广播的作品，以及通过扩音器或者其他传送符号、声音、图像的类似工具向公众传播广播的作品的权利；

（十二）信息网络传播权，即以有线或者无线方式向公众提供作品，使公众可以在其个人选定的时间和地点获得作品的权利；

（十三）摄制权，即以摄制电影或者以类似摄制电影的方法将作品固定在载体上的权利；

（十四）改编权，即改变作品，创作出具有独创性的新作品的权利；

（十五）翻译权，即将作品从一种语言文字转换成另一种语言文字的权利；

（十六）汇编权，即将作品或者作品的片段通过选择或者编排，汇集成新作品的权利；

（十七）应当由著作权人享有的其他权利。

著作权人可以许可他人行使前款第（五）项至第（十七）项规定的权利，并依照约定或者本法有关规定获得报酬。

著作权人可以全部或者部分转让本条第一款第（五）项至第（十七）项规定的权利，并依照约定或者本法有关规定获得报酬。

第十二条 改编、翻译、注释、整理已有作品而产生的作品，其著作权由改编、翻译、注释、整理人享有，但行使著作权时不得侵犯原作品的著作权。

第三十五条 出版改编、翻译、注释、整理、汇编已有作品而产生的作品，应当取得改编、翻译、注释、整理、汇编作品的著作权人和原作品的著作权人许可，并支付报酬。

128. 原作者去世超过50年，作品版权归属谁?

情景案例

A公司是一家图书公司，成立于2011年3月，由唐某与冯某共同创办。2011年12月，唐某建议公司经营方向以出版古代书籍为主，理由为：原作者去世超过50年，作品版权将不受我国法律保护，因此出版古代书籍无须征得原作者或其继承人的同意，不用支付任何版权费用，成本非常低。冯某认为，古代书籍的版权归国家所有，出版古代书籍要经过国家文化部门同意并支付版权费才行。因此，冯某不同意唐某的提议。

请问：冯某的说法符合法律规定吗?

案例分析

本案涉及的是著作权和著作权保护期之间关系的问题。

依照我国《著作权法》第十条、第二十条和第二十一条第一款的规定，作者的署名权、修改权、保护作品完整权的保护期不受限制，但发表权、复制权、发行权、出租权、展览权、表演权、放映权、广播权、信息网络传播权、摄制权、改编权、翻译权、汇编权和应当由著作权人享有的其他权利的保护期为作者终生及其死亡后五十年。依照上述规定，著作权中的人身权部分（发表权除外）永久由作者享有并受法律保护，但是著作权中的财产权部分以及发表权在超过保护期后不再受法律保护。

因此，本案中冯某说古代书籍的著作权归国家所有并不正确，作品的著作权始终归作者所有，并不因超过保护期而改变。同时，本案中唐某的说法也不正确。依照我国著作权法律之规定，作者的署名权、修改权、保护作品完整权的保护期不受限制，因此作者的上述三项权利在其死亡五十年后仍然被法律保护，其继承人仍可以通过诉讼等方式保护作者的上述三项权利，不能概括说著作权均不受法律保护。

风险防范与建议

实践中，仍存在因对保护期和著作权之间关系的误解而侵犯作者的署名权、修改权、保护作品完整权的侵权行为。因此，如任何单位或个人拟通过翻译、汇编或表演等任何方式利用超过保护期的作品，均应确保在作品上署上原作者姓名，并保持作品的原意和完整性。

具体到本案中，虽然A公司出版（作者已经去世超过50年的）古代书籍的确不用向作者的继承人支付任何版权费用，但是A公司也不能擅自不署明原作者姓名、不能任意修改或者破坏作品的完整性，否则A公司仍构成侵权，需要承担相应的著作权侵权责任。

此外，建议有意利用该类作品的单位或个人，在改编该类作品时提前取得作者继承人的授权，以预防相关争议的发生。

法条链接

《著作权法》（2010年修正）第十一条　著作权属于作者，本法另有规定的除外。

创作作品的公民是作者。

由法人或者其他组织主持，代表法人或者其他组织意志创作，并由法人或者其他组织承担责任的作品，法人或者其他组织视为作者。

如无相反证明，在作品上署名的公民、法人或者其他组织为作者。

第二十条 作者的署名权、修改权、保护作品完整权的保护期不受限制。

第二十一条 公民的作品，其发表权、本法第十条第一款第（五）项至第（十七）项规定的权利的保护期为作者终生及其死亡后五十年，截止于作者死亡后第五十年的12月31日；如果是合作作品，截止于最后死亡的作者死亡后第五十年的12月31日。

法人或者其他组织的作品、著作权（署名权除外）由法人或者其他组织享有的职务作品，其发表权、本法第十条第一款第（五）项至第（十七）项规定的权利的保护期为五十年，截止于作品首次发表后第五十年的12月31日，但作品自创作完成后五十年内未发表的，本法不再保护。

电影作品和以类似摄制电影的方法创作的作品、摄影作品，其发表权、本法第十条第一款第（五）项至第（十七）项规定的权利的保护期为五十年，截止于作品首次发表后第五十年的12月31日，但作品自创作完成后五十年内未发表的，本法不再保护。

129. 商标申请或注册能证明著作权权属吗？

情景案例

A公司是一家纺织用品公司，多年来经营“小花儿”品牌家纺产品，销量甚好。2014年2月，A公司将代表“小花儿”的花朵图案申请注册商标，2015年2月获得商标注册。赵某是广州某高校美术学院的老师，平日最爱设计各类图样并将设计好的图样办理著作权登记，其曾经于2014年6月办理了一幅自己的花卉作品的著作权登记，其中的花卉图样与A公司的获得注册图形商标“小花儿”近似。2015年8月，赵某发现A公司的注册商标与自己的作品相似，故向法院起诉A公司并提交了著作权登记证等证据材料，要求A公司停止使用“小花儿”商标并承担侵权责任。A公司收到应诉材料后，提出A公司注册“小花儿”图形商标在前，是该图形的在先使用人，A公司拥有该图形的著作权。随后，赵某提交了其在2013年12月至2014年6月起创作涉诉花卉作品的创作手稿，与学生和同事讨论该创作手稿的邮件等记录和在校刊上刊登该作品的样刊作为证据，证明自己在A公司递交商标注册申请前已拥有该作品的著作权。

案例分析

本案涉及的是商标注册与著作权登记在权属冲突时，商标注册证等材料作为证据的证明力问题。

与商标权和专利权须经过主管部门核准并授予后才产生不同，著作权在作品完成的时候即自动生成，不需要任何前置的审查或审批手续。基于著作权的这一特点，在发生著作权归属的争议时，人民法院将依法对当事人所主张的客体是否构成作品、当事人是否为著作权人或者其他有权主张著作权的利害关系人，以及诉争商标是否构成对著作权的侵害等进行审查。实践中，商标标志并不一定就是注册商标申请人或登记商标权人所创作的作品。很多情况下，商标标志是申请人委托第三方设计的作品，商标标志的著作权属于该第三方。因此，依据《最高人民法院关于审理商标授权确权行政案件若干问题的规定》第十九条第三款，商标公告、商标注册证等可以作为确定商标申请人为有权主张商标标志著作权的利害关系人的初步证据，而并不是证明著作权归属的初步证据。

由于我国的著作权登记制度适用自愿原则，作品创作过程不需要公开，且登记机关并不对著作权登记证书中的内容进行实质审查，因此当著作权登记时间晚于争议商标的申请注册日时，仅凭著作权登记证书不足以证明登记作者享有在先著作权，尚需提交其他的如在先完成、公开发表该作品等证据材料进一步证明作品的完成时间。本案中，赵某提交了涉诉花卉作品的创作手稿，与学生和同事讨论该创作手稿的邮件和在校刊上刊登该作品的样刊，作为证明其在A公司申请注册商标前已经拥有该作品著作权的证据。同样，A公司为证明自己的商标标志属于独创作品或A公司拥有该商标的著作权，也可以提供相应的商标设计委托合同、设计底稿、取得权利的合同等初步证据来证明。

综上，商标申请或注册不能证明著作权权属，本案中A公司的注册商标是否侵犯了赵某的著作权，并不能单纯依据商标公告、商标注册和著作权登记的时间来判断。因为如果A公司不曾接触过赵某的作品，而是“独立创作”的商标图案，那么即使与赵某的作品相似，则该商标图案和赵某作品各自均存在独立的著作权，A公司并不侵犯赵某的“在先权利”。

风险防范与建议

依照我国《商标法》第三十二条规定，如果一个作品被认定为构成了“在先权利”，其他人申请商标注册都不能侵害该在先著作权，该作品涉及的标识将可以在全部的45类商品及服务上获得保护。因此，在实践中，及时完整地收集和保全证明著作权归属的初步证据是著作权人降低侵权风险的有效方式。建议作者在创作作品的同时注重通过包括电子邮件、云证据等多种方式保存作品创作和完成的证据，以便在争议发生时能够证明自己拥有“在先权利”。

反之，对于商标注册申请人和商标权人，建议保留包括委托创作合同、许可使用合同、商标标志创作手稿等能够证明商标标志创作过程和著作权来源的证明材料，以便在出现争议时能够证明商标标志并未侵犯其他“在先权利”。

法条链接

《商标法》（2019 年修正）第三十二条 申请商标注册不得损害他人现有的在先权利，也不得以不正当手段抢先注册他人已经使用并有一定影响的商标。

《最高人民法院关于审理著作权民事纠纷案件适用法律若干问题的解释》（法释〔2002〕31 号）第七条 当事人提供的涉及著作权的底稿、原件、合法出版物、著作权登记证书、认证机构出具的证明、取得权利的合同等，可以作为证据。

在作品或者制品上署名的自然人、法人或者其他组织视为著作权、与著作权有关权益的权利人，但有相反证明的除外。

《最高人民法院关于审理商标授权确权行政案件若干问题的规定》（法释〔2017〕2 号）第十八条 商标法第三十二条规定的在先权利，包括当事人在诉争商标申请日之前享有的民事权利或者其他应予保护的合法权益。诉争商标核准注册时在先权利已不存在的，不影响诉争商标的注册。

第十九条 当事人主张诉争商标损害其在先著作权的，人民法院应当依照著作权法等相关规定，对所主张的客体是否构成作品、当事人是否为著作权人或者其他有权主张著作权的利害关系人以及诉争商标是否构成对著作权的侵害等进行审查。

商标标志构成受著作权法保护的作品的，当事人提供的涉及商标标志的设计底稿、原件、取得权利的合同、诉争商标申请日之前的著作权登记证书等，均可以作为证明著作权归属的初步证据。

商标公告、商标注册证等可以作为确定商标申请人为有权主张商标标志著作权的利害关系人的初步证据。

130. 如何认定保护作品完整权的侵权标准？

情景案例

《××幽默大师》是一本图文作品，由夏某和赵某合作创作，赵某将一些西方外文版的幽默文字翻译成中文，夏某根据译文负责漫画部分创作。该书于 2015 年出版。2017 年 9 月，夏某在某书店购买了甲杂志社出版的《今日关注》杂志。经比对，夏某发现《今日关注》杂志第 56 页《×××》文中使用了其在《××幽默大师》中创作的漫画，但删除了漫画原本配套的文字，配上了甲杂志社的文章。夏某认为，甲杂志社的行为侵害其《××幽默大师》保护作品完整权。此后，夏某多次与甲杂志社协商处理此事，但甲杂志社认为不存在侵权行为，改变文字也只是为了保持内容与漫画的协调性。夏某遂以甲杂志社侵害其保护作品完整权为由向法院提起诉讼。

请问：甲杂志社的行为是否侵害夏某的保护作品完整权？

案例分析

本案涉及的是如何认定侵犯保护作品完整权标准的问题。

我国《著作权法》第十条第四项规定，著作权包括下列人身权和财产权：(四) 保护作品完整权，即保护作品不受歪曲、篡改的权利。《著作权法》第十三条规定，两人以上合作创作的作品，著作权由合作作者共同享有。没有参加创作的人，不能成为合作作者。合作作品可以分割使用的，作者对各自创作的部分可以单独享有著作权，但行使著作权时不得侵犯合作作品整体的著作权。《著作权法》第四十七条第四项规定，有下列侵权行为的，应当根据情况，承担停止侵害、消除影响、赔礼道歉、赔偿损失等民事责任：(四) 歪曲、篡改他人作品的。

本案中，《××幽默大师》是由赵某翻译译文、夏某创作漫画构成的，属于合作作品。根据《著作权法》第十三条规定，两人以上合作创作的作品，著作权由合作作者共同享有。合作作品可以分割使用的，作品对各自创作的部分可以单独享有著作权。赵某和夏某合作的《××幽默大师》一书显然属于可以分割使用的合作作品，文字部分有完整的意思；漫画部分虽然是为了配合文字创作的，但其本身就是独立受著作权法保护的一幅完整的美术作品，可以分割使用。甲杂志社在使用过程中虽然删除了原漫画中的配套文字，但也仅是为了与漫画保持协调性，况且，甲杂志社所配文字本身并没有对夏某漫画的贬低和歪曲，故甲杂志社的使用并没有破坏夏某该幅漫画本身的完整性，也就没有侵犯夏某的保护作品完整权。

风险防范与建议

如何避免在使用作品过程中侵犯保护作品完整权呢？建议如下：

(1) 建议在使用的过程中注意作品的完整性、整体性，除非必要，尽量将作品完整使用。

(2) 建议在使用过程中，充分理解作品著作权人表现的思想、内容，如果违背作者意愿，擅自曲解、改编作品，就有可能破坏作品的完整，从而构成侵犯保护作品完整权。

法条链接

《著作权法》(2010 年修正) 第十条 著作权包括下列人身权和财产权：

(一) 发表权，即决定作品是否公之于众的权利；

（二）署名权，即表明作者身份，在作品上署名的权利；

（三）修改权，即修改或者授权他人修改作品的权利；

（四）保护作品完整权，即保护作品不受歪曲、篡改的权利；

（五）复制权，即以印刷、复印、拓印、录音、录像、翻录、翻拍等方式将作品制作一份或者多份的权利；

（六）发行权，即以出售或者赠与方式向公众提供作品的原件或者复制件的权利；

（七）出租权，即有偿许可他人临时使用电影作品和以类似摄制电影的方法创作的作品、计算机软件的权利，计算机软件不是出租的主要标的的除外；

（八）展览权，即公开陈列美术作品、摄影作品的原件或者复制件的权利；

（九）表演权，即公开表演作品，以及用各种手段公开播送作品的表演的权利；

（十）放映权，即通过放映机、幻灯机等技术设备公开再现美术、摄影、电影和以类似摄制电影的方法创作的作品等的权利；

（十一）广播权，即以无线方式公开广播或者传播作品，以有线传播或者转播的方式向公众传播广播的作品，以及通过扩音器或者其他传送符号、声音、图像的类似工具向公众传播广播的作品的权利；

（十二）信息网络传播权，即以有线或者无线方式向公众提供作品，使公众可以在其个人选定的时间和地点获得作品的权利；

（十三）摄制权，即以摄制电影或者以类似摄制电影的方法将作品固定在载体上的权利；

（十四）改编权，即改变作品，创作出具有独创性的新作品的权利；

（十五）翻译权，即将作品从一种语言文字转换成另一种语言文字的权利；

（十六）汇编权，即将作品或者作品的片段通过选择或者编排，汇集成新作品的权利；

（十七）应当由著作权人享有的其他权利。

著作权人可以许可他人行使前款第（五）项至第（十七）项规定的权利，并依照约定或者本法有关规定获得报酬。

著作权人可以全部或者部分转让本条第一款第（五）项至第（十七）项规定的权利，并依照约定或者本法有关规定获得报酬。

第十三条　两人以上合作创作的作品，著作权由合作作者共同享有。没有参加创作的人，不能成为合作作者。

合作作品可以分割使用的，作者对各自创作的部分可以单独享有著作权，但行使著作权时不得侵犯合作作品整体的著作权。

第四十七条　有下列侵权行为的，应当根据情况，承担停止侵害、消除影响、赔礼道歉、赔偿损失等民事责任：

（一）未经著作权人许可，发表其作品的；

（二）未经合作作者许可，将与他人合作创作的作品当作自己单独创作的作品发表的；

（三）没有参加创作，为谋取个人名利，在他人作品上署名的；

（四）歪曲、篡改他人作品的；

（五）剽窃他人作品的；

（六）未经著作权人许可，以展览、摄制电影和以类似摄制电影的方法使用作品，或者以改编、翻译、注释等方式使用作品的，本法另有规定的除外；

（七）使用他人作品，应当支付报酬而未支付的；

（八）未经电影作品和以类似摄制电影的方法创作的作品、计算机软件、录音录像制品的著作权人或者与著作权有关的权利人许可，出租其作品或者录音录像制品的，本法另有规定的除外；

（九）未经出版者许可，使用其出版的图书、期刊的版式设计的；

（十）未经表演者许可，从现场直播或者公开传送其现场表演，或者录制其表演的；

（十一）其他侵犯著作权以及与著作权有关的权益的行为。

131. PPT模板是否可以独立于PPT文件之外构成单独的作品，受著作权法保护？

情景案例

A公司系一家主要经营计算机软硬件及网络产品技术研发的公司。2017年9月，A公司与某政府部门签订了一份《PPT制作及服务协议》，协议约定A公司为该政府部门的专项座谈会提供PPT设计服务，相应知识产权归A公司所有。2017年10月，A公司按协议约定制作完成PPT并向该政府部门交付了相应稿件。B公司也是一家与A公司经营同类行业的公司，2018年3月，A公司发现B公司在其经营开办的网站中的“PPT案例展示”页面展示了一个PPT案例，而该PPT模板与其为政府部门设计的基本一致，尤其是在首页图片、背景图片内容以及整体布局、编排、插图方面基本相同。A公司认为B公司的行为已经侵犯了自己的著作权，要求B公司删除PPT案例，赔礼道歉，并赔偿损失。B公司却认为自己并未侵权，不同意A公司的说法。

请问，B公司的行为是否构成侵权？

案例分析

本案涉及的是擅自使用他人设计完成的PPT模板，是否构成侵权的问题。

我国《著作权法实施条例》第二条规定，著作权法所称作品，是指文学、艺术和科学领域内具有独创性并能以某种有形形式复制的智力成果。《著作权法》第十七条规定，受委托创作的作品，著作权的归属由委托人和受托人通过合同约定。合同未作明确约定或者没有订立合同的，著作权属于受托人。《著作权法》第四十八条第一项规定，有下列侵权行为的，应当根据情况，承担停止侵害、消除影响、赔礼道歉、赔偿损失等民事责任；同时损害公共利益的，可以由著作权行政管理部门责令停止侵权行为，没收违法所得，没收、销毁侵权复制品，并可处以罚款；情节严重的，著作权行政管理部门还可以没收主要用于制作侵权复制品的材料、工具、设备等；构成犯罪的，依法追究刑事责任：（一）未经著作权人许可，复制、发行、表演、放映、广播、汇编、通过信息网络向公众传播其作品的，本法另有规定的除外。

本案中，B公司擅自在其经营的网站上使用A公司设计完成的PPT模板，是否构成侵权的问题，主要要看已完成的PPT模板是否属于著作权法意义上的作品。从上述《著作权法实施条例》第二条规定的作品的定义来看，著作权法意义上的作品主要从独创性、表达性、可复制性三个方面来考量。PPT文件是通过特定的顺序排列、色彩组合、背景图片、动画效果将特定的文字、图片、影音等素材进行综合展现，即将素材内容“镶嵌”到模板之中形成一个完整的PPT文件，具有独创性。PPT模板本身在很大程度上就是对素材内容的一种表达形式，具有表达性。PPT模板可通过多种方式进行复制，如拷贝或者打印等，具有可复制性。故，PPT模板符合著作权法意义上作品的独创性、表达性、可复制性要求，应当是著作权法保护的客体。A公司完成的PPT是委托作品，根据《著作权法》第十七条规定，委托作品的著作权归属由委托人和受托人通过合同约定，本案中A公司和政府部门已在《PPT制作及服务协议》约定，相应知识产权由A公司所有，即A公司是该PPT的著作权人。B公司在未经A公司许可的情况下，将PPT置于经营的网站上，通过信息网络向公众传播，B公司的行为已违反了《著作权法》第四十八条第一项的规定，应当依法承担侵权责任。

风险防范与建议

企业如何正确、合法使用他人已发表的作品呢？建议如下：

（1）建议企业在使用前，除合理使用和法定许可情况外，均要取得著作权人的书面授权，并明确授权范围，且一定须在授权范围内使用该作品。

（2）建议企业加强内部员工的著作权法律意识。

法条链接

《著作权法实施条例》（2013 年修订）第二条　著作权法所称作品，是指文学、艺术和科学领域内具有独创性并能以某种有形形式复制的智力成果。

《著作权法》（2010 年修正）第十七条　受委托创作的作品，著作权的归属由委托人和受托人通过合同约定。合同未作明确约定或者没有订立合同的，著作权属于受托人。

第四十八条　有下列侵权行为的，应当根据情况，承担停止侵害、消除影响、赔礼道歉、赔偿损失等民事责任；同时损害公共利益的，可以由著作权行政管理部门责令停止侵权行为，没收违法所得，没收、销毁侵权复制品，并可处以罚款；情节严重的，著作权行政管理部门还可以没收主要用于制作侵权复制品的材料、工具、设备等；构成犯罪的，依法追究刑事责任：

（一）未经著作权人许可，复制、发行、表演、放映、广播、汇编、通过信息网络向公众传播其作品的，本法另有规定的除外；

（二）出版他人享有专有出版权的图书的；

（三）未经表演者许可，复制、发行录有其表演的录音录像制品，或者通过信息网络向公众传播其表演的，本法另有规定的除外；

（四）未经录音录像制作者许可，复制、发行、通过信息网络向公众传播其制作的录音录像制品的，本法另有规定的除外；

（五）未经许可，播放或者复制广播、电视的，本法另有规定的除外；

（六）未经著作权人或者与著作权有关的权利人许可，故意避开或者破坏权利人为其作品、录音录像制品等采取的保护著作权或者与著作权有关的权利的技术措施的，法律、行政法规另有规定的除外；

（七）未经著作权人或者与著作权有关的权利人许可，故意删除或者改变作品、录音录像制品等的权利管理电子信息的，法律、行政法规另有规定的除外；

（八）制作、出售假冒他人署名的作品的。

132. 购物广场播放未经授权的背景音乐，是否构成侵权？

情景案例

A 商场为营造舒适的购物、消费气氛，每天都会在商场内播放背景音乐。B 公司是一家唱片公司，位于北京。2017 年 9 月，B 公司委托律师向 A 商场发送一份律师函，要求 A 商场补交 B 公司拥有的音乐作品《红 ×》《好 ×》的著作权使用费 2 万元。随后，B 公司与 A 商场进行多次交涉，但 A 商场仍拒绝解决著作权授权使用问题。鉴于该情况，B 公司决定起诉 A 商场，请求法院判令 A 商场立即停止侵权，并赔偿其经济损失 2 万元。

请问：A 商场播放未经授权的背景音乐，是否构成侵权？

案例分析

本案涉及商家未经授权将音乐用作商业用途是否构成版权侵权的问题。

我国《著作权法》第十条第九款规定，著作权包括表演权，即公开表演作品，以及用各种手段公开播送作品的表演的权利。表演包括现场表演和机械表演，其中机械表演是指运用唱片、光盘等物质载体形式，向公众传播被记录下来的表演的行为。A 商场播放音乐作品的行为属于机械表演。A 商场播放背景音乐，虽然没有直接向消费者收费，但在客观上成为吸引消费者的一种手段，本质上已经带有商业性质，故 A 商场播放音乐应得到著作权人的许可，并向他们支付相应的报酬。因此，A 商场未经授权将 B 公司拥有著作权的音乐用作商业用途播放的行为构成侵权。

风险防范与建议

经营者如何在不构成版权侵权的情况下播放背景音乐呢？建议如下：

（1）采购公播音乐。公播音乐，是指某特定主体已向著作权人取得许可并支付费用的音乐库。经营者只要每年向公播音乐公司支付一定的费用，就可以使用公播歌单在经营场所内进行商业播放，不会构成侵权，也不需要考虑背后复杂的版权。

（2）通过音乐著作权集体管理组织获得表演权许可。获得著作权集体管理组织（如中国音乐著作权协会）的表演权许可，是营业场所合法播放背景音乐、避免法律风险的重要保障。

（3）直接从著作权人处获取授权。经营者也可以绕开公播音乐或者音乐著作权协会直接联系到音乐的著作权人获得授权，这也是一种可行的方式。在条件允许以及渠道允许的情况下，经营者可以与多位著作权人签订授权合同，取得著作权人专辑或音乐合集的授权。

法条链接

《著作权法》（2010 年修正）第十条 著作权包括下列人身权和财产权：

（一）发表权，即决定作品是否公之于众的权利；

（二）署名权，即表明作者身份，在作品上署名的权利；

（三）修改权，即修改或者授权他人修改作品的权利；

（四）保护作品完整权，即保护作品不受歪曲、篡改的权利；

（五）复制权，即以印刷、复印、拓印、录音、录像、翻录、翻拍等方式将作品制作一份或者多份的权利；

（六）发行权，即以出售或者赠与方式向公众提供作品的原件或者复制件的权利；

（七）出租权，即有偿许可他人临时使用电影作品和以类似摄制电影的方法创作的作品、计算机软件的权利，计算机软件不是出租的主要标的的除外；

（八）展览权，即公开陈列美术作品、摄影作品的原件或者复制件的权利；

（九）表演权，即公开表演作品，以及用各种手段公开播送作品的表演的权利；

（十）放映权，即通过放映机、幻灯机等技术设备公开再现美术、摄影、电影和以类似摄制电影的方法创作的作品等的权利；

（十一）广播权，即以无线方式公开广播或者传播作品，以有线传播或者转播的方式向公众传播广播的作品，以及通过扩音器或者其他传送符号、声音、图像的类似工具向公众传播广播的作品的权利；

（十二）信息网络传播权，即以有线或者无线方式向公众提供作品，使公众可以在其个人选定的时间和地点获得作品的权利；

（十三）摄制权，即以摄制电影或者以类似摄制电影的方法将作品固定在载体上的权利；

（十四）改编权，即改变作品，创作出具有独创性的新作品的权利；

（十五）翻译权，即将作品从一种语言文字转换成另一种语言文字的权利；

（十六）汇编权，即将作品或者作品的片段通过选择或者编排，汇集成新作品的权利；

（十七）应当由著作权人享有的其他权利。

著作权人可以许可他人行使前款第（五）项至第（十七）项规定的权利，并依照约定或者本法有关规定获得报酬。

著作权人可以全部或者部分转让本条第一款第（五）项至第（十七）项规定的权利，并依照约定或者本法有关规定获得报酬。

第四十八条　有下列侵权行为的，应当根据情况，承担停止侵害、消除影响、赔礼道歉、赔偿损失等民事责任；同时损害公共利益的，可以由著作权行政管理部门责令停止侵权行为，没收违法所得，没收、销毁侵权复制品，并可处以罚款；情节严重的，著作权行政管理部门还可以没收主要用于制作侵权复制品的材料、工具、设备等；构成犯罪的，依法追究刑事责任：

（一）未经著作权人许可，复制、发行、表演、放映、广播、汇编、通过信息网络向公众传播其作品的，本法另有规定的除外；

（二）出版他人享有专有出版权的图书的；

（三）未经表演者许可，复制、发行录有其表演的录音录像制品，或者通过信息网络向公众传播其表演的，本法另有规定的除外；

（四）未经录音录像制作者许可，复制、发行、通过信息网络向公众传播其制作的录音录像制品的，本法另有规定的除外；

（五）未经许可，播放或者复制广播、电视的，本法另有规定的除外；

（六）未经著作权人或者与著作权有关的权利人许可，故意避开或者破坏权利人为其作品、录音录像制品等采取的保护著作权或者与著作权有关的权利的技术措施的，法律、行政法规另有规定的除外；

（七）未经著作权人或者与著作权有关的权利人许可，故意删除或者改变作品、录音录像制品等的权利管理电子信息的，法律、行政法规另有规定的除外；

（八）制作、出售假冒他人署名的作品的。

133. 网络游戏公司在网站上运营含有他人著作权元素的游戏，是否应承担侵权责任？

情景案例

A公司和B公司均是业内小有名气的手机游戏开发商。2016年1月A公司组织员工创作出了“阿瞄”动漫卡通形象，以及以“阿瞄”形象为主角的若干手机游戏，受到玩家追捧，A公司为此办理了著作权登记。2016年6月，A公司发现B公司在其运营的C网站上向公众传播含“阿瞄”系列美术作品的其他非A公司制作的手机游戏《阿瞄寻宝跑跳》《天天连萌阿瞄》《会说话的宠物阿瞄》等共计11款手机游戏，认为B公司侵犯了A公司的复制权和信息网络传播权，于是向法院提起诉讼要求B公司停止侵权，赔礼道歉并赔偿合理支出和各项损失。B公司则认为A公司不是“阿瞄”的作者，而且自己只是网络服务提供商，涉案游戏是通过技术设定的“抓包”方式自动获取并存储的，自己并不明知也不应知，而且游戏本身是免费玩的，自己没有收入，故不同意承担赔偿责任。

请问，A公司的请求能得到法院的支持吗？

案例分析

本案涉及职务作品中作者的认定，以及网络游戏运营平台对于平台服务器中存储的游戏侵犯他人著作权是否应承担赔偿责任的问题。

根据我国《著作权法》第十一条规定，由法人或者其他组织主持，代表法人或者其他组织意志创作，并由法人或者其他组织承担责任的作品，法人或者其他组织视为作者。当事人提供的涉及著作权的底稿、原件、合法出版物、著作权登记证书、认证机构出具的证明、取得权利的合同等，可以作为证据。本案中A公司已提供相应的版权登记证书，在无相反证据足以推翻的情况下，法院可以确认A公司系“阿瞄”卡通形象的著作权人。他人未经A公司许可，将“阿瞄”作品用于手机游戏创作，在创作的过程中不可避免会对“阿瞄”的形象姿态进行一定的修改，侵犯了A公司的署名权、修改权、保护作品完整权、复制权、信息网络传播权等多种权利，故这些游戏是侵权作品。

B公司作为专业的手机游戏开发商应当明知“阿瞄”系同行A公司的作品，仍然放任他人上传涉嫌侵权作品，具有过错。此外，B公司承认侵权游戏直接存储在B公司运营的C网站服务器上，B公司提供的并非搜索或链接服务，而是直接提供了侵权作品；游戏本身虽然是免费的，但是按照目前游戏行业的惯例，用户玩手机游戏会使用流量而产生计费，网站与电信营运商之间会进行分成，故B公司实际上有所获利，况且B公司还因此获得了更多的用户流量和市场占有率。故B公司的行为不符合“避风港”的免责条件。

综上，A公司的请求可以得到法院的支持。

风险防范与建议

“阿瞄”形象是A公司主持，代表A公司法人的意志创作而成的，并由A公司对外承担责任，A公司应当视为作者。但如果A公司没有及时进行版权登记作为初步证据，则在本次诉讼中可能要提供大量的原始组织创作痕迹作为证据，无疑将浪费大量时间和费用成本。A公司的登记行为帮助自己在维权道路上节省了大量提供组织原始创作痕迹作为证据的时间和成本，值得提倡。

B公司作为专业的游戏运营网站，应当对具备一定知名度的游戏以及其中的角色形象保持合理的注意，以免存储了他人上传的涉嫌侵权的作品。万一已经被上传而存诸，或者存储了不那么知名的侵权游戏作品，都应当在收到权利人的侵权通知后，立即删除涉嫌侵权的作品，或者断开与涉嫌侵权的作品的链接，并同时将权利人的通知书转送给上传侵权作品的“网友”，以避免侵权后果的进一步扩大。

法条链接

《著作权法》（2010年修正）第十条　著作权包括下列人身权和财产权：

（一）发表权，即决定作品是否公之于众的权利；

（二）署名权，即表明作者身份，在作品上署名的权利；

（三）修改权，即修改或者授权他人修改作品的权利；

（四）保护作品完整权，即保护作品不受歪曲、篡改的权利；

（五）复制权，即以印刷、复印、拓印、录音、录像、翻录、翻拍等方式将作品制作一份或者多份的权利；

（六）发行权，即以出售或者赠与方式向公众提供作品的原件或者复制件的权利；

（七）出租权，即有偿许可他人临时使用电影作品和以类似摄制电影的方法创作的作品、计算机软件的权利，计算机软件不是出租的主要标的的除外；

（八）展览权，即公开陈列美术作品、摄影作品的原件或者复制件的权利；

（九）表演权，即公开表演作品，以及用各种手段公开播送作品的表演的权利；

（十）放映权，即通过放映机、幻灯机等技术设备公开再现美术、摄影、电影和以类似摄制电影的方法创作的作品等的权利；

（十一）广播权，即以无线方式公开广播或者传播作品，以有线传播或者转播的方式向公众传播广播的作品，以及通过扩音器或者其他传送符号、声音、图像的类似工具向公众传播广播的作品的权利；

（十二）信息网络传播权，即以有线或者无线方式向公众提供作品，使公众可以在其个人选定的时间和地点获得作品的权利；

（十三）摄制权，即以摄制电影或者以类似摄制电影的方法将作品固定在载体上的权利；

（十四）改编权，即改变作品，创作出具有独创性的新作品的权利；

（十五）翻译权，即将作品从一种语言文字转换成另一种语言文字的权利；

（十六）汇编权，即将作品或者作品的片段通过选择或者编排，汇集成新作品的权利；

（十七）应当由著作权人享有的其他权利。

著作权人可以许可他人行使前款第（五）项至第（十七）项规定的权利，并依照约定或者本法有关规定获得报酬。

著作权人可以全部或者部分转让本条第一款第（五）项至第（十七）项规定的权利，并依照约定或者本法有关规定获得报酬。

第十一条 著作权属于作者，本法另有规定的除外。

创作作品的公民是作者。

由法人或者其他组织主持，代表法人或者其他组织意志创作，并由法人或者其他组织承担责任的作品，法人或者其他组织视为作者。

如无相反证明，在作品上署名的公民、法人或者其他组织为作者。

《信息网络传播权保护条例》第二条 权利人享有的信息网络传播权受著作权法和本条例保护。除法律、行政法规另有规定的外，任何组织或者个人将他人的作品、表演、录音录像制品通过信息网络向公众提供，应当取得权利人许可，并支付报酬。

第二十二条　网络服务提供者为服务对象提供信息存储空间，供服务对象通过信息网络向公众提供作品、表演、录音录像制品，并具备下列条件的，不承担赔偿责任：

（一）明确标示该信息存储空间是为服务对象所提供，并公开网络服务提供者的名称、联系人、网络地址；

（二）未改变服务对象所提供的作品、表演、录音录像制品；

（三）不知道也没有合理的理由应当知道服务对象提供的作品、表演、录音录像制品侵权；

（四）未从服务对象提供作品、表演、录音录像制品中直接获得经济利益；

（五）在接到权利人的通知书后，根据本条例规定删除权利人认为侵权的作品、表演、录音录像制品。

第二十三条　网络服务提供者为服务对象提供搜索或者链接服务，在接到权利人的通知书后，根据本条例规定断开与侵权的作品、表演、录音录像制品的链接的，不承担赔偿责任；但是，明知或者应知所链接的作品、表演、录音录像制品侵权的，应当承担共同侵权责任。

134. 影视作品权利人当然地对影视人物形象享有著作权吗？

情景案例

2015年，A公司摄制完成了《××童话镇》动画影视作品并上映，该影视作品中由吴某创作、设计并塑造的“花仙子”人物形象，特征明显，能够轻易与其他同类人物形象做出区分，深受观众喜爱。B公司是一家玩具制造公司，2016年2月，A公司与B公司签署授权证明，授权B公司将该动画影视作品中的“花仙子”人物形象在其销售的玩具包装盒上作为商品包装装潢使用，B公司向A公司支付高额的授权费。2016年8月，经B公司使用“花仙子”包装的玩具一经出售，立马抢空。

2016年12月，吴某得知自己设计的“花仙子”形象被B公司擅自使用，认为B公司侵犯了他的著作权，要求B公司给予赔偿。B公司随后回应，其获得了A公司的合法授权，使用该形象作为玩具包装装潢是合法行为，并未侵犯吴某的权益。吴某与B公司协商无果后，遂将B公司起诉至法院，要求其赔偿损失5万元，并公开赔礼道歉。

请问：A公司是否当然地对影视作品中的“花仙子”这一人物形象享有著作权？

案例分析

本案涉及的是影视作品的著作权人是否也必然对影视人物形象享有著作权的问题。

我国《著作权法》第十五条第一款规定，电影作品和以类似摄制电影的方法创作的作品的著作权由制片者享有；第二款规定，电影作品和以类似摄制电影的方法创作的作品中的剧本、音乐等可以单独使用的作品的作者有权单独行使其著作权。从上述法律条款可知，电影、电视剧、动画等影视作品的著作权归制片人所有，而该著作权指的是影视作品整体的著作权。而影视作品中能够单独使用的剧本、音乐等作品的著作权由相应的作者享有，并非制片人完全享有。事实上，按照著作权的一般理论，任何满足下列条件的作品，都可以作为著作权的客体加以保护：必须是人类的智力成果；必须是能够被他人客观感知的外在表达；外在表达必须具有独创性。因此，只要影视作品中的角色形象满足了上述三个标准的，就能成为著作权法上的客体，由其作者直接享有著作权。

本案中，A 公司对其摄制完成的动画影视作品《××童话镇》毫无疑问地享有著作权。而吴某创作、设计的“花仙子”这一人物形象，系吴某的智力成果，能够轻易与其他同类人物形象做区分，并为大众所喜欢，满足了著作权中作品的“独创性”及“能够被他人感知”的条件，符合著作权法上作品的客观要求。B 公司将“花仙子”这一形象用于玩具包装上，进一步说明其可以被单独使用，构成独立于《××童话镇》，可以单独使用的作品。故“花仙子”这一影视人物形象的著作权由吴某享有。A 公司不享有“花仙子”的著作权，其无权授权 B 公司使用这一人物形象。A 公司、B 公司的行为已侵犯了吴某的著作权，吴某有权追究 A 公司、B 公司的侵权责任。

风险防范与建议

影视公司该如何保护影视作品的著作权？建议如下：

（1）建议影视公司在制作影视作品前应加强对原有作品或剧本的版权审查。影视公司在签订剧本版权转让合同或剧本委托创作合同前，应当谨慎审查原有作品或剧本的版权权属是否明确，如存在多次交易的，应注意审查版权链是否完整、清晰，审查相关在先合同、授权书、版权登记证书等文件的真实性，以保证剧本版权无瑕疵。

（2）建议影视公司加强内部工作人员的知识产权保护意识，既可以规范影视作品著作权的使用，又可以降低侵权风险。

法条链接

《著作权法》（2010 年修正）第十五条 电影作品和以类似摄制电影的方法创

作的作品的著作权由制片者享有，但编剧、导演、摄影、作词、作曲等作者享有署名权，并有权按照与制片者签订的合同获得报酬。

电影作品和以类似摄制电影的方法创作的作品中的剧本、音乐等可以单独使用的作品的作者有权单独行使其著作权。

三、著作权效力

135. 某电影的名称新颖，具有独特的含义，并且社会知名度高，此电影名称受《著作权法》保护吗?

情景案例

电影《三只浣熊》是A文化传播有限公司发行的音像制品，自发行上映以来票房持续高涨，是近年来难得的制作精良的电影，屡屡获奖。该电影上映期间，某动漫公司将“三只浣熊”注册为商标。A公司认为动漫公司侵犯了自己的著作权，因此，A公司向法院起诉，要求动漫公司停止侵权。

请问：A公司的请求能得到法院支持吗?

案例分析

本案涉及电影名称是否受《著作权法》保护的问题。

我国《著作权法》保护的是作品。电影名称《三只浣熊》是否受法律保护，要看其是否具备单独成为一部独立完整的作品应当具备的要素。《著作权法实施条例》第二条规定，著作权法所称作品，是指文学、艺术和科学领域内具有独创性并能以某种有形形式复制的智力成果。因此，一部受著作权法保护的独立完整的作品，应当具备两个方面的要素：一是能独立表达意见、知识、思想、感情等内容；二是具有独创性。电影《三只浣熊》是一部完整的文学作品，但“三只浣熊”一词并不具备一部完整的文学作品应当具备的要素。首先，“三只”和“浣熊”，其文字上不能独立表达意见、知识、思想、感情等内容；其次，电影名称“三只浣熊”，是两个公有领域词语“三只”与“浣熊”的简单叠加，并不具有独创性。因此，“三只浣熊”一词只有与作品内容一起共同构成一部完整的文字作品。国家版权局《关于作品标题是否受著作权保护的答复》中认为：“作品的标题宜由反不正当竞争法保护，而不宜由著作权法保护。这样，不管标题是否具有独创性，只要被他人用于商业目的，都有可能寻求法律援助。”《著作权法》第十条对著作权所包括的人身权和财产权作了列举式规定，即发表权、署名权、修改权、保护作品完整权等一共十七项；第四十七条、第四十八条又列举规定了著作权侵权行为的各种表现形式。无论从A公司权利的角度考查还是从著作权侵权行为表现形式的角度考查，动漫公司将“三只浣熊”注册成商标的行为都不损害A

公司著作权中任何一项人身权或财产权，也不妨碍A公司行使其著作权。因此，A公司的请求不能得到法院的支持。

风险防范与建议

企业该如何保护电影名称的相关权益呢？建议如下：

（1）选择电影名称要具有显著性。如果电影想要成为著名知识产权并且开发周边衍生品的话，电影名称的选取一定要仔细斟酌，要具有显著性，否则很难获得商标注册登记，进而获得商标法的保护。

（2）电影立项后立即就电影名称注册相关商标。许多电影在立项后往往忽视对电影名称进行商标注册，一般会集中对电影中的美术作品进行著作权登记，但是当电影上映后，抢注商标的行为就会层出不穷，这时再注册为时已晚。此外，在确定电影名称后一定要用保密协议约束相关保密义务人员以防相关信息泄露。

（3）结合电影名称设计美术作品并进行著作权登记。相关人员在设计相关美术作品时，一定要把电影名称加入进去，这样后期如果开发同主题的服装等衍生品时，还可以获得著作权法的保护。

法条链接

《著作权法实施条例》（2013年修订）第二条　著作权法所称作品，是指文学、艺术和科学领域内具有独创性并能以某种有形形式复制的智力成果。

136. 装帧设计能否作为版式设计受到《著作权法》保护？

情景案例

2011年1月，A出版社出版了《安徒生童话》一书（以下简称A版书），并在版权页署名为“装帧设计：A出版社”。该书版式设计汇集了字母组合、卡通绘画、中括号、彩色水印等多种设计元素，并对不同元素进行了特定的组合及搭配，其中封面采用左右结构的图文搭配形式，文字在右占1/3，美术绘画在左占2/3。

2013年4月，A出版社发现B出版社也出版了《安徒生童话》一书（以下简称B版书），不但封面与A版书极为相似，其在章节标题、每章故事正文的第一个字采用彩色放大印刷、奇偶数页码标注位置、每页外侧边缘均有竖排彩色水印和半圆彩色美术绘画，水印紧贴页面外侧边缘呈均匀分布状，美术绘画位置基本与A版书相同。在B版书的版权页署名为B出版社。A出版社遂主张B出版社侵害其版式设计权，请求法院判令B出版社停止侵权并赔偿损失。B出版社则认为A出版社仅署名为装帧设计者，而《著作权法》中并无“装帧设计”的定义，装帧设计不是版式设计；前述所有元素均不具有独创性，系公有领域里已有的元素，两书相似纯属巧合，自己的行为不构成侵权。

请问：A 出版社的主张能否得到法院的支持？

案例分析

本案涉及封面装帧设计是否属于版式设计，能否受到《著作权法》保护的问题。

我国《著作权法》第三十六条规定了“版式设计”作为邻接权的一种，但并未对“版式设计”下定义，而且也没有关于“装帧设计”的规定。在实践中，“装帧设计”往往与“版式设计”混同使用，甚至还存在除此之外的多种说法，如“封面装帧”“整体设计”等。概念使用的不规范和不统一，往往导致理解上的误差。本案中，B 出版社的抗辩就是想利用这一点。理论界通常认同版式设计是指由文字排列的顺序、字体及其他排版材料的选用、行间和段间的空距、版面的布局等因素构成的印刷物的总体，此处的总体显然包括了印刷物的封面。虽然 A 版书的版权页注明的是“装帧设计：A 出版社”，但前述行业习惯称呼以及 A 版书确由 A 出版社单独设计制作，而 B 出版社又不能提供相关证据证明 A 版书的版式设计另有其人，因此法院可以认定 A 出版社是 A 版书的版式设计人，享有版式设计权。

此外，A 出版社的版式设计既美化了版面、体现了视觉效果，又提高了传达信息的功能，具有较强的个性化色彩，体现了其设计者的独特构思以及取舍、选择和编排，应受我国著作权法保护。因此，A 出版社的主张可以得到法院认可。

风险防范与建议

A 出版社由于没有在 A 版书的版权页上使用规范的法律概念，将“版式设计”写成“装帧设计”差点导致无“权”可维的风险，因此建议如下：

（1）出版社作为专业的出版机构，应当严谨规范使用法律用语，不要随心所欲或者赶时髦创设权利、创造名词，给自己的维权制造不必要的障碍。

（2）对于自行创作或合法取得的版式设计及早进行著作权登记，以便取得著作权人的初步证据。

法条链接

《著作权法》（2010 年修正）第三十六条 出版者有权许可或者禁止他人使用其出版的图书、期刊的版式设计。

前款规定的权利的保护期为十年，截止于使用该版式设计的图书、期刊首次出版后第十年的 12 月 31 日。

第四十八条　有下列侵权行为的，应当根据情况，承担停止侵害、消除影响、赔礼道歉、赔偿损失等民事责任；同时损害公共利益的，可以由著作权行政管理部门责令停止侵权行为，没收违法所得，没收、销毁侵权复制品，并可处以罚款；情节严重的，著作权行政管理部门还可以没收主要用于制作侵权复制品的材料、工具、设备等；构成犯罪的，依法追究刑事责任：

（一）未经著作权人许可，复制、发行、表演、放映、广播、汇编、通过信息网络向公众传播其作品的，本法另有规定的除外；

（二）出版他人享有专有出版权的图书的；

（三）未经表演者许可，复制、发行录有其表演的录音录像制品，或者通过信息网络向公众传播其表演的，本法另有规定的除外；

（四）未经录音录像制作者许可，复制、发行、通过信息网络向公众传播其制作的录音录像制品的，本法另有规定的除外；

（五）未经许可，播放或者复制广播、电视的，本法另有规定的除外；

（六）未经著作权人或者与著作权有关的权利人许可，故意避开或者破坏权利人为其作品、录音录像制品等采取的保护著作权或者与著作权有关的权利的技术措施的，法律、行政法规另有规定的除外；

（七）未经著作权人或者与著作权有关的权利人许可，故意删除或者改变作品、录音录像制品等的权利管理电子信息的，法律、行政法规另有规定的除外；

（八）制作、出售假冒他人署名的作品的。

137. 绘画手法受《著作权法》保护吗？

情景案例

原告郑某诉至法院称其独创出一种用变形文字作画的绘画手法，其命名为“独创模式文字画”。郑某采用此绘画手法陆续创作了部分美术作品并公开发表。数年后，郑某偶然在网络上发现绘画大师吴某在作品创作中使用了该绘画手法。不仅如此，网上还宣称该手法是吴某独创的。郑某认为，吴某的作品已经构成了对其作品的抄袭，故诉至法院，请求法院判令吴某就剽窃郑某作品并宣称独创一事在指定媒体上公开赔礼道歉。

请问：郑某的请求能否得到法院的支持？

案例分析

本案涉及绘画手法是否受《著作权法》保护，即权利人主张权利的客体是否构成《著作权法》的保护对象。

根据我国《著作权法实施条例》第二条规定，著作权法所称作品，是指文学、艺术和科学领域内具有独创性并能以某种有形形式复制的智力成果。据此，著作权法所保护的应当是“表达”而不是“思想”或“方法”，著作权人不能阻止他人使用其作品中所反映出的思想或信息或方法。就美术作品而言，保护范围仅限于美术作品本身而不能任意扩大到思想、方法、创作观念。郑某认为被“剽窃”的绘画手法属于抽象的主观范畴，不在《著作权法》的保护范围之内，不构成《著作权法》的保护对象。此外，变形文字作画这种创作观念和手法古今中外已有多人使用过，也并非郑某的“独创”手法。

因此，郑某的请求经过两审均未得到法院支持。

风险防范与建议

如认为对方侵犯了自身的著作权，首先要弄清楚此权利是否属于《著作权法》保护的客体。《著作权法》只保护“表达”，而不是“思想”或“方法”。本案的绘画手法属于“方法”，不在《著作权法》的保护范围之内，郑某可将其绘画成的作品本身申请著作权保护。郑某贸然起诉，浪费了时间和精力。建议有意通过诉讼维权的当事人在起诉前先咨询专业的律师，而不要在激愤之下，根据自己对法律想当然的理解匆忙起诉。

法条链接

《著作权法》（2010 年修正）第一条 为保护文学、艺术和科学作品作者的著作权，以及与著作权有关的权益，鼓励有益于社会主义精神文明、物质文明建设的作品的创作和传播，促进社会主义文化和科学事业的发展与繁荣，根据宪法制定本法。

第三条 本法所称的作品，包括以下列形式创作的文学、艺术和自然科学、社会科学、工程技术等作品：

（一）文字作品；

（二）口述作品；

（三）音乐、戏剧、曲艺、舞蹈、杂技艺术作品；

（四）美术、建筑作品；

（五）摄影作品；

（六）电影作品和以类似摄制电影的方法创作的作品；

（七）工程设计图、产品设计图、地图、示意图等图形作品和模型作品；

（八）计算机软件；

（九）法律、行政法规规定的其他作品。

《著作权法实施条例》（2013 年修订）第二条 著作权法所称作品，是指文学、艺术和科学领域内具有独创性并能以某种有形形式复制的智力成果。

138. 专利申请文件是否享有著作权?

情景案例

徐某系A实用新型技术的发明人，其自行撰写的A技术专利申请文件于2014年2月2日公开，包括权利要求书、专利说明书及徐某亲手绘制的说明书附图。2016年4月，徐某在做检索时偶然发现张某申请了一个名称为B的实用新型技术专利，其公开的权利要求书、专利说明书及附图与徐某撰写的A技术的申请文件相同比例高达90%。徐某认为，张某的行为在侵害其专利权之余还侵害了其文字作品的著作权，遂向法院提起诉讼，要求张某停止著作权侵权行为，赔礼道歉并赔偿损失。

请问，徐某的请求能得到法院的支持吗?

案例分析

本案涉及专利申请文件是否受《著作权法》保护的问题。

有人认为，根据我国《著作权法》第五条规定：本法不适用于：（一）法律、法规，国家机关的决议、决定、命令和其他具有立法、行政、司法性质的文件，及其官方正式译文；而专利申请一旦被授权公开，则申请文件将作为政府公布的行政性文件的附件，故不应受《著作权法》保护。这个观点似是而非，因为专利申请文件并非由行政机关制作，并不是授权文件本身。而且对于大部分技术的专利说明书而言，其表达都不会是“唯一性表达”或“有限表达”，即不同的申请文件撰写人完全可以用各自不同的语言风格、遣词造句描绘近似或相同的技术，尤其是“所要解决的技术问题”“所采用的技术方案及有益效果”“具体实施例”部分。可以说专利说明书不仅承载了发明人的技术特征，还包含文件撰写者（可以是或不是发明人本人）的撰写技巧、习惯、文学修养等。正因为如此，实践中部分法院认可专利说明书享有著作权。例如，在本案例中法院就指出，从涉案专利说明书的表达来看，至少有两部分内容具有独创性：一是具有新颖性的技术方案表达；二是对专利中技术效果、背景技术等的介绍和描述，涉及用词的选择、语句的排列、描写的润色等。涉案专利说明书在表达上具有一定的创作空间，不同撰写人撰写而成的专利说明书具有个性化特色。因此，涉案专利说明书具有独创性，属于我国著作权法保护的（文字）作品。因此，法院支持了徐某的请求。

风险防范与建议

抛开本案中张某的发明与徐某实质性相同，假如张某的技术确有新颖性、创造性，但由于张某抄袭了徐某的申请文件而构成著作权侵权，被判令“停止使用”，无疑将给张某的技术获得授权以及进入市场造成极大障碍。因此，建议发明人如果自己没有撰写能力或没有把握，最好寻求专利代理师或专利律师的帮助，切勿因申请文件撰写不当而导致技术的浪费，因小失大。

法条链接

《著作权法》（2010 年修正）第三条 本法所称的作品，包括以下列形式创作的文学、艺术和自然科学、社会科学、工程技术等作品：

（一）文字作品；

（二）口述作品；

（三）音乐、戏剧、曲艺、舞蹈、杂技艺术作品；

（四）美术、建筑作品；

（五）摄影作品；

（六）电影作品和以类似摄制电影的方法创作的作品；

（七）工程设计图、产品设计图、地图、示意图等图形作品和模型作品；

（八）计算机软件；

（九）法律、行政法规规定的其他作品。

第五条 本法不适用于：

（一）法律、法规，国家机关的决议、决定、命令和其他具有立法、行政、司法性质的文件，及其官方正式译文；

（二）时事新闻；

（三）历法、通用数表、通用表格和公式。

四、著作权侵权

139. 在互联网上转载其他网站已发表的作品，是否构成侵权？

情景案例

A公司是一家医疗器械公司。2016年8月，A公司在官方网站上发表一篇关于“我国医疗器械行业发展趋势与机遇分析”的文章，为防止文章被他人转载或模仿，A公司在文章下方注明了“版权所有，请勿转载”。2016年9月，B公司在未经A公司同意的情况下，擅自将文章转载到B公司官方微信公众号上，阅读量达8万多次。A公司认为，B公司在未经授权的情况下转发A公司文章，是侵权行为，要承担相应法律责任。在与B公司协商无果的情况下，A公司遂将B公司起诉至法院，要求其公开赔礼道歉并支付5000元稿费。

请问：B公司的行为构成侵权吗？

案例分析

本案涉及互联网媒体相互之间转载已经发表的作品是否侵犯著作权的问题。

根据我国《著作权法》第二十二条规定，在下列情况下使用作品，可以不经著作权人许可，不向其支付报酬，但应当指明作者姓名、作品名称，并且不得侵犯著作权人依照本法享有的其他权利，其中第四种情形是：报纸、期刊、广播电台、电视台等媒体刊登或者播放其他报纸、期刊、广播电台、电视台等媒体已经发表的关于政治、经济、宗教问题的时事性文章，但作者声明不许刊登、播放的除外；以及《著作权法》第三十三条第二款规定，作品刊登后，除著作权人声明不得转载、摘编的外，其他报刊可以转载或者作为文摘、资料刊登，但应当按照规定向著作权人支付报酬。

本案中，A公司已经在文章下方注明了“请勿转载”，而B公司“选择性看不见”，仍然未经A公司许可就将文章转载到自己的官网上，也未向A公司支付报酬，明显不属于《著作权法》中前述“合理使用”的范畴。

需要特别说明的是，对于在互联网媒体上的转载行为我国还有专门的规定，即《国家版权局办公厅关于规范网络转载版权秩序的通知》（国版办发〔2015〕3号文），相比前述传统媒体（报纸、期刊等）而言，对互联网媒体的转载规定更为严格。其中第二条规定，报刊单位之间相互转载已经刊登的作品，适用《著作权法》第三十三条第二款的规定，即作品刊登后，除著作权人声明不得转载、摘编的外，其他报刊可以转载或者作为文摘、资料刊登，但应当按照规定向著作权人支付报酬。报刊单位与互联网媒体、互联网媒体之间相互转载已经发表的作品，不适用前款规定，应当经过著作权人许可并支付报酬。可见，本案中即使 A 公司的网站上并未声明“不得转载”，B 公司也不能未经许可就自行将文章转载到自己的公司官网上。

因此，B 公司的行为构成侵权。

风险防范与建议

在互联网上随意转载他人作品似乎已经司空见惯，甚至很多转载人还认为这是“合理使用”并未侵犯作者的著作权，主张“转载目的在于传播信息”“是免费帮作者做了宣传”等，殊不知这是侵权行为。尤其是作者已经声明不得转载的文章，或者是采取了技术手段防止下载、转载的文章，更不能未经作者许可随意转载，如果确实希望转载，应当取得作者的授权并根据作者的要求支付报酬，方可转载，以免侵犯作者的信息网络传播权。

法条链接

《著作权法》（2010 年修正）第二十二条 在下列情况下使用作品，可以不经著作权人许可，不向其支付报酬，但应当指明作者姓名、作品名称，并且不得侵犯著作权人依照本法享有的其他权利：

（一）为个人学习、研究或者欣赏，使用他人已经发表的作品；

（二）为介绍、评论某一作品或者说明某一问题，在作品中适当引用他人已经发表的作品；

（三）为报道时事新闻，在报纸、期刊、广播电台、电视台等媒体中不可避免地再现或者引用已经发表的作品；

（四）报纸、期刊、广播电台、电视台等媒体刊登或者播放其他报纸、期刊、广播电台、电视台等媒体已经发表的关于政治、经济、宗教问题的时事性文章，但作者声明不许刊登、播放的除外；

（五）报纸、期刊、广播电台、电视台等媒体刊登或者播放在公众集会上发表的讲话，但作者声明不许刊登、播放的除外；

（六）为学校课堂教学或者科学研究，翻译或者少量复制已经发表的作品，供教学或者科研人员使用，但不得出版发行；

（七）国家机关为执行公务在合理范围内使用已经发表的作品；

（八）图书馆、档案馆、纪念馆、博物馆、美术馆等为陈列或者保存版本的需要，复制本馆收藏的作品；

（九）免费表演已经发表的作品，该表演未向公众收取费用，也未向表演者支付报酬；

（十）对设置或者陈列在室外公共场所的艺术作品进行临摹、绘画、摄影、录像；

（十一）将中国公民、法人或者其他组织已经发表的以汉语言文字创作的作品翻译成少数民族语言文字作品在国内出版发行；

（十二）将已经发表的作品改成盲文出版。

前款规定适用于对出版者、表演者、录音录像制作者、广播电台、电视台的权利的限制。

第三十三条　著作权人向报社、期刊社投稿的，自稿件发出之日起十五日内未收到报社通知决定刊登的，或者自稿件发出之日起三十日内未收到期刊社通知决定刊登的，可以将同一作品向其他报社、期刊社投稿。双方另有约定的除外。

作品刊登后，除著作权人声明不得转载、摘编的外，其他报刊可以转载或者作为文摘、资料刊登，但应当按照规定向著作权人支付报酬。

《著作权法实施条例》（2013 年修订）第三十条　著作权人依照著作权法第三十三条第二款声明不得转载、摘编其作品的，应当在报纸、期刊刊登该作品时附带声明。

《国家版权局办公厅关于规范网络转载版权秩序的通知》（国版办发〔2015〕3 号）

为贯彻落实中共中央办公厅、国务院办公厅印发的《关于推动传统媒体和新兴媒体融合发展的指导意见》，鼓励报刊单位和互联网媒体合法、诚信经营，推动建立健全版权合作机制，规范网络转载版权秩序，根据《中华人民共和国著作权法》、《中华人民共和国著作权法实施条例》、《信息网络传播权保护条例》有关规定，现就规范网络转载版权秩序有关事项通知如下：

一、互联网媒体转载他人作品，应当遵守著作权法律法规的相关规定，必须经过著作权人许可并支付报酬，并应当指明作者姓名、作品名称及作品来源。法律、法规另有规定的除外。

……

二、报刊单位之间相互转载已经刊登的作品，适用《著作权法》第三十三条第二款的规定，即作品刊登后，除著作权人声明不得转载、摘编的外，其他报刊可以转载或者作为文摘、资料刊登，但应当按照规定向著作权人支付报酬。

报刊单位与互联网媒体、互联网媒体之间相互转载已经发表的作品，不适用前款规定，应当经过著作权人许可并支付报酬。

……

140. 作品被侵权，起诉前可否请求法院让对方停止侵权?

情景案例

甲公司享有《爱×》《风×》等60首音乐作品在中国大陆的独家信息网络传播权。2017年9月，甲公司发现乙公司通过某手机客户端向不特定的公众提供以上作品。由于移动通信设备的普及性以及网络传播的迅捷性，如果不及时制止乙公司的侵权行为，将会使甲公司的合法权益受到难以弥补的损害。为此，甲公司将乙公司起诉至法院，并请求法院尽快作出诉前禁令，裁定被申请人立即停止侵权。

请问：甲公司的请求能得到法院支持吗?

案例分析

本案涉及知识产权诉讼中“诉前禁令”的适用问题。

在我国法律法规中并无“诉前禁令”这一用语，近年来在著作权侵权诉讼中经常见到的原告申请对被告的侵权行为申请法院作出“诉前禁令”的裁定，其真正的法律依据是我国《著作权法》第五十条规定，即著作权人或者与著作权有关的权利人有证据证明他人正在实施或者即将实施侵犯其权利的行为，如不及时制止将会使其合法权益受到难以弥补的损害的，可以在起诉前向人民法院申请采取责令停止有关行为和财产保全的措施。

可见申请“诉前禁令”或者称为“行为保全”措施，需满足以下3个条件：

（1）必须由著作权人或者与著作权有关的权利人提出申请；

（2）被控侵权人必须正在或即将实施侵权行为；

（3）必须（很可能）存在“难以弥补”的损害后果（在著作权侵权诉讼中通常是指申请保全的行为给申请人造成的损害难以通过金钱赔偿弥补、造成的损失难以准确全面计算等）。

只有满足以上条件，受理申请的法院才有可能作出“诉前禁令”裁定。本案中，甲公司拥有《爱×》《风×》等60首音乐作品在中国大陆的独家信息网络传播权，有权提出“诉前禁令”申请；乙公司正在通过某手机客户端向不特定的公众提供以上音乐作品，该行为涉嫌侵犯甲公司对涉案录音制品依法享有的信息网络传播权；如果法院进一步认为乙公司向公众提供的录音制品所含歌曲数量较大，在网络环境下该行为如不及时予以禁止，将会使乙公司不当利用他人权利获得的利益快速增长，损害了甲公司的利益，且这种损害将难以弥补，则甲公司的请求有可能得到法院支持，即法院有可能作出“诉前禁令”，裁定乙公司立即停止通过该手机客户端向不特定的公众提供该涉案60首歌曲的录音制品的行为。

另外，需要特别说明的是，司法实践中，法院通常会要求“诉前禁令”的申请人提供一定的担保，以免申请人滥用诉讼权利，或者因保全措施错误给被申请人造成损失而无法及时有效得到弥补。

风险防范与建议

及时制止侵权行为的发生和防止损害后果的难以弥补，最佳时机当然是在侵权行为即将发生或损害后果正在恶化之时，在网络环境下尤其如此。而“诉前禁令”正是法院在诉讼进入实体审理前为了避免损失发生或者扩大，根据申请人的申请或者依职权责令被申请人停止相关行为的一种民事强制措施。因此，我们建议类似本案中甲公司这样的权利人应当及时申请“诉前禁令”制止侵权行为，有效预防或避免遭受进一步的或者难以衡量、难以弥补的损害，同时为迫使侵权人和解创造有利条件，避免因案件来不及审结而侵权行为却迅速恶化，甚至赢了官司错失了市场的情况发生。

同时，如前所述，“诉前禁令”也是一把“双刃剑”，如果申请人滥用此权利给被申请人造成了损害，需要作出赔偿。此外大部分法院都要求申请人提供一定的担保，这对于申请人来说也相应增加了诉讼成本。因此申请人应当综合各方因素，选择是否申请“诉前禁令”，以及合适的提供担保方式。

法条链接

《著作权法》（2010 年修正）第五十条　著作权人或者与著作权有关的权利人有证据证明他人正在实施或者即将实施侵犯其权利的行为，如不及时制止将会使其合法权益受到难以弥补的损害的，可以在起诉前向人民法院申请采取责令停止有关行为和财产保全的措施。

人民法院处理前款申请，适用《中华人民共和国民事诉讼法》第九十三条至第九十六条和第九十九条的规定。①

《民事诉讼法》（2017 年修正）第一百条　人民法院对于可能因当事人一方的行为或者其他原因，使判决难以执行或者造成当事人其他损害的案件，根据对方当事人的申请，可以裁定对其财产进行保全、责令其作出一定行为或者禁止其作出一定行为；当事人没有提出申请的，人民法院在必要时也可以裁定采取保全措施。

人民法院采取保全措施，可以责令申请人提供担保，申请人不提供担保的，裁定驳回申请。

① 《民事诉讼法》已经于 2017 年修正，此处所说的第九十三条至第九十六条和第九十九条，已经修订为第一百条至第一百零五条和第一百零八条。

人民法院接受申请后，对情况紧急的，必须在四十八小时内作出裁定；裁定采取保全措施的，应当立即开始执行。

第一百零一条 利害关系人因情况紧急，不立即申请保全将会使其合法权益受到难以弥补的损害的，可以在提起诉讼或者申请仲裁前向被保全财产所在地、被申请人住所地或者对案件有管辖权的人民法院申请采取保全措施。申请人应当提供担保，不提供担保的，裁定驳回申请。

人民法院接受申请后，必须在四十八小时内作出裁定；裁定采取保全措施的，应当立即开始执行。

申请人在人民法院采取保全措施后三十日内不依法提起诉讼或者申请仲裁的，人民法院应当解除保全。

141. 作品被他人在网上提供给公众免费下载，怎么办？

情景案例

郑某是某畅销书作者，对该作品享有著作权。2017 年 3 月，郑某发现甲公司未经许可，将其图书电子化后上传至甲公司运营的网络平台上进行传播。某畅销书定价为 49 元一本，现在读者可以在该网络平台免费下载阅读，如果不及时阻止甲公司的不法行为，会给郑某造成重大的损失。为此，郑某给甲公司发警告函，要求立即停止侵权行为并赔偿损失 3 万元。但是，警告函发出后，甲公司没有任何回应，郑某不知如何是好。

请问：郑某可以通过什么方法维权？

案例分析

本案涉及的是未经许可将他人作品电子化，并通过网络传播盈利，权利人该如何维权的问题。

我国《信息网络传播权保护条例》第二条规定，除法律、行政法规另有规定的外，任何组织或者个人将他人的作品通过信息网络向公众提供，应当取得权利人许可，并支付报酬。《最高人民法院关于审理侵害信息网络传播权民事纠纷案件适用法律若干问题的规定》第三条规定，网络用户、网络服务提供者未经许可，通过信息网络提供权利人享有信息网络传播权的作品，除法律、行政法规另有规定外，人民法院应当认定其构成侵害信息网络传播权行为；第十五条规定，侵害信息网络传播权民事纠纷案件由侵权行为地或者被告住所地人民法院管辖。侵权行为地包括实施被诉侵权行为的网络服务器、计算机终端等设备所在地。侵权行为地和被告住所地均难以确定或者在境外的，原告发现侵权内容的计算机终端等设备所在地可以视为侵权行为地。《著作权法》第五十条和第五十一条规定，著作权人或者与著作权有关的权利人有证据证明他人正在实施或者即将实施侵犯其权利的行为，如不及时制止将会使其合法权益受到难以弥补的损害的或者在证据可能灭失或者以后难以取得的情况下，可以在起诉前向人民法院申请采取责令停止有关行为和财产保全的措施。

本案中，郑某作为畅销书的作者，依法享有畅销书的著作权，依据《信息网络传播权保护条例》第二条的规定，甲公司未经权利人郑某许可，将畅销书电子化并在网络上进行传播，供读者免费下载，侵犯了郑某对畅销书享有的信息网络传播权，应当承担相应的侵权责任。根据《最高人民法院关于审理侵害信息网络传播权民事纠纷案件适用法律若干问题的规定》第十五条的规定，郑某可以采取诉讼方式维护自己的合法权益，其可以向被告住所地（即甲公司所在地）、网络服务器、计算机终端等设备所在地、郑某住所地的人民法院提起诉讼，要求甲公司承担停止侵权、消除影响、赔礼道歉、赔偿损失等民事责任。但为了进一步维护郑某的合法权益，减少郑某损失，建议郑某向有管辖权的法院申请诉前证据保全或者向公证处申请对相关网页进行保全证据的公证，做好证据固定工作。

风险防范与建议

著作权人及网络服务企业如何避免信息网络传播权的侵权与被侵权呢？建议如下：

（1）建议网络服务企业内部要加强对《著作权法》《信息网络传播权保护条例》等相关规定的学习，加强版权保护意识。

（2）建议网络服务企业及时对网站进行清查，发现网站上有未经著作权人授权的内容应责令其取得授权，并进行认真清除，如确属未经授权擅自提供下载服务和在线播放服务的应立即停止和删除，以避免此类侵权纠纷引起的诉讼给企业造成的损失。

（3）建议网络服务企业要加强对合作的内容服务提供商使用作品及制作内容著作权合法性的审查和管理。

（4）鉴于网络侵权速度更快、传播范围更广，著作权人若发现存在侵犯其作品信息网络传播权的行为时，建议可以立即通过公证的方式采取证据保全措施，减少损失。

法条链接

《著作权法》（2010 年修正）第四十八条　有下列侵权行为的，应当根据情况，承担停止侵害、消除影响、赔礼道歉、赔偿损失等民事责任；同时损害公共利益的，可以由著作权行政管理部门责令停止侵权行为，没收违法所得，没收、销毁侵权复制品，并可处以罚款；情节严重的，著作权行政管理部门还可以没收主要用于制作侵权复制品的材料、工具、设备等；构成犯罪的，依法追究刑事责任：

（一）未经著作权人许可，复制、发行、表演、放映、广播、汇编、通过信息网络向公众传播其作品的，本法另有规定的除外；

（二）出版他人享有专有出版权的图书的；

（三）未经表演者许可，复制、发行录有其表演的录音录像制品，或者通过信息网络向公众传播其表演的，本法另有规定的除外；

（四）未经录音录像制作者许可，复制、发行、通过信息网络向公众传播其制作的录音录像制品的，本法另有规定的除外；

（五）未经许可，播放或者复制广播、电视的，本法另有规定的除外；

（六）未经著作权人或者与著作权有关的权利人许可，故意避开或者破坏权利人为其作品、录音录像制品等采取的保护著作权或者与著作权有关的权利的技术措施的，法律、行政法规另有规定的除外；

（七）未经著作权人或者与著作权有关的权利人许可，故意删除或者改变作品、录音录像制品等的权利管理电子信息的，法律、行政法规另有规定的除外；

（八）制作、出售假冒他人署名的作品的。

第五十条 著作权人或者与著作权有关的权利人有证据证明他人正在实施或者即将实施侵犯其权利的行为，如不及时制止将会使其合法权益受到难以弥补的损害的，可以在起诉前向人民法院申请采取责令停止有关行为和财产保全的措施。

人民法院处理前款申请，适用《中华人民共和国民事诉讼法》第九十三条至第九十六条和第九十九条的规定。

第五十一条 为制止侵权行为，在证据可能灭失或者以后难以取得的情况下，著作权人或者与著作权有关的权利人可以在起诉前向人民法院申请保全证据。

人民法院接受申请后，必须在四十八小时内作出裁定；裁定采取保全措施的，应当立即开始执行。

人民法院可以责令申请人提供担保，申请人不提供担保的，驳回申请。

申请人在人民法院采取保全措施后十五日内不起诉的，人民法院应当解除保全措施。

《信息网络传播权保护条例》（2013年修订）第二条 权利人享有的信息网络传播权受著作权法和本条例保护。除法律、行政法规另有规定的外，任何组织或者个人将他人的作品、表演、录音录像制品通过信息网络向公众提供，应当取得权利人许可，并支付报酬。

《最高人民法院关于审理侵害信息网络传播权民事纠纷案件适用法律若干问题的规定》第三条 网络用户、网络服务提供者未经许可，通过信息网络提供权利人享有信息网络传播权的作品、表演、录音录像制品，除法律、行政法规另有规定外，人民法院应当认定其构成侵害信息网络传播权行为。

通过上传到网络服务器、设置共享文件或者利用文件分享软件等方式，将作品、表演、录音录像制品置于信息网络中，使公众能够在个人选定的时间和地点以下载、浏览或者其他方式获得的，人民法院应当认定其实施了前款规定的提供行为。

第十五条 侵害信息网络传播权民事纠纷案件由侵权行为地或者被告住所地人民法院管辖。侵权行为地包括实施被诉侵权行为的网络服务器、计算机终端等设备所在地。侵权行为地和被告住所地均难以确定或者在境外的，原告发现侵权内容的计算机终端等设备所在地可以视为侵权行为地。

142. 搜索引擎可搜出大量非法传播企业作品的信息，可以要求搜索引擎服务商赔偿损失吗？

情景案例

甲公司是一家唱片公司，位于上海。2016 年 9 月，甲公司发现某搜索引擎网站为客户提供非法音乐下载链接，帮助客户实施侵犯甲公司音乐版权的行为。为此，甲公司委托律师给某搜索引擎网站发律师函，要求其立即停止侵权行为并支付损害赔偿。但是，某搜索引擎网站认为其仅仅是提供了搜索链接，对于音乐作品内容并不知晓，于是没有删除侵权作品，也没有给甲公司任何回应。无奈之下，甲公司遂将某搜索引擎网站起诉至法院，要求其承担侵权责任并赔偿损失。

请问：甲公司的请求能得到法院支持吗？

案例分析

本案涉及的是网络服务提供者（如搜索引擎）提供非法链接是否需要承担侵权责任的问题。

《信息网络传播权保护条例》第二十三条规定，网络服务提供者为服务对象提供搜索或者链接服务，在接到权利人的通知书后，根据本条例规定断开与侵权的作品、表演、录音录像制品的链接的，不承担赔偿责任；但是，明知或者应知所链接的作品、表演、录音录像制品侵权的，应当承担共同侵权责任。此款规定体现了信息网络传播权领域的“避风港”原则，即在发生著作权侵权案件时，网络服务提供者只提供搜索服务，并不存储侵权作品，如果被告知侵权，则有断开链接的义务，否则就被视为侵权。

本案中，搜索引擎网站作为网络服务提供者仅仅是向客户提供音乐链接，无法实际知晓每个链接是否侵权，同时搜索引擎的功能也只是通过客户的关键词等搜索到网页索引数据库已存储的信息、链接，搜索引擎网站无法预知客户的搜索内容，所以搜索引擎网站仅仅提供链接并不能认定其存在侵权行为。但根据《信息网络传播权保护条例》第二十三条规定，如果搜索引擎网站在接到甲公司的立即停止侵权行为的律师函后仍未采取断开链接措施，那么搜索引擎网站需要因其不作为而与客户一起承担共同侵权责任。根据我国《著作权法》第四十八条和第四十九条的规定，搜索引擎网站需要承担停止侵权和赔偿损失的法律责任，甲公司的请求能够得到法院支持。

风险防范与建议

作为搜索引擎网站服务提供者如何应对侵犯信息网络传播权的行为？建议如下：

（1）建议搜索引擎网站服务提供者要充分利用“避风港”原则，在接到权利人的通知后，将涉嫌侵权网站链接及时进行清除，将侵权风险降到最低。

（2）建议搜索引擎网站服务提供者内部强化法律法规学习，加强版权意识。

法条链接

《信息网络传播权保护条例》（2013年修订）第二十三条 网络服务提供者为服务对象提供搜索或者链接服务，在接到权利人的通知书后，根据本条例规定断开与侵权的作品、表演、录音录像制品的链接的，不承担赔偿责任；但是，明知或者应知所链接的作品、表演、录音录像制品侵权的，应当承担共同侵权责任。

《著作权法》（2010年修正）第四十八条 有下列侵权行为的，应当根据情况，承担停止侵害、消除影响、赔礼道歉、赔偿损失等民事责任；同时损害公共利益的，可以由著作权行政管理部门责令停止侵权行为，没收违法所得，没收、销毁侵权复制品，并可处以罚款；情节严重的，著作权行政管理部门还可以没收主要用于制作侵权复制品的材料、工具、设备等；构成犯罪的，依法追究刑事责任：

（一）未经著作权人许可，复制、发行、表演、放映、广播、汇编、通过信息网络向公众传播其作品的，本法另有规定的除外；

（二）出版他人享有专有出版权的图书的；

（三）未经表演者许可，复制、发行录有其表演的录音录像制品，或者通过信息网络向公众传播其表演的，本法另有规定的除外；

（四）未经录音录像制作者许可，复制、发行、通过信息网络向公众传播其制作的录音录像制品的，本法另有规定的除外；

（五）未经许可，播放或者复制广播、电视的，本法另有规定的除外；

（六）未经著作权人或者与著作权有关的权利人许可，故意避开或者破坏权利人为其作品、录音录像制品等采取的保护著作权或者与著作权有关的权利的技术措施的，法律、行政法规另有规定的除外；

（七）未经著作权人或者与著作权有关的权利人许可，故意删除或者改变作品、录音录像制品等的权利管理电子信息的，法律、行政法规另有规定的除外；

（八）制作、出售假冒他人署名的作品的。

第四十九条　侵犯著作权或者与著作权有关的权利的，侵权人应当按照权利人的实际损失给予赔偿；实际损失难以计算的，可以按照侵权人的违法所得给予赔偿。赔偿数额还应当包括权利人为制止侵权行为所支付的合理开支。

权利人的实际损失或者侵权人的违法所得不能确定的，由人民法院根据侵权行为的情节，判决给予五十万元以下的赔偿。

143. 企业使用别人在网络上发表的图片，构成侵权吗？

情景案例

谢某是一位摄影爱好者，从事广告设计工作，经常将拍摄的照片上传到自己设计的网站和公开博客上。2016 年 8 月，A 公司在官方网站上使用一张谢某摄影的风景图片。保存相关证据后，谢某以侵犯图片著作权为由给 A 公司发函，要求 A 公司立即停止侵权并赔偿损失。A 公司同意将照片删除，但拒绝赔偿损失。A 公司认为，网站是我司委托 B 公司设计创建的，并与 B 公司签订了《委托设计合同》，该照片也是 B 公司从网上下载的，我司并不知情，同时《委托设计合同》中也约定了“出现侵权问题，由 B 公司自行承担全部责任”，所以要索赔应该找 B 公司。经多次协商无果后，谢某遂将 A 公司起诉至法院，要求其承担侵权赔偿责任。

请问：A 公司的说法正确吗？谢某的请求能得到法院支持吗？

案例分析

本案涉及的是未经许可使用他人已发表的图片，是否应当承担侵权责任的问题。

我国《著作权法》第三条第五项规定，本法所称的作品，包括以下列形式创作的文学、艺术和自然科学、社会科学、工程技术等作品：摄影作品。第四十八条规定，未经著作权人许可通过信息网络向公众传播其作品的，应当根据情况承担停止侵害、消除影响、赔礼道歉、赔偿损失等民事责任。

本案中，图片等摄影作品属于我国《著作权法》第三条规定的“作品”，属于《著作权法》保护的客体，谢某作为图片的拍摄人，享有图片的著作权。任何人未经谢某的许可擅自使用其图片的行为，又不符合《著作权法》规定的合理使用和法定许可的情形，即构成对谢某图片著作权的侵犯。首先，A公司的官方网站未经许可使用了谢某的摄影图片，A公司无论是否知情、是否存在故意或者具有过错，都构成对谢某著作权的侵犯，应按照《著作权法》第四十八条的规定，承担相应的侵权责任，如停止侵权、赔偿损失。其次，A公司认为其官方网站是委托B公司创建的，现在出现侵权问题，按照《委托设计合同》约定由B公司承担赔偿损失，这一主张并不能成立。A公司和B公司在《委托设计合同》中约定的免责条款并不能对抗合同以外的第三人谢某，A公司并不能依据条款内容免除自己的侵权责任。所以谢某起诉要求A公司承担侵权赔偿责任的请求能够得到支持，同时，A公司为了保障自己的权益，可以在事后向B公司追偿，或者在诉讼中向法院申请追加B公司为第三人。

风险防范与建议

企业如何防范网站、广告、包装等委托设计作品侵犯他人著作权呢？建议如下：

（1）建议企业加强著作权法律意识，进行相关法律及案例的学习或培训，了解著作权的各种形态，以起到警示作用。

（2）建议企业对于涉及著作权使用的行为应进行严格审查。在企业网站设计、广告刊登、产品手册制作和计算机软件使用等各领域均要对可能侵犯他人著作权的情形进行排查，尽可能使用自身原创素材，否则应从权利人处取得许可或购买。

（3）建议企业委托设计公司制作网页或广告时要求制作方使用来源合法的图片并提供作品的合法来源，同时在合同中约定侵权责任承担条款。

法条链接

《著作权法》（2010年修正）第三条 本法所称的作品，包括以下列形式创作的文学、艺术和自然科学、社会科学、工程技术等作品：

（一）文字作品；

（二）口述作品；

（三）音乐、戏剧、曲艺、舞蹈、杂技艺术作品；

（四）美术、建筑作品；

（五）摄影作品；

（六）电影作品和以类似摄制电影的方法创作的作品；

（七）工程设计图、产品设计图、地图、示意图等图形作品和模型作品；

（八）计算机软件；

（九）法律、行政法规规定的其他作品。

第四十八条　有下列侵权行为的，应当根据情况，承担停止侵害、消除影响、赔礼道歉、赔偿损失等民事责任；同时损害公共利益的，可以由著作权行政管理部门责令停止侵权行为，没收违法所得，没收、销毁侵权复制品，并可处以罚款；情节严重的，著作权行政管理部门还可以没收主要用于制作侵权复制品的材料、工具、设备等；构成犯罪的，依法追究刑事责任：

（一）未经著作权人许可，复制、发行、表演、放映、广播、汇编、通过信息网络向公众传播其作品的，本法另有规定的除外；

（二）出版他人享有专有出版权的图书的；

（三）未经表演者许可，复制、发行录有其表演的录音录像制品，或者通过信息网络向公众传播其表演的，本法另有规定的除外；

（四）未经录音录像制作者许可，复制、发行、通过信息网络向公众传播其制作的录音录像制品的，本法另有规定的除外；

（五）未经许可，播放或者复制广播、电视的，本法另有规定的除外；

（六）未经著作权人或者与著作权有关的权利人许可，故意避开或者破坏权利人为其作品、录音录像制品等采取的保护著作权或者与著作权有关的权利的技术措施的，法律、行政法规另有规定的除外；

（七）未经著作权人或者与著作权有关的权利人许可，故意删除或者改变作品、录音录像制品等的权利管理电子信息的，法律、行政法规另有规定的除外；

（八）制作、出售假冒他人署名的作品的。

第四十九条　侵犯著作权或者与著作权有关的权利的，侵权人应当按照权利人的实际损失给予赔偿；实际损失难以计算的，可以按照侵权人的违法所得给予赔偿。赔偿数额还应当包括权利人为制止侵权行为所支付的合理开支。

权利人的实际损失或者侵权人的违法所得不能确定的，由人民法院根据侵权行为的情节，判决给予五十万元以下的赔偿。

144. 企业使用盗版的计算机软件，构成侵权吗？

情景案例

甲公司是一家软件企业，其设计开发的某办公软件畅销全球，广受消费者欢迎。乙公司是一家大型网络科技公司，公司拥有500多台办公电脑。2015年10月，乙公司在未经甲公司许可的情况下，在全公司电脑上安装甲公司的某办公软件。

2017年3月，甲公司收集乙公司的侵权证据后，遂将乙公司起诉至法院，要求乙公司停止使用盗版软件并赔偿损失100万元。乙公司认为这不是侵权行为，因为很多人都这样使用某办公软件。因此乙公司在收到法院传票后，对甲公司的起诉置之不理，仍然继续使用盗版软件办公。

请问：甲公司的请求能得到法院支持吗？

案例分析

本案涉及的是未经著作权人许可，使用其计算机软件是否构成侵权的问题。

我国《计算机软件保护条例》第九条规定，软件著作权属于软件开发者，本条例另有规定的除外。《最高人民法院关于审理著作权民事纠纷案件适用法律若干问题的解释》第二十一条规定，计算机软件用户未经许可或者超过许可范围商业使用计算机软件的，依据《著作权法》第四十七条第一项、《计算机软件保护条例》第二十四条第一项的规定承担民事责任。《著作权法》第四十九条规定，侵犯著作权或者与著作权有关的权利的，侵权人应当按照权利人的实际损失给予赔偿；实际损失难以计算的，可以按照侵权人的违法所得给予赔偿。赔偿数额还应当包括权利人为制止侵权行为所支付的合理开支。权利人的实际损失或者侵权人的违法所得不能确定的，由人民法院根据侵权行为的情节，判决给予五十万元以下的赔偿。

本案中，甲公司作为某办公软件的设计开发者，按照《计算机软件保护条例》第九条的规定享有某办公软件的著作权。乙公司在未经甲公司许可的情况下，擅自安装某办公软件使用的行为，已经违反了我国《著作权法》相关规定，构成侵犯他人著作权的行为。按照《著作权法》第四十七条、《计算机软件保护条例》第二十四条第一项关于法律责任的规定，乙公司存在侵犯甲公司著作权的行为，应当根据情况，承担停止侵害、消除影响、赔礼道歉、赔偿损失等民事责任，若损害社会公共利益、情节严重的，甚至需要承担行政责任、刑事责任。甲公司为维护自身权益，有权诉诸法院，要求乙公司停止侵权行为并赔偿损失。同时，我国《著作权法》第四十九条规定了权利人主张损害赔偿的标准，即侵权人应当按照权利人的实际损失给予赔偿；实际损失难以计算的，可以按照侵权人的违法所得给予赔偿，若违法所得不能确定，由人民法院根据侵权行为的情节，判决给予五十万元以下的赔偿。甲公司现要求赔偿100万元的损失能否得到法院支持，需要甲公司证明100万元为实际损失或者是乙公司的违法所得，否则，100万元的赔偿额不一定能够全额得到法院支持。

风险防范与建议

企业作为软件开发者或者软件使用者，如何避免计算机软件著作权侵权行为呢？建议如下：

（1）企业作为软件开发者要做到：企业开发出软件后，要尽早向软件登记机构办理登记，获取软件登记机构发放的登记证明文件作为著作权权属的初步证明；从技术上加强软件后期保护工作；若著作权被侵犯，企业应当积极向侵害人发函要求停止侵权行为，尽可能将损失降到最低；做好证据留存工作，便于主张与举证。

（2）企业作为软件使用者要做到：对企业员工进行有关著作权在内的知识产权普法教育，增强员工对使用盗版软件可能带来的法律风险的认识；主动对公司使用软件的情况进行全面自查，推行正版软件的应用；遇到纠纷积极应诉。

法条链接

《最高人民法院关于审理著作权民事纠纷案件适用法律若干问题的解释》第二十一条 计算机软件用户未经许可或者超过许可范围商业使用计算机软件的，依据著作权法第四十七条第（一）项[①]、《计算机软件保护条例》第二十四条第（一）项的规定承担民事责任。

《计算机软件保护条例》（2013年修订）第九条 软件著作权属于软件开发者，本条例另有规定的除外。

如无相反证明，在软件上署名的自然人、法人或者其他组织为开发者。

第二十四条 除《中华人民共和国著作权法》、本条例或者其他法律、行政法规另有规定外，未经软件著作权人许可，有下列侵权行为的，应当根据情况，承担停止侵害、消除影响、赔礼道歉、赔偿损失等民事责任；同时损害社会公共利益的，由著作权行政管理部门责令停止侵权行为，没收违法所得，没收、销毁侵权复制品，可以并处罚款；情节严重的，著作权行政管理部门并可以没收主要用于制作侵权复制品的材料、工具、设备等；触犯刑律的，依照刑法关于侵犯著作权罪、销售侵权复制品罪的规定，依法追究刑事责任：

（一）复制或者部分复制著作权人的软件的；

（二）向公众发行、出租、通过信息网络传播著作权人的软件的；

（三）故意避开或者破坏著作权人为保护其软件著作权而采取的技术措施的；

（四）故意删除或者改变软件权利管理电子信息的；

（五）转让或者许可他人行使著作权人的软件著作权的。

有前款第一项或者第二项行为的，可以并处每件100元或者货值金额1倍以上5倍以下的罚款；有前款第三项、第四项或者第五项行为的，可以并处20万元以下的罚款。

---

① 《著作权法》已经于2010年修正，此处所说的第四十七条已经修订为《著作权法》第四十八条。

《著作权法》（2010 年修正）第四十九条 侵犯著作权或者与著作权有关的权利的，侵权人应当按照权利人的实际损失给予赔偿；实际损失难以计算的，可以按照侵权人的违法所得给予赔偿。赔偿数额还应当包括权利人为制止侵权行为所支付的合理开支。

权利人的实际损失或者侵权人的违法所得不能确定的，由人民法院根据侵权行为的情节，判决给予五十万元以下的赔偿。

145. 企业的官方网页被竞争对手模仿，可以起诉吗？

情景案例

A 公司是一家明清家具制造企业。2017 年 6 月，A 公司花 10 万元聘请广州某网站公司做了一个品牌形象网站，该网站构思创意用了 15 天，开发用了两个月。因 A 公司在当地颇有名气，网站建成后，每日浏览量过万，在当地家具制造业同行中具备了一定影响力。2017 年 12 月，经多名员工和客户举报，A 公司发现竞争对手 B 公司的官网主页很大程度地照搬 A 公司的主页设计，其中有 6 张图案、8 个栏目及 10 处文案原封不动取自 A 公司的主页。除此之外，B 公司还在主页底部公然标出“版权归 B 公司所有，违者必究”字样。在气愤之下，A 公司向法院提起诉讼，要求 B 公司立即关闭侵权网页并赔偿损失 10 万元。

请问：A 公司的请求能得到法院支持吗？

案例分析

本案涉及的是剽窃他人网站设计、内容的行为是否构成侵权的问题。

我国《著作权法》第三条规定了著作权法所保护作品形式包括文字作品、美术作品、建筑作品、摄影作品、产品设计图等。第四十七条第五项规定，有下列侵权行为的，应当根据情况，承担停止侵害、消除影响、赔礼道歉、赔偿损失等民事责任：剽窃他人作品的。《反不正当竞争法》第六条第三项规定，经营者不得实施下列混淆行为，引人误认为是他人商品或者与他人存在特定联系：擅自使用他人有一定影响的域名主体部分、网站名称、网页等。

本案中，A 公司的品牌形象网站，利用图片、文字说明等数字化的方式加以特定的组合，有独特的创意构思，应属我国著作权法保护的作品范畴，A 公司作为网页的所有人，对网页中的作品享有著作权。B 公司未经 A 公司的许可，照搬 A 公司的网页设计作为 B 公司网页，违反了《著作权法》第四十七条第五项的规定，侵犯了 A 公司网页作品著作权，应当按照前述法律规定承担停止侵害、赔礼道歉、赔偿损失的民事责任。同时，B 公司作为 A 公司的竞争对手，在 A 公司在当地市场具有一定影响力的条件下，剽窃A公司的网页供自己使用，也违反了《反不正当竞争法》第六条的规定，属于经营者擅自使用他人有一定影响力的网页引人误认为是他人商品或者与他人存在特定联系的行为。故B公司的行为既侵犯了A公司的著作权，又构成不正当竞争，A公司有权依据《著作权法》第四十七条、第四十九条和《反不正当竞争法》第十七条的规定，要求B公司承担侵权责任。A公司要求B公司立即关闭侵权网页的请求可以得到法院的支持，但A公司提出的10万元损失赔偿还需A公司举证证明自己的实际损失或者B公司的违法所得后，才能判断是否会得到法院的支持以及具体金额。

风险防范与建议

企业如何规避企业网站被侵权？建议如下：

（1）建议企业在网页展示版权说明，提示侵权法律风险。

（2）建议企业与第三方监管企业合作，加大对同行业网页管理的监控，以此减少被侵权的概率。

法条链接

《著作权法》（2010年修正）第三条　本法所称的作品，包括以下列形式创作的文学、艺术和自然科学、社会科学、工程技术等作品：

（一）文字作品；

（二）口述作品；

（三）音乐、戏剧、曲艺、舞蹈、杂技艺术作品；

（四）美术、建筑作品；

（五）摄影作品；

（六）电影作品和以类似摄制电影的方法创作的作品；

（七）工程设计图、产品设计图、地图、示意图等图形作品和模型作品；

（八）计算机软件；

（九）法律、行政法规规定的其他作品。

第四十七条　有下列侵权行为的，应当根据情况，承担停止侵害、消除影响、赔礼道歉、赔偿损失等民事责任：

（一）未经著作权人许可，发表其作品的；

（二）未经合作作者许可，将与他人合作创作的作品当作自己单独创作的作品发表的；

（三）没有参加创作，为谋取个人名利，在他人作品上署名的；

（四）歪曲、篡改他人作品的；

（五）剽窃他人作品的；

（六）未经著作权人许可，以展览、摄制电影和以类似摄制电影的方法使用作品，或者以改编、翻译、注释等方式使用作品的，本法另有规定的除外；

（七）使用他人作品，应当支付报酬而未支付的；

（八）未经电影作品和以类似摄制电影的方法创作的作品、计算机软件、录音录像制品的著作权人或者与著作权有关的权利人许可，出租其作品或者录音录像制品的，本法另有规定的除外；

（九）未经出版者许可，使用其出版的图书、期刊的版式设计的；

（十）未经表演者许可，从现场直播或者公开传送其现场表演，或者录制其表演的；

（十一）其他侵犯著作权以及与著作权有关的权益的行为。

第四十九条 侵犯著作权或者与著作权有关的权利的，侵权人应当按照权利人的实际损失给予赔偿；实际损失难以计算的，可以按照侵权人的违法所得给予赔偿。赔偿数额还应当包括权利人为制止侵权行为所支付的合理开支。

权利人的实际损失或者侵权人的违法所得不能确定的，由人民法院根据侵权行为的情节，判决给予五十万元以下的赔偿。

《反不正当竞争法》（2019年修正）第六条 经营者不得实施下列混淆行为，引人误认为是他人商品或者与他人存在特定联系：

（一）擅自使用与他人有一定影响的商品名称、包装、装潢等相同或者近似的标识；

（二）擅自使用他人有一定影响的企业名称（包括简称、字号等）、社会组织名称（包括简称等）、姓名（包括笔名、艺名、译名等）；

（三）擅自使用他人有一定影响的域名主体部分、网站名称、网页等；

（四）其他足以引人误认为是他人商品或者与他人存在特定联系的混淆行为。

第十七条 经营者违反本法规定，给他人造成损害的，应当依法承担民事责任。

经营者的合法权益受到不正当竞争行为损害的，可以向人民法院提起诉讼。

因不正当竞争行为受到损害的经营者的赔偿数额，按照其因被侵权所受到的实际损失确定；实际损失难以计算的，按照侵权人因侵权所获得的利益确定。经营者恶意实施侵犯商业秘密行为，情节严重的，可以在按照上述方法确定数额的一倍以上五倍以下确定赔偿数额。赔偿数额还应当包括经营者为制止侵权行为所支付的合理开支。

经营者违反本法第六条、第九条规定，权利人因被侵权所受到的实际损失、侵权人因侵权所获得的利益难以确定的，由人民法院根据侵权行为的情节判决给予权利人五百万元以下的赔偿。

146. 出版物存在著作权侵权，可以要求出版社承担赔偿责任吗？

情景案例

2015年8月，唐某与A出版社签订一份《图书出版合同》，约定唐某将《××职业规划指南》的专有出版权授予A出版社，唐某在合同上保证上述作品系本人创作，如发生剽窃等侵犯他人版权情况，唐某愿意负全部责任并赔偿因此给A出版社造成的损失。2015年12月，A出版社成功出版该书。2016年1月，冯某发现《××职业规划指南》一书第八、九、十章抄袭了其网上发表的原创文章，抄袭内容共8万多字。为此，冯某将A出版社起诉至法院，要求其承担侵权赔偿责任。

请问：冯某的请求能得到法院支持吗？

案例分析

本案涉及的是出版社是否需要对其出版物侵权承担责任的问题。

《最高人民法院关于审理著作权民事纠纷案件适用法律若干问题的解释》第二十条规定："出版物侵犯他人著作权的，出版者应当根据其过错、侵权程度及损害后果等承担民事赔偿责任。出版者对其出版行为的授权、稿件来源和署名、所编辑出版物的内容等未尽到合理注意义务的，依据著作权法第四十八条的规定，承担赔偿责任。出版者尽了合理注意义务，著作权人也无证据证明出版者应当知道其出版涉及侵权的，依据《民法通则》第一百一十七条第一款的规定，出版者承担停止侵权、返还其侵权所得利润的民事责任。出版者所尽合理注意义务情况，由出版者承担举证责任。"

本案中，A出版社与唐某签订了《图书出版合同》，明确约定将《××职业规划指南》的专有出版权授予A出版社，所以A出版社依法享有该书的出版权。至于唐某创作的《××职业规划指南》一书内容抄袭冯某8万多字，显然侵犯了冯某的著作权，A出版社作为该书的出版方是否需要承担侵权赔偿责任，冯某的请求能否得到法院支持，需要看A出版社对于《××职业规划指南》的出版是否尽到了合理注意的义务，以及冯某是否有证据证明A出版社是在应当知道其出版内容已侵权的情况下出版该书的。若A出版社在出版前已经依照行业标准审查了《××职业规划指南》书稿内容，也核查了稿件的来源合法，同时冯某也没有证据证明A出版社在出版时知道或应当知道书稿内容侵权的，此时A出版社无须依据《著作权法》第四十八条承担赔偿责任，但需要依据《民法通则》第一百一十七条第一款停止出版发售行为并将所得利润返还冯某。反之，若A出版社没有尽到审查、核实义务，或者即便尽到该义务，但冯某有其他证据证明出版前，A出版社应当知道书稿已侵权仍出版的，在此情况下，A 出版社需要依据《最高人民法院关于审理著作权民事纠纷案件适用法律若干问题的解释》第二十条规定承担赔偿责任。

风险防范与建议

出版社如何对拟出版的作品尽到合理注意义务，避免侵权呢？建议如下：

（1）应审查权利人的合法授权。出版社在签订出版合同前，应当对出版合同另一方的主体资格进行审查，确定其是著作权人或有合法权利授权、许可出版社出版相应作品的权利人。

（2）应审查稿件的来源。著作权中的财产性权利可以全部或部分转让，因此，作品稿件的所有权人并不一定是著作权人，这一点需要出版社注意区分。

（3）应审查稿件的署名情况、核实供稿人的身份信息。根据《著作权法》中署名权的规定，作者可以署真名、笔名。当作品的署名不能反映作者的真实身份时，出版者应当让供稿人确认自己的作者身份并举出证明其身份的证据。

（4）对拟出版作品内容的审查。即出版者在出版作品时，应当对编辑人是否取得原作品著作权人的许可，是否侵犯他人的著作权进行审查。

法条链接

《最高人民法院关于审理著作权民事纠纷案件适用法律若干问题的解释》第二十条 出版物侵犯他人著作权的，出版者应当根据其过错、侵权程度及损害后果等承担民事赔偿责任。

出版者对其出版行为的授权、稿件来源和署名、所编辑出版物的内容等未尽到合理注意义务的，依据著作权法第四十八条的规定，承担赔偿责任。

出版者尽了合理注意义务，著作权人也无证据证明出版者应当知道其出版涉及侵权的，依据民法通则第一百一十七条第一款的规定，出版者承担停止侵权、返还其侵权所得利润的民事责任。

出版者所尽合理注意义务情况，由出版者承担举证责任。

《著作权法》（2010 年修正）第四十八条 有下列侵权行为的，应当根据情况，承担停止侵害、消除影响、赔礼道歉、赔偿损失等民事责任；同时损害公共利益的，可以由著作权行政管理部门责令停止侵权行为，没收违法所得，没收、销毁侵权复制品，并可处以罚款；情节严重的，著作权行政管理部门还可以没收主要用于制作侵权复制品的材料、工具、设备等；构成犯罪的，依法追究刑事责任：

（一）未经著作权人许可，复制、发行、表演、放映、广播、汇编、通过信息网络向公众传播其作品的，本法另有规定的除外；

（二）出版他人享有专有出版权的图书的；

（三）未经表演者许可，复制、发行录有其表演的录音录像制品，或者通过信息网络向公众传播其表演的，本法另有规定的除外；

（四）未经录音录像制作者许可，复制、发行、通过信息网络向公众传播其制作的录音录像制品的，本法另有规定的除外；

（五）未经许可，播放或者复制广播、电视的，本法另有规定的除外；

（六）未经著作权人或者与著作权有关的权利人许可，故意避开或者破坏权利人为其作品、录音录像制品等采取的保护著作权或者与著作权有关的权利的技术措施的，法律、行政法规另有规定的除外；

（七）未经著作权人或者与著作权有关的权利人许可，故意删除或者改变作品、录音录像制品等的权利管理电子信息的，法律、行政法规另有规定的除外；

（八）制作、出售假冒他人署名的作品的。

147. 企业将版权作品的内容朗读出来并传播，是否侵权？

情景案例

张某系《××百科全书》一书的作者，享有该作品的著作权。2016年8月，张某发现A公司通过其经营的网站向公众免费提供《××百科全书》的在线听书服务，使公众可以在其个人选定的时间、地点获得该有声读物。张某认为，A公司在没有授权许可的情况下将自己的作品朗读出来并传播，其行为已构成侵权。协商无果后，张某遂将A公司起诉至法院，请求法院判令A公司立即停止侵权，并赔偿损失。

请问：张某的请求能得到法院支持吗？

案例分析

本案涉及的是未经原作者授权，将纸质书转变为有声读物并通过网络渠道传播是否构成侵权的问题。

我国《著作权法》第十条第一款第五项规定，以录音方式将作品制作一份或者多份的权利为著作权中的复制权，第十二项规定，以有线或者无线方式向公众提供作品，使公众可以在其个人选定的时间和地点获得作品的权利为著作权中的信息网络传播权。《信息网络传播权保护条例》第二条规定，权利人享有的信息网络传播权受著作权法和本条例保护。除法律、行政法规另有规定的外，任何组织或者个人将他人的作品、表演、录音录像制品通过信息网络向公众提供，应当取得权利人许可，并支付报酬。同时，《著作权法》第四十八条第一项也规定了未经著作权人许可，复制、发行、表演、放映、广播、汇编、通过信息网络向公众传播其作品的所应承担的法律责任。

本案中，《××百科全书》的作者是张某，根据《著作权法》第十条规定，其拥有包括复制权、信息网络传播权在内的著作权。A公司未经张某许可录音复制并在其经营的网站上向公众免费提供《××百科全书》的在线听书服务，使公众可以在其个人选定的时间、地点获得该有声读物，A公司的行为既涉嫌侵犯了张某的复制权，也涉嫌侵犯了张某的信息网络传播权，应当依照《著作权法》第四十八条第一项承担停止侵权、赔偿损失之责任。张某请求法院判令A公司立即停止侵权并赔偿损失的请求应当可以获得法院的支持。

风险防范与建议

有声读物经营企业、平台如何减少甚至杜绝侵权行为呢？建议如下：

（1）建议各企业、平台应对有声读物的生产过程进行充分了解，签订规范的授权合同，确认各个环节都已取得相应合法授权。

（2）建议企业、平台加强与作品作者的合作，实现平台和作者的互利共赢。

（3）建议在平台网站明显位置设置维权程序，便于权利人能够在发现侵权时采取快捷操作发出侵权通知，以便平台能够及时作出处置，避免侵权责任加重或损失、影响的扩大。

法条链接

《著作权法》（2010年修正）第十条 著作权包括下列人身权和财产权：

（一）发表权，即决定作品是否公之于众的权利；

（二）署名权，即表明作者身份，在作品上署名的权利；

（三）修改权，即修改或者授权他人修改作品的权利；

（四）保护作品完整权，即保护作品不受歪曲、篡改的权利；

（五）复制权，即以印刷、复印、拓印、录音、录像、翻录、翻拍等方式将作品制作一份或者多份的权利；

（六）发行权，即以出售或者赠与方式向公众提供作品的原件或者复制件的权利；

（七）出租权，即有偿许可他人临时使用电影作品和以类似摄制电影的方法创作的作品、计算机软件的权利，计算机软件不是出租的主要标的的除外；

（八）展览权，即公开陈列美术作品、摄影作品的原件或者复制件的权利；

（九）表演权，即公开表演作品，以及用各种手段公开播送作品的表演的权利；

（十）放映权，即通过放映机、幻灯机等技术设备公开再现美术、摄影、电影和以类似摄制电影的方法创作的作品等的权利；

（十一）广播权，即以无线方式公开广播或者传播作品，以有线传播或者转播的方式向公众传播广播的作品，以及通过扩音器或者其他传送符号、声音、图像的类似工具向公众传播广播的作品的权利；

（十二）信息网络传播权，即以有线或者无线方式向公众提供作品，使公众可以在其个人选定的时间和地点获得作品的权利；

（十三）摄制权，即以摄制电影或者以类似摄制电影的方法将作品固定在载体上的权利；

（十四）改编权，即改变作品，创作出具有独创性的新作品的权利；

（十五）翻译权，即将作品从一种语言文字转换成另一种语言文字的权利；

（十六）汇编权，即将作品或者作品的片段通过选择或者编排，汇集成新作品的权利；

（十七）应当由著作权人享有的其他权利。

著作权人可以许可他人行使前款第（五）项至第（十七）项规定的权利，并依照约定或者本法有关规定获得报酬。

著作权人可以全部或者部分转让本条第一款第（五）项至第（十七）项规定的权利，并依照约定或者本法有关规定获得报酬。

第四十八条　有下列侵权行为的，应当根据情况，承担停止侵害、消除影响、赔礼道歉、赔偿损失等民事责任；同时损害公共利益的，可以由著作权行政管理部门责令停止侵权行为，没收违法所得，没收、销毁侵权复制品，并可处以罚款；情节严重的，著作权行政管理部门还可以没收主要用于制作侵权复制品的材料、工具、设备等；构成犯罪的，依法追究刑事责任：

（一）未经著作权人许可，复制、发行、表演、放映、广播、汇编、通过信息网络向公众传播其作品的，本法另有规定的除外；

（二）出版他人享有专有出版权的图书的；

（三）未经表演者许可，复制、发行录有其表演的录音录像制品，或者通过信息网络向公众传播其表演的，本法另有规定的除外；

（四）未经录音录像制作者许可，复制、发行、通过信息网络向公众传播其制作的录音录像制品的，本法另有规定的除外；

（五）未经许可，播放或者复制广播、电视的，本法另有规定的除外；

（六）未经著作权人或者与著作权有关的权利人许可，故意避开或者破坏权利人为其作品、录音录像制品等采取的保护著作权或者与著作权有关的权利的技术措施的，法律、行政法规另有规定的除外；

（七）未经著作权人或者与著作权有关的权利人许可，故意删除或者改变作品、录音录像制品等的权利管理电子信息的，法律、行政法规另有规定的除外；

（八）制作、出售假冒他人署名的作品的。

《信息网络传播权保护条例》（2013 年修订）第二条 权利人享有的信息网络传播权受著作权法和本条例保护。除法律、行政法规另有规定的外，任何组织或者个人将他人的作品、表演、录音录像制品通过信息网络向公众提供，应当取得权利人许可，并支付报酬。

148. 企业使用已故作者作品，需要获得作品继承人同意吗?

情景案例

董某是《××十年》一书作者，该书由 A 公司于 1998 年出版。A 公司由萧某与程某共同创办，主营图书策划出版。2015 年 6 月，A 公司看好《××十年》一书的市场前景，计划联系作者再版该书。当 A 公司联系董某时才知董某已去世。再版之前，A 公司内部对该书的版权问题认识不一。萧某认为，再版该书需要征得作品继承人同意才行，如果继承人不同意出版，我们就不能再版。程某认为，作者已经去世，该书已是社会公共资源，无须征得作品继承人同意。

请问：A 公司再版董某的作品，需要征得其继承人同意吗?

案例分析

本案涉及公司重印已故作者作品是否需要获得作品继承人同意的问题。

我国《著作权法》第十九条第一款规定，著作权属于公民的，公民死亡后，其本法第十条第一款第五项至第十七项规定的权利在本法规定的保护期内，依照继承法的规定转移。第二十一条第一款规定，公民的作品，其发表权、本法第十条第一款第五项至第十七项规定的权利的保护期为作者终生及其死亡后五十年，截止于作者死亡后第五十年的 12 月 31 日；如果是合作作品，截止于最后死亡的作者死亡后第五十年的 12 月 31 日。综上，董某作品《××十年》于 1998 年出版，仍在著作权法律规定的保护期内，其去世后关于《××十年》包括发行权在内的著作权财产权由继承人享有。

同时，《著作权法》第三十二条第三款规定：“图书出版者重印、再版作品的，应当通知著作权人，并支付报酬。”因此，A 公司再版董某的作品，在 A 公司与董某之间没有另行约定重印需要征得董某同意的情况下，A 公司只需通知董某的继承人，但要支付相应的报酬。

风险防范与建议

为了避免图书出版的此类纠纷，建议如下：

（1）出版者对其出版物应当负有合理注意义务，在出版前，应尽力审查出版物的内容等不侵犯他人的著作权等合法权利。

（2）再版要合法，告知作者要及时。出版社在对出版图书进行再版或重印时，应及时与著作权人沟通，在原出版合同未对再版或重印明确约定的情况下，及时补充签订相关协议，按照约定通过支付报酬或者寄送样书等方式积极履行协议。

（3）同时，再版时应对作品相关内容权利状态再次进行审慎的审查，一方面由于整理出版包含大量创作时间较久的作品，且发行时间长、范围广，因此出版作品的权利状态可能因转让、继承等原因发生多次变化，需要与权利承接主体重新沟通协商；另一方面对于原版图书出版时可能存在的授权不明、署名遗漏等法律风险，能够及时发现，从而采取措施排除隐患，避免后续法律纠纷。

法条链接

《著作权法》（2010 年修正）第十条　著作权包括下列人身权和财产权：

（一）发表权，即决定作品是否公之于众的权利；

（二）署名权，即表明作者身份，在作品上署名的权利；

（三）修改权，即修改或者授权他人修改作品的权利；

（四）保护作品完整权，即保护作品不受歪曲、篡改的权利；

（五）复制权，即以印刷、复印、拓印、录音、录像、翻录、翻拍等方式将作品制作一份或者多份的权利；

（六）发行权，即以出售或者赠与方式向公众提供作品的原件或者复制件的权利；

（七）出租权，即有偿许可他人临时使用电影作品和以类似摄制电影的方法创作的作品、计算机软件的权利，计算机软件不是出租的主要标的的除外；

（八）展览权，即公开陈列美术作品、摄影作品的原件或者复制件的权利；

（九）表演权，即公开表演作品，以及用各种手段公开播送作品的表演的权利；

（十）放映权，即通过放映机、幻灯机等技术设备公开再现美术、摄影、电影和以类似摄制电影的方法创作的作品等的权利；

（十一）广播权，即以无线方式公开广播或者传播作品，以有线传播或者转播的方式向公众传播广播的作品，以及通过扩音器或者其他传送符号、声音、图像的类似工具向公众传播广播的作品的权利；

（十二）信息网络传播权，即以有线或者无线方式向公众提供作品，使公众可以在其个人选定的时间和地点获得作品的权利；

（十三）摄制权，即以摄制电影或者以类似摄制电影的方法将作品固定在载体上的权利；

（十四）改编权，即改变作品，创作出具有独创性的新作品的权利；

（十五）翻译权，即将作品从一种语言文字转换成另一种语言文字的权利；

（十六）汇编权，即将作品或者作品的片段通过选择或者编排，汇集成新作品的权利；

（十七）应当由著作权人享有的其他权利。

著作权人可以许可他人行使前款第（五）项至第（十七）项规定的权利，并依照约定或者本法有关规定获得报酬。

著作权人可以全部或者部分转让本条第一款第（五）项至第（十七）项规定的权利，并依照约定或者本法有关规定获得报酬。

第十九条第一款 著作权属于公民的，公民死亡后，其本法第十条第一款第（五）项至第（十七）项规定的权利在本法规定的保护期内，依照继承法的规定转移。

第二十一条第一款 公民的作品，其发表权、本法第十条第一款第（五）项至第（十七）项规定的权利的保护期为作者终生及其死亡后五十年，截止于作者死亡后第五十年的12月31日；如果是合作作品，截止于最后死亡的作者死亡后第五十年的12月31日。

第三十二条第三款 图书出版者重印、再版作品的，应当通知著作权人，并支付报酬。图书脱销后，图书出版者拒绝重印、再版的，著作权人有权终止合同。

《继承法》第三条 遗产是公民死亡时遗留的个人合法财产，包括：

（一）公民的收入；

（二）公民的房屋、储蓄和生活用品；

（三）公民的林木、牲畜和家禽；

（四）公民的文物、图书资料；

（五）法律允许公民所有的生产资料；

（六）公民的著作权、专利权中的财产权利；

（七）公民的其他合法财产。

149. 摄影作品被他人擅自用于宣传，可以要求赔偿吗?

情景案例

萧某是摄影爱好者，在去云南旅游时拍摄了一批摄影作品，署名上传到一些旅游网站，并通过自己的微博、微信朋友圈发出，得到了许多点赞，萧某很有成就感。2016 年 9 月，萧某在某旅游展会上闲逛时发现 A 旅游公司的宣传册中有其上述摄影作品中的 50 张，萧某当即要求 A 公司立即删除侵权照片并且支付版权使用费每张照片 6000 元。A 公司认为，首先这些照片在多个网站上都可以找到且可以随意下载，表明萧某同意别人免费利用，因此 A 公司不具有过错，不应承担侵权责任；其次这些照片只供客户欣赏，并不能给 A 公司带来直接收益，A 公司是合理使用；最后即使要赔偿，也用不着赔这么多钱。

请问：萧某可以要求 A 公司赔偿吗？赔偿的标准如何确定？

案例分析

本案涉及摄影作品的著作权保护问题。

摄影作品属于我国《著作权法》第三条所列明的“作品”之一，受著作权相关法律法规保护，摄影作品的作者享有与其他类型作品的作者一样的著作权权利。萧某将自己的摄影作品上传到互联网，并通过微博、微信朋友圈发表，是行使“发表权”和“信息网络传播权”的行为，客观上使得这些摄影作品公之于众，他人可以观赏并下载。A 公司作为专业的旅游公司，未经萧某许可将这些照片用于自己公司的宣传册，有利用萧某摄影作品所展现的美丽风光吸引不特定的消费者前来报名旅游，增加 A 公司经营收入的目的。A 公司该行为不属于《著作权法》第二十二条第一款第一项所规定的“为个人……欣赏，使用他人已经发表的作品”的范畴，不属于合理使用。尤其是萧某在将照片上传到互联网的时候已经署名，而 A 公司在宣传画册中使用时删除了萧某的署名，侵权行为性质更为严重。根据《著作权法》第四十八条第一项、第七项之规定，A 公司的行为构成侵害萧某著作权。

至于赔偿金额，如果萧某不能证明自己的损失，法院也不能查明 A 公司的违法所得，则根据《著作权法》第四十九条第二款之规定，由法院根据侵权行为的情节，判决 A 公司给予萧某五十万元以下的赔偿。

风险防范与建议

鉴于国内企事业单位及社会公众长期以来养成了免费使用的习惯，摄影作品侵权行为在我国较为普遍。很多单位在制作宣传册、本单位官网、微信公众号等时，为了美观好看都喜欢配几张图片，而图片的来源往往由制作者随意在互联网上下载，在接到权利人的通知和索赔要求后才后悔不迭。因此，我们建议单位在对外宣传产品、服务或者企业形象时，所使用的所有元素（包括但不限于摄影作品）都应当有清晰、合法的来源，与作者签订授权许可使用合同，明确约定授权范围和期限；也可以委托摄影师专门为本单位拍摄，通过委托合同将摄影作品的著作权约定由委托方享有。不要使用“来历不明”的照片，尤其是如果照片中还有人物形象的情况，则可能在侵犯摄影作者著作权的同时，还侵犯了图片中人物的肖像权。

法条链接

《著作权法》（2010 年修正）第二十二条　在下列情况下使用作品，可以不经著作权人许可，不向其支付报酬，但应当指明作者姓名、作品名称，并且不得侵犯著作权人依照本法享有的其他权利：

（一）为个人学习、研究或者欣赏，使用他人已经发表的作品；

（二）为介绍、评论某一作品或者说明某一问题，在作品中适当引用他人已经发表的作品；

（三）为报道时事新闻，在报纸、期刊、广播电台、电视台等媒体中不可避免地再现或者引用已经发表的作品；

（四）报纸、期刊、广播电台、电视台等媒体刊登或者播放其他报纸、期刊、广播电台、电视台等媒体已经发表的关于政治、经济、宗教问题的时事性文章，但作者声明不许刊登、播放的除外；

（五）报纸、期刊、广播电台、电视台等媒体刊登或者播放在公众集会上发表的讲话，但作者声明不许刊登、播放的除外；

（六）为学校课堂教学或者科学研究，翻译或者少量复制已经发表的作品，供教学或者科研人员使用，但不得出版发行；

（七）国家机关为执行公务在合理范围内使用已经发表的作品；

（八）图书馆、档案馆、纪念馆、博物馆、美术馆等为陈列或者保存版本的需要，复制本馆收藏的作品；

（九）免费表演已经发表的作品，该表演未向公众收取费用，也未向表演者支付报酬；

（十）对设置或者陈列在室外公共场所的艺术作品进行临摹、绘画、摄影、录像；

（十一）将中国公民、法人或者其他组织已经发表的以汉语言文字创作的作品翻译成少数民族语言文字作品在国内出版发行；

（十二）将已经发表的作品改成盲文出版。

前款规定适用于对出版者、表演者、录音录像制作者、广播电台、电视台的权利的限制。

第四十八条　有下列侵权行为的，应当根据情况，承担停止侵害、消除影响、赔礼道歉、赔偿损失等民事责任；同时损害公共利益的，可以由著作权行政管理部门责令停止侵权行为，没收违法所得，没收、销毁侵权复制品，并可处以罚款；

情节严重的，著作权行政管理部门还可以没收主要用于制作侵权复制品的材料、工具、设备等；构成犯罪的，依法追究刑事责任：

（一）未经著作权人许可，复制、发行、表演、放映、广播、汇编、通过信息网络向公众传播其作品的，本法另有规定的除外；

（二）出版他人享有专有出版权的图书的；

（三）未经表演者许可，复制、发行录有其表演的录音录像制品，或者通过信息网络向公众传播其表演的，本法另有规定的除外；

（四）未经录音录像制作者许可，复制、发行、通过信息网络向公众传播其制作的录音录像制品的，本法另有规定的除外；

（五）未经许可，播放或者复制广播、电视的，本法另有规定的除外；

（六）未经著作权人或者与著作权有关的权利人许可，故意避开或者破坏权利人为其作品、录音录像制品等采取的保护著作权或者与著作权有关的权利的技术措施的，法律、行政法规另有规定的除外；

（七）未经著作权人或者与著作权有关的权利人许可，故意删除或者改变作品、录音录像制品等的权利管理电子信息的，法律、行政法规另有规定的除外；

（八）制作、出售假冒他人署名的作品的。

第四十九条 侵犯著作权或者与著作权有关的权利的，侵权人应当按照权利人的实际损失给予赔偿；实际损失难以计算的，可以按照侵权人的违法所得给予赔偿。赔偿数额还应当包括权利人为制止侵权行为所支付的合理开支。

权利人的实际损失或者侵权人的违法所得不能确定的，由人民法院根据侵权行为的情节，判决给予五十万元以下的赔偿。

150. 如何认定作品发表的时间？

情景案例

蒋某长期从事摄影创作，系中国摄影家协会会员。2013 年 7 月，蒋某深入西藏各地，创作了“藏族风情”系列摄影作品。同年 12 月，蒋某举办了个人摄影展，并将该系列全部作品进行展览。2014 年 5 月，阳光出版社邀请蒋某将其近几年来的摄影作品（包括“藏族风情”系列作品）出版在《××全景素材》上，蒋某同意并出版了。2014 年 11 月，蒋某为了进一步保护自己的摄影作品著作权，将该系列摄影作品向国家版权局申请了作品登记，并在登记时将作品发布时间登记为出版时间，即 2014 年 5 月。

高某系油画专业创作者，2013 年 12 月，在参观了蒋某举办的个人摄影展后，深受启发，并仿照“藏族风情”系列其中一幅作品，创作出相同内容的油画。

2014 年 3 月，某公司出版了高某的油画作品集《×××故事》一书，该作品集中亦收录了该幅油画，《×××故事》一书一经出版，颇受读者喜爱。

2015 年 2 月，蒋某无意间知悉高某创作的油画与其“藏族风情”系列作品基本无异，认为高某侵犯了其著作权，要求高某赔偿其损失，并公开赔礼道歉。高某则认为，蒋某的摄影作品登记发表时间为 2014 年 5 月，其油画出版的时间为 2014 年 3 月，发表时间早于蒋某发表登记的时间，因此并未侵犯蒋某的权益，无须赔偿损失。

请问，高某的行为是否侵犯了蒋某的著作权？如何认定蒋某摄影作品的发表时间？

案例分析

本案涉及两个问题：一是针对同一题材的摄影作品和绘画作品彼此之间是否可能构成侵权的问题，二是如何认定作品发表时间的问题。

针对同一对象的摄影作品和绘画作品彼此之间是否可能构成侵权的问题：著作权法允许不同作者对同一思想、题材进行各自的独立创作，但创作过程中不得使用他人作品的独创性表达方式。《最高人民法院关于审理著作权民事纠纷案件适用法律若干问题的解释》第十五条规定，不同作者就同一题材创作的作品，作品的表达系独立完成且有独创性的，各自享有独立的著作权。油画与摄影作品类型不同，创作手法、使用的材料也不同。正如北京市第二中级人民法院作出的（2011）二中民终字第 21796 号民事判决书所载：“摄影作品的独创性在于拍摄内容、拍摄时间及地点、镜头、位置与角度、光圈、速度、曝光时长等因素的选择，内容为真实人物的摄影作品的独创性还应包括对于模特的选择、模特姿态的安排及情绪的调动等；油画作品的独创性则在于绘画内容与绘画用品的选择、绘画技法的表现等方面，内容为真实人物的油画作品的独创性还应包括对于模特的选择、模特姿态的安排及情绪的调动等。”就本案而言，高某的涉诉油画作品是其在 2013 年 12 月参观了蒋某举办的个人摄影展后仿照蒋某的“藏族风情”系列其中一幅作品所创作出的相同内容的油画。从这一角度来说，可以初步判断高某的油画作品是改编自蒋某的摄影作品，如果高某不能证明自己的作品系独立完成且有著作权法律意义上的独创性，那么高某的作品可能被认定为侵犯了梁某相应摄影作品的著作权。需要注意的是，目前在实践中对摄影作品和油画作品之间是否构成改编关系还存在争议，主流观点在认定油画作品是否构成对摄影作品的侵权方面仍然持非常谨慎的态度。

关于本案中如何认定作品发表时间的问题：我国《著作权法》第十条第一项规定，发表权，即决定作品是否公之于众的权利。《作品自愿登记试行办法》第二条规定，作品实行自愿登记。作品不论是否登记，作者或其他著作权人依法取得的著作权不受影响。

《最高人民法院关于审理著作权民事纠纷案件适用法律若干问题的解释》（法释〔2002〕31号）第七条规定，涉及著作权的底稿、原件、合法出版物、认证机构出具的证明、取得权利的合同等都可以作为确定著作权产生时间和归属的证据。因此，著作权登记是证明作品著作权的初步证据，但不是唯一证据。本案中，蒋某在2013年12月举办个人摄影展，将作品向不特定公众公布的行为是行使其对作品的发表权的行为，可以证明“藏族风情”系列作品在2013年12月展览前已经创作完成，蒋某在2013年12月前已经取得了该作品的著作权。高某虽然对自己的作品进行了著作权登记，且在著作权登记过程中，有关代理机构、版权局等经办人员确实能够接触所登记的作品，但这种形式的接触并不当然代表作品被公之于众。同样，根据《作品自愿登记试行办法》第一条的规定，进行登记的主要作用在于证明权利的归属，而并非证明将作品公之于众。因此，高某不能以著作权登记的时间来认定作品的发表时间。故蒋某摄影作品的发表时间是2013年12月。

风险防范与建议

作者如何正确行使发表权？建议如下：

（1）发表权是将作品公之于众的权利，建议作者必须将作品在公共领域进行发表、公开。如果只是向特定范围的人或者具有某些特定关系的人展示，则不属于作品发表。

（2）建议摄影作品、美术作品的作者在行使发表权时要考虑发表的时间、地点以及发表的形式等问题。例如，在重大节假日发表效果要好于平日发表、在大城市举办展览的影响要大于在小城市举办，发表的规模不一样，效果也就不一样。

（3）建议摄影作品、美术作品的作者如涉及人物形象等作品的展览时，还需要取得该人物的同意，否则可能构成民事侵权。

法条链接

《作品自愿登记试行办法》第二条　作品实行自愿登记。作品不论是否登记，作者或其他著作权人依法取得的著作权不受影响。

《著作权法》（2010年修正）第十条　著作权包括下列人身权和财产权：

（一）发表权，即决定作品是否公之于众的权利；

（二）署名权，即表明作者身份，在作品上署名的权利；

（三）修改权，即修改或者授权他人修改作品的权利；

（四）保护作品完整权，即保护作品不受歪曲、篡改的权利；

（五）复制权，即以印刷、复印、拓印、录音、录像、翻录、翻拍等方式将作品制作一份或者多份的权利；

（六）发行权，即以出售或者赠与方式向公众提供作品的原件或者复制件的权利；

（七）出租权，即有偿许可他人临时使用电影作品和以类似摄制电影的方法创作的作品、计算机软件的权利，计算机软件不是出租的主要标的的除外；

（八）展览权，即公开陈列美术作品、摄影作品的原件或者复制件的权利；

（九）表演权，即公开表演作品，以及用各种手段公开播送作品的表演的权利；

（十）放映权，即通过放映机、幻灯机等技术设备公开再现美术、摄影、电影和以类似摄制电影的方法创作的作品等的权利；

（十一）广播权，即以无线方式公开广播或者传播作品，以有线传播或者转播的方式向公众传播广播的作品，以及通过扩音器或者其他传送符号、声音、图像的类似工具向公众传播广播的作品的权利；

（十二）信息网络传播权，即以有线或者无线方式向公众提供作品，使公众可以在其个人选定的时间和地点获得作品的权利；

（十三）摄制权，即以摄制电影或者以类似摄制电影的方法将作品固定在载体上的权利；

（十四）改编权，即改变作品，创作出具有独创性的新作品的权利；

（十五）翻译权，即将作品从一种语言文字转换成另一种语言文字的权利；

（十六）汇编权，即将作品或者作品的片段通过选择或者编排，汇集成新作品的权利；

（十七）应当由著作权人享有的其他权利。

著作权人可以许可他人行使前款第（五）项至第（十七）项规定的权利，并依照约定或者本法有关规定获得报酬。

著作权人可以全部或者部分转让本条第一款第（五）项至第（十七）项规定的权利，并依照约定或者本法有关规定获得报酬。

《最高人民法院关于审理著作权民事纠纷案件适用法律若干问题的解释》（法释〔2002〕31号）第十五条 由不同作者就同一题材创作的作品，作品的表达系独立完成并且有创作性的，应当认定作者各自享有独立著作权。

151. 将老师讲课内容录制并上传网络，供用户浏览或者下载，是否构成侵权？

情景案例

程某是某计算机培训机构老师，由于教学方式灵活，程某广受学生欢迎。

2017 年 3 月，程某发现讲课录音被某网站上传到网络供用户浏览或下载。经调查，该讲课录音是被学生曹某偷拍并上传到某网站平台上的。程某认为，老师讲课内容是口述作品的一种，受著作权法保护，曹某与某网站未经许可将其享有著作权的口述作品上传到网络，侵犯其信息网络传播权，依法应当承担停止侵权、赔偿损失等民事责任。某网站认为涉案视频是曹某上传的，有什么问题应该找曹某，与网站无关。协商无果后，程某遂将曹某与某网站公司起诉至法院，要求赔偿损失 20 万元。

请问：曹某与某网站的行为是否构成侵权？

案例分析

本案涉及教学现场视频是否构成作品，以及相应的著作权保护问题。

我国《著作权法》第三条规定，作品的种类包括口述作品。口述作品是指即兴的演说、授课、辩论等以口头语言形式表现的作品，而现场教学内容体现了不同讲课者的思想和表达方式，内容具有独创性，符合《著作权法》规定的作品要件，因而构成口述作品。曹某未经程某许可，采取偷录的方式，复制了程某的口述作品，并上传到某网站供不特定社会公众获取，因此曹某侵犯了程某对口述作品的复制权及信息网络传播权。同时，由于该网站为侵权视频提供了存储空间，在接到程某的通知且进行了协商后仍未停止侵权，不符合《信息网络传播权保护条例》第二十二条规定的不承担赔偿责任的条件，因此同样需要承担赔偿责任。

风险防范与建议

演说、授课、辩论等都是权利人即兴创作的智力成果，具有独创性，而且可以通过记录或者录音等方式复制，符合口述作品的定义，因此享有著作权。为防止争议，建议讲述人在开始就“有言在先”，声明是否允许听众录制或拍摄。而作为听众，应当尊重讲述者的著作权，未经许可不要录制更不要擅自传播。

作为提供相关服务的网站，如果存储了涉嫌侵权的作品，在收到权利人的侵权通知后，应当立即删除涉嫌侵权的作品，或者断开与涉嫌侵权的作品的链接，并同时将权利人的通知书转送上传作品的“网友”。

除此之外，网站要想免除自身的赔偿责任，还必须符合以下条件：（1）在网页上明示仅提供存储空间且明示自己的名称、联系人、网络地址；（2）对于他人上传的作品未进行编辑、修改、排名等；（3）不明知也不应知他人上传的作品系侵权作品；（4）未从涉嫌侵权的作品中直接获得经济利益。

法条链接

《著作权法》（2010年修正）第三条 本法所称的作品，包括以下列形式创作的文学、艺术和自然科学、社会科学、工程技术等作品：

（一）文字作品；

（二）口述作品；

（三）音乐、戏剧、曲艺、舞蹈、杂技艺术作品；

（四）美术、建筑作品；

（五）摄影作品；

（六）电影作品和以类似摄制电影的方法创作的作品；

（七）工程设计图、产品设计图、地图、示意图等图形作品和模型作品；

（八）计算机软件；

（九）法律、行政法规规定的其他作品。

第十条 著作权包括下列人身权和财产权：

（一）发表权，即决定作品是否公之于众的权利；

（二）署名权，即表明作者身份，在作品上署名的权利；

（三）修改权，即修改或者授权他人修改作品的权利；

（四）保护作品完整权，即保护作品不受歪曲、篡改的权利；

（五）复制权，即以印刷、复印、拓印、录音、录像、翻录、翻拍等方式将作品制作一份或者多份的权利；

（六）发行权，即以出售或者赠与方式向公众提供作品的原件或者复制件的权利；

（七）出租权，即有偿许可他人临时使用电影作品和以类似摄制电影的方法创作的作品、计算机软件的权利，计算机软件不是出租的主要标的的除外；

（八）展览权，即公开陈列美术作品、摄影作品的原件或者复制件的权利；

（九）表演权，即公开表演作品，以及用各种手段公开播送作品的表演的权利；

（十）放映权，即通过放映机、幻灯机等技术设备公开再现美术、摄影、电影和以类似摄制电影的方法创作的作品等的权利；

（十一）广播权，即以无线方式公开广播或者传播作品，以有线传播或者转播的方式向公众传播广播的作品，以及通过扩音器或者其他传送符号、声音、图像的类似工具向公众传播广播的作品的权利；

（十二）信息网络传播权，即以有线或者无线方式向公众提供作品，使公众可以在其个人选定的时间和地点获得作品的权利；

（十三）摄制权，即以摄制电影或者以类似摄制电影的方法将作品固定在载体上的权利；

（十四）改编权，即改变作品，创作出具有独创性的新作品的权利；

（十五）翻译权，即将作品从一种语言文字转换成另一种语言文字的权利；

（十六）汇编权，即将作品或者作品的片段通过选择或者编排，汇集成新作品的权利；

（十七）应当由著作权人享有的其他权利。

著作权人可以许可他人行使前款第（五）项至第（十七）项规定的权利，并依照约定或者本法有关规定获得报酬。

著作权人可以全部或者部分转让本条第一款第（五）项至第（十七）项规定的权利，并依照约定或者本法有关规定获得报酬。

《信息网络传播权保护条例》（2013 年修订）第二条　权利人享有的信息网络传播权受著作权法和本条例保护。除法律、行政法规另有规定的外，任何组织或者个人将他人的作品、表演、录音录像制品通过信息网络向公众提供，应当取得权利人许可，并支付报酬。

第十四条　对提供信息存储空间或者提供搜索、链接服务的网络服务提供者，权利人认为其服务所涉及的作品、表演、录音录像制品，侵犯自己的信息网络传播权或者被删除、改变了自己的权利管理电子信息的，可以向该网络服务提供者提交书面通知，要求网络服务提供者删除该作品、表演、录音录像制品，或者断开与该作品、表演、录音录像制品的链接。通知书应当包含下列内容：

（一）权利人的姓名（名称）、联系方式和地址；

（二）要求删除或者断开链接的侵权作品、表演、录音录像制品的名称和网络地址；

（三）构成侵权的初步证明材料。

权利人应当对通知书的真实性负责。

第十五条　网络服务提供者接到权利人的通知书后，应当立即删除涉嫌侵权的作品、表演、录音录像制品，或者断开与涉嫌侵权的作品、表演、录音录像制品的链接，并同时将通知书转送提供作品、表演、录音录像制品的服务对象；服务对象网络地址不明、无法转送的，应当将通知书的内容同时在信息网络上公告。

第二十二条　网络服务提供者为服务对象提供信息存储空间，供服务对象通过信息网络向公众提供作品、表演、录音录像制品，并具备下列条件的，不承担赔偿责任：

（一）明确标示该信息存储空间是为服务对象所提供，并公开网络服务提供者的名称、联系人、网络地址；

（二）未改变服务对象所提供的作品、表演、录音录像制品；

（三）不知道也没有合理的理由应当知道服务对象提供的作品、表演、录音录像制品侵权；

（四）未从服务对象提供作品、表演、录音录像制品中直接获得经济利益；

（五）在接到权利人的通知书后，根据本条例规定删除权利人认为侵权的作品、表演、录音录像制品。

《侵权责任法》第二条 侵害民事权益，应当依照本法承担侵权责任。

本法所称民事权益，包括生命权、健康权、姓名权、名誉权、荣誉权、肖像权、隐私权、婚姻自主权、监护权、所有权、用益物权、担保物权、著作权、专利权、商标专用权、发现权、股权、继承权等人身、财产权益。

第八条 二人以上共同实施侵权行为，造成他人损害的，应当承担连带责任。

152. 将他人赠与的美术作品复制后在公司门店展览，是否构成侵权？

情景案例

A公司是一家美容连锁机构，全国有1000多家连锁店。画家袁某于1999年创作了美术作品《花开富贵》，后将该作品赠送给了A公司。2017年8月，A公司将该作品以1:1的比例复制为铜板作品，悬挂于其经营的美容连锁内。2017年12月，袁某发现A公司的侵权行为后，十分生气，遂将A公司起诉至法院，请求法院判令A公司停止侵权并赔偿损失10万元。A公司认为，袁某已将作品原件的所有权赠与了A公司，A公司有权任意处分该作品，袁某无权干涉。

请问：A公司的行为构成侵权吗？

案例分析

本案涉及将他人赠与的美术作品原件复制后公开展览是否构成侵权的问题。

我国《著作权法》第十八条规定了“美术等作品原件所有权的转移，不视为作品著作权的转移，但美术作品原件的展览权由原件所有人享有”。第十条第一款第八项规定“展览权，即公开陈列美术作品、摄影作品的原件或者复制件的权利”。结合这两条的规定，似乎A公司关于“袁某已将作品原件的所有权赠与给了A公司，A公司有权任意处分该作品”的说法是对的。然而，展览权是著作权财产权，而著作权的客体均是“作品”而非作品载体（不论是原件或者复印件）。也就是说，展览权的权利客体是附着在原件或者复印件上的智力成果，原件所有权的转移不等于展览权会因为载体的转移或分割而丧失，而只是意味着作者只能通过该作品的复制件来行使展览权。因此，美术作品原件的展览权由原件所有人享有，是基于原件所有人对原件的一种物权使用行为。

本案中，A 公司对作品原件本身进行展览是合法的，但是其对作品原件进行复制，并将作品的复制件公开陈列于其经营场所之中，就不再是在物权范围内对自己所有物的合法“使用”，因此 A 公司侵犯了画家袁某的著作权。

风险防范与建议

在基于美术等作品原件所有权转移的著作权合同关系中，常常出现类似本案中权利相互受到限制的情形。以本案为例，画家袁某将作品原件赠与 A 公司后，各自行使权利的方式都受到不同程度的限制：对于 A 公司而言，要想复制、传播作品，必须得到画家袁某的许可，否则就构成著作权侵权；对于画家袁某而言，如果想在作品原件上行使修改权，或者想展出原件都必须得到 A 公司的许可，而 A 公司作为物权所有人可以基于自己的物权而予以拒绝；如果 A 公司拒绝，则画家袁某行使修改权的范围就只能局限于在相应作品的复制件上进行了。

为了防止出现这种现象，建议在转让此类作品原件时，双方可以签订交叉许可协议条款：即作者许可原件的物权所有人在一定程度上对作品原件的复制；而原件的物权所有人也可以许可作者在一定时间范围内对原件进行合理幅度的修改。

法条链接

《著作权法》（2010 年修正）第十条 著作权包括下列人身权和财产权：

（一）发表权，即决定作品是否公之于众的权利；

（二）署名权，即表明作者身份，在作品上署名的权利；

（三）修改权，即修改或者授权他人修改作品的权利；

（四）保护作品完整权，即保护作品不受歪曲、篡改的权利；

（五）复制权，即以印刷、复印、拓印、录音、录像、翻录、翻拍等方式将作品制作一份或者多份的权利；

（六）发行权，即以出售或者赠与方式向公众提供作品的原件或者复制件的权利；

（七）出租权，即有偿许可他人临时使用电影作品和以类似摄制电影的方法创作的作品、计算机软件的权利，计算机软件不是出租的主要标的的除外；

（八）展览权，即公开陈列美术作品、摄影作品的原件或者复制件的权利；

（九）表演权，即公开表演作品，以及用各种手段公开播送作品的表演的权利；

（十）放映权，即通过放映机、幻灯机等技术设备公开再现美术、摄影、电影和以类似摄制电影的方法创作的作品等的权利；

（十一）广播权，即以无线方式公开广播或者传播作品，以有线传播或者转播的方式向公众传播广播的作品，以及通过扩音器或者其他传送符号、声音、图像的类似工具向公众传播广播的作品的权利；

（十二）信息网络传播权，即以有线或者无线方式向公众提供作品，使公众可以在其个人选定的时间和地点获得作品的权利；

（十三）摄制权，即以摄制电影或者以类似摄制电影的方法将作品固定在载体上的权利；

（十四）改编权，即改变作品，创作出具有独创性的新作品的权利；

（十五）翻译权，即将作品从一种语言文字转换成另一种语言文字的权利；

（十六）汇编权，即将作品或者作品的片段通过选择或者编排，汇集成新作品的权利；

（十七）应当由著作权人享有的其他权利。

著作权人可以许可他人行使前款第（五）项至第（十七）项规定的权利，并依照约定或者本法有关规定获得报酬。

著作权人可以全部或者部分转让本条第一款第（五）项至第（十七）项规定的权利，并依照约定或者本法有关规定获得报酬。

第十八条 美术等作品原件所有权的转移，不视为作品著作权的转移，但美术作品原件的展览权由原件所有人享有。

153. 服装设计者应当如何维权？

情景案例

邓某是一位服装设计师，毕业于中国美术学院。2016 年 8 月，邓某将“老人防寒内衣”服装系列的产品设计图及样板、样衣等在内的一切相关知识产权权益转让给 A 公司，此“老人防寒内衣”产品设计的最大特点在于体现美观的同时又保暖实用。2017 年 12 月，A 公司发现市场上存在大量仿冒产品。经调查，仿冒产品生产商是 B 公司，其未经 A 公司授权同意，模仿前述“老人防寒内衣”成衣生产了与 A 公司极为相似的服装，仅部分装饰性的细节略有不同。因服装具有保暖实用的优点，受到老年人消费者群体青睐。

请问：B 公司是否构成抄袭？

案例分析

本案涉及原创服饰发布后他人仿照成衣推出“同款”是否构成著作权抄袭的问题。

我国《著作权法》第二条第一款规定，中国公民、法人或者其他组织的作品，不论是否发表，依照本法享有著作权。原创服装发布后，被他人仿照推出“同款”能否构成著作权意义上的抄袭，首先涉及的是服装成衣能不能构成作品，受著作权保护。对此，我国在《著作权法》中没有明确规定，对于服装成衣能否构成作品，应区别对待。

如该服装成衣在体现美感的同时，不可避免地体现了实用功能，也就是当服装设计的美感与实用功能不可分割地交织在一起而不能独立存在时，服装不能受《著作权法》保护。《著作权法》的保护不延及实用功能，而服装主要具有遮盖身体和保暖的实用功能，因此服装成衣不属于著作权法律保护的对象，按照服装设计图加工制作服装成衣也并不是著作权法上的复制。而服装设计获得著作权保护的一个前提条件是其美感与实用功能的分离。当美感和实用功能在物理和观念上分离的情况下，服装设计表现了设计者独特的构思和认识，符合《著作权法》规定的作品的构成要件的，受著作权保护。进而服装设计图作为图形作品也可以受到著作权法律的保护。因此，A 公司不能主张 B 公司仿制的成衣侵犯了 A 公司成衣的“著作权”，但如果 A 公司有证据证明 B 公司复制了 A 公司的服装设计图，则 A 公司可以追究 B 公司抄袭服装设计图的侵权责任。

风险防范与建议

如何有效保护设计师的原创设计呢？对于服装设计，我们通常可以从商标、版权以及专利三个方面申请保护：

（1）申请商标保护。对于一些习惯以品牌标识作为产品设计元素的公司来说，可以对服装里的个性元素申请商标保护，从而采用“曲线救国”的方式，保护服装设计的关键部分。

（2）进行版权登记保护。从著作权角度看，对于成衣上附着的图文设计，只要它符合作品独创性要求，就可以单独作为著作权法上的美术作品而受到保护。如前所述，对于成衣本身的立体形状和造型设计而言，主张其著作权很难得到法院的支持。

（3）申请外观设计专利保护。根据《专利法》规定，对服装产品的形状、图案或其结合，以及色彩与形状、图案的结合，做出的具有美感并适用于工业应用的新设计，可以申请为外观设计专利。所以对于有实用性的成衣立体形状和造型设计，可以申请外观专利保护。

但是由于外观专利从申请到授权需要半年时间，所以外观专利保护无法满足季节性、潮流性服装的需求，因此这种方法比较适用于常年批量生产、款式稳定的一类服装。

法条链接

《著作权法》（2010 年修正）第二条 中国公民、法人或者其他组织的作品，不论是否发表，依照本法享有著作权。

外国人、无国籍人的作品根据其作者所属国或者经常居住地国同中国签订的协议或者共同参加的国际条约享有的著作权，受本法保护。

外国人、无国籍人的作品首先在中国境内出版的，依照本法享有著作权。

未与中国签订协议或者共同参加国际条约的国家的作者以及无国籍人的作品首次在中国参加的国际条约的成员国出版的，或者在成员国和非成员国同时出版的，受本法保护。

《专利法》（2008 年修正）第二条 本法所称的发明创造是指发明、实用新型和外观设计。

发明，是指对产品、方法或者其改进所提出的新的技术方案。

实用新型，是指对产品的形状、构造或者其结合所提出的适于实用的新的技术方案。

外观设计，是指对产品的形状、图案或者其结合以及色彩与形状、图案的结合所作出的富有美感并适于工业应用的新设计。

154. 需借用知名小说、漫画、游戏、影视剧等作品中的人物形象、姓名、性格、设定等元素而重新创作的作品，是否侵犯原作品作者的著作权？

情景案例

杨某是著名小说家金某的“粉丝”，阅读过金某大量作品。大学毕业后杨某也动了创作小说的念头，创作出一本《××少年》的网络小说，出于“好玩”的心态，杨某给自己的小说人物选用了与金某系列小说中相同的姓名，小说人物的性格、设定等元素也多有与金某小说相同或近似之处，当然也有不同之处。《××少年》很受网友喜爱，在网络上流传甚广，杨某随后将其出版发行，因此获得了不菲的版税收入。金某认为杨某的行为侵犯了自己的著作权等合法权利，因此向法院起诉，要求杨某和出版社停止侵权，并赔偿损失。

请问：杨某和出版社是否侵犯了金某的著作权？

案例分析

本案改编自真实的案例，涉及创作“同人”作品是否侵犯原作品作者的著作权问题。

对于同人作品著作权侵权与否的认定，审理本案的法院认为根据“思想与表达两分法”，著作权法所保护的是作品中作者具有独创性的表达，即思想的表现形式，不包括作品中所反映的思想本身。一部小说势必由人物（姓名、性格、彼此关系等）、情节和故事背景组成，当具有特定性格与彼此关系的人物姓名，以具体的故事情节在一定的时空背景中展开时，才是属于对思想的具体表达。相反，脱离了具体故事情节的人物名称、关系、性格的单纯要素，往往难以构成具体的表达［广东省广州市天河区人民法院（2016）粤 0106 民初 12068 号民事判决书］。该案在审理过程中，经法院比对，《××少年》中部分人物姓名虽与金某作品相同，但描写的性格并不相同，彼此关系也不完全一致；金某作品中的部分情节在《××少年》中并未出现，故两部作品不会导致读者产生相同或相似的欣赏体验，两者并不实质性相同。因此，法院认定《××少年》并未侵害金某所享有的对原作品包括改编权、署名权、保护作品完整权在内的著作权。

风险防范与建议

同人作品是否侵权，无论是司法实践中还是理论上均存在争论，本案的判决树立了一个比较清晰的判断标准。我们建议创作者应谨慎“借用知名小说、漫画、游戏、影视剧等作品中的人物形象、姓名、性格、设定等元素”，在借用时保持合理的限度，如仅使用“从具体情节中抽离的角色名称、简单的性格特征及角色之间的简单关系”，而不要“直接借用原作品中充分描述的角色和复杂的关系，以免将以角色为中心的情节带入自己的作品中，从而形成与原作品在表达上的实质性相似”。①

此外，需要特别说明的是，在该案中杨某和出版社的行为虽然没有被认定为侵害著作权，但被认定构成不正当竞争，被判决停止侵权、销毁存货（图书）和赔偿损失。从这个角度来说，我们建议创作者尽量少借用多原创，以免被认定为“搭原作品便车”，“客观上增强了自己的竞争优势，同时挤占了原作品作者使用其作品元素发展新作品的市场空间，夺取了本该由原作品作者所享有的商业利益”。②

① 华东政法大学王迁教授：《同人作品著作权侵权问题初探》，载《中国版权》2017 年第 3 期。
② 广东省广州市天河区人民法院（2016）粤 0106 民初 12068 号民事判决书。

法条链接

《著作权法实施条例》（2013年修订）第二条 著作权法所称作品，是指文学、艺术和科学领域内具有独创性并能以某种有形形式复制的智力成果。

《反不正当竞争法》（2019年修正）第二条 经营者在生产经营活动中，应当遵循自愿、平等、公平、诚信的原则，遵守法律和商业道德。

本法所称的不正当竞争行为，是指经营者在生产经营活动中，违反本法规定，扰乱市场竞争秩序，损害其他经营者或者消费者的合法权益的行为。

本法所称的经营者，是指从事商品生产、经营或者提供服务（以下所称商品包括服务）的自然人、法人和非法人组织。

155. 发包人在与原设计人解除合同后，在原设计人不参加竣工验收的情况下，后续接手的设计单位使用原工程设计图是否会侵犯原设计人的著作权？

情景案例

A公司是一家建筑公司，2014年7月，B公司（发包人）与A公司（设计人）签订了《建设工程设计合同》，委托A公司对某商业街项目进行工程设计。2017年3月，除侧楼部分基础完工，其他主体部分全部竣工，A公司按规定应进行主体基础工程质量验收，但A公司无正当理由拒绝履行验收义务，B公司遂与A公司解除合同。2017年4月，B公司与C公司签订《建设工程设计合同》，委托C公司从事该项目主体及竣工验收工作以及后续项目设计服务。2018年2月，该工程完成，根据该项目建设实况，C公司以设计单位名义出具施工设计图纸用于报审、验收等项目建设工作。2018年5月，A公司认为B、C公司在未经其同意的情况下擅自使用自己之前的工程设计，侵犯了自己的著作权，遂起诉至法院要求承担侵权责任。

请问A公司的说法正确吗？

案例分析

本案涉及的是在原设计人未按约履行设计单位相关义务的情况下，后续接手的设计人使用原设计图纸，是否侵犯了原设计人著作权的问题。

我国《著作权法》第十七条规定，受委托创作的作品，著作权的归属由委托人和受托人通过合同约定。合同未作明确约定或者没有订立合同的，著作权属于受托人。《最高人民法院关于审理著作权民事纠纷案件适用法律若干问题的解释》

第十二条规定，按照《著作权法》第十七条规定委托作品著作权属于受托人的情形，委托人在约定的使用范围内享有使用作品的权利；双方没有约定使用作品范围的，委托人可以在委托创作的特定目的范围内免费使用该作品。

本案中，B 公司委托 A 公司对商业街工程项目进行工程设计，A 公司所完成的设计图纸属于委托作品，根据《著作权法》第十七条规定，A 公司和 B 公司签订的《建筑工程设计合同》并没有约定著作权的归属问题，所以 A 公司作为设计项目受托人，依法享有 A 公司所设计图纸的著作权。但根据《最高人民法院关于审理著作权民事纠纷案件适用法律若干问题的解释》第十二条规定，作为委托人的 B 公司有权在约定的范围内或者在特定目的范围内使用设计图纸。建筑工程竣工验收合格后才能投入使用，是国家法律法规的强制性规定。A 公司在项目主体部分竣工后无正当理由拒绝履行验收义务，所以 B 公司有权在商业街项目的特定目的范围内，采用适当方式继续使用 A 公司的设计图纸，直至完成工程建设及验收任务不违反法律的规定。鉴于国家法律法规关于建筑行业的强制性规定，B 公司作为建设发包方不能自行使用设计图纸完成建设验收任务，必须借助有设计资质的单位才能完成，所以 B 公司可以另行委托具有相应资质的 C 公司继续使用设计图纸参与工程建设、验收。而 C 公司使用原设计图纸的行为系其履行设计单位职责的行为，该行为应当视为委托人 B 公司在建设项目特定目的范围内继续使用施工设计图纸的行为，不构成对 A 公司著作权的侵犯。故 A 公司的说法不正确。

风险防范与建议

建筑设计作品如何更好地保护著作权？建议如下：

（1）建议无论是发包方，还是承包方，在设计合同中要明确约定设计图纸的著作权归属问题，并尽可能约定得详细。

（2）建议建筑设计作品的著作权人向国家版权机构申请版权登记，或者申请外观设计专利进行保护。

法条链接

《著作权法》（2010 年修正）第十七条　受委托创作的作品，著作权的归属由委托人和受托人通过合同约定。合同未作明确约定或者没有订立合同的，著作权属于受托人。

《最高人民法院关于审理著作权民事纠纷案件适用法律若干问题的解释》第十二条　按照著作权法第十七条规定委托作品著作权属于受托人的情形，委托人在约定的使用范围内享有使用作品的权利；双方没有约定使用作品范围的，委托人可以在委托创作的特定目的范围内免费使用该作品。

156. KTV播放未经授权的歌曲、MV，构成侵权吗?

情景案例

许某是一位业余创作型歌手。2016年8月，许某将新创作的两首歌曲及MV上传到个人博客空间。2016年9月，经多位粉丝与歌友举报，许某发现这两首歌曲竟然被录入了某家连锁KTV机构的点唱系统。许某认为，该连锁KTV机构在没有授权的情况下使用其歌曲、MV构成侵权。2017年10月，为收集证据，许某带领两名公证员到该连锁KTV机构点歌“消费”，在公证员的监督下，许某全程进行了摄像。随后，许某将某连锁KTV机构起诉至法院，要求其停止侵权与赔偿经济损失2万元。

请问：许某的请求能得法院支持吗?

案例分析

本案涉及的是KTV经营者未经歌曲著作权人许可，擅自将歌曲录入点唱系统的行为是否构成侵权的问题。

我国《著作权法》第三条规定了著作权法所保护的客体“作品”的种类，其中包含音乐作品、摄影作品等。第四十八条规定了未经著作权人许可，复制、发行、表演、放映、广播、汇编、通过信息网络向公众传播其作品的，应当根据情况，承担停止侵害、消除影响、赔礼道歉、赔偿损失等民事责任；同时损害公共利益的，可以由著作权行政管理部门责令停止侵权行为，没收违法所得，没收、销毁侵权复制品，并可处以罚款；情节严重的，著作权行政管理部门还可以没收主要用于制作侵权复制品的材料、工具、设备等；构成犯罪的，依法追究刑事责任。同时，第四十九条还规定了侵犯著作权或者与著作权有关的权利的，侵权人应当按照权利人的实际损失给予赔偿；实际损失难以计算的，可以按照侵权人的违法所得给予赔偿。赔偿数额还应当包括权利人为制止侵权行为所支付的合理开支。权利人的实际损失或者侵权人的违法所得不能确定的，由人民法院根据侵权行为的情节，判决给予五十万元以下的赔偿。

本案中，许某作为歌曲及MV的创作者，依法享有著作权。KTV的经营方式是向公众提供音像作品的娱乐来吸引消费并从中获利，若要使用著作权人的音乐、MV作品，必须获得著作权人的授权，与著作权人签署许可合同。但是，本案的连锁KTV机构以营利为目的，在未经许某授权许可的前提下，在营业场所通过点唱系统向不特定的消费者公开播放涉案歌曲、MV，侵犯了著作权人及原告的放映权、复制权，已构成侵权，应当依照《著作权法》第四十七条的规定停止侵权行为并赔偿许某的损失。许某要求该KTV机构停止侵权和赔偿损失的请求能够得到法院支持，但是许某提出具体赔偿2万元的经济损失金额能否得到全额支持，应当按照实际损失或者违法所得来主张，若均无法确定，则法院将结合歌曲的创作成本、制作作品的成本、损失、KTV机构的经营规模、侵权的主观故意、侵权行为方式、持续时间、作品流行度等一系列因素综合考虑并作出裁判。

风险防范与建议

KTV经营者在经营过程中如何减少歌曲侵权现象呢？建议如下：

（1）建议KTV经营者在购买相关娱乐系统软件过程中应与售卖方明确是否包含软件中所含音乐作品的著作权，并做好谨慎审查工作。

（2）建议与点播设备提供商、售卖方签订侵权责任免责条款。在点播设备提供商是否取得授权并不明确时，KTV经营者应尽量避免使用其点播设备，或与其书面协议约定发生侵权时的责任免除条款，以转嫁著作权侵权风险。

法条链接

《著作权法》（2010年修正）第三条　本法所称的作品，包括以下列形式创作的文学、艺术和自然科学、社会科学、工程技术等作品：

（一）文字作品；

（二）口述作品；

（三）音乐、戏剧、曲艺、舞蹈、杂技艺术作品；

（四）美术、建筑作品；

（五）摄影作品；

（六）电影作品和以类似摄制电影的方法创作的作品；

（七）工程设计图、产品设计图、地图、示意图等图形作品和模型作品；

（八）计算机软件；

（九）法律、行政法规规定的其他作品。

第四十七条　有下列侵权行为的，应当根据情况，承担停止侵害、消除影响、赔礼道歉、赔偿损失等民事责任：

（一）未经著作权人许可，发表其作品的；

（二）未经合作作者许可，将与他人合作创作的作品当作自己单独创作的作品发表的；

（三）没有参加创作，为谋取个人名利，在他人作品上署名的；

（四）歪曲、篡改他人作品的；

（五）剽窃他人作品的；

（六）未经著作权人许可，以展览、摄制电影和以类似摄制电影的方法使用作品，或者以改编、翻译、注释等方式使用作品的，本法另有规定的除外；

（七）使用他人作品，应当支付报酬而未支付的；

（八）未经电影作品和以类似摄制电影的方法创作的作品、计算机软件、录音录像制品的著作权人或者与著作权有关的权利人许可，出租其作品或者录音录像制品的，本法另有规定的除外；

（九）未经出版者许可，使用其出版的图书、期刊的版式设计的；

（十）未经表演者许可，从现场直播或者公开传送其现场表演，或者录制其表演的；

（十一）其他侵犯著作权以及与著作权有关的权益的行为。

第四十九条 侵犯著作权或者与著作权有关的权利的，侵权人应当按照权利人的实际损失给予赔偿；实际损失难以计算的，可以按照侵权人的违法所得给予赔偿。赔偿数额还应当包括权利人为制止侵权行为所支付的合理开支。

权利人的实际损失或者侵权人的违法所得不能确定的，由人民法院根据侵权行为的情节，判决给予五十万元以下的赔偿。

第五十三条 复制品的出版者、制作者不能证明其出版、制作有合法授权的，复制品的发行者或者电影作品或者以类似摄制电影的方法创作的作品、计算机软件、录音录像制品的复制品的出租者不能证明其发行、出租的复制品有合法来源的，应当承担法律责任。

五、著作权许可

157. 企业举办免费的公益演出，是否需要著作权人许可?

情景案例

A公司是一家食品加工企业，系某市纳税大户。2017年12月，由于发生了自然灾害，A公司特在当地举办了一场“赈灾义演”。在演出过程中，A公司聘请的本地歌手共演唱了十五首流行歌曲。2018年1月，A公司收到B唱片公司发来的律师函。B唱片公司以A公司没有办理相关版权许可手续为由，要求其补缴著作权使用费1万元。A公司认为，我司举办的是免费公益演出，歌手对歌曲的表演使用均属于合理使用，因此无须获得B唱片公司许可，也无须付费。协商无果后，B唱片公司遂将A公司诉至法院。

请问：A公司的说法符合法律规定吗?

案例分析

本案涉及的是“赈灾义演”是否属于免费表演以及未经著作权人许可，表演已发表的作品是否构成侵权的问题。

我国《著作权法》第三十七条第一款规定，演出组织者组织演出，由该组织者取得著作权人许可，并支付报酬。同时《著作权法》第二十二条也明确规定了可以不经著作权人许可，也无须向著作权人支付报酬的著作权合理使用情况，其中包括既不向公众收取费用，也未向表演者支付报酬的“免费表演已经发表作品”这一作品使用方式。

本案中，A公司在“赈灾义演”活动中所表演的十五首流行歌曲是否需要获得B唱片公司许可并付费，主要需判断“赈灾义演”是否属于“免费公开表演”。《著作权法》第二十二条第一款第九项规定的“免费公开表演”必须是“双向免费”，即该表演未向公众收取费用，也未向表演者支付报酬，而通常的赈灾义演属于“单向免费”，虽不向表演者支付报酬，但须向观众收取费用，只不过收取的费用全部或部分用于赈灾。所以A公司举办的“赈灾义演”不属于免费公开表演，不构成合理使用。本地歌手公开演唱十五首流行歌曲的行为受歌曲著作权中表演权的约束，根据《著作权法》第三十七条的规定，应经B公司同意并支付报酬。所以，A公司认为歌手对歌曲的表演使用属于合理使用，无须获得B唱片公司许可，也无须付费的说法不正确，A 公司应按照《著作权法》第四十七条的规定承担相应的侵权责任。

风险防范与建议

“赈灾义演”中如何正确合理使用他人作品呢？建议如下：

（1）建议在合理使用的范围内使用他人作品时，要指明作品作者姓名、作品名称，注明出处等。

（2）建议在适当引用他人已经发表的作品时，要注意引用的长度，而不能完全或者主要以他人作品代替自己的创作。

（3）建议在组织活动前期与著作权人协商并签订相应作品的许可协议，最大限度地通过协商将许可使用费转化为“善款”，以更好地发挥各界力量，达到“赈灾义演”的效果。

法条链接

《著作权法》（2010 年修正）第二十二条 在下列情况下使用作品，可以不经著作权人许可，不向其支付报酬，但应当指明作者姓名、作品名称，并且不得侵犯著作权人依照本法享有的其他权利：

（一）为个人学习、研究或者欣赏，使用他人已经发表的作品；

（二）为介绍、评论某一作品或者说明某一问题，在作品中适当引用他人已经发表的作品；

（三）为报道时事新闻，在报纸、期刊、广播电台、电视台等媒体中不可避免地再现或者引用已经发表的作品；

（四）报纸、期刊、广播电台、电视台等媒体刊登或者播放其他报纸、期刊、广播电台、电视台等媒体已经发表的关于政治、经济、宗教问题的时事性文章，但作者声明不许刊登、播放的除外；

（五）报纸、期刊、广播电台、电视台等媒体刊登或者播放在公众集会上发表的讲话，但作者声明不许刊登、播放的除外；

（六）为学校课堂教学或者科学研究，翻译或者少量复制已经发表的作品，供教学或者科研人员使用，但不得出版发行；

（七）国家机关为执行公务在合理范围内使用已经发表的作品；

（八）图书馆、档案馆、纪念馆、博物馆、美术馆等为陈列或者保存版本的需要，复制本馆收藏的作品；

（九）免费表演已经发表的作品，该表演未向公众收取费用，也未向表演者支付报酬；

（十）对设置或者陈列在室外公共场所的艺术作品进行临摹、绘画、摄影、录像；

（十一）将中国公民、法人或者其他组织已经发表的以汉语言文字创作的作品翻译成少数民族语言文字作品在国内出版发行；

（十二）将已经发表的作品改成盲文出版。

前款规定适用于对出版者、表演者、录音录像制作者、广播电台、电视台的权利的限制。

第三十七条　使用他人作品演出，表演者（演员、演出单位）应当取得著作权人许可，并支付报酬。演出组织者组织演出，由该组织者取得著作权人许可，并支付报酬。

使用改编、翻译、注释、整理已有作品而产生的作品进行演出，应当取得改编、翻译、注释、整理作品的著作权人和原作品的著作权人许可，并支付报酬。

第四十七条　有下列侵权行为的，应当根据情况，承担停止侵害、消除影响、赔礼道歉、赔偿损失等民事责任：

（一）未经著作权人许可，发表其作品的；

（二）未经合作作者许可，将与他人合作创作的作品当作自己单独创作的作品发表的；

（三）没有参加创作，为谋取个人名利，在他人作品上署名的；

（四）歪曲、篡改他人作品的；

（五）剽窃他人作品的；

（六）未经著作权人许可，以展览、摄制电影和以类似摄制电影的方法使用作品，或者以改编、翻译、注释等方式使用作品的，本法另有规定的除外；

（七）使用他人作品，应当支付报酬而未支付的；

（八）未经电影作品和以类似摄制电影的方法创作的作品、计算机软件、录音录像制品的著作权人或者与著作权有关的权利人许可，出租其作品或者录音录像制品的，本法另有规定的除外；

（九）未经出版者许可，使用其出版的图书、期刊的版式设计的；

（十）未经表演者许可，从现场直播或者公开传送其现场表演，或者录制其表演的；

（十一）其他侵犯著作权以及与著作权有关的权益的行为。

158. 什么情况下可以不经著作权人许可使用其作品，但须支付报酬？

情景案例

《今日文摘》是A报社的知名报刊，销量领先。2017年1月3日，《今日文摘》报刊从《昨日文摘》和互联网上看到同一篇名为《安全感的含义》的文章，认为内容不错，于是转载到自己的杂志上。2017年6月，A报社收到张女士的投诉，张女士认为自己作为《安全感的含义》一文的著作权人，A报社未经她许可擅自转载该文章，侵犯了她的著作权，要求A报社支付报酬。经A报社调查，《安全感的含义》一文最早是由张女士在《昨日文摘》投稿刊登的，但并未声明不得转载、摘编，故而A报社认为，不需要向张女士支付报酬。

请问：A报社的说法是否成立？

案例分析

本案涉及报刊转载著作权人已刊登发表的作品是否需要支付报酬的问题。

我国《著作权法》第三十三条第二款规定，作品刊登后，除著作权人声明不得转载、摘编的外，其他报刊可以转载或者作为文摘、资料刊登，但应当按照规定向著作权人支付报酬。《著作权法实施条例》第三十条规定，著作权人依照著作权法第三十三条第二款声明不得转载、摘编其作品的，应当在报纸、期刊刊登该作品时附带声明。

本案中，张女士虽然是《安全感的含义》一文的著作权人，但是其在《昨日文摘》报刊发表刊登时，并没有附带声明不得转载、摘编，因此A报社可以不经张女士许可而转载该文章。尽管如此，A报社在转载的同时，依据《著作权法》第三十三条的规定应向张女士支付相应的报酬。因此，A报社的说法不成立。

风险防范与建议

《著作权法》只认可传统媒体报刊对其他报刊的转载、摘编不需要经过作者同意，而对于新媒体尤其是自媒体转载操作的合法边界尚无明确的法律规定予以限定。作为非传统媒体的企业，应如何防范转载不当的法律风险呢？以微信企业公众号为例，建议如下：

（1）自媒体在使用他人作品时，要想通过《著作权法》第二十二条合理使用原则免责，首先要明确转载对象是否为已经发表的作品，转载是否不具有商业属性，除此之外，还应注意使用的部分不得大幅引用原作品的实质部分，应当保留作者的署名，不得曲解原作的意思或因其使用/引用对作者声誉造成负面影响。

（2）需要说明的是，很多公众号里会在文末注明“来源于网络，侵权请联系删除”之类的说明文字，但履行“通知—删除”义务能免责的主体仅适用于网络服务提供者，不包括微信公众号等自媒体，因此不能就此消除停止侵权前侵权的定性。因此，使用作品时，如果该作品作者没有明确表明接受自由转载的，又不能证明属于合理使用、法定许可的情形，应当取得权利人的授权。

法条链接

《著作权法》（2010 年修正）第二十二条　在下列情况下使用作品，可以不经著作权人许可，不向其支付报酬，但应当指明作者姓名、作品名称，并且不得侵犯著作权人依照本法享有的其他权利：

（一）为个人学习、研究或者欣赏，使用他人已经发表的作品；

（二）为介绍、评论某一作品或者说明某一问题，在作品中适当引用他人已经发表的作品；

（三）为报道时事新闻，在报纸、期刊、广播电台、电视台等媒体中不可避免地再现或者引用已经发表的作品；

（四）报纸、期刊、广播电台、电视台等媒体刊登或者播放其他报纸、期刊、广播电台、电视台等媒体已经发表的关于政治、经济、宗教问题的时事性文章，但作者声明不许刊登、播放的除外；

（五）报纸、期刊、广播电台、电视台等媒体刊登或者播放在公众集会上发表的讲话，但作者声明不许刊登、播放的除外；

（六）为学校课堂教学或者科学研究，翻译或者少量复制已经发表的作品，供教学或者科研人员使用，但不得出版发行；

（七）国家机关为执行公务在合理范围内使用已经发表的作品；

（八）图书馆、档案馆、纪念馆、博物馆、美术馆等为陈列或者保存版本的需要，复制本馆收藏的作品；

（九）免费表演已经发表的作品，该表演未向公众收取费用，也未向表演者支付报酬；

（十）对设置或者陈列在室外公共场所的艺术作品进行临摹、绘画、摄影、录像；

（十一）将中国公民、法人或者其他组织已经发表的以汉语言文字创作的作品翻译成少数民族语言文字作品在国内出版发行；

（十二）将已经发表的作品改成盲文出版。

前款规定适用于对出版者、表演者、录音录像制作者、广播电台、电视台的权利的限制。

第三十三条第二款 作品刊登后，除著作权人声明不得转载、摘编的外，其他报刊可以转载或者作为文摘、资料刊登，但应当按照规定向著作权人支付报酬。

第四十七条 有下列侵权行为的，应当根据情况，承担停止侵害、消除影响、赔礼道歉、赔偿损失等民事责任：

（一）未经著作权人许可，发表其作品的；

（二）未经合作作者许可，将与他人合作创作的作品当作自己单独创作的作品发表的；

（三）没有参加创作，为谋取个人名利，在他人作品上署名的；

（四）歪曲、篡改他人作品的；

（五）剽窃他人作品的；

（六）未经著作权人许可，以展览、摄制电影和以类似摄制电影的方法使用作品，或者以改编、翻译、注释等方式使用作品的，本法另有规定的除外；

（七）使用他人作品，应当支付报酬而未支付的；

（八）未经电影作品和以类似摄制电影的方法创作的作品、计算机软件、录音录像制品的著作权人或者与著作权有关的权利人许可，出租其作品或者录音录像制品的，本法另有规定的除外；

（九）未经出版者许可，使用其出版的图书、期刊的版式设计的；

（十）未经表演者许可，从现场直播或者公开传送其现场表演，或者录制其表演的；

（十一）其他侵犯著作权以及与著作权有关的权益的行为。

《著作权法实施条例》（2013年修订）第三十条 著作权人依照著作权法第三十三条第二款声明不得转载、摘编其作品的，应当在报纸、期刊刊登该作品时附带声明。

《国家版权局办公厅关于规范网络转载版权秩序的通知》（国版办发〔2015〕3号）

二、报刊单位之间相互转载已经刊登的作品，适用《著作权法》第三十三条第二款的规定，即作品刊登后，除著作权人声明不得转载、摘编的外，其他报刊可以转载或者作为文摘、资料刊登，但应当按照规定向著作权人支付报酬。

报刊单位与互联网媒体、互联网媒体之间相互转载已经发表的作品，不适用前款规定，应当经过著作权人许可并支付报酬。

159. 明星离开唱片公司后，公开表演自己的成名曲，需要获得许可才能使用吗?

情景案例

A公司是一家房地产企业。2017年12月，为在当地打响企业品牌，A公司邀请甲明星在本市体育馆举办了一场商业性演出。甲明星曾经是B唱片公司的签约艺员，有多首成名曲，而这些曲目的版权均由B唱片公司拥有。在这次演出过程中，应A公司要求，甲明星演唱了其中的20首成名作。令A公司意想不到的是，演出后不到一周，B唱片公司以A公司侵犯音乐作品版权为由，要求A公司赔偿损失20万元。A公司认为，甲明星演唱的歌曲都是他的成名作，虽然甲明星已不在B唱片公司上班，但这些歌曲版权还是应该归甲明星所有，因此不同意赔偿。无奈之下，B唱片公司将甲明星与A公司诉至法院，要求共同承担赔偿责任。

请问：B唱片公司的请求能得到法院支持吗?

案例分析

本案涉及音乐作品著作权与表演者邻接权问题。

从法理上谈论音乐作品（歌曲）的版权，可能涉及的权利主体和各自的权利非常多，基本涵盖了作者的著作权和录音录像者、表演者邻接权等各种权利。具体到本案，简化起见，我们假设该等歌曲的词、曲作者为B唱片公司，其编曲、演奏等也均由B唱片公司的员工完成；甲明星在B唱片公司签约工作期间，演唱该等歌曲是由著作权人B唱片公司安排的工作。此时甲明星对自己当时的演唱拥有表演者邻接权，但并非是A公司所理解的“甲明星拥有歌曲的版权”。甲明星从B唱片公司离职后，如果还想为商业目的公开表演该等歌曲，则需要根据我国《著作权法》第三十七条之规定，取得著作权人B唱片公司许可，并向其支付报酬，此外，由于该次表演是由A公司组织举办的，因此向B唱片公司申请许可并支付报酬的义务主体是A公司。

综上，本案中，B唱片公司请求A公司承担赔偿责任可以得到法院的支持，但由于本案甲明星是应邀演出，演出的组织方是A公司，依照《著作权法》第三十七条第一款规定，B唱片公司要求甲明星对赔偿承担连带责任的请求不能被支持。

风险防范与建议

如前所述，涉及歌曲、曲艺等文学艺术作品的著作权问题非常复杂，每种权利都有比较大的讨论空间。词、曲作者、改编者、表演者、演奏者、录音录像制作者、现场直播的电视台、电台、网站、自媒体等均有不同的权利。对于已经发表的作品，如果在非商业性演出（免费表演，该表演未向公众收取费用，也未向表演者支付报酬）中表演一首歌曲，属于我国《著作权法》第二十二条规定的合理使用，可以不经著作权人许可，不向其支付报酬，但应当指明作者姓名、作品名称，并且不得侵犯著作权人享有的其他权利。而如果是在商业性演出中表演，则演出的组织者应当负责事先取得著作权人许可，并支付报酬；如果使用改编、翻译、注释、整理已有作品而产生的新作品进行演出，则不但要取得新作品的著作权人许可和支付报酬，同时还要取得原作品的著作权人许可和支付报酬。否则需要承担停止侵害、消除影响、赔礼道歉、赔偿损失等民事责任；如果同时损害公共利益的，还可能被著作权行政管理部门责令停止侵权行为，没收违法所得，并可处以罚款；最严重的情况，还可能构成犯罪被追究刑事责任。

法条链接

《著作权法》（2010 年修正）第十一条 著作权属于作者，本法另有规定的除外。

创作作品的公民是作者。

由法人或者其他组织主持，代表法人或者其他组织意志创作，并由法人或者其他组织承担责任的作品，法人或者其他组织视为作者。

如无相反证明，在作品上署名的公民、法人或者其他组织为作者。

第二十二条 在下列情况下使用作品，可以不经著作权人许可，不向其支付报酬，但应当指明作者姓名、作品名称，并且不得侵犯著作权人依照本法享有的其他权利：

（一）为个人学习、研究或者欣赏，使用他人已经发表的作品；

（二）为介绍、评论某一作品或者说明某一问题，在作品中适当引用他人已经发表的作品；

（三）为报道时事新闻，在报纸、期刊、广播电台、电视台等媒体中不可避免地再现或者引用已经发表的作品；

（四）报纸、期刊、广播电台、电视台等媒体刊登或者播放其他报纸、期刊、广播电台、电视台等媒体已经发表的关于政治、经济、宗教问题的时事性文章，但作者声明不许刊登、播放的除外；

（五）报纸、期刊、广播电台、电视台等媒体刊登或者播放在公众集会上发表的讲话，但作者声明不许刊登、播放的除外；

（六）为学校课堂教学或者科学研究，翻译或者少量复制已经发表的作品，供教学或者科研人员使用，但不得出版发行；

（七）国家机关为执行公务在合理范围内使用已经发表的作品；

（八）图书馆、档案馆、纪念馆、博物馆、美术馆等为陈列或者保存版本的需要，复制本馆收藏的作品；

（九）免费表演已经发表的作品，该表演未向公众收取费用，也未向表演者支付报酬；

（十）对设置或者陈列在室外公共场所的艺术作品进行临摹、绘画、摄影、录像；

（十一）将中国公民、法人或者其他组织已经发表的以汉语言文字创作的作品翻译成少数民族语言文字作品在国内出版发行；

（十二）将已经发表的作品改成盲文出版。

前款规定适用于对出版者、表演者、录音录像制作者、广播电台、电视台的权利的限制。

第三十七条 使用他人作品演出，表演者（演员、演出单位）应当取得著作权人许可，并支付报酬。演出组织者组织演出，由该组织者取得著作权人许可，并支付报酬。

使用改编、翻译、注释、整理已有作品而产生的作品进行演出，应当取得改编、翻译、注释、整理作品的著作权人和原作品的著作权人许可，并支付报酬。

第三十八条 表演者对其表演享有下列权利：

（一）表明表演者身份；

（二）保护表演形象不受歪曲；

（三）许可他人从现场直播和公开传送其现场表演，并获得报酬；

（四）许可他人录音录像，并获得报酬；

（五）许可他人复制、发行录有其表演的录音录像制品，并获得报酬；

（六）许可他人通过信息网络向公众传播其表演，并获得报酬。

被许可人以前款第（三）项至第（六）项规定的方式使用作品，还应当取得著作权人许可，并支付报酬。

160. 如果一部电影是根据他人的小说改编拍摄，要将此影视作品改编成其他文艺形式，如改变成漫画书出版，或改编成网络游戏，需经原作品著作权人许可吗？

情景案例

林某是一名小说爱好者，平时酷爱钻研各种类型的小说，总结写作技巧。

2013年年初，林某着手写一部自己的小说《××历险记》，并于2015年9月完成小说创作。甲公司是一家影视传媒公司，无意间在网上看到林某的小说颇受网友喜欢，决定将林某的小说《××历险记》改编并拍摄成同名电影。2015年12月，甲公司征得林某的许可，与林某签订了《许可合同》后即投身于电影的制作、拍摄。2017年4月，甲公司拍摄的电影上映，获得很高的票房。乙公司是一家从事开发、生产、出版、销售与动漫有关的动画、漫画、电子网络游戏等产业的公司。乙公司希望将甲公司的这部电影改编成漫画出版。甲、乙公司对于将电影改编成漫画是否需要经过林某的同意，有不同的看法。甲公司认为，电影是我们自己拍摄制作的，只需要甲公司同意即可。乙公司却认为，既需要甲公司同意，同时也要经过原著作者林某的许可。

请问，乙公司想要将电影改编成漫画，是否需要经过林某同意？

案例分析

本案涉及的是改编演绎作品是否需要经过原作品作者许可的问题。

我国《著作权法》第十二条规定，改编、翻译、注释、整理已有作品而产生的作品，其著作权由改编、翻译、注释、整理人享有，但行使著作权时不得侵犯原作品的著作权。《保护文学与艺术作品伯尔尼公约》第二条第三款规定，翻译作品、改编作品、改编乐曲以及某件文字或艺术作品的其他改变应得到与原著同等的保护，而不损害原著作者的权利。同时，我国《著作权法》第四十七条、第四十八条规定了侵犯著作权的情形及应承担的民事责任。

本案中，甲公司在征得林某许可的情况下，将小说《××历险记》改编并拍摄成同名电影，该电影是在已有小说作品的基础上产生的，属于演绎作品，所以电影的著作权依法归甲公司所有。但由于电影是以原作品小说为基础的，对原作品具有依赖性，因此，甲公司对演绎作品电影享有的著作权，并不是完整的著作权，不能独立地行使。只有当原作品作者林某著作权的保护期届满，或者林某放弃其著作权或者将著作权完全转让给甲公司时，甲公司对演绎作品电影才享有独立的著作权。

乙公司想要行使电影作品演绎权，将其改编成漫画，依据《著作权法》第十二条的规定，乙公司在行使时不得侵犯原作品，即小说的著作权。同时，依据《保护文学与艺术作品伯尔尼公约》的规定可知，在著作权保护期内，要将由文学或艺术作品派生而来的电影作品改编为其他任何艺术形式，应该得到与原著小说同等的保护，即除了要经过电影作品作者甲公司的许可之外，还要经过原作品作者林某的许可。若乙公司在改编漫画过程中，未经过林某的许可，乙公司的行为在性质上构成侵权，林某有权依据我国《著作权法》第四十七条的规定追究侵权责任。

风险防范与建议

如何合法、合理地行使已有作品的著作权呢？建议如下：

建议在行使改编、翻译、汇总、表演已有作品前，取得著作权人的授权许可，并在授权期限及授权范围内依法行使权利，尽量与著作权人签订书面合同、协议，降低侵权风险。

法条链接

《著作权法》（2010 年修正）第十二条 改编、翻译、注释、整理已有作品而产生的作品，其著作权由改编、翻译、注释、整理人享有，但行使著作权时不得侵犯原作品的著作权。

第四十七条 有下列侵权行为的，应当根据情况，承担停止侵害、消除影响、赔礼道歉、赔偿损失等民事责任：

（一）未经著作权人许可，发表其作品的；

（二）未经合作作者许可，将与他人合作创作的作品当作自己单独创作的作品发表的；

（三）没有参加创作，为谋取个人名利，在他人作品上署名的；

（四）歪曲、篡改他人作品的；

（五）剽窃他人作品的；

（六）未经著作权人许可，以展览、摄制电影和以类似摄制电影的方法使用作品，或者以改编、翻译、注释等方式使用作品的，本法另有规定的除外；

（七）使用他人作品，应当支付报酬而未支付的；

（八）未经电影作品和以类似摄制电影的方法创作的作品、计算机软件、录音录像制品的著作权人或者与著作权有关的权利人许可，出租其作品或者录音录像制品的，本法另有规定的除外；

（九）未经出版者许可，使用其出版的图书、期刊的版式设计的；

（十）未经表演者许可，从现场直播或者公开传送其现场表演，或者录制其表演的；

（十一）其他侵犯著作权以及与著作权有关的权益的行为。

《保护文学与艺术作品伯尔尼公约》第二条第三款 翻译作品、改编作品、改编乐曲以及某件文字或艺术作品的其他改变应得到与原著同等的保护，而不损害原著作者的权利。

六、著作权转让

161. 著作权转让合同一定要登记备案吗？

情景案例

许某是一位大学教授，平时喜欢写小说。2015 年 8 月，许某写了一部 80 万字的长篇小说。A 公司是一家文化传播公司，主要从事小说、诗歌、散文类图书出版。2015 年 10 月，A 公司向许某发出邀约，希望以 6 万元的价格购买上述作品的著作权，如果许某同意，可以马上签约付款。许某对于著作权转让费用没有异议，但要求签约后双方要到版权部门办理备案登记，否则合同不会生效。A 公司认为，著作权的转让和商标转让、专利转让不一样，我国法律没有强制要求进行登记才生效。因此，A 公司不同意许某的要求。

请问：A 公司的说法符合我国法律规定吗？

案例分析

本案涉及著作权转让合同是否以登记备案作为生效条件的问题。

我国《著作权法实施条例》第二十五条规定，与著作权人订立专有许可使用合同、转让合同的，可以向著作权行政管理部门备案。可见“向著作权行政管理部门备案”不是“应当”或“必须”的，即登记备案采取自愿原则，A 公司的说法符合我国法律规定。我国《合同法》第三十二条规定，当事人采用合同书形式订立合同的，自双方当事人签字或者盖章时合同成立。第四十四条规定，依法成立的合同，自成立时生效。法律、行政法规规定应当办理批准、登记等手续生效的，依照其规定。第四十五条规定，当事人对合同的效力可以约定附条件。附生效条件的合同，自条件成就时生效。著作权转让合同作为《合同法》调整的合同种类之一，在本案中，除非许某和 A 公司约定著作权转让合同必须登记才生效，否则只要双方签署了著作权转让合同，合同即成立并生效。

风险防范与建议

虽然是否到著作权管理部门备案登记并不影响著作权转让合同的效力，但是办理了备案登记，可以明确合同双方关于转让价格、地域范围、权利种类等具体约定，预防著作权合同纠纷，并起到公示的作用，可以降低交易风险；同时当他人侵害受让人所获得的著作权时，还可以降低受让人证明自己为权利人的举证难度和成本，一定程度上避免侵权纠纷。因此，仍然建议双方尽量到著作权管理部门办理著作权转让合同的登记备案。

法条链接

《著作权法》（2010 年修正）第二十五条　转让本法第十条第一款第（五）项至第（十七）项规定的权利，应当订立书面合同。

权利转让合同包括下列主要内容：

（一）作品的名称；

（二）转让的权利种类、地域范围；

（三）转让价金；

（四）交付转让价金的日期和方式；

（五）违约责任；

（六）双方认为需要约定的其他内容。

《著作权法实施条例》（2013 年修订）第二十五条　与著作权人订立专有许可使用合同、转让合同的，可以向著作权行政管理部门备案。

《最高人民法院关于审理著作权民事纠纷案件适用法律若干问题的解释》第二十二条　著作权转让合同未采取书面形式的，人民法院依据合同法第三十六条、第三十七条的规定审查合同是否成立。

《合同法》第三十二条　当事人采用合同书形式订立合同的，自双方当事人签字或者盖章时合同成立。

第四十四条　依法成立的合同，自成立时生效。

法律、行政法规规定应当办理批准、登记等手续生效的，依照其规定。

第四十五条　当事人对合同的效力可以约定附条件。附生效条件的合同，自条件成就时生效。附解除条件的合同，自条件成就时失效。

当事人为自己的利益不正当地阻止条件成就的，视为条件已成就；不正当地促成条件成就的，视为条件不成就。

162. 著作权被买断后作者还有署名权吗？

情景案例

甲公司是一家文化传媒集团。2013 年 5 月，甲公司与沈某签订一份《著作权转让合同》，合同约定将《××养生指南》书稿的著作权全部转让给甲公司，转让费用为 30 万元。2013 月 12 月，《××养生指南》在某出版社成功出版，作品署名为曾某。当沈某得知作品署名不是自己后，非常生气。为保护自己的合法权益，沈某要求甲公司与出版社立即回收已发行图书并变更作品署名，否则将到法院提起民事诉讼。甲公司认为，沈某已通过合同将作品著作权（包括署名权）转让给了甲公司，其无权提出变更作品署名。

请问：沈某可以要求甲公司变更署名权吗？

案例分析

本案涉及著作权中的署名权是否可以转让的问题。

根据我国《著作权法》第十条规定，著作权分为人身权和财产权两大类，其中前四项（发表权、署名权、修改权、保护作品完整权）属于人身权，第五项至第十七项属于财产权，同时第十条第三款规定："著作权人可以全部或者部分转让本条第一款第（五）项至第（十七）项规定的权利，并依照约定或者本法有关规定获得报酬。"因此，通说认为包括署名权在内的人身权不可以被转让或放弃，理由是作者与作品之间的联系是基于创作行为而产生的，由此而产生的人身权不可替代、转让、放弃、剥夺；此外，署名权还涉及社会公共利益（例如，名家字画的署名决定了书画的市场价值）、涉及公序良俗（例如，雇用"枪手"代写学术论文）等。但是近年来学术界和司法界也有不同的声音，认为对于那些具有较高替代性的，主要基于功能目的而创作的和与作者创作个性不大相关的作品，署名权可以转让或放弃，如计算机软件。

此外，在我国法律体系中也规定了若干可以由非创作者作为著作权人的情形，如《著作权法》第十一条第三款规定："由法人或者其他组织主持，代表法人或者其他组织意志创作，并由法人或者其他组织承担责任的作品，法人或者其他组织视为作者。"第十七条规定："受委托创作的作品，著作权的归属由委托人和受托人通过合同约定……"《最高人民法院关于审理著作权民事纠纷案件适用法律若干问题的解释》第十四条规定："当事人合意以特定人物经历为题材完成的自传体作品，当事人对著作权归属有约定的，依其约定，没有约定的，著作权归该特定人物享有，执笔人或整理人对作品完成付出劳动的，著作权人可以向其支付适当的报酬。"可见我国的立法和司法实践中也都认可，在某些情形下人身权（包括署名权）以及财产权可以全部由非创作者享有。

风险防范与建议

由于著作权中的人身权（包括署名权）是否可以转让，在司法实践和学术界均有不同的看法，尤其在大陆法系国家和英美法系国家之间有着不同的看法，因此很难有一个确定的结论。建议拟转让署名权的各方对于除前述法律和司法解释已有明确规定的几种情形外的转让持慎重态度，尤其是违反公序良俗和损害社会公共利益的转让不可为，否则该转让很可能被认定为无效民事法律行为且需承担相应的法律责任。此外，对于法律和司法解释已有明确规定的几种情形下的转让，双方应在著作权转让协议中特别对人身权的转让或放弃作出明确约定和说明，以免将来因语焉不详、含混不清而存在歧义，影响双方各自的商业预期。

法条链接

《著作权法》（2010年修正）第十条　著作权包括下列人身权和财产权：

（一）发表权，即决定作品是否公之于众的权利；

（二）署名权，即表明作者身份，在作品上署名的权利；

（三）修改权，即修改或者授权他人修改作品的权利；

（四）保护作品完整权，即保护作品不受歪曲、篡改的权利；

（五）复制权，即以印刷、复印、拓印、录音、录像、翻录、翻拍等方式将作品制作一份或者多份的权利；

（六）发行权，即以出售或者赠与方式向公众提供作品的原件或者复制件的权利；

（七）出租权，即有偿许可他人临时使用电影作品和以类似摄制电影的方法创作的作品、计算机软件的权利，计算机软件不是出租的主要标的的除外；

（八）展览权，即公开陈列美术作品、摄影作品的原件或者复制件的权利；

（九）表演权，即公开表演作品，以及用各种手段公开播送作品的表演的权利；

（十）放映权，即通过放映机、幻灯机等技术设备公开再现美术、摄影、电影和以类似摄制电影的方法创作的作品等的权利；

（十一）广播权，即以无线方式公开广播或者传播作品，以有线传播或者转播的方式向公众传播广播的作品，以及通过扩音器或者其他传送符号、声音、图像的类似工具向公众传播广播的作品的权利；

（十二）信息网络传播权，即以有线或者无线方式向公众提供作品，使公众可以在其个人选定的时间和地点获得作品的权利；

（十三）摄制权，即以摄制电影或者以类似摄制电影的方法将作品固定在载体上的权利；

（十四）改编权，即改变作品，创作出具有独创性的新作品的权利；

（十五）翻译权，即将作品从一种语言文字转换成另一种语言文字的权利；

（十六）汇编权，即将作品或者作品的片段通过选择或者编排，汇集成新作品的权利；

（十七）应当由著作权人享有的其他权利。

著作权人可以许可他人行使前款第（五）项至第（十七）项规定的权利，并依照约定或者本法有关规定获得报酬。

著作权人可以全部或者部分转让本条第一款第（五）项至第（十七）项规定的权利，并依照约定或者本法有关规定获得报酬。

第十三条 两人以上合作创作的作品，著作权由合作作者共同享有。没有参加创作的人，不能成为合作作者。

合作作品可以分割使用的，作者对各自创作的部分可以单独享有著作权，但行使著作权时不得侵犯合作作品整体的著作权。

第十七条 受委托创作的作品，著作权的归属由委托人和受托人通过合同约定。合同未作明确约定或者没有订立合同的，著作权属于受托人。

《最高人民法院关于审理著作权民事纠纷案件适用法律若干问题的解释》第十四条 当事人合意以特定人物经历为题材完成的自传体作品，当事人对著作权归属有约定的，依其约定；没有约定的，著作权归该特定人物享有，执笔人或整理人对作品完成付出劳动的，著作权人可以向其支付适当的报酬。

七、计算机软件著作权

163. 企业自主研发的软件需要进行登记吗?

情景案例

A公司是一家网络科技公司，由沈某与曾某共同创办。2015年12月，在沈某的领导下，A公司成功研发了一款图片处理软件。软件研发出来后，沈某与曾某在是否办理软件著作权登记的问题上发生了争议。沈某认为，软件产品开发完成后容易遭到盗版、非法复制等侵权问题，在没有第三方认证的情况下，往往无法确认其权利归属情况，因此建议尽快到版权部门办理软件著作权登记。曾某认为，软件在开发完成后就受到著作权法的保护，没有必要浪费时间、金钱去做这件事。

请问：曾某的说法有道理吗?

案例分析

我国《计算机软件保护条例》第十四条第一款规定，软件著作权自软件开发完成之日起产生。因此曾某的话没错，但是与其他作品的著作权一样，软件著作权登记后，将可以作为著作权归属的初步证据，并且著作权人可以在申请登记时将源程序、文档或者样品交登记机关（中国版权保护中心）封存，一旦发生侵权纠纷，权利人可以申请由行政或司法机关调取作为维权证据使用。此外，根据《计算机软件著作权登记办法》第二条规定，国家著作权行政管理部门鼓励软件登记，并对登记的软件予以重点保护。这也是办理软件登记的另一个优势，而且为了体现鼓励政策，许多地方政府对于登记费用均有补贴，甚至给予远远高于登记费用的奖励，因此，曾某担心的费用问题在一定程度上可以解决。

风险防范与建议

由于软件产品极易复制、修改，从国际范围来看，计算机软件侵权纠纷高发。著作权人在维权时首先面临的一个问题就是证明自己是著作权人，如果没有进行软件著作权登记，著作权人需要提供大量的源程序、文档等作为证据，如果该软件是著作权人委托他人开发或者购买的，届时还需要取得第三方的配合和支持。还有些极端的情况，如侵权人先去进行了著作权登记，以登记证书作为抗辩证据，则真正的著作权人举证难度更大。为此建议计算机软件开发者尽早将自己的作品办理著作权登记，一方面便于维权，另一方面对于企业来说，软件著作权登记数量还是高新技术企业认定的一个重要指标，也会体现在企业的估值上。

法条链接

《计算机软件保护条例》（2013 年修订）第七条 软件著作权人可以向国务院著作权行政管理部门认定的软件登记机构办理登记。软件登记机构发放的登记证明文件是登记事项的初步证明。

办理软件登记应当缴纳费用。软件登记的收费标准由国务院著作权行政管理部门会同国务院价格主管部门规定。

第九条 软件著作权属于软件开发者，本条例另有规定的除外。

如无相反证明，在软件上署名的自然人、法人或者其他组织为开发者。

第十四条 软件著作权自软件开发完成之日起产生。

自然人的软件著作权，保护期为自然人终生及其死亡后 50 年，截止于自然人死亡后第 50 年的 12 月 31 日；软件是合作开发的，截止于最后死亡的自然人死亡后第 50 年的 12 月 31 日。

法人或者其他组织的软件著作权，保护期为 50 年，截止于软件首次发表后第 50 年的 12 月 31 日，但软件自开发完成之日起 50 年内未发表的，本条例不再保护。

《计算机软件著作权登记办法》第二条 为促进我国软件产业发展，增强我国信息产业的创新能力和竞争能力，国家著作权行政管理部门鼓励软件登记，并对登记的软件予以重点保护。

第七条 申请登记的软件应是独立开发的，或者经原著作权人许可对原有软件修改后形成的在功能或者性能方面有重要改进的软件。

164. 国外进口软件想获得保护，需要进行软件登记吗?

情景案例

甲公司是一家计算机软件公司，由彭某与刘某共同创办。2013 年 8 月，甲公司从美国进口了一款极具市场竞争力的杀毒软件。甲公司预估投放市场后，销售收入可达 10 亿元。由于软件产品容易被盗版复制，因此彭某建议一定要先办理软件著作权登记，才能将产品投放市场。对于彭某的建议，刘某表示反对。刘某认为，该软件已在美国申请著作权登记保护，在国内无须办理登记也可获得中国法律保护。

请问：刘某的说法符合法律规定吗?

案例分析

本案涉及在中国大陆域外完成的计算机软件是否受我国著作权法保护的问题。

根据我国《著作权法》第二条、《著作权法实施条例》第六条和《作品自愿登记试行办法》第二条规定，我国实行作品自愿登记制度，著作权自作品创作完成之日起产生，即作品一旦完成，无论出版与否、登记与否，作者都享有著作权，都受到著作权法等法律法规的保护。同时对于外国人（包括自然人和法人）、无国籍人（包括自然人和法人）的作品也给予与中国公民、法人或者其他组织同等的保护，只要该外国人、无国籍人的作品根据其作者所属国或者经常居住地国同中国签订的协议或者共同参加的国际条约享有著作权即可。

本案中，甲公司从美国进口软件，而美国与我国先后签订过一系列双边、多边协议以及共同加入了《保护文学和艺术作品伯尔尼公约》等国际条约，因此该软件在美国申请了著作权登记，在中国大陆境内无须办理著作权登记也可以获得中国法律保护。

但是，根据国家版权局《关于对出版和复制境外电子出版物和计算机软件进行著作权授权合同登记和认证的通知》（国权〔1996〕28 号文）第一条、第二条规定，引进境外电子出版物需取得由国家版权局统一印制的著作权合同登记批复后，方可出版、复制。第十条规定，对不进行著作权授权合同登记出版和复制电子出版物和计算机软件而造成侵权的单位，一经发现，著作权行政管理部门将依著作权法从重给予行政处罚。对构成犯罪的，将移交司法机关处理。可见，作为行政管理的要求，甲公司拟在国内销售该进口软件，需要向所在地版权管理部门办理进口软件合同登记，取得《进口软件合同登记证》。

风险防范与建议

计算机软件作为作品的一种，同其他作品一样，自创作完成就自动取得著作权，并且这一规则不仅适用于中国人（自然人或法人、其他组织）也同样适用于符合条件的外国人（自然人或法人）。但是，为了加强对出版或复制境外计算机软件的著作权管理，防止侵权盗版计算机软件的非法出版或复制，保证计算机软件行业的健康发展，国家版权局要求对出版或复制进口计算机软件进行著作权授权合同登记和认证。有些人误以为可以随意销售进口计算机软件，殊不知销售行为本身就包括了复制和出版两个环节。根据国家版权局《关于对出版和复制境外电子出版物和计算机软件进行著作权授权合同登记和认证的通知》（国权〔1996〕28 号文）的规定，建议类似甲公司这样的企业先行办理进口软件的合同登记，领取《进口软件合同登记证》后，再进行销售；即使是不对外销售仅仅自用的进口软件，因为使用就必然涉及“复制”环节，也同样应当办理进口软件的合同登记。

法条链接

《著作权法》（2010 年修正）第二条 中国公民、法人或者其他组织的作品，不论是否发表，依照本法享有著作权。

外国人、无国籍人的作品根据其作者所属国或者经常居住地国同中国签订的协议或者共同参加的国际条约享有的著作权，受本法保护。

外国人、无国籍人的作品首先在中国境内出版的，依照本法享有著作权。

未与中国签订协议或者共同参加国际条约的国家的作者以及无国籍人的作品首次在中国参加的国际条约的成员国出版的，或者在成员国和非成员国同时出版的，受本法保护。

第七条 国务院著作权行政管理部门主管全国的著作权管理工作；各省、自治区、直辖市人民政府的著作权行政管理部门主管本行政区域的著作权管理工作。

《著作权法实施条例》（2013 年修订）第六条 著作权自作品创作完成之日起产生。

《作品自愿登记试行办法》第二条 作品实行自愿登记。作品不论是否登记，作者或其他著作权人依法取得的著作权不受影响。

《关于对出版和复制境外电子出版物和计算机软件进行著作权授权合同登记和认证的通知》（国权〔1996〕28 号） 为加强对出版或复制境外电子出版物和计算机软件的著作权管理，防止侵权盗版电子出版物和计算机软件的非法出版或复制，保证电子出版和计算机软件行业的健康发展，国家版权局决定对出版或复制境外电子出版物和计算机软件进行著作权授权合同登记和认证。具体办法如下：

一、电子出版物出版单位引进出版境外电子出版物，应在出版之前将著作权授权合同一式两份（正、副本）报所在省、自治区、直辖市版权局（下称地方版权局）登记；地方版权局应将著作权授权情况报国家版权局进行认证。经登记和认证，取得由国家版权局统一印制的著作权合同登记批复（下同）后，方可出版。

二、电子出版物复制单位接受境外委托复制电子出版物和计算机软件，应在复制前将著作权授权合同一式两份（正、副本）报地方版权局登记；地方版权局应将著作权授权情况报国家版权局进行认证。经登记和认证取得著作权合同登记批复后，方可复制。

……

九、引进出版的电子出版物应在出版物及其装帧纸上标明著作权合同登记号；未标明合同登记号的，著作权行政管理部门可作为涉嫌侵权制品予以扣缴。

十、对不进行著作权授权合同登记出版和复制电子出版物和计算机软件而造成侵权的单位，一经发现，著作权行政管理部门将依著作权法从重给予行政处罚。对构成犯罪的，将移交司法机关处理。

……

165. 计算机软件侵权，要承担刑事责任吗?

情景案例

吕某是某品牌软件的开发者与著作权人。2015 年 8 月，吕某获得国家知识产权局出具的《计算机软件著作权登记证书》，证书记载：著作权人为吕某，开发完成日期为 2015 年 7 月 1 日。甲公司是一家电脑摄像头生产企业，为了销售更多的摄像头，2015 年 10 月，甲公司未经授权在其生产的摄像头上安装了吕某所有的上述软件。吕某收集足够证据后，发现甲公司违法所得数额共计 7 万元，打算向法院提起民事诉讼，但遭到妻子苏某的反对。苏某认为，甲公司的侵权行为已触犯刑法，可以向公安机关报警，以追究甲公司相关责任人的刑事责任。

请问：苏某的说法符合法律规定吗?

案例分析

本案涉及的是未经著作权人许可，实施侵犯计算机著作权人的行为是否必然承担刑事责任的问题。

我国《著作权法》第四十八条第一项规定了未经著作权人许可复制其作品的行为属于侵权行为，应当根据情况，承担停止侵害、消除影响、赔礼道歉、赔偿损失等民事责任，如构成犯罪还应依法追究刑事责任。《计算机软件保护条例》第二十四条第一款第一项规定，未经软件著作权人许可，复制或者部分复制著作权人的软件的，构成侵权。《刑法》第二百一十七条规定了未经著作权人许可，以营利为目的复制发行其计算机软件作品构成侵犯著作权罪，同时规定了具体刑罚，包括：违法所得数额较大或者有其他严重情节的，处三年以下有期徒刑或者拘役，并处或者单处罚金；违法所得数额巨大或者有其他特别严重情节的，处三年以上七年以下有期徒刑，并处罚金。第二百一十八条规定了以营利为目的，销售明知是本法第二百一十七条规定的侵权复制品，违法所得数额巨大的，构成销售侵权复制品罪，处三年以下有期徒刑或者拘役，并处或者单处罚金。此外，《刑法》第二百二十条规定，单位犯本节第二百一十三条至第二百一十九条规定之罪的，对单位判处罚金，并对其直接负责的主管人员和其他直接责任人员，依照本节各该条的规定处罚。

另，依据《最高人民检察院、公安部关于公安机关管辖的刑事案件立案追诉标准的规定（一）》第二十六条第一款第一项规定，侵犯著作权违法所得数额三万元以上应予以刑事立案追诉。《最高人民法院、最高人民检察院关于办理侵犯知识产权刑事案件具体应用法律若干问题的解释》（法释〔2004〕19号）第五条第二款规定，以营利为目的，实施《刑法》第二百一十七条所列侵犯著作权行为的违法所得数额在三万元以上的，属于“违法所得数额较大”。

本案中，甲公司未经著作权人吕某的授权许可，将吕某开发的计算机软件安装在摄像头上，甲公司的行为既违反了《著作权法》第四十八条的规定，侵犯了吕某的著作权，又触犯了《刑法》第二百一十七条侵犯著作权罪的规定。所以，吕某有权要求甲公司承担相应的民事侵权责任，如停止侵害、消除影响、赔礼道歉、赔偿损失等。本案中，甲公司的违法所得达到7万元，已经属于上述司法解释所规定的“违法所得数额较大”，甲公司可能因此被判处罚金，其直接负责的主管人员和其他直接责任人员则可能根据具体的犯罪情节处三年以下有期徒刑或者拘役，并处或者单处罚金。

风险防范与建议

企业或著作权人如何防范计算机软件侵权或被侵权呢？建议如下：

（1）建议企业对企业员工进行有关知识产权的普法教育，使员工认识使用盗版软件可能带来的法律风险，提高企业员工的版权意识，企业才能有效地避免实施侵犯著作权的行为。

（2）企业应当尽到相应的管理职责，建议对企业计算机进行不定期抽查等方式，防止员工的不当个人行为给企业带来损失。

（3）建议企业若确实存在安装使用盗版计算机软件的行为，则进一步核实登记使用方式、范围和数量后，在第一时间清除所有盗版软件，减少损失，避免构成刑事犯罪。

（4）对于著作权人而言，建议开发完计算机软件后及时去办理著作权登记手续；若发现著作权被侵犯时，应积极取证，比较有效、安全的方式就是公证，进而采取法律措施有效打击侵权行为。

法条链接

《著作权法》（2010年修正）第四十八条 有下列侵权行为的，应当根据情况，承担停止侵害、消除影响、赔礼道歉、赔偿损失等民事责任；同时损害公共利益的，可以由著作权行政管理部门责令停止侵权行为，没收违法所得，没收、销毁侵权复制品，并可处以罚款；情节严重的，著作权行政管理部门还可以没收主要用于制作侵权复制品的材料、工具、设备等；构成犯罪的，依法追究刑事责任：

（一）未经著作权人许可，复制、发行、表演、放映、广播、汇编、通过信息网络向公众传播其作品的，本法另有规定的除外；

（二）出版他人享有专有出版权的图书的；

（三）未经表演者许可，复制、发行录有其表演的录音录像制品，或者通过信息网络向公众传播其表演的，本法另有规定的除外；

（四）未经录音录像制作者许可，复制、发行、通过信息网络向公众传播其制作的录音录像制品的，本法另有规定的除外；

（五）未经许可，播放或者复制广播、电视的，本法另有规定的除外；

（六）未经著作权人或者与著作权有关的权利人许可，故意避开或者破坏权利人为其作品、录音录像制品等采取的保护著作权或者与著作权有关的权利的技术措施的，法律、行政法规另有规定的除外；

（七）未经著作权人或者与著作权有关的权利人许可，故意删除或者改变作品、录音录像制品等的权利管理电子信息的，法律、行政法规另有规定的除外；

（八）制作、出售假冒他人署名的作品的。

《计算机软件保护条例》（2013 年修订）第二十四条　除《中华人民共和国著作权法》、本条例或者其他法律、行政法规另有规定外，未经软件著作权人许可，有下列侵权行为的，应当根据情况，承担停止侵害、消除影响、赔礼道歉、赔偿损失等民事责任；同时损害社会公共利益的，由著作权行政管理部门责令停止侵权行为，没收违法所得，没收、销毁侵权复制品，可以并处罚款；情节严重的，著作权行政管理部门并可以没收主要用于制作侵权复制品的材料、工具、设备等；触犯刑律的，依照刑法关于侵犯著作权罪、销售侵权复制品罪的规定，依法追究刑事责任：

（一）复制或者部分复制著作权人的软件的；

（二）向公众发行、出租、通过信息网络传播著作权人的软件的；

（三）故意避开或者破坏著作权人为保护其软件著作权而采取的技术措施的；

（四）故意删除或者改变软件权利管理电子信息的；

（五）转让或者许可他人行使著作权人的软件著作权的。

有前款第一项或者第二项行为的，可以并处每件 100 元或者货值金额 1 倍以上 5 倍以下的罚款；有前款第三项、第四项或者第五项行为的，可以并处 20 万元以下的罚款。

《刑法》（2017 年修正）第二百一十七条　以营利为目的，有下列侵犯著作权情形之一，违法所得数额较大或者有其他严重情节的，处三年以下有期徒刑或者拘役，并处或者单处罚金；违法所得数额巨大或者有其他特别严重情节的，处三年以上七年以下有期徒刑，并处罚金：

（一）未经著作权人许可，复制发行其文字作品、音乐、电影、电视、录像作品、计算机软件及其他作品的；

（二）出版他人享有专有出版权的图书的；

（三）未经录音录像制作者许可，复制发行其制作的录音录像的；

（四）制作、出售假冒他人署名的美术作品的。

第二百一十八条 以营利为目的，销售明知是本法第二百一十七条规定的侵权复制品，违法所得数额巨大的，处三年以下有期徒刑或者拘役，并处或者单处罚金。

第二百二十条 单位犯本节第二百一十三条至第二百一十九条规定之罪的，对单位判处罚金，并对其直接负责的主管人员和其他直接责任人员，依照本节各该条的规定处罚。

《最高人民检察院、公安部关于公安机关管辖的刑事案件立案追诉标准的规定（一）》第二十六条 【侵犯著作权案（刑法第二百一十七条）】 以营利为目的，未经著作权人许可，复制发行其文字作品、音乐、电影、电视、录像作品、计算机软件及其他作品，或者出版他人享有专有出版权的图书，或者未经录音录像制作者许可，复制发行其制作的录音录像，或者制作、出售假冒他人署名的美术作品，涉嫌下列情形之一的，应予立案追诉：

（一）违法所得数额三万元以上的；

（二）非法经营数额五万元以上的；

（三）未经著作权人许可，复制发行其文字作品、音乐、电影、电视、录像作品、计算机软件及其他作品，复制品数量合计五百张（份）以上的；

（四）未经录音录像制作者许可，复制发行其制作的录音录像制品，复制品数量合计五百张（份）以上的；

（五）其他情节严重的情形。

以刊登收费广告等方式直接或者间接收取费用的情形，属于本条规定的“以营利为目的”。

本条规定的“未经著作权人许可”，是指没有得到著作权人授权或者伪造、涂改著作权人授权许可文件或者超出授权许可范围的情形。

本条规定的“复制发行”，包括复制、发行或者既复制又发行的行为。

通过信息网络向公众传播他人文字作品、音乐、电影、电视、录像作品、计算机软件及其他作品，或者通过信息网络传播他人制作的录音录像制品的行为，应当视为本条规定的“复制发行”。

侵权产品的持有人通过广告、征订等方式推销侵权产品的，属于本条规定的“发行”。

本条规定的“非法经营数额”，是指行为人在实施侵犯知识产权行为过程中，制造、储存、运输、销售侵权产品的价值。已销售的侵权产品的价值，按照实际销售的价格计算。制造、储存、运输和未销售的侵权产品的价值，按照标价或者已经查清的侵权产品的实际销售平均价格计算。侵权产品没有标价或者无法查清其实际销售价格的，按照被侵权产品的市场中间价格计算。

《最高人民法院、最高人民检察院关于办理侵犯知识产权刑事案件具体应用法律若干问题的解释》（法释〔2004〕19号）第五条　以营利为目的，实施刑法第二百一十七条所列侵犯著作权行为之一，违法所得数额在三万元以上的，属于“违法所得数额较大”；具有下列情形之一的，属于“有其他严重情节”，应当以侵犯著作权罪判处三年以下有期徒刑或者拘役，并处或者单处罚金：

（一）非法经营数额在五万元以上的；

（二）未经著作权人许可，复制发行其文字作品、音乐、电影、电视、录像作品、计算机软件及其他作品，复制品数量合计在一千张（份）以上的；

（三）其他严重情节的情形。

以营利为目的，实施刑法第二百一十七条所列侵犯著作权行为之一，违法所得数额在十五万元以上的，属于“违法所得数额巨大”；具有下列情形之一的，属于“有其他特别严重情节”，应当以侵犯著作权罪判处三年以上七年以下有期徒刑，并处罚金：

（一）非法经营数额在二十五万元以上的；

（二）未经著作权人许可，复制发行其文字作品、音乐、电影、电视、录像作品、计算机软件及其他作品，复制品数量合计在五千张（份）以上的；

（三）其他特别严重情节的情形。

第六条　以营利为目的，实施刑法第二百一十八条规定的行为，违法所得数额在十万元以上的，属于“违法所得数额巨大”，应当以销售侵权复制品罪判处三年以下有期徒刑或者拘役，并处或者单处罚金。

166. 软件创意怎么保护?

情景案例

A公司是一家软件研发企业，由苏某与卢某两人共同创办。2017年8月，苏某想到一个关于手机软件的创意，有可行的计划和文案。苏某认为该创意具有较大市场价值，为防止创意被别人剽窃，于是打算拿创意方案去申请著作权登记。对于苏某的想法，卢某有不同的看法。卢某认为，我国版权部门只受理软件著作权登记，肯定不受理软件创意的登记，可考虑一下有没有其他保护方法。

请问：苏某的软件创意可以申请著作权登记吗？

案例分析

本案涉及创意思想是否受著作权法保护的问题。

根据我国《著作权法实施条例》第二条规定，著作权法所称作品，是指文学、艺术和科学领域内具有独创性并能以某种有形形式复制的智力成果。据此，著作权法所保护的应当是“表达”而不是“思想”或“方法”，任何人不能够垄断思想或创意，就计算机软件产品而言，保护范围仅限于源代码、文档等可以以某种有形形式复制的智力成果本身，而不能任意扩大到思想、创意，否则就失去了著作权法“促进社会主义文化和科学事业的发展与繁荣”的立法目的。因此，卢某的判断是正确的。

风险防范与建议

在万众创新的今天，有的时候一个创意就是一份融资计划书，就能得到市场的认可和资本的青睐，因此很多“码农”都希望能够在法律的框架内保护自己的某个创意，以达到一定期限内垄断市场的目的。但是著作权法“思想/表达”的二分法原则对创意保护爱莫能助。如果这一创意符合专利法中的“方法”发明的条件，倒是可以考虑寻求专利法的保护，当然作为专利必须符合新颖性、实用性和创造性的要求。

法条链接

《著作权法》(2010 年修正) 第一条 为保护文学、艺术和科学作品作者的著作权，以及与著作权有关的权益，鼓励有益于社会主义精神文明、物质文明建设的作品的创作和传播，促进社会主义文化和科学事业的发展与繁荣，根据宪法制定本法。

第三条 本法所称的作品，包括以下列形式创作的文学、艺术和自然科学、社会科学、工程技术等作品：

（一）文字作品；

（二）口述作品；

（三）音乐、戏剧、曲艺、舞蹈、杂技艺术作品；

（四）美术、建筑作品；

（五）摄影作品；

（六）电影作品和以类似摄制电影的方法创作的作品；

（七）工程设计图、产品设计图、地图、示意图等图形作品和模型作品；

（八）计算机软件；

（九）法律、行政法规规定的其他作品。

《著作权法实施条例》（2013 年修订）第二条 著作权法所称作品，是指文学、艺术和科学领域内具有独创性并能以某种有形形式复制的智力成果。

167. 如何在中国对盗版软件进行行政投诉？

情景案例

A 公司是一家设计软件研发企业，由蒋某与蔡某共同创办。2015 年 8 月，A 公司打假人员发现 B 公司设计部门的 60 台计算机中都安装了未经 A 公司授权的“盗版软件”。A 公司召开董事会商议如何处理这件事时，蒋某提议通过提起民事诉讼解决这个问题，但遭到蔡某等董事会成员的反对。蔡某认为，通过民事诉讼起诉盗版者，存在取证困难的问题，建议通过行政投诉方式解决问题会更好。蒋某后来认为蔡某的建议可行，但不知道向哪个政府部门投诉好。

请问：A 公司应该如何进行行政投诉？

案例分析

中国国家版权局及各地版权局是著作权行政管理部门，在各自行政区域内行使著作权管理职能，在一些地区还成立了专门的文化市场综合行政执法队伍，其主要职责包括组织查处著作权领域违法违规行为以及组织推进软件正版化工作。本案中，A 公司可以向当地版权管理执法机构进行投诉举报，提供 B 公司安装使用“盗版软件”的线索，软件著作权行政执法机构受理投诉后，一般需要经过审查立案，调取证据、鉴定权属，确认构成《计算机软件保护条例》第二十四条所规定的民事侵权同时损害社会公共利益的，可以作出“责令停止侵权行为，没收违法所得，没收、销毁侵权复制品，可以并处罚款；情节严重的，著作权行政管理部门并可以没收主要用于制作侵权复制品的材料、工具、设备等”行政处罚。

风险防范与建议

权利人发现自己拥有著作权的计算机软件被他人“盗版使用”后，通常可以考虑采取行政、民事、刑事三种途径或其组合来维护自己的合法权益。一般来说，行政查处效率高、成本低（无须支付高额的诉讼成本），且行政查处中所保存的证据以及所获得的处罚文书等还可以作为民事诉讼中索赔的依据。但是需要注意的是，并非所有的计算机软件著作权侵权行为都可以得到行政机关的受理，依照《著作权行政处罚实施办法》第三条之规定，行政机关受理的一个必备条件就是侵犯软件著作权人著作权“同时损害公共利益”，这就需要软件著作权行政执法机构从侵权的规模、持续时间、影响等方面综合作出判断。

法条链接

《著作权法》（2010年修正）第四十八条 有下列侵权行为的，应当根据情况，承担停止侵害、消除影响、赔礼道歉、赔偿损失等民事责任；同时损害公共利益的，可以由著作权行政管理部门责令停止侵权行为，没收违法所得，没收、销毁侵权复制品，并可处以罚款；情节严重的，著作权行政管理部门还可以没收主要用于制作侵权复制品的材料、工具、设备等；构成犯罪的，依法追究刑事责任：

（一）未经著作权人许可，复制、发行、表演、放映、广播、汇编、通过信息网络向公众传播其作品的，本法另有规定的除外；

（二）出版他人享有专有出版权的图书的；

（三）未经表演者许可，复制、发行录有其表演的录音录像制品，或者通过信息网络向公众传播其表演的，本法另有规定的除外；

（四）未经录音录像制作者许可，复制、发行、通过信息网络向公众传播其制作的录音录像制品的，本法另有规定的除外；

（五）未经许可，播放或者复制广播、电视的，本法另有规定的除外；

（六）未经著作权人或者与著作权有关的权利人许可，故意避开或者破坏权利人为其作品、录音录像制品等采取的保护著作权或者与著作权有关的权利的技术措施的，法律、行政法规另有规定的除外；

（七）未经著作权人或者与著作权有关的权利人许可，故意删除或者改变作品、录音录像制品等的权利管理电子信息的，法律、行政法规另有规定的除外；

（八）制作、出售假冒他人署名的作品的。

《计算机软件保护条例》（2013年修订）第二十四条 除《中华人民共和国著作权法》、本条例或者其他法律、行政法规另有规定外，未经软件著作权人许可，有下列侵权行为的，应当根据情况，承担停止侵害、消除影响、赔礼道歉、赔偿损失等民事责任；同时损害社会公共利益的，由著作权行政管理部门责令停止侵权行为，没收违法所得，没收、销毁侵权复制品，可以并处罚款；情节严重的，著作权行政管理部门并可以没收主要用于制作侵权复制品的材料、工具、设备等；触犯刑律的，依照刑法关于侵犯著作权罪、销售侵权复制品罪的规定，依法追究刑事责任：

（一）复制或者部分复制著作权人的软件的；

（二）向公众发行、出租、通过信息网络传播著作权人的软件的；

（三）故意避开或者破坏著作权人为保护其软件著作权而采取的技术措施的；

（四）故意删除或者改变软件权利管理电子信息的；

（五）转让或者许可他人行使著作权人的软件著作权的。

有前款第一项或者第二项行为的，可以并处每件 100 元或者货值金额 1 倍以上 5 倍以下的罚款；有前款第三项、第四项或者第五项行为的，可以并处 20 万元以下的罚款。

《著作权行政处罚实施办法》第三条　本办法所称的违法行为是指：

（一）著作权法第四十七条列举的侵权行为，同时损害公共利益的；

（二）《计算机软件保护条例》第二十四条列举的侵权行为，同时损害公共利益的；

（三）《信息网络传播权保护条例》第十八条列举的侵权行为，同时损害公共利益的；第十九条、第二十五条列举的侵权行为；

（四）《著作权集体管理条例》第四十一条、第四十四条规定的应予行政处罚的行为；

（五）其他有关著作权法律、法规、规章规定的应给予行政处罚的违法行为。

第三十条　著作权行政管理部门作出罚款决定时，罚款数额应当依照《中华人民共和国著作权法实施条例》第三十六条、《计算机软件保护条例》第二十四条的规定和《信息网络传播权保护条例》第十八条、第十九条的规定确定。

第三十一条　违法行为情节严重的，著作权行政管理部门可以没收主要用于制作侵权制品的材料、工具、设备等。

具有下列情形之一的，属于前款所称"情节严重"：

（一）违法所得数额（即获利数额）二千五百元以上的；

（二）非法经营数额在一万五千元以上的；

（三）经营侵权制品在二百五十册（张或份）以上的；

（四）因侵犯著作权曾经被追究法律责任，又侵犯著作权的；

（五）造成其他重大影响或者严重后果的。

八、法律责任

168. 企业侵犯他人的著作权，作为企业管理者需承担什么责任?

情景案例

吴某系职业摄影师，于2008年拍摄完成摄影作品“江海”，该作品于2009年5月在版权机构予以登记，并获取登记号。A公司是一家市场管理公司，为商场各商铺提供场地、物业等服务。2009年12月，吴某在A公司管理的市场商铺处购买了B公司生产的数码日历一台，并在A公司处开具发票。之后，吴某在使用数码日历过程中，发现该日历背景使用了其拍摄的摄影作品“江海”。吴某认为，B公司擅自使用其摄影作品，侵犯了自己的著作权，同时B公司作为管理A公司的监管公司，也应该承担责任，吴某遂将A公司、B公司起诉至法院，要求承担共同侵权责任。

请问：吴某的说法正确吗?

案例分析

本案涉及的是企业及企业管理者对企业的侵权行为需要承担何种责任的问题。

我国《著作权法》第四十七条第七项规定，使用他人作品，应当支付报酬而未支付的应当根据情况，承担停止侵害、消除影响、赔礼道歉、赔偿损失等民事责任。

本案中，B公司未经吴某允许或授权，擅自将吴某的摄影作品作为背景使用于其生产的数码日历产品上，该行为是侵犯吴某对其摄影作品所享有的著作权的行为，应当按照《著作权法》第四十七条和《侵权责任法》第二条的规定承担包括停止侵害、赔偿损失在内的侵权责任。A公司作为B公司商品销售管理者，仅为其提供场地、物业设施等相关服务，属于市场经营管理者，并非实际销售者，其为B公司开具普通发票的行为亦属于履行市场管理职能的行为，而非实际的销售行为，A公司的行为并没有侵犯吴某的著作权。故吴某认为A公司、B公司共同承担侵权责任的说法不正确。

风险防范与建议

企业应如何规避不当使用素材而侵犯他人著作权的行为呢？建议如下：

（1）建议企业应加强著作权法律意识，多组织员工进行相关法律及案例的学习或培训，加强著作权法律意识。

（2）建议企业在收到侵权告知函、律师函等函件时，积极启动企业内部自查程序，及时停止侵权行为，避免损失和负面影响进一步扩大。

法条链接

《著作权法》（2010 年修正）第四十七条 有下列侵权行为的，应当根据情况，承担停止侵害、消除影响、赔礼道歉、赔偿损失等民事责任：

（一）未经著作权人许可，发表其作品的；

（二）未经合作作者许可，将与他人合作创作的作品当作自己单独创作的作品发表的；

（三）没有参加创作，为谋取个人名利，在他人作品上署名的；

（四）歪曲、篡改他人作品的；

（五）剽窃他人作品的；

（六）未经著作权人许可，以展览、摄制电影和以类似摄制电影的方法使用作品，或者以改编、翻译、注释等方式使用作品的，本法另有规定的除外；

（七）使用他人作品，应当支付报酬而未支付的；

（八）未经电影作品和以类似摄制电影的方法创作的作品、计算机软件、录音录像制品的著作权人或者与著作权有关的权利人许可，出租其作品或者录音录像制品的，本法另有规定的除外；

（九）未经出版者许可，使用其出版的图书、期刊的版式设计的；

（十）未经表演者许可，从现场直播或者公开传送其现场表演，或者录制其表演的；

（十一）其他侵犯著作权以及与著作权有关的权益的行为。

《侵权责任法》第二条 侵害民事权益，应当依照本法承担侵权责任。

本法所称民事权益，包括生命权、健康权、姓名权、名誉权、荣誉权、肖像权、隐私权、婚姻自主权、监护权、所有权、用益物权、担保物权、著作权、专利权、商标专用权、发现权、股权、继承权等人身、财产权益。

169. 企业销售盗版图书是否构成犯罪？

情景案例

甲公司是一家图书批发公司，由魏某于 2012 年 3 月创办，魏某系甲公司法定代表人及主要负责人。2012 年 4 月 1 日，甲公司通过网络接到乙公司订购某畅销书 5000 册的订单。魏某从这一信息中嗅到了发财的气味，他以惊人的效率与乙公司签订了《图书订购合同》。为赚取更多利润，魏某从书店买回一本正版图书，然后委托某印刷厂印刷了5000册盗版书。2012年4月20日，魏某向乙公司交货，获得非法所得12万元。乙公司收货后发现该书是盗版书，于是立即向公安机关报警。

请问：甲公司的行为构成犯罪吗？

案例分析

本案涉及的是企业复制、销售盗版图书刑事立案追诉标准的问题。

我国《刑法》第二百一十七条第一项规定了未经著作权人许可，以营利为目的复制发行其文字作品，违法所得数额较大或者有其他严重情节的构成侵犯著作权罪。同时，《刑法》第二百一十八条规定了以营利为目的销售明知是本法第二百一十七条规定的侵权复制品违法所得数额巨大的可构成销售侵权复制品罪，处三年以下有期徒刑或者拘役，并处或者单处罚金。《刑法》第二百二十条进一步规定了单位犯上述罪名时的罪名与刑罚。《最高人民检察院、公安部关于公安机关管辖的刑事案件立案追诉标准的规定（一）》第二十六条第一款规定了侵犯著作权罪的立案追诉标准，达到第一项是涉嫌违法所得数额三万元以上的，或第三项包括未经著作权人许可，复制发行其文字作品的复制品数量合计五百份以上的均应立案追诉。第二十七条规定了销售侵权复制品罪的立案追诉标准，其中涉嫌违法所得数额十万元以上的应予立案追诉。

本案中，甲公司以营利为目的，未经畅销书著作权人的许可，委托印刷厂复制盗版畅销书这一行为，侵犯了畅销书作者的著作权，甲公司和印刷厂均触犯了《刑法》第二百一十七条侵犯著作权罪的规定。甲公司将印刷好的盗版书销售给乙公司的行为，触犯了《刑法》第二百一十八条销售侵权复制品罪的规定。本案中涉案盗版书的数量达到5000册（份），违法所得达到12万元，从违法所得额和盗版图书的数量标准来看，均已达到侵犯著作权罪和销售侵权复制品罪的立案追诉标准。因此，甲公司的行为构成侵犯著作权罪和销售侵权复制品罪，需要承担刑事责任。依照《刑法》第二百二十条规定，甲公司的犯罪行为系单位犯罪行为，魏某为甲公司主要负责人，也应承担侵犯著作权罪和销售侵权复制品罪相应的刑事责任。

风险防范与建议

作为图书经营企业如何规避复制、销售盗版书籍呢？建议如下：

（1）建议印刷企业、经营企业提高企业内部员工版权意识，制定相关规章制度严禁印刷、销售盗版图书。

（2）建议印刷企业、经营企业建立主动监管机制，提高技术监管能力，从源头抓盗版，改变盗版图书混乱的局面。

法条链接

《刑法》（2017年修正）第二百一十七条　以营利为目的，有下列侵犯著作权情形之一，违法所得数额较大或者有其他严重情节的，处三年以下有期徒刑或者拘役，并处或者单处罚金；违法所得数额巨大或者有其他特别严重情节的，处三年以上七年以下有期徒刑，并处罚金：

（一）未经著作权人许可，复制发行其文字作品、音乐、电影、电视、录像作品、计算机软件及其他作品的；

（二）出版他人享有专有出版权的图书的；

（三）未经录音录像制作者许可，复制发行其制作的录音录像的；

（四）制作、出售假冒他人署名的美术作品的。

第二百一十八条　以营利为目的，销售明知是本法第二百一十七条规定的侵权复制品，违法所得数额巨大的，处三年以下有期徒刑或者拘役，并处或者单处罚金。

《最高人民检察院、公安部关于公安机关管辖的刑事案件立案追诉标准的规定（一）》第二十六条　【侵犯著作权案（刑法第二百一十七条）】以营利为目的，未经著作权人许可，复制发行其文字作品、音乐、电影、电视、录像作品、计算机软件及其他作品，或者出版他人享有专有出版权的图书，或者未经录音录像制作者许可，复制发行其制作的录音录像，或者制作、出售假冒他人署名的美术作品，涉嫌下列情形之一的，应予立案追诉：

（一）违法所得数额三万元以上的；

（二）非法经营数额五万元以上的；

（三）未经著作权人许可，复制发行其文字作品、音乐、电影、电视、录像作品、计算机软件及其他作品，复制品数量合计五百张（份）以上的；

（四）未经录音录像制作者许可，复制发行其制作的录音录像制品，复制品数量合计五百张（份）以上的；

（五）其他情节严重的情形。

以刊登收费广告等方式直接或者间接收取费用的情形，属于本条规定的“以营利为目的”。

本条规定的“未经著作权人许可”，是指没有得到著作权人授权或者伪造、涂改著作权人授权许可文件或者超出授权许可范围的情形。

本条规定的“复制发行”，包括复制、发行或者既复制又发行的行为。

通过信息网络向公众传播他人文字作品、音乐、电影、电视、录像作品、计算机软件及其他作品，或者通过信息网络传播他人制作的录音录像制品的行为，应当视为本条规定的“复制发行”。

侵权产品的持有人通过广告、征订等方式推销侵权产品的，属于本条规定的“发行”。

本条规定的“非法经营数额”，是指行为人在实施侵犯知识产权行为过程中，制造、储存、运输、销售侵权产品的价值。已销售的侵权产品的价值，按照实际销售的价格计算。制造、储存、运输和未销售的侵权产品的价值，按照标价或者已经查清的侵权产品的实际销售平均价格计算。侵权产品没有标价或者无法查清其实际销售价格的，按照被侵权产品的市场中间价格计算。

第二十七条　【销售侵权复制品案（刑法第二百一十八条）】以营利为目的，销售明知是刑法第二百一十七条规定的侵权复制品，涉嫌下列情形之一的，应予立案追诉：

（一）违法所得数额十万元以上的；

（二）违法所得数额虽未达到上述数额标准，但尚未销售的侵权复制品货值金额达到三十万元以上的。

《最高人民法院关于审理非法出版物刑事案件具体应用法律若干问题的解释》第四条　以营利为目的，实施刑法第二百一十八条规定的行为，个人违法所得数额在十万元以上，单位违法所得数额在五十万元以上的，依照刑法第二百一十八条的规定，以销售侵权复制品罪定罪处罚。

170. 网上卖盗版图书，要承担刑事责任吗?

情景案例

薛某是某快递公司员工，从小对做生意非常感兴趣。2015 年 8 月，薛某发现寄送的货品很多是盗版图书，这些图书销售商都是在家办公，生意非常火爆。

经再三评估，薛某决定辞职再以个人名义在某网站平台注册，开设一间网络书店。店铺创建后，薛某去图书市场看货，得知公务员考试类图书卖得比较好，于是开始销售某出版社出版的公务员考试辅导用书。薛某从图书市场以 18 元每套（三册）的价格购进盗版图书，以图书标价 3 折的价格进行销售。

2015 年 9 月至 12 月，薛某销售盗版图书累计违法所得 13 万元。2016 月 1 月 5 日，某出版社向公安机关报案，薛某当天被公案机关抓获。薛某认为，我没有印刷盗版图书，只负责销售，最多是没收我的盗版图书与罚款，不可能构成犯罪。

请问：薛某网上卖盗版图书，要承担刑事责任吗?

案例分析

本案涉及的是网上销售盗版图书是否承担刑事责任的问题。

我国《刑法》第二百一十八条规定了销售侵权复制品罪，即以营利为目的，销售明知是本法第二百一十七条规定的侵权复制品（包括盗版书），违法所得数额巨大的，处三年以下有期徒刑或者拘役，并处或者单处罚金。《最高人民检察院、公安部关于公安机关管辖的刑事案件立案追诉标准的规定（一）》第二十七条规定，销售侵权复制品案（《刑法》第二百一十八条），以营利为目的，销售明知是《刑法》第二百一十七条规定的侵权复制品，涉嫌下列情形之一的，应予立案追诉：（一）违法所得数额十万元以上的；（二）违法所得数额虽未达到上述数额标准，但尚未销售的侵权复制品货值金额达到三十万元以上的。同时，《最高人民法院关于审理非法出版物刑事案件具体应用法律若干问题的解释》第四条规定，以营利为目的，实施刑法第二百一十八条规定的行为，个人违法所得数额在十万元以上，单位违法所得数额在五十万元以上的，依照刑法第二百一十八条的规定，以销售侵权复制品罪定罪处罚。

本案中，薛某以营利为目的，在明知所售图书为盗版书的情况下仍以个人名义通过网店的形式在网络上进行销售，且2015年9月至12月，违法所得数额高达13万元。已经达到了《最高人民检察院、公安部关于公安机关管辖的刑事案件立案追诉标准的规定（一）》第二十七条和《最高人民法院关于审理非法出版物刑事案件具体应用法律若干问题的解释》第四条的规定，违法所得数额十万元以上的即达到销售侵权复制品罪的立案追诉标准，故本案薛某个人销售盗版图书的行为已构成销售侵权复制品罪，应当依法承担刑事责任。

风险防范与建议

如何减少销售盗版书的现象呢？建议如下：

（1）建议著作权人、图书出版方、销售方开展在图书出版、印刷、销售等渠道打击盗版有关信息的共享，建立能动性强的互联监管机制，从源头抓盗版。

（2）“没有买卖，就没有盗版”，建议消费者树立正确的版权意识，通过正版销售途径购买图书，与监管机构、著作权人、图书出版方、销售方等共同创造“出版正版书，买卖正版书，阅读正版书”的环境。

法条链接

《刑法》（2017年修正）第二百一十八条 以营利为目的，销售明知是本法第二百一十七条规定的侵权复制品，违法所得数额巨大的，处三年以下有期徒刑或者拘役，并处或者单处罚金。

《最高人民检察院、公安部关于公安机关管辖的刑事案件立案追诉标准的规定（一）》第二十七条　【销售侵权复制品案（刑法第二百一十八条）】以营利为目的，销售明知是刑法第二百一十七条规定的侵权复制品，涉嫌下列情形之一的，应予立案追诉：

（一）违法所得数额十万元以上的；

（二）违法所得数额虽未达到上述数额标准，但尚未销售的侵权复制品货值金额达到三十万元以上的。

《最高人民法院关于审理非法出版物刑事案件具体应用法律若干问题的解释》第四条　以营利为目的，实施刑法第二百一十八条规定的行为，个人违法所得数额在十万元以上，单位违法所得数额在五十万元以上的，依照刑法第二百一十八条的规定，以销售侵权复制品罪定罪处罚。

171. 用户在公司网站上传未经他人许可上传的作品，公司要承担责任吗？

情景案例

A公司是《×稻田》《×四叶草》等10部小说的著作权所有人。2017年2月，A公司发现B公司旗下的网站存在未经许可提供上述作品的在线阅读与下载服务的行为。A公司认为该行为侵犯了其对上述作品享有的著作权，因此将B公司起诉至人民法院，要求B公司立即停止侵权并赔偿损失60万元。B公司收到法院传票后，立刻将侵权作品予以删除，并向法院举证侵权作品不是B公司上传的，是网站用户非法上传的，因此不承担侵权责任。

请问：B公司要承担侵权责任吗？

案例分析

根据我国《信息网络传播权保护条例》第二条之规定，权利人享有的信息网络传播权受著作权法和本条例保护。除法律、行政法规另有规定的外，任何组织或者个人将他人的作品、表演、录音录像制品通过信息网络向公众提供，应当取得权利人许可，并支付报酬。B公司未经著作权人A公司许可，对A公司享有著作权的10部小说提供在线阅读与下载服务，侵犯了A公司的信息网络传播权。但是同时考虑到互联网海量信息的客观性，平衡社会公众获取信息和著作权人的利益，《信息网络传播权保护条例》参照国际惯例规定了“避风港”原则，即“网络服务提供者为服务对象提供信息存储空间，供服务对象通过信息网络向公众提供作品、表演、录音录像制品，并具备五个条件的，不承担赔偿责任：（一）在网页上明示仅提供存储空间且明示自己的名称、联系人、网络地址；（二）对于他人上传的作品未进行编辑、修改、排名等；（三）不明知也不应知他人上传的作品系侵权作品；（四）未从涉嫌侵权的作品中直接获得经济利益；（五）在接到权利人的通知书后，立即删除涉嫌侵权的作品的”。本案中，A公司并未事先向B公司发出侵权通知，而是直接诉诸法院，而B公司接到传票后立即删除了侵权作品，且A公司并未举证证明B公司“明知或应知”。故B公司可以不承担侵权损害赔偿责任。

风险防范与建议

权利人发现自己拥有著作权的作品被其他经营主体提供在线阅读或下载服务后，应当先及时采取证据保全措施，如请公证员对侵权情况进行公证保存，以防止证据灭失。然后应当尽快向运营侵权网站的主体发出侵权通知，要求其删除侵权作品，或者断开与该作品的链接。通知书应当包含下列内容：（一）权利人的姓名（名称）、联系方式和地址；（二）要求删除或者断开链接的侵权作品、表演、录音录像制品的名称和网络地址；（三）构成侵权的初步证明材料。如果侵权人收到侵权通知后及时删除了侵权作品，则权利人无须再向法院起诉要求赔偿，以免白白浪费诉讼成本。

法条链接

《信息网络传播权保护条例》（2013年修订）第二条　权利人享有的信息网络传播权受著作权法和本条例保护。除法律、行政法规另有规定的外，任何组织或者个人将他人的作品、表演、录音录像制品通过信息网络向公众提供，应当取得权利人许可，并支付报酬。

第五条　未经权利人许可，任何组织或者个人不得进行下列行为：

（一）故意删除或者改变通过信息网络向公众提供的作品、表演、录音录像制品的权利管理电子信息，但由于技术上的原因无法避免删除或者改变的除外；

（二）通过信息网络向公众提供明知或者应知未经权利人许可被删除或者改变权利管理电子信息的作品、表演、录音录像制品。

第十四条　对提供信息存储空间或者提供搜索、链接服务的网络服务提供者，权利人认为其服务所涉及的作品、表演、录音录像制品，侵犯自己的信息网络传播权或者被删除、改变了自己的权利管理电子信息的，可以向该网络服务提供者提交书面通知，要求网络服务提供者删除该作品、表演、录音录像制品，或者断开与该作品、表演、录音录像制品的链接。通知书应当包含下列内容：

（一）权利人的姓名（名称）、联系方式和地址；

（二）要求删除或者断开链接的侵权作品、表演、录音录像制品的名称和网络地址；

（三）构成侵权的初步证明材料。

权利人应当对通知书的真实性负责。

第十五条 网络服务提供者接到权利人的通知书后，应当立即删除涉嫌侵权的作品、表演、录音录像制品，或者断开与涉嫌侵权的作品、表演、录音录像制品的链接，并同时将通知书转送提供作品、表演、录音录像制品的服务对象；服务对象网络地址不明、无法转送的，应当将通知书的内容同时在信息网络上公告。

第二十二条 网络服务提供者为服务对象提供信息存储空间，供服务对象通过信息网络向公众提供作品、表演、录音录像制品，并具备下列条件的，不承担赔偿责任：

（一）明确标示该信息存储空间是为服务对象所提供，并公开网络服务提供者的名称、联系人、网络地址；

（二）未改变服务对象所提供的作品、表演、录音录像制品；

（三）不知道也没有合理的理由应当知道服务对象提供的作品、表演、录音录像制品侵权；

（四）未从服务对象提供作品、表演、录音录像制品中直接获得经济利益；

（五）在接到权利人的通知书后，根据本条例规定删除权利人认为侵权的作品、表演、录音录像制品。

第二十三条 网络服务提供者为服务对象提供搜索或者链接服务，在接到权利人的通知书后，根据本条例规定断开与侵权的作品、表演、录音录像制品的链接的，不承担赔偿责任；但是，明知或者应知所链接的作品、表演、录音录像制品侵权的，应当承担共同侵权责任。

第四章

不正当竞争法律问题

一、混淆行为

172. 擅自使用知名商品包装、装潢等相同或者近似的标识，构成侵权吗？

情景案例

A公司是一家食品生产企业，成立于1995年。“好×福”牌饼干在我国具有较高知名度，年销售额超3亿元。从2015年开始，A公司每年在全国各地电视台发布广告约2000次，每年广告费数千万。2018年11月，A公司发现市场上存在仿冒“好×福”牌饼干的产品，除商品名称不同外，其商品包装、装潢、文字图案的使用和搭配与“好×福”牌饼干极为近似，视觉上基本无差别，一般消费者以普通注意力容易混淆或误认。经调查，生产该产品的企业是B公司。

2018年12月，A公司向法院提起民事诉讼，要求B公司立即停止这种“搭便车”行为，并赔偿损失300万元。

请问：B公司的行为构成不正当竞争侵权吗？

案例分析

本案涉及擅自使用与知名商品包装、装潢等近似的标识，是否构成不正当竞争侵权的问题。

我国《反不正当竞争法》第六条规定，经营者不得擅自使用与他人有一定影响的商品名称、包装、装潢等相同或者近似的标识，引人误认为是他人商品或者与他人存在特定联系。

本案中，A公司为“好×福”牌饼干每年花费几千万元广告费在全国各地电视台发布广告，“好×福”牌是具有一定影响的商品名称，B公司在没有征得A公司授权的情况下，生产包装、装潢、文字图案的使用和搭配与“好×福”牌饼干极为近似的产品，让一般消费者施以普通注意力容易造成混淆，误认为是A公司的“好×福”牌饼干，B公司的行为构成不正当竞争。

风险防范与建议

盗用企业的知名商品名称或者商标通常是制假售假以牟取巨额利润的惯用伎俩。企业防范此类风险可以采取以下措施：

（1）及时向社会公众更新自己的资料，出现疑似侵权产品时及时发布辟谣声明，以正视听。

（2）创新或升级防伪标识，使消费者更容易辨识商品真伪。

（3）一旦遭遇侵权损害时，及时收集被侵权的证据，可以请求市场监督管理部门处理，也可以向人民法院起诉。

法条链接

《反不正当竞争法》（2019年修正）第六条 经营者不得实施下列混淆行为，引人误认为是他人商品或者与他人存在特定联系：

（一）擅自使用与他人有一定影响的商品名称、包装、装潢等相同或者近似的标识；

（二）擅自使用他人有一定影响的企业名称（包括简称、字号等）、社会组织名称（包括简称等）、姓名（包括笔名、艺名、译名等）；

（三）擅自使用他人有一定影响的域名主体部分、网站名称、网页等；

（四）其他足以引人误认为是他人商品或者与他人存在特定联系的混淆行为。

第十八条第一款 经营者违反本法第六条规定实施混淆行为的，由监督检查部门责令停止违法行为，没收违法商品。违法经营额五万元以上的，可以并处违法经营额五倍以下的罚款；没有违法经营额或者违法经营额不足五万元的，可以并处二十五万元以下的罚款。情节严重的，吊销营业执照。

173. 企业字号被别人注册为商标，还能继续使用吗？

情景案例

A公司成立于2016年10月，公司名称为“广州乐×丰家具用品有限公司”。B公司位于浙江杭州，2006年10月开始使用“乐×丰”商标，并于2009年7月提起商标注册的申请，2010年取得商标专用权，核定使用商品为第20类（包括家具等）。2016年12月，B公司以A公司的企业名称与其商标名称一样为由，致电要求A公司尽快变更公司名称，否则将到法院起诉并索赔10万元侵权费用。A公司创始人郭某第一次遇到这样的情况，不知如何是好。

请问：A公司的字号还能继续使用吗？

案例分析

本案涉及使用他人在先的注册商标作为企业字号是否构成侵权的问题。

《最高人民法院关于审理商标民事纠纷案件适用法律若干问题的解释》第一条第一项规定，将与他人注册商标相同或者相近似的文字作为企业的字号在相同或者类似商品上突出使用，容易使相关公众产生误认的，属于商标法第五十二条第五项规定的给他人的注册商标专用权造成其他损害的行为。

本案中，判断A公司的企业字号是否侵犯B公司的注册商标权，应依据普通消费者的一般注意力及上述法律规定进行综合判断。B公司将与A公司注册商标相同的文字“乐×丰”登记为企业字号，且二者从事的服务相类似，如果A公司突出使用该字号，达到使相关公众产生误认的程度，则法院一般会认定为A公司侵犯了B公司的商标权。

本案中，A公司必须规范完整地使用企业字号，不能单独或突出使用“乐×丰”字样，在此前提下才能继续使用该字号。

风险防范与建议

在字号和商标领域中，企业容易出现将他人的注册商标相同或近似的文字作为企业的字号使用，或者自己的商标被他人作为字号使用的情形。前者可能被诉侵权，后者自身的商标权遭受侵害。对此，建议企业在申请注册商标或者企业字号前，应先在原国家工商行政管理总局商标局充分检索在先注册的商标信息，以及在国家企业信用信息公示系统检索同行业企业字号的信息，对他人在先权利合理避让，否则可能面临权利人巨额索赔或者是停止侵权行为（如停止使用字号）从而导致严重损失。

法条链接

《最高人民法院关于审理商标民事纠纷案件适用法律若干问题的解释》（法释〔2002〕32号）第一条　下列行为属于商标法第五十二条第（五）项[①]规定的给他人注册商标专用权造成其他损害的行为：

（一）将与他人注册商标相同或者相近似的文字作为企业的字号在相同或者类似商品上突出使用，容易使相关公众产生误认的；

（二）复制、摹仿、翻译他人注册的驰名商标或其主要部分在不相同或者不相类似商品上作为商标使用，误导公众，致使该驰名商标注册人的利益可能受到损害的；

（三）将与他人注册商标相同或者相近似的文字注册为域名，并且通过该域名进行相关商品交易的电子商务，容易使相关公众产生误认的。

《商标法》（2019年修正）第五十七条　有下列行为之一的，均属侵犯注册商标专用权：

（一）未经商标注册人的许可，在同一种商品上使用与其注册商标相同的商

① 《商标法》已经于2019年修正，前述第五十二条已经调整为第五十七条。

标的；

（二）未经商标注册人的许可，在同一种商品上使用与其注册商标近似的商标，或者在类似商品上使用与其注册商标相同或者近似的商标，容易导致混淆的；

（三）销售侵犯注册商标专用权的商品的；

（四）伪造、擅自制造他人注册商标标识或者销售伪造、擅自制造的注册商标标识的；

（五）未经商标注册人同意，更换其注册商标并将该更换商标的商品又投入市场的；

（六）故意为侵犯他人商标专用权行为提供便利条件，帮助他人实施侵犯商标专用权行为的；

（七）给他人的注册商标专用权造成其他损害的。

174. 将知名商标相同的文字注册成为企业字号，可以吗？

情景案例

1999年3月，A公司经商标局核准注册了“奥×厨”商标，核定使用商品为第11类（包括消毒碗柜等）。2000年至2008年，A公司相继在电视台、报刊、杂志、网络等媒体上发布宣传“奥×厨”牌消毒碗柜的产品广告，并且开展各类品牌宣传活动。2009年8月，“奥×厨”牌消毒碗柜被原广东省工商行政管理局认定为该省著名商标。

B公司成立于2010年，公司名称为东莞奥×厨电器有限公司，生产、销售产品包括消毒碗柜、燃气灶、油烟机等。B公司产品上均有“东莞奥×厨”及“东莞奥×厨电器有限公司”字样，其中“东莞奥×厨”字体较大。A公司认为，B公司在明知“奥×厨”商标具有极高知名度的情况下，仍将其注册成为企业字号，该行为具有明显的“搭便车”故意，是不正当竞争行为。为此，A公司将B公司起诉至法院，要求其立即变更企业名称并赔偿损失30万元。

请问：B公司的行为构成不正当竞争吗？

案例分析

本案涉及注册与知名商标相同的文字作为字号是否构成不正当竞争的问题。

我国《反不正当竞争法》第六条规定，经营者不得擅自使用与他人有一定影响的商品名称、包装、装潢等相同或者近似的标识，引人误认为是他人商品或者与他人存在特定联系。《最高人民法院关于审理商标民事纠纷案件适用法律若干问题的解释》第一条第一项规定，将与他人注册商标相同或者相近似的文字作为企业的字号在相同或者类似商品上突出使用，容易使相关公众产生误认的，属于《商标法》第五十二条第五项规定的给他人的注册商标专用权造成其他损害的行为。

本案中，B公司的“东莞奥×厨”字样与A公司注册的“奥×厨”商标高度相似，B公司将其突出使用于消毒橱柜，而A公司注册商标核定使用商品类别包括消毒橱柜；并且由于A公司注册商标属于该省著名商标，B公司将其作为企业字号，且在实际使用中故意突出使用“东莞奥×厨”字样，具有明显“搭便车”的故意，足以使相关公众对其商品的来源产生混淆，B公司的行为构成不正当竞争。

风险防范与建议

一般情况下，同行业之间出现将他人注册商标登记为自己企业字号的情况较多，两者之间通常存在着竞争利害关系，侵权人实施此类侵权行为是以竞争为目的，通过引起相关公众的混淆或误认来占领市场份额，以谋取不正当的经济利益。预防注册商标权与企业名称专用权造成冲突的风险，建议企业在注册企业名称时，一方面要摈除“搭便车”的侥幸心理，另一方面也要核实该名称是否已被其他企业注册为商标，以避免不必要的法律纠纷。一旦遭受到此类侵害，企业应通过法律途径积极维护自身合法权益。

法条链接

《反不正当竞争法》（2019年修正）第六条　经营者不得实施下列混淆行为，引人误认为是他人商品或者与他人存在特定联系：

（一）擅自使用与他人有一定影响的商品名称、包装、装潢等相同或者近似的标识；

（二）擅自使用他人有一定影响的企业名称（包括简称、字号等）、社会组织名称（包括简称等）、姓名（包括笔名、艺名、译名等）；

（三）擅自使用他人有一定影响的域名主体部分、网站名称、网页等；

（四）其他足以引人误认为是他人商品或者与他人存在特定联系的混淆行为。

《最高人民法院关于审理商标民事纠纷案件适用法律若干问题的解释》（法释〔2002〕32号）第一条　下列行为属于商标法第五十二条第（五）项[①]规定的给他人注册商标专用权造成其他损害的行为：

（一）将与他人注册商标相同或者相近似的文字作为企业的字号在相同或者类似商品上突出使用，容易使相关公众产生误认的；

---

① 《商标法》已经于2019年修正，前述第五十二条已经调整为第五十七条。

（二）复制、摹仿、翻译他人注册的驰名商标或其主要部分在不相同或者不相类似商品上作为商标使用，误导公众，致使该驰名商标注册人的利益可能受到损害的；

（三）将与他人注册商标相同或者相近似的文字注册为域名，并且通过该域名进行相关商品交易的电子商务，容易使相关公众产生误认的。

《商标法》（2019年修正）第五十七条 有下列行为之一的，均属侵犯注册商标专用权：

（一）未经商标注册人的许可，在同一种商品上使用与其注册商标相同的商标的；

（二）未经商标注册人的许可，在同一种商品上使用与其注册商标近似的商标，或者在类似商品上使用与其注册商标相同或者近似的商标，容易导致混淆的；

（三）销售侵犯注册商标专用权的商品的；

（四）伪造、擅自制造他人注册商标标识或者销售伪造、擅自制造的注册商标标识的；

（五）未经商标注册人同意，更换其注册商标并将该更换商标的商品又投入市场的；

（六）故意为侵犯他人商标专用权行为提供便利条件，帮助他人实施侵犯商标专用权行为的；

（七）给他人的注册商标专用权造成其他损害的。

第六十条 有本法第五十七条所列侵犯注册商标专用权行为之一，引起纠纷的，由当事人协商解决；不愿协商或者协商不成的，商标注册人或者利害关系人可以向人民法院起诉，也可以请求工商行政管理部门处理。

工商行政管理部门处理时，认定侵权行为成立的，责令立即停止侵权行为，没收、销毁侵权商品和主要用于制造侵权商品、伪造注册商标标识的工具，违法经营额五万元以上的，可以处违法经营额五倍以下的罚款，没有违法经营额或者违法经营额不足五万元的，可以处二十五万元以下的罚款。对五年内实施两次以上商标侵权行为或者有其他严重情节的，应当从重处罚。销售不知道是侵犯注册商标专用权的商品，能证明该商品是自己合法取得并说明提供者的，由工商行政管理部门责令停止销售。

对侵犯商标专用权的赔偿数额的争议，当事人可以请求进行处理的工商行政管理部门调解，也可以依照《中华人民共和国民事诉讼法》向人民法院起诉。经工商行政管理部门调解，当事人未达成协议或者调解书生效后不履行的，当事人可以依照《中华人民共和国民事诉讼法》向人民法院起诉。

175. 恶意注册与竞争对手相近似的域名，构成不正当竞争吗？

情景案例

甲公司是一家洗发水品牌企业，成立于1990年。其1995年注册的“PEHOU××”商标系某省著名商标。甲公司官方网站域名为www. pehou××. com。2016年2月，甲公司发现www. pehou××. cn域名遭到竞争对手乙公司恶意抢注，客户输入该域名可直接进入乙公司官方网站，严重影响了甲公司品牌产品的正常业务。经调查，该域名是乙公司于2015年10月花30万元从某网络公司购买的。

为维护公司的合法权益，甲公司遂将乙公司起诉至法院，请求法院判令乙公司将其域名“www. pehou××. cn”转移至甲公司名下，并赔偿甲公司经济损失20万元。

请问：甲公司的请求能得到法院的支持吗？

案例分析

本案涉及恶意注册与竞争对手合法在先权利相近似的域名，是否构成不正当竞争的问题。

《最高人民法院关于审理商标民事纠纷案件适用法律若干问题的解释》第一条第三项规定，将与他人注册商标相同或者相近似的文字注册为域名，并且通过该域名进行相关商品交易的电子商务，容易使相关公众产生误认的，属于商标法第五十二条第五项规定的给他人注册商标专用权造成其他损害的行为。《关于审理涉及计算机网络域名民事纠纷案件适用法律若干问题的解释》第四条规定，认定被告注册、使用域名行为构成不正当竞争应具备以下四个要件：（一）原告请求保护的民事权益合法有效；（二）争议域名或其主要部分构成对原告驰名商标的复制、模仿、翻译或者与原告的注册商标、域名等相同或近似，足以造成相关公众的误认；（三）被告对争议域名或其主要部分不享有权益，也无注册、使用该域名的正当理由；（四）被告对争议域名的注册、使用具有恶意。

本案中，乙公司在客观上实施的域名抢注或购买行为侵犯了他人商标专用权。被抢注为域名的文字“pehou××”与甲公司注册商标近似，且该注册商标系某省著名商标，符合知名与影响力标准，具有特指性与高度识别性，足以造成相关公众的误认，导致在网络领域无偿享用占有了他人塑造知名度与影响力的巨额投入，造成甲公司损害，满足不正当竞争行为要件之一。

在主观上，乙公司明知甲公司“pehou××”商标知名而注册，目的在于“搭便车”，利用甲方商标的知名度，销售自己与甲公司相同的产品，损害了甲公司的合法权利，具有主观恶意。因此，乙公司恶意注册与竞争对手注册商标及域名相近似的域名的行为，造成用户混淆，侵犯注册商标专用权，构成不正当竞争行为。根据《关于审理涉及计算机网络域名民事纠纷案件适用法律若干问题的解释》第八条规定，人民法院认定域名注册、使用等行为构成侵权或者不正当竞争的，可以判令被告停止侵权、注销域名，或者依原告的请求判令由原告注册使用该域名；给权利人造成实际损害的，可以判令被告赔偿损失。此外，根据《反不正当竞争法》第十七条的规定，经营者违反本法规定，给他人造成损害的，应当依法承担民事责任，因此，甲公司的请求能得到法院支持。

风险防范与建议

域名注册体系和商标注册体系相互独立，且国际域名体系和中国国家域名体系也相互独立，均遵循先申请先注册的原则，因此，企业主体（商标所有权人）应当及时将自己的商标、企业名称、字号、商品名以及容易引起混淆的名称注册为域名（包括国际域名和中国国家域名），为自己构造全方位的商誉保护体系。

如企业遭到类似侵权行为，可向抢注域名的 CNNIC 认证的注册服务商提交侵权异议寻求援助，或直接向中国互联网络信息中心（CNNIC 网络基础资源的管理与服务机构）项下的管理争议解决服务提供商——中国国际经济贸易仲裁委员会域名争议解决中心提出异议声明，以启动异议程序。寻求专家组对争议 CN 域名和中文域名予以注销或转移的裁决。

法条链接

《反不正当竞争法》（2019 年修正）第二条第一款 经营者在生产经营活动中，应当遵循自愿、平等、公平、诚信的原则，遵守法律和商业道德。

第六条 经营者不得实施下列混淆行为，引人误认为是他人商品或者与他人存在特定联系：

（一）擅自使用与他人有一定影响的商品名称、包装、装潢等相同或者近似的标识；

（二）擅自使用他人有一定影响的企业名称（包括简称、字号等）、社会组织名称（包括简称等）、姓名（包括笔名、艺名、译名等）；

（三）擅自使用他人有一定影响的域名主体部分、网站名称、网页等；

（四）其他足以引人误认为是他人商品或者与他人存在特定联系的混淆行为。

第十七条 经营者违反本法规定，给他人造成损害的，应当依法承担民事责任。

经营者的合法权益受到不正当竞争行为损害的，可以向人民法院提起诉讼。

因不正当竞争行为受到损害的经营者的赔偿数额，按照其因被侵权所受到的实际损失确定；实际损失难以计算的，按照侵权人因侵权所获得的利益确定。经营者恶意实施侵犯商业秘密行为，情节严重的，可以在按照上述方法确定数额的一倍以上五倍以下确定赔偿数额。赔偿数额还应当包括经营者为制止侵权行为所支付的合理开支。

经营者违反本法第六条、第九条规定，权利人因被侵权所受到的实际损失、侵权人因侵权所获得的利益难以确定的，由人民法院根据侵权行为的情节判决给予权利人五百万元以下的赔偿。

《最高人民法院关于审理商标民事纠纷案件适用法律若干问题的解释》（法释〔2002〕32号）第一条　下列行为属于商标法第五十二条第（五）项[①]规定的给他人注册商标专用权造成其他损害的行为：

（一）将与他人注册商标相同或者相近似的文字作为企业的字号在相同或者类似商品上突出使用，容易使相关公众产生误认的；

（二）复制、摹仿、翻译他人注册的驰名商标或其主要部分在不相同或者不相类似商品上作为商标使用，误导公众，致使该驰名商标注册人的利益可能受到损害的；

（三）将与他人注册商标相同或者相近似的文字注册为域名，并且通过该域名进行相关商品交易的电子商务，容易使相关公众产生误认的。

《最高人民法院关于审理涉及计算机网络域名民事纠纷案件适用法律若干问题的解释》第四条　人民法院审理域名纠纷案件，对符合以下各项条件的，应当认定被告注册、使用域名等行为构成侵权或者不正当竞争：

（一）原告请求保护的民事权益合法有效；

（二）被告域名或其主要部分构成对原告驰名商标的复制、模仿、翻译或音译；或者与原告的注册商标、域名等相同或近似，足以造成相关公众的误认；

（三）被告对该域名或其主要部分不享有权益，也无注册、使用该域名的正当理由；

（四）被告对该域名的注册、使用具有恶意。

第五条　被告的行为被证明具有下列情形之一的，人民法院应当认定其具有恶意：

……

（二）为商业目的注册、使用与原告的注册商标、域名等相同或近似的域名，故意造成与原告提供的产品、服务或者原告网站的混淆，误导网络用户访问其网站或其他在线站点的；

---

① 《商标法》已经于2019年修正，前述第五十二条已经调整为第五十七条。

……

（五）具有其他恶意情形的。

第八条 人民法院认定域名注册、使用等行为构成侵权或者不正当竞争的，可以判令被告停止侵权、注销域名，或者依原告的请求判令由原告注册使用该域名；给权利人造成实际损害的，可以判令被告赔偿损失。

176. 盗用他人公司名称做生意，要承担什么法律责任?

情景案例

甲公司是一家装修公司，成立于2014年8月。蒋某曾是甲公司的营销总监，后因故离职。2018年6月，蒋某自己组建一支装修队，为争取大客户，蒋某经常以甲公司名义招揽生意。2018年11月，乙公司欲装修宿舍大楼，因过去与甲公司有业务往来，就直接找蒋某联系洽谈装修事项。双方谈妥后，蒋某谎称获得甲公司授权与乙公司签订了装修合同，乙公司也按合同约定向蒋某支付了首付款30万元。

2018年12月，乙公司发现蒋某已离开甲公司，于是要求与蒋某解除合同并要求退还30万元首付款。经多次协商，蒋某坚决不同意退款。无奈之下，乙公司遂将蒋某起诉至法院，要求退还首付款30万元并赔偿利息。

请问：蒋某要承担什么法律责任?

案例分析

本案涉及员工冒用企业名称是否构成无权代理以及不正当竞争的问题。

我国《反不正当竞争法》第六条规定，经营者擅自使用他人有一定影响的企业名称（包括简称、字号等），且该企业名称可引人误认为是他人商品或者与他人存在特定联系的，系混淆行为。经营者违反本规定实施混淆行为的，要承担停止违法行为，没收违法商品或者罚款等行政责任，情节严重的，会被工商行政管理部门吊销营业执照。如果经营者违反本法规定给他人造成损害的，还应当依法承担民事赔偿责任，被侵权一方可以向人民法院提起诉讼。

本案中，蒋某曾是甲公司营销总监，离职后私刻甲公司的公章，又擅自使用甲公司名称与乙公司签订装修合同，使不知蒋某离职的乙公司有理由相信其是与甲公司签订合同，如甲公司的名称具有一定影响，蒋某的行为构成不正当竞争。同时乙公司也按合同约定支付了首付款30万元，乙公司是善意第三人。我国《民法总则》第一百七十一条规定，行为人没有代理权、超越代理权或者代理权终止后，仍然实施代理行为，未经被代理人追认的，对被代理人不发生效力。行为人实施的行为被追认前，善意相对人有撤销的权利，亦有权请求行为人履行债务或者就其受到的损害请求行为人赔偿。蒋某的行为构成无权代理，因此，蒋某需要承担向乙公司退还首付款30万元及赔偿利息的民事责任，视情节严重与否，还面临监督检查部门责令停止违法行为，没收违法商品或并处违法经营额五倍以下的罚款，甚至吊销营业执照的行政责任。

风险防范与建议

公司如何防范离职员工盗用公司名称招揽业务呢？建议如下：

（1）公司可以在员工离职的同时，向商业合作伙伴书面函告公司已终止对该员工的代理权，以避免对方在不知情的情形下误认为该员工仍具有代理权而与之交易。

（2）一旦发现公司名称和信息被盗用，应及时向社会公众发布关于公司名称和信息被盗用的严正声明，并且提醒广大投资者谨防不法分子盗用公司名称和信息非法开展业务。

法条链接

《反不正当竞争法》（2019年修正）第六条　经营者不得实施下列混淆行为，引人误认为是他人商品或者与他人存在特定联系：

（一）擅自使用与他人有一定影响的商品名称、包装、装潢等相同或者近似的标识；

（二）擅自使用他人有一定影响的企业名称（包括简称、字号等）、社会组织名称（包括简称等）、姓名（包括笔名、艺名、译名等）；

（三）擅自使用他人有一定影响的域名主体部分、网站名称、网页等；

（四）其他足以引人误认为是他人商品或者与他人存在特定联系的混淆行为。

第十七条　经营者违反本法规定，给他人造成损害的，应当依法承担民事责任。

经营者的合法权益受到不正当竞争行为损害的，可以向人民法院提起诉讼。

因不正当竞争行为受到损害的经营者的赔偿数额，按照其因被侵权所受到的实际损失确定；实际损失难以计算的，按照侵权人因侵权所获得的利益确定。经营者恶意实施侵犯商业秘密行为，情节严重的，可以在按照上述方法确定数额的一倍以上五倍以下确定赔偿数额。赔偿数额还应当包括经营者为制止侵权行为所支付的合理开支。

经营者违反本法第六条、第九条规定，权利人因被侵权所受到的实际损失、侵权人因侵权所获得的利益难以确定的，由人民法院根据侵权行为的情节判决给予权利人五百万元以下的赔偿。

第十八条 经营者违反本法第六条规定实施混淆行为的，由监督检查部门责令停止违法行为，没收违法商品。违法经营额五万元以上的，可以并处违法经营额五倍以下的罚款；没有违法经营额或者违法经营额不足五万元的，可以并处二十五万元以下的罚款。情节严重的，吊销营业执照。

经营者登记的企业名称违反本法第六条规定的，应当及时办理名称变更登记；名称变更前，由原企业登记机关以统一社会信用代码代替其名称。

《民法总则》第一百七十一条 行为人没有代理权、超越代理权或者代理权终止后，仍然实施代理行为，未经被代理人追认的，对被代理人不发生效力。

相对人可以催告被代理人自收到通知之日起一个月内予以追认。被代理人未作表示的，视为拒绝追认。行为人实施的行为被追认前，善意相对人有撤销的权利。撤销应当以通知的方式作出。

行为人实施的行为未被追认的，善意相对人有权请求行为人履行债务或者就其受到的损害请求行为人赔偿，但是赔偿的范围不得超过被代理人追认时相对人所能获得的利益。

相对人知道或者应当知道行为人无权代理的，相对人和行为人按照各自的过错承担责任。

177. 店面装修被竞争对手“复制”，是商业混淆行为吗？

情景案例

A公司是一家连锁餐饮公司，总部位于广州，在全国各地有数十家分店。2017年12月，为提高店面的品牌形象，A公司花80万元聘请香港设计师进行店面设计。2018年12月，A公司发现竞争对手B公司新开的店面设计风格与自己如出一辙，对于普通消费者来说，很难辨认两间店铺的区别。

看着被“复制”的店面，A公司创始人贾某非常无奈。协商无果后，贾某遂将B公司起诉至法院，请求判令其立即停止侵权行为并赔偿损失25万元。

请问：B公司的行为构成不正当竞争吗？

案例分析

本案涉及复制他人有一定影响的装潢标识是否构成不正当竞争的问题。

我国《反不正当竞争法》第六条规定，经营者擅自使用与他人有一定影响的商品名称、包装、装潢等相同或者近似的标识，且该标识可引人误认为是他人商品或者与他人存在特定联系的，系混淆行为。经营者违反本规定实施混淆行为的，要承担相应行政责任，情节严重的，会被工商行政管理部门吊销营业执照。如果经营者违反本法规定给他人造成损害的，还应当依法承担民事赔偿责任，被侵权一方可以向人民法院提起诉讼。

本案中，A 连锁餐饮公司在全国各地拥有数十家分店，其聘请香港设计师进行的店面设计具有一定影响。竞争对手 B 公司未经 A 公司同意，擅自使用与 A 公司类似的装潢，且该装潢对于普通消费者来说，很难辨认两间店铺的区别。综上所述，B 公司的行为系混淆行为，构成不正当竞争，A 公司可以向法院提起侵权之诉。

风险防范与建议

企业花巨资进行的店面装修，如何防范和应对他人复制呢？建议如下：

（1）店面的装修效果图完成时即进行著作权登记，取得著作权登记证书。

（2）当发现疑似侵权店面时，可以向公证处申请证据保全公证，对侵权店铺的外观及店内现状、商品价目表及餐饮服务许可证等进行拍照。

（3）对店面装潢的主要元素进行对比，如整体结构、招牌处、点餐台、工作流理台、店面显著标志等，以证明两者装潢相近。

（4）查明侵权店铺的工商注册信息，尤其是经营范围。在完成以上调查取证后，可以向侵权人发律师函警告，如对方不配合仍继续实施侵权行为，可进一步向监督检查部门投诉或向法院提起诉讼，以维护自身合法权益。

法条链接

《反不正当竞争法》（2019 年修正）第六条　经营者不得实施下列混淆行为，引人误认为是他人商品或者与他人存在特定联系：

（一）擅自使用与他人有一定影响的商品名称、包装、装潢等相同或者近似的标识；

（二）擅自使用他人有一定影响的企业名称（包括简称、字号等）、社会组织名称（包括简称等）、姓名（包括笔名、艺名、译名等）；

（三）擅自使用他人有一定影响的域名主体部分、网站名称、网页等；

（四）其他足以引人误认为是他人商品或者与他人存在特定联系的混淆行为。

第十七条　经营者违反本法规定，给他人造成损害的，应当依法承担民事责任。

经营者的合法权益受到不正当竞争行为损害的，可以向人民法院提起诉讼。

因不正当竞争行为受到损害的经营者的赔偿数额，按照其因被侵权所受到的实际损失确定；实际损失难以计算的，按照侵权人因侵权所获得的利益确定。经营者恶意实施侵犯商业秘密行为，情节严重的，可以在按照上述方法确定数额的一倍以上五倍以下确定赔偿数额。赔偿数额还应当包括经营者为制止侵权行为所支付的合理开支。

经营者违反本法第六条、第九条规定，权利人因被侵权所受到的实际损失、侵权人因侵权所获得的利益难以确定的，由人民法院根据侵权行为的情节判决给予权利人五百万元以下的赔偿。

第十八条 经营者违反本法第六条规定实施混淆行为的，由监督检查部门责令停止违法行为，没收违法商品。违法经营额五万元以上的，可以并处违法经营额五倍以下的罚款；没有违法经营额或者违法经营额不足五万元的，可以并处二十五万元以下的罚款。情节严重的，吊销营业执照。

经营者登记的企业名称违反本法第六条规定的，应当及时办理名称变更登记；名称变更前，由原企业登记机关以统一社会信用代码代替其名称。

二、虚假宣传

178. 以虚假宣传的方式销售产品，要承担什么法律责任？

情景案例

A公司是一家保健品生产企业。2013年8月，A公司在报纸上刊登广告，称其产品具有瘦腰、瘦腿、瘦全身的功效。魏某看广告后购买了一个疗程的产品，但吃了一段时间后没有任何效果，于是根据产品批号在国家食品药品监督总局网站查询产品功效，结果发现该产品原来属于糖果制品。为此，魏某以A公司涉嫌虚假宣传为由向监管部门投诉，请求责令A公司赔偿精神损失5万元。

请问：A公司要承担什么法律责任？

案例分析

本案涉及经营者对产品的功能作虚假的广告宣传是否构成不正当竞争和虚假广告，如构成，应承担何种法律责任的问题。

我国《反不正当竞争法》第八条规定，经营者不得对其商品的性能、功能、质量、销售状况、用户评价、曾获荣誉等作虚假或者引人误解的商业宣传，欺骗、误导消费者。我国《食品安全法》第一百四十条规定，在广告中对食品作虚假宣传，欺骗消费者，或者发布未取得批准文件、广告内容与批准文件不一致的保健食品广告的，依照《广告法》的规定给予处罚。我国《广告法》第二十八条第二款第二项规定，商品的性能、功能与实际情况不符，对购买行为有实质性影响的，构成虚假广告。第五十六条第二款规定，关系消费者生命健康的商品或者服务的虚假广告，造成消费者损害的，其广告经营者、广告发布者、广告代言人应当与广告主承担连带责任。

本案中，A公司采用刊登广告的方式对其属于“糖果制品”的产品宣称具有瘦腰、瘦腿、瘦全身的功效欺骗销费者，而这些功效并不实际存在，消费者魏某看到广告宣传后才购买该产品，显然，该广告对购买行为有实质性影响。A公司的行为属于不正当竞争，并构成虚假广告。我国《反不正当竞争法》第二十条规定，经营者违反本法第八条规定对其商品作虚假的商业宣传，由监督检查部门责令停止违法行为，处二十万元以上一百万元以下的罚款；情节严重的，处一百万元以上二百万元以下的罚款，可以吊销营业执照。我国《广告法》第五十五条规定，发布虚假广告的，由市场监督管理部门责令停止发布广告，责令广告主在相应范围内消除影响，处一定数额的罚款，第五十六条规定，发布虚假广告，欺骗、误导消费者，使购买商品的消费者的合法权益受到损害的，由广告主依法承担民事责任。因此，A 公司应当承担一定数额罚款或吊销营业执照的行政处罚，并承担对消费者进行损害赔偿的民事责任。

风险防范与建议

企业在宣传产品时，如何降低法律风险呢？建议如下：

（1）企业应通过科学规范的人群研究为企业的产品宣传提供最直接的证据，规避产品宣传的法律风险。如可以将试验报告直接公开给消费者，更直观地将产品的功效宣传给消费者，增加消费者的购买信心。

（2）注意企业行为，以及企业、企业家和企业产品宣传的适度性，规避舆论、道德风险。

（3）可以参考跨国公司规避法律风险的做法，如采用代理制来规避宣传法律风险，把产品宣传的风险转移到代理商一方。

法条链接

《反不正当竞争法》（2019 年修正）第八条 经营者不得对其商品的性能、功能、质量、销售状况、用户评价、曾获荣誉等作虚假或者引人误解的商业宣传，欺骗、误导消费者。

经营者不得通过组织虚假交易等方式，帮助其他经营者进行虚假或者引人误解的商业宣传。

第二十条 经营者违反本法第八条规定对其商品作虚假或者引人误解的商业宣传，或者通过组织虚假交易等方式帮助其他经营者进行虚假或者引人误解的商业宣传的，由监督检查部门责令停止违法行为，处二十万元以上一百万元以下的罚款；情节严重的，处一百万元以上二百万元以下的罚款，可以吊销营业执照。

经营者违反本法第八条规定，属于发布虚假广告的，依照《中华人民共和国广告法》的规定处罚。

《广告法》（2018 年修正）第二十八条 广告以虚假或者引人误解的内容欺骗、误导消费者的，构成虚假广告。

广告有下列情形之一的，为虚假广告：

（一）商品或者服务不存在的；

（二）商品的性能、功能、产地、用途、质量、规格、成分、价格、生产者、有效期限、销售状况、曾获荣誉等信息，或者服务的内容、提供者、形式、质量、价格、销售状况、曾获荣誉等信息，以及与商品或者服务有关的允诺等信息与实际情况不符，对购买行为有实质性影响的；

（三）使用虚构、伪造或者无法验证的科研成果、统计资料、调查结果、文摘、引用语等信息作证明材料的；

（四）虚构使用商品或者接受服务的效果的；

（五）以虚假或者引人误解的内容欺骗、误导消费者的其他情形。

第五十五条 违反本法规定，发布虚假广告的，由市场监督管理部门责令停止发布广告，责令广告主在相应范围内消除影响，处广告费用三倍以上五倍以下的罚款，广告费用无法计算或者明显偏低的，处二十万元以上一百万元以下的罚款；两年内有三次以上违法行为或者有其他严重情节的，处广告费用五倍以上十倍以下的罚款，广告费用无法计算或者明显偏低的，处一百万元以上二百万元以下的罚款，可以吊销营业执照，并由广告审查机关撤销广告审查批准文件、一年内不受理其广告审查申请。

医疗机构有前款规定违法行为，情节严重的，除由市场监督管理部门依照本法处罚外，卫生行政部门可以吊销诊疗科目或者吊销医疗机构执业许可证。

广告经营者、广告发布者明知或者应知广告虚假仍设计、制作、代理、发布的，由市场监督管理部门没收广告费用，并处广告费用三倍以上五倍以下的罚款，广告费用无法计算或者明显偏低的，处二十万元以上一百万元以下的罚款；两年内有三次以上违法行为或者有其他严重情节的，处广告费用五倍以上十倍以下的罚款，广告费用无法计算或者明显偏低的，处一百万元以上二百万元以下的罚款，并可以由有关部门暂停广告发布业务、吊销营业执照、吊销广告发布登记证件。

广告主、广告经营者、广告发布者有本条第一款、第三款规定行为，构成犯罪的，依法追究刑事责任。

第五十六条 违反本法规定，发布虚假广告，欺骗、误导消费者，使购买商品或者接受服务的消费者的合法权益受到损害的，由广告主依法承担民事责任。广告经营者、广告发布者不能提供广告主的真实名称、地址和有效联系方式的，消费者可以要求广告经营者、广告发布者先行赔偿。

关系消费者生命健康的商品或者服务的虚假广告，造成消费者损害的，其广告经营者、广告发布者、广告代言人应当与广告主承担连带责任。

前款规定以外的商品或者服务的虚假广告，造成消费者损害的，其广告经营者、广告发布者、广告代言人，明知或者应知广告虚假仍设计、制作、代理、发布或者作推荐、证明的，应当与广告主承担连带责任。

《消费者权益保护法》（2013 年修正）第四十五条第一款、第二款 消费者因经营者利用虚假广告或者其他虚假宣传方式提供商品或者服务，其合法权益受到损害的，可以向经营者要求赔偿。广告经营者、发布者发布虚假广告的，消费者可以请求行政主管部门予以惩处。广告经营者、发布者不能提供经营者的真实名称、地址和有效联系方式的，应当承担赔偿责任。

广告经营者、发布者设计、制作、发布关系消费者生命健康商品或者服务的虚假广告，造成消费者损害的，应当与提供该商品或者服务的经营者承担连带责任。

《食品安全法》（2018 年修正）第一百四十条第一款、第二款、第五款 违反本法规定，在广告中对食品作虚假宣传，欺骗消费者，或者发布未取得批准文件、广告内容与批准文件不一致的保健食品广告的，依照《中华人民共和国广告法》的规定给予处罚。

广告经营者、发布者设计、制作、发布虚假食品广告，使消费者的合法权益受到损害的，应当与食品生产经营者承担连带责任。

……

对食品作虚假宣传且情节严重的，由省级以上人民政府食品安全监督管理部门决定暂停销售该食品，并向社会公布；仍然销售该食品的，由县级以上人民政府食品安全监督管理部门没收违法所得和违法销售的食品，并处二万元以上五万元以下罚款。

179. 广告经营者受企业委托发布虚假广告，要承担责任吗？

情景案例

A 公司是一家房地产开发企业。2017 年 10 月，A 公司在某房地产门户网站打出旗下某楼盘“距市中心广场仅 30 分钟车程”的广告宣传。叶某看广告后，立即前往售楼处一次性付款购买了一套房屋。在办理收楼手续时，叶某从市中心广场坐楼巴到楼盘后，发现“距市中心广场仅 30 分钟车程”是汽车以时速 100 公里匀速行驶下的理想状态，而且中途还不能停车，如果自己开车，至少需要 50 分钟才能到。为此，叶某将 A 公司与某房地产门户网站诉至法院，要求退房与赔偿损失 1 万元。某房地产门户网站负责人辩称，广告内容如果违法，责任应由广告主 A 公司承担责任，与我司无关。

请问：某房地产门户网站要承担责任吗？

案例分析

本案涉及广告发布者发布虚假广告是否需要承担法律责任的问题。

我国《广告法》第三十四条规定，广告经营者、广告发布者依据法律、行政法规查验有关证明文件，核对广告内容。对内容与实际不符或者证明文件不全的广告，广告经营者不得提供设计、制作、代理服务，广告发布者不得发布。第五十六条规定，发布虚假广告，欺骗、误导消费者，使购买商品的消费者的合法权益受到损害的，由广告主依法承担民事责任。广告发布者明知或者应知广告虚假仍发布的，应当与广告主承担连带责任。

本案中，某房地产门户网站作为广告发布者，需要对广告的内容和证明文件进行审查，对内容与实际不符的广告不得发布，房地产门户网站应当核验“距市中心广场仅30分钟车程”是否属实，其怠于履行审查义务，属于“应知广告虚假仍发布”的情形。因此，某房地产门户网站需要对叶某因受该虚假广告误导而购买了涉案房屋，要求退房与损失赔偿的诉讼请求承担连带责任。

风险防范与建议

对于专门从事商业广告发布的企业，如何规避相关法律风险呢？建议如下：

（1）对于广告主需要发布的商品或者服务履行一定的注意义务，查验有关证明文件，核对广告内容，避免因疏忽或者懈怠发布了存在明显缺陷的产品。

（2）建立健全的广告审查机制，包括广告业务承接登记、审核、档案管理制度，尤其对于能证明已经尽到了审查义务的证据要妥善保管，避免一旦发生纠纷，企业因证据毁损丢失而承担不利后果。

法条链接

《消费者权益保护法》（2013年修正）第四十五条　消费者因经营者利用虚假广告或者其他虚假宣传方式提供商品或者服务，其合法权益受到损害的，可以向经营者要求赔偿。广告经营者、发布者发布虚假广告的，消费者可以请求行政主管部门予以惩处。广告经营者、发布者不能提供经营者的真实名称、地址和有效联系方式的，应当承担赔偿责任。

广告经营者、发布者设计、制作、发布关系消费者生命健康商品或者服务的虚假广告，造成消费者损害的，应当与提供该商品或者服务的经营者承担连带责任。

社会团体或者其他组织、个人在关系消费者生命健康商品或者服务的虚假广告或者其他虚假宣传中向消费者推荐商品或者服务，造成消费者损害的，应当与提供该商品或者服务的经营者承担连带责任。

《广告法》（2018年修正）第十一条第二款　广告使用数据、统计资料、调查结果、文摘、引用语等引证内容的，应当真实、准确，并表明出处。引证内容有适用范围和有效期限的，应当明确表示。

第三十四条　广告经营者、广告发布者应当按照国家有关规定，建立、健全广告业务的承接登记、审核、档案管理制度。

广告经营者、广告发布者依据法律、行政法规查验有关证明文件，核对广告内容。对内容不符或者证明文件不全的广告，广告经营者不得提供设计、制作、代理服务，广告发布者不得发布。

第五十六条 违反本法规定，发布虚假广告，欺骗、误导消费者，使购买商品或者接受服务的消费者的合法权益受到损害的，由广告主依法承担民事责任。广告经营者、广告发布者不能提供广告主的真实名称、地址和有效联系方式的，消费者可以要求广告经营者、广告发布者先行赔偿。

关系消费者生命健康的商品或者服务的虚假广告，造成消费者损害的，其广告经营者、广告发布者、广告代言人应当与广告主承担连带责任。

前款规定以外的商品或者服务的虚假广告，造成消费者损害的，其广告经营者、广告发布者、广告代言人，明知或者应知广告虚假仍设计、制作、代理、发布或者作推荐、证明的，应当与广告主承担连带责任。

第五十九条 有下列行为之一的，由市场监督管理部门责令停止发布广告，对广告主处十万元以下的罚款：

（一）广告内容违反本法第八条规定的；

（二）广告引证内容违反本法第十一条规定的；

（三）涉及专利的广告违反本法第十二条规定的；

（四）违反本法第十三条规定，广告贬低其他生产经营者的商品或者服务的。

广告经营者、广告发布者明知或者应知有前款规定违法行为仍设计、制作、代理、发布的，由市场监督管理部门处十万元以下的罚款。

广告违反本法第十四条规定，不具有可识别性的，或者违反本法第十九条规定，变相发布医疗、药品、医疗器械、保健食品广告的，由市场监督管理部门责令改正，对广告发布者处十万元以下的罚款。

180. 明知虚假宣传而购买，能够获得三倍赔偿吗?

情景案例

2017 年 10 月，余某从某网店购买了 1 支防脱发的洗发水，费用为 100 元。某网站在网页上宣称洗发水有防脱发的功效。余某使用洗发水一段时间后，发现根本没有防脱发的功效。2017 年 11 月，为获得更多赔偿，余某从某网站购买了 99 支洗发水。收到产品后，余某以洗发水存在虚假宣传为由提起诉讼，要求某网站赔偿损失 3 万元。某网站辩称，余某的行为构成恶意索赔，不受我国法律保护，因此不同意赔偿。

请问：余某的请求能获得法院支持吗？

案例分析

本案涉及消费者知假买假能否获得购买商品价款三倍赔偿的问题。

我国《消费者权益保护法》第五十五条规定，经营者提供商品有欺诈行为的，应当按照消费者的要求增加赔偿其受到的损失，增加赔偿的金额为消费者购买商品的价款的三倍。但对于知假买假者是否具有消费者身份的问题，《消费者权益保护法》和《食品安全法》并没有做出明确规定，导致这一问题在理论界和实务界都存在争议，且多番反复。《最高人民法院关于审理食品药品纠纷案件适用法律若干问题的规定》第三条规定："因食品、药品质量问题发生纠纷，购买者向生产者、销售者主张权利。生产者、销售者以购买者明知食品、药品存在质量问题而仍然购买为由进行抗辩的，人民法院不予支持。"该条规定明确了在食品、药品领域，即使消费者明知商品为假冒伪劣仍然购买，并以此诉讼索赔时，人民法院也不能以其知假买假为由不予支持。

本案中，余某购买的洗发水不属于食品或者药品品类，不适用前述《最高人民法院关于审理食品药品纠纷案件适用法律若干问题的规定》，在司法实践中主流观点认为，知假买假者不具有消费者身份，不能获得惩罚性赔偿。因此，余某不能主张明知洗发水不具有防脱发功效依然网购的99支洗发水价款三倍的惩罚性赔偿，但是购买第一支洗发水的余某具有消费者身份，因此，法院仅对余某请求中第一支洗发水价款三倍的部分予以支持。

风险防范与建议

为了有效防范和应对消费者"知假买假"的法律风险，建议如下：

（1）企业应当尽到高度的审查产品是否符合相关标准的注意义务。应特别注意产品包装标志、有效期限、广告宣传等方面。遇到购买数量远远高于普通消费者的购买者时，应提高警惕。

（2）与生产商签订有效的合同，确保进货渠道正规合法。

（3）遭遇打假，可咨询专业律师审查产品存在的问题，积极改正。

法条链接

《消费者权益保护法》（2013年修正）第十一条 消费者因购买、使用商品或者接受服务受到人身、财产损害的，享有依法获得赔偿的权利。

第五十五条 经营者提供商品或者服务有欺诈行为的，应当按照消费者的要求增加赔偿其受到的损失，增加赔偿的金额为消费者购买商品的价款或者接受服务的费用的三倍；增加赔偿的金额不足五百元的，为五百元。法律另有规定的，依照其规定。

经营者明知商品或者服务存在缺陷，仍然向消费者提供，造成消费者或者其他受害人死亡或者健康严重损害的，受害人有权要求经营者依照本法第四十九条、第五十一条等法律规定赔偿损失，并有权要求所受损失二倍以下的惩罚性赔偿。

181. 微信朋友圈发布虚假广告，要承担法律责任吗?

情景案例

潘某是一位会计老师，由于培训过的学生众多，微信拥有3000多个好友。

2017年8月1日，微信好友刘某让潘某帮忙转发一个面膜广告，潘某当时忙，没有仔细看微信内容就将广告转发朋友圈。2017年8月10日，另一微信好友杜某发信息指责潘某，声称因看了潘某朋友圈广告而购买面膜，购买后用了皮肤过敏，现已花医疗费3000元。为此，杜某要求潘某赔偿损失。潘某认为，杜某应该找卖面膜产品的刘某索取赔偿，与自己无关。

请问：潘某要承担法律责任吗?

案例分析

本案涉及个人在微信朋友圈发布虚假广告造成消费者损害的是否要承担法律责任的问题。

我国《广告法》第四十四条第一款规定，利用互联网从事广告活动，适用本法的各项规定。根据这一规定，微博、微信等基于互联网技术开展的广告活动都属于利用互联网从事的广告活动。《广告法》第五十六条第二款规定，关系消费者生命健康的商品或者服务的虚假广告，造成消费者损害的，其广告经营者、广告发布者、广告代言人应当与广告主承担连带责任。

本案中，潘某在微信朋友圈上帮好友发布面膜广告，虽然是无偿发布，但其行为依然构成发布虚假广告，因该虚假面膜广告致使杜某的健康受到损害，该医疗费杜某既可以要求广告主刘某赔偿，也可以要求潘某承担连带责任，因此，潘某需要承担法律责任。

风险防范与建议

对于网络广告，无论是发布者还是转发者，都应甄别商品的真假，尤其是药品、保健品、特殊医学用途配方食品等更是不能随意发布。对于网友们，为了能更好地保护自身权益，建议尽量不要点击陌生号码发来的链接、二维码，明显夸大的广告不要轻信与转发。发现违规广告的，可以及时向执法部门或者网络运营商进行举报，维护一个良好的网络环境。

法条链接

《广告法》（2018年修正）第四十四条　利用互联网从事广告活动，适用本法的各项规定。

利用互联网发布、发送广告，不得影响用户正常使用网络。在互联网页面以弹出等形式发布的广告，应当显著标明关闭标志，确保一键关闭。

第五十六条第一款、第二款　违反本法规定，发布虚假广告，欺骗、误导消费者，使购买商品或者接受服务的消费者的合法权益受到损害的，由广告主依法承担民事责任。广告经营者、广告发布者不能提供广告主的真实名称、地址和有效联系方式的，消费者可以要求广告经营者、广告发布者先行赔偿。

关系消费者生命健康的商品或者服务的虚假广告，造成消费者损害的，其广告经营者、广告发布者、广告代言人应当与广告主承担连带责任。

182. 虚假广告的品牌代言人，要承担法律责任吗?

情景案例

甲公司是一家牙膏生产企业，成立于2018年1月。由于牙膏行业市场竞争激烈，为了让产品能迅速畅销全国，甲公司决定花巨资聘请某明星做代言。2018年10月，多位消费者向监管部门投诉甲公司，投诉主要内容为：甲公司使用的“只用一周就能美白”的广告词是夸大宣传的虚假广告，消费者使用后根本没有美白效果。经调查，该广告突出表现的快速美白效果，是经过电脑特效处理的，并非牙膏的实际使用效果。

请问：甲公司聘请的某明星代言人，要承担法律责任吗?

案例分析

本案涉及广告代言人代言虚假广告是否需要承担法律责任的问题。

我国《广告法》第三十八条第一款规定，广告代言人在广告中对商品、服务作推荐、证明，应当依据事实，符合本法和有关法律、行政法规规定，并不得为其未使用过的商品或者未接受过的服务作推荐、证明。第五十六条规定，广告经营者、广告发布者、广告代言人，明知或者应知广告虚假仍设计、制作、代理、发布或者作推荐、证明的，应当与广告主承担连带责任。第六十二条规定，为其未使用过的商品或者未接受过的服务作推荐、证明的；由市场监督管理部门没收违法所得，并处违法所得一倍以上二倍以下的罚款。

本案中，某明星作为牙膏广告的代言人应当真实使用过该牙膏产品才能为之代言，尽管不明知该产品广告虚假，但该明星只要使用一周该产品就能发现该产品不具备宣传中的美白效果，仍属于“应知”广告虚假的情形。因此，该明星代言人需要与广告主承担连带的民事责任，以及由监管部门没收违法所得，并处违法所得一倍以上二倍以下罚款的行政责任。

风险防范与建议

广告代言人作为公众人物，应当比一般社会公众更遵守法律职业道德，在代言广告中，建议代言人在推荐、证明之前，审核广告的品类和内容是否存在法律禁止的情形，并且确认所使用商品或者接受服务与广告相一致，以及保存使用商品或者接受服务的书面记录。广告代言人使用商品或者接受服务，应当采用一般消费者认同的习惯和方式。在使用商品或者接受服务过程中，广告代言人如果发现或者怀疑商品、服务涉嫌假冒伪劣的，应当及时了解有关情况，如属实，应拒绝代言活动。

法条链接

《广告法》（2018 年修正）第三十八条第一款 广告代言人在广告中对商品、服务作推荐、证明，应当依据事实，符合本法和有关法律、行政法规规定，并不得为其未使用过的商品或者未接受过的服务作推荐、证明。

第五十六条 违反本法规定，发布虚假广告，欺骗、误导消费者，使购买商品或者接受服务的消费者的合法权益受到损害的，由广告主依法承担民事责任。广告经营者、广告发布者不能提供广告主的真实名称、地址和有效联系方式的，消费者可以要求广告经营者、广告发布者先行赔偿。

关系消费者生命健康的商品或者服务的虚假广告，造成消费者损害的，其广告经营者、广告发布者、广告代言人应当与广告主承担连带责任。

前款规定以外的商品或者服务的虚假广告，造成消费者损害的，其广告经营者、广告发布者、广告代言人，明知或者应知广告虚假仍设计、制作、代理、发布或者作推荐、证明的，应当与广告主承担连带责任。

第六十二条 广告代言人有下列情形之一的，由市场监督管理部门没收违法所得，并处违法所得一倍以上二倍以下的罚款：

（一）违反本法第十六条第一款第四项规定，在医疗、药品、医疗器械广告中作推荐、证明的；

（二）违反本法第十八条第一款第五项规定，在保健食品广告中作推荐、证明的；

（三）违反本法第三十八条第一款规定，为其未使用过的商品或者未接受过的服务作推荐、证明的；

（四）明知或者应知广告虚假仍在广告中对商品、服务作推荐、证明的。

三、虚假表示

183. 伪造或冒用认证标志、名优标志等质量标志，要承担什么法律责任？

情景案例

A 公司是一家运动鞋生产企业，其生产的“三 × 牌”运动鞋获国家优质产品奖，产品畅销全国。B 公司是 A 公司主要竞争对手，为提高产品销量，B 公司于 2018 年 1 月开始在其生产的“六 × 牌”运动鞋包装盒上也标有获国家优质产品奖的标志。B 公司的非法行为抢走了 A 公司较多客户，造成的损失难以估计。为此，A 公司果断向当地监管部门举报了 B 公司的违法行为。

请问：B 公司要承担什么法律责任？

案例分析

本案涉及生产销售者“傍名牌”以及冒用名优标志要承担什么法律责任的问题。

我国《反不正当竞争法》第六条规定，经营者不得擅自使用他人有一定影响的商品近似的标识，引人误认为是他人商品。《产品质量法》第五条规定，禁止伪造或者冒用认证标志等质量标志。第五十三条规定，伪造或者冒用认证标志等质量标志的，责令改正，没收违法生产、销售的产品，并处违法生产、销售产品货值金额等值以下的罚款；有违法所得的，并处没收违法所得；情节严重的，吊销营业执照。

本案中，B 公司生产和销售的“六 × 牌”与 A 公司“三 × 牌”名称十分相似，B 公司的行为属于《反不正当竞争法》中规定的混淆行为，而且 B 公司生产和销售的“六 × 牌”并没有获得国家优质产品奖，但其在产品包装盒上标明了国家优质产品奖这一认证标志，已经构成“冒用认证标志”，B 公司将面临执法部门责令改正，没收违法生产销售产品并处违法生产、销售产品货值金额等值以下罚款，且并处没收违法所得，甚至吊销营业执照的行政处罚。

风险防范与建议

公司如何避免生产经营过程中因产品标志问题而受到行政处罚呢？建议如下：

（1）对于公司生产的品质优良的产品可以参加国际或者国内有关机构或具有一定权威性的社会组织举办的评比，获得认证后才使用该标志。

（2）产品认证已过有效期或者被撤销认证时，应及时停止使用认证标志，继续使用也属于擅自使用和伪造、冒用行为。

法条链接

《反不正当竞争法》（2019 年修正）第六条 经营者不得实施下列混淆行为，引人误认为是他人商品或者与他人存在特定联系：

（一）擅自使用与他人有一定影响的商品名称、包装、装潢等相同或者近似的标识；

（二）擅自使用他人有一定影响的企业名称（包括简称、字号等）、社会组织名称（包括简称等）、姓名（包括笔名、艺名、译名等）；

（三）擅自使用他人有一定影响的域名主体部分、网站名称、网页等；

（四）其他足以引人误认为是他人商品或者与他人存在特定联系的混淆行为。

第十八条第一款 经营者违反本法第六条规定实施混淆行为的，由监督检查部门责令停止违法行为，没收违法商品。违法经营额五万元以上的，可以并处违法经营额五倍以下的罚款；没有违法经营额或者违法经营额不足五万元的，可以并处二十五万元以下的罚款。情节严重的，吊销营业执照。

《消费者权益保护法》（2013 年修正）第五十六条 经营者有下列情形之一，除承担相应的民事责任外，其他有关法律、法规对处罚机关和处罚方式有规定的，依照法律、法规的规定执行；法律、法规未作规定的，由工商行政管理部门或者其他有关行政部门责令改正，可以根据情节单处或者并处警告、没收违法所得、处以违法所得一倍以上十倍以下的罚款，没有违法所得的，处以五十万元以下的罚款；情节严重的，责令停业整顿、吊销营业执照：

（一）提供的商品或者服务不符合保障人身、财产安全要求的；

（二）在商品中掺杂、掺假，以假充真，以次充好，或者以不合格商品冒充合格商品的；

（三）生产国家明令淘汰的商品或者销售失效、变质的商品的；

（四）伪造商品的产地，伪造或者冒用他人的厂名、厂址，篡改生产日期，伪造或者冒用认证标志等质量标志的；

（五）销售的商品应当检验、检疫而未检验、检疫或者伪造检验、检疫结果的；

（六）对商品或者服务作虚假或者引人误解的宣传的；

（七）拒绝或者拖延有关行政部门责令对缺陷商品或者服务采取停止销售、警示、召回、无害化处理、销毁、停止生产或者服务等措施的；

（八）对消费者提出的修理、重作、更换、退货、补足商品数量、退还货款和服务费用或者赔偿损失的要求，故意拖延或者无理拒绝的；

（九）侵害消费者人格尊严、侵犯消费者人身自由或者侵害消费者个人信息依法得到保护的权利的；

（十）法律、法规规定的对损害消费者权益应当予以处罚的其他情形。

经营者有前款规定情形的，除依照法律、法规规定予以处罚外，处罚机关应当记入信用档案，向社会公布。

《产品质量法》（2018 年修正）第五条　禁止伪造或者冒用认证标志等质量标志；禁止伪造产品的产地，伪造或者冒用他人的厂名、厂址；禁止在生产、销售的产品中掺杂、掺假，以假充真，以次充好。

第五十三条　伪造产品产地的，伪造或者冒用他人厂名、厂址的，伪造或者冒用认证标志等质量标志的，责令改正，没收违法生产、销售的产品，并处违法生产、销售产品货值金额等值以下的罚款；有违法所得的，并处没收违法所得；情节严重的，吊销营业执照。

184. 伪造商品产地，要承担什么责任？

情景案例

甲公司是一家皮包生产企业，位于广州市白云区。为提高产品销量，甲公司自行在产品包装上标注“产自法国”字样。2018 年 9 月，邓某在某商场花 2999 元购买了一只甲公司生产的高档皮包。邓某本以为该名牌皮包可以使用几年，但回家使用不到一个月就严重脱色。2018 年 10 月，邓某以该皮包并非产自法国为由向甲公司提出退款要求，但遭到甲公司的拒绝。无奈之下，邓某将甲公司诉至法院。

请问：甲公司伪造商品产地，要承担什么责任？

案例分析

本案涉及生产者伪造商品产地要承担什么法律责任的问题。

我国《广告法》第二十八条规定，广告中商品的产地与实际情况不符，对购买行为有实质性影响的，为虚假广告。《产品质量法》第三十条规定，生产者不得伪造产地。《消费者权益保护法》第八条规定，消费者享有知悉其购买、使用的商品或者接受的服务的真实情况的权利，有权要求经营者提供商品的价格、产地、生产者、生产日期、等有关情况。第五十五条规定，经营者提供商品有欺诈行为的，应当按照消费者的要求增加赔偿其受到的损失，增加赔偿的金额为消费者购买商品的价款或者接受服务的费用的三倍。第五十六条第一款第二项规定，在商品中掺杂、掺假，以假充真，以次充好，或者以不合格商品冒充合格商品的，由工商行政管理部门或者其他有关行政部门责令改正，可以根据情节单处或者并处警告、没收违法所得、处以违法所得一倍以上十倍以下的罚款，没有违法所得的，处以五十万元以下的罚款；情节严重的，责令停业整顿、吊销营业执照。

本案中，甲公司将在广州市白云区生产的皮包包装上标注“产自法国”是欺诈行为，邓某作为消费者购买了该皮包，可以向甲公司主张损害赔偿。甲公司除了要承担向邓某赔偿商品价款三倍的民事责任之外，还将受到监管部门根据《消费者权益保护法》第五十六条第一款第二项规定做出的行政处罚，包括责令改正，根据情节单处或者并处警告、没收违法所得、处以一定数额的罚款，甚至责令停业整顿、吊销营业执照。

风险防范与建议

企业如何正确标注产品的产地呢？建议如下：

（1）我国《食品标识管理规定》第七条规定，食品标识应当标注食品的产地。除特定情形外，法律并未规定其他类别产品的产地必须标注。尽管如此，标注产地时，也应当真实、合法，不得伪造。

（2）在国内生产且在国内销售的产品，应当以产品最终的制作地、加工地或者组装地作为产地。如果产品制作完成后，又在异地进行分装、包装、检验等辅助性加工的，产品产地不变，仍按该产品的主要制作地、加工地、组装地作为产品产地，或分别加以标注。

（3）对于进出口产品的产地认定，我国有专门的法规规定，按照《进出口货物原产地条例》执行。

法条链接

《广告法》（2018 年修正）第二十八条 广告以虚假或者引人误解的内容欺骗、误导消费者的，构成虚假广告。

广告有下列情形之一的，为虚假广告：

（一）商品或者服务不存在的；

（二）商品的性能、功能、产地、用途、质量、规格、成分、价格、生产者、有效期限、销售状况、曾获荣誉等信息，或者服务的内容、提供者、形式、质量、价格、销售状况、曾获荣誉等信息，以及与商品或者服务有关的允诺等信息与实际情况不符，对购买行为有实质性影响的；

（三）使用虚构、伪造或者无法验证的科研成果、统计资料、调查结果、文摘、引用语等信息作证明材料的；

（四）虚构使用商品或者接受服务的效果的；

（五）以虚假或者引人误解的内容欺骗、误导消费者的其他情形。

《产品质量法》（2018 年修正）第五条 禁止伪造或者冒用认证标志等质量标志；禁止伪造产品的产地，伪造或者冒用他人的厂名、厂址；禁止在生产、销售的产品中掺杂、掺假，以假充真，以次充好。

第三十条　生产者不得伪造产地，不得伪造或者冒用他人的厂名、厂址。

《消费者权益保护法》（2013 年修正）第八条　消费者享有知悉其购买、使用的商品或者接受的服务的真实情况的权利。

消费者有权根据商品或者服务的不同情况，要求经营者提供商品的价格、产地、生产者、用途、性能、规格、等级、主要成份、生产日期、有效期限、检验合格证明、使用方法说明书、售后服务，或者服务的内容、规格、费用等有关情况。

第五十五条第一款　经营者提供商品或者服务有欺诈行为的，应当按照消费者的要求增加赔偿其受到的损失，增加赔偿的金额为消费者购买商品的价款或者接受服务的费用的三倍；增加赔偿的金额不足五百元的，为五百元。法律另有规定的，依照其规定。

185. “打造第一品牌”是违法广告语吗?

情景案例

甲公司是一家餐饮连锁企业，由杜某与戴某共同创办。截至 2018 年 8 月，甲公司在全国拥有 50 家连锁店。2018 年 11 月，甲公司在做一个品牌招商网站时，杜某与戴某两人因一句广告语而产生分歧。为提高企业品牌形象，杜某建议在网站首页顶部打上“打造全国中餐第一品牌”的广告语，但遭到戴某反对。戴某认为，我国最新颁布的《广告法》不允许以“第一、最好”的字眼为广告语，否则至少要罚款 20 万元。杜某认为，“第一、最好”的字眼是不能作为广告语，但我们在前面加上“打造”两字就合法了。

请问：杜某的说法符合法律规定吗?

案例分析

本案涉及广告使用了绝对化用语是否违反《广告法》的问题。

我国《广告法》第九条规定，广告不得使用“国家级”“最高级”“最佳”等用语。《广告法》第五十七条规定，发布有本法第九条规定的禁止情形的，广告工商行政管理部门责令停止发布广告，对广告主处二十万元以上一百万元以下的罚款，情节严重的，并可以吊销营业执照，由广告审查机关撤销广告审查批准文件、一年内不受理其广告审查申请。

本案中，广告语“打造全国中餐第一品牌”中，“第一”是绝对化用语，但是否要受到二十万元以上罚款还需存在损害竞争者利益、给消费者造成误导的可能性。因为禁止使用的绝对化用语指向的是商品和服务，而“打造全国中餐第一品牌”这样的广告语表达的是企业的愿景，不违反广告法。因此，杜某的说法符合法律规定。

风险防范与建议

企业如何规避违反《广告法》绝对化用语条款的风险呢？建议如下：

（1）绝对化用语虽不是绝对的禁止，但需要说明的是，企业使用绝对化用语，应当有真实、准确的数据、统计资料、调查结果等佐证。一般而言，有明确数据佐证的用语不在禁止之列。

（2）广告语中使用的绝对化用语即使有数据引证，还要注意是否会造成同业贬损，如果使用绝对化用语的目的是抬高自身、贬低他人，仍有可能被认定为违反《广告法》。

（3）建立企业内部对广告创意的审核规则，尽量不使用绝对化用语，以避免不必要的麻烦。

法条链接

《广告法》（2018 年修正）第九条 广告不得有下列情形：

（一）使用或者变相使用中华人民共和国的国旗、国歌、国徽，军旗、军歌、军徽；

（二）使用或者变相使用国家机关、国家机关工作人员的名义或者形象；

（三）使用“国家级”、“最高级”、“最佳”等用语；

（四）损害国家的尊严或者利益，泄露国家秘密；

（五）妨碍社会安定，损害社会公共利益；

（六）危害人身、财产安全，泄露个人隐私；

（七）妨碍社会公共秩序或者违背社会良好风尚；

（八）含有淫秽、色情、赌博、迷信、恐怖、暴力的内容；

（九）含有民族、种族、宗教、性别歧视的内容；

（十）妨碍环境、自然资源或者文化遗产保护；

（十一）法律、行政法规规定禁止的其他情形。

第五十七条 有下列行为之一的，由市场监督管理部门责令停止发布广告，对广告主处二十万元以上一百万元以下的罚款，情节严重的，并可以吊销营业执照，由广告审查机关撤销广告审查批准文件、一年内不受理其广告审查申请；对广告经营者、广告发布者，由市场监督管理部门没收广告费用，处二十万元以上一百万元以下的罚款，情节严重的，并可以吊销营业执照、吊销广告发布登记证件：

（一）发布有本法第九条、第十条规定的禁止情形的广告的；

（二）违反本法第十五条规定发布处方药广告、药品类易制毒化学品广告、戒毒治疗的医疗器械和治疗方法广告的；

（三）违反本法第二十条规定，发布声称全部或者部分替代母乳的婴儿乳制品、饮料和其他食品广告的；

（四）违反本法第二十二条规定发布烟草广告的；

（五）违反本法第三十七条规定，利用广告推销禁止生产、销售的产品或者提供的服务，或者禁止发布广告的商品或者服务的；

（六）违反本法第四十条第一款规定，在针对未成年人的大众传播媒介上发布医疗、药品、保健食品、医疗器械、化妆品、酒类、美容广告，以及不利于未成年人身心健康的网络游戏广告的。

186. 经销商擅自将原装产品分装后使用原注册商标对外销售，合法吗？

情景案例

A公司是一家贸易公司，主要从事食品粮油批发的业务。2018年11月，A公司从泰国进口了一批优质大米，由于原装产品都是50KG/袋的大包装商品，不好出售，因此A公司自行重制包装，将原装产品分装成5KG/袋的小包装出售。对于分装后的产品，A公司也使用原注册商标销售。2018年12月，戴某从A公司购买了5袋大米，回家后戴某发现所购大米并非原装产品，于是要求A公司退货。A公司以该大米系原装产品为由拒绝退货。双方协商无果后，戴某到消费者协会投诉A公司。

请问：A公司擅自将原装产品分装出售的行为，合法吗？

案例分析

本案涉及经销商分装产品后使用原注册商标对外销售是否构成商标侵权的问题。

我国《商标法》第五十二条第二款规定，未经商标注册人的许可，在同一种商品上使用与其注册商标近似的商标，或者在类似商品上使用与其注册商标相同或者近似的商标，容易导致混淆的，属侵犯注册商标专用权。

本案中，A公司将进口的50KG/袋的大包装商品分装成5KG/袋的小包装的行为是对原包装生产加工的行为，而A公司对于分装后的产品仍然使用原注册商标销售，已经构成侵犯他人注册商标专用权。因此A公司擅自将原装产品分装出售的行为不合法。

风险防范与建议

企业一旦遭遇商标被冒用可以采取什么有效措施呢？建议如下：

（1）第一步，确认己方商标是否仍在保护期内。

（2）第二步，固定证据，比如先去公证处做保全公证，将对方侵权的事实证据固定下来。

（3）第三步，搜集其他证据，比如对方的销量、服务合同、营业资质等。

（4）第四步，通过法律途径维权，比如发出律师函警告对方，要求停止侵权行为。如果侵权行为严重，比如销量巨大，或者因产品质量问题已对商标权人造成实质经济、名誉损失的，建议直接起诉。

法条链接

《商标法》（2019年修正）第五十二条 将未注册商标冒充注册商标使用的，或者使用未注册商标违反本法第十条规定的，由地方工商行政管理部门予以制止，限期改正，并可以予以通报，违法经营额五万元以上的，可以处违法经营额百分之二十以下的罚款，没有违法经营额或者违法经营额不足五万元的，可以处一万元以下的罚款。

第五十七条 有下列行为之一的，均属侵犯注册商标专用权：

（一）未经商标注册人的许可，在同一种商品上使用与其注册商标相同的商标的；

（二）未经商标注册人的许可，在同一种商品上使用与其注册商标近似的商标，或者在类似商品上使用与其注册商标相同或者近似的商标，容易导致混淆的；

（三）销售侵犯注册商标专用权的商品的；

（四）伪造、擅自制造他人注册商标标识或者销售伪造、擅自制造的注册商标标识的；

（五）未经商标注册人同意，更换其注册商标并将该更换商标的商品又投入市场的；

（六）故意为侵犯他人商标专用权行为提供便利条件，帮助他人实施侵犯商标专用权行为的；

（七）给他人的注册商标专用权造成其他损害的。

第六十条 有本法第五十七条所列侵犯注册商标专用权行为之一，引起纠纷的，由当事人协商解决；不愿协商或者协商不成的，商标注册人或者利害关系人可以向人民法院起诉，也可以请求工商行政管理部门处理。

工商行政管理部门处理时，认定侵权行为成立的，责令立即停止侵权行为，没收、销毁侵权商品和主要用于制造侵权商品、伪造注册商标标识的工具，违法经营额五万元以上的，可以处违法经营额五倍以下的罚款，没有违法经营额或者违法经营额不足五万元的，可以处二十五万元以下的罚款。对五年内实施两次以上商标侵权行为或者有其他严重情节的，应当从重处罚。销售不知道是侵犯注册商标专用权的商品，能证明该商品是自己合法取得并说明提供者的，由工商行政管理部门责令停止销售。

对侵犯商标专用权的赔偿数额的争议，当事人可以请求进行处理的工商行政管理部门调解，也可以依照《中华人民共和国民事诉讼法》向人民法院起诉。经工商行政管理部门调解，当事人未达成协议或者调解书生效后不履行的，当事人可以依照《中华人民共和国民事诉讼法》向人民法院起诉。

187. 在自行销售的产品外包装上擅自使用他人的食品生产许可证号及商品条码，是否违法?

情景案例

A 公司是一家连锁酒家，成立于 2008 年。A 公司在经营餐饮业务的同时，也顺带销售一些农副产品。2018 年 11 月，为提高农副产品的销量，A 公司擅自在自己销售的农副产品包装上标示 B 公司的公司名称、食品生产许可证号及商品条码。由于 B 公司所在地是我国无公害农产品的生产基地，A 公司更换产品包装后，产品销量大大增加。

2018 年 12 月，B 公司发现 A 公司冒用自己的食品生产许可证号及商品条码，遂将 A 公司诉至法院，要求其立即停止侵权并赔偿损失 50 万元。

请问：A 公司的行为合法吗?

案例分析

本案涉及产品外包装上擅自使用他人名称、食品生产许可证号及商品条码是否违法的问题。

我国《反不正当竞争法》第六条规定，经营者不得擅自使用他人有一定影响的企业名称，引人误认为是他人商品或者与他人存在特定联系。《商品条码管理办法》第二十一条规定，任何单位和个人未经核准注册不得使用厂商识别代码和相应的条码。第三十五条规定，未经核准注册使用厂商识别代码和相应商品条码的，在商品包装上使用其他条码冒充商品条码或伪造商品条码的，或者使用已经注销的厂商识别代码和相应商品条码的，责令其改正，处以 30000 元以下罚款。《产品质量法》第五十三条规定，伪造或者冒用认证标志等质量标志的，责令改正，没收违法生产、销售的产品，并处违法生产、销售产品货值金额等值以下的罚款；有违法所得的，并处没收违法所得；情节严重的，吊销营业执照。

本案中，B 公司所在地是我国无公害农产品的生产基地，B 公司具有一定影响，A 公司擅自在自己销售的农副产品包装上标示 B 公司的公司名称，属于《反不正当竞争法》第六条规定不得实施的混淆行为。A 公司擅自在自己销售的农副产品包装上标示B公司的食品生产许可证号，是冒用质量标志的行为，违反《产品质量法》第五十三条规定。A公司擅自在自己销售的农副产品包装上标示B公司的商品条码违反《商品条码管理办法》第三十五条规定。因此，A公司的行为不合法，并且将面临监督检查部门责令停止违法行为，没收违法商品，并视情节处以一定数额罚款、没收违法所得，甚至吊销营业执照的行政处罚。

风险防范与建议

企业应当通过提高商品和服务质量来参与市场竞争，“走捷径”“傍名牌”必然不能长久，不但损害了竞争者的利益，也误导消费者，损害了消费者自主选择商品的权利，将会面临行政处罚和民事赔偿的双重法律后果。另外，企业如果发现自己的资质、包装、装潢等被他人冒用，除可以通过民事途径维权外，还可以向有关执法部门投诉举报。

法条链接

《反不正当竞争法》（2019年修正）第六条 经营者不得实施下列混淆行为，引人误认为是他人商品或者与他人存在特定联系：

（一）擅自使用与他人有一定影响的商品名称、包装、装潢等相同或者近似的标识；

（二）擅自使用他人有一定影响的企业名称（包括简称、字号等）、社会组织名称（包括简称等）、姓名（包括笔名、艺名、译名等）；

（三）擅自使用他人有一定影响的域名主体部分、网站名称、网页等；

（四）其他足以引人误认为是他人商品或者与他人存在特定联系的混淆行为。

第十八条第一款 经营者违反本法第六条规定实施混淆行为的，由监督检查部门责令停止违法行为，没收违法商品。违法经营额五万元以上的，可以并处违法经营额五倍以下的罚款；没有违法经营额或者违法经营额不足五万元的，可以并处二十五万元以下的罚款。情节严重的，吊销营业执照。

《商品条码管理办法》第十九条 系统成员对其厂商识别代码、商品代码和相应的商品条码享有专用权。

第三十五条 未经核准注册使用厂商识别代码和相应商品条码的，在商品包装上使用其他条码冒充商品条码或伪造商品条码的，或者使用已经注销的厂商识别代码和相应商品条码的，责令其改正，处以30000元以下罚款。

《产品质量法》（2018年修正）第五十三条 伪造产品产地的，伪造或者冒用他人厂名、厂址的，伪造或者冒用认证标志等质量标志的，责令改正，没收违法生产、销售的产品，并处违法生产、销售产品货值金额等值以下的罚款；有违法所得的，并处没收违法所得；情节严重的，吊销营业执照。

四、恶意竞争

188. 以贬损竞争对手的方式进行宣传活动，是否违法?

情景案例

甲公司是一家专卖空调的贸易公司。2013 年 1 月 1 日，在元旦促销活动中，甲公司在产品展示区张贴宣传海报，内容涉及竞争对手乙公司销售的空调的产品质量、耗电量、性价比等均不如甲公司，有明显贬损乙公司的意图。乙公司收集相关证据后，认为甲公司的行为构成不正当竞争，遂将甲公司诉至法院，要求其消除影响公开赔礼道歉并赔偿损失 5 万元。

请问：乙公司的请求能得到法院支持吗?

案例分析

本案涉及以贬损竞争对手方式进行宣传活动是否构成不正当竞争的问题。

我国《广告法》第十三条规定，广告不得贬低其他生产经营者的商品或者服务。《反不正当竞争法》第十一条规定，经营者不得编造、传播虚假信息，损害竞争对手的商业信誉、商品声誉。第二十三条规定，经营者违反本法第十一条规定损害竞争对手商业信誉、商品声誉的，由监督检查部门责令停止违法行为、消除影响，处十万元以上五十万元以下的罚款；情节严重的，处五十万元以上三百万元以下的罚款。

本案中，甲公司在宣传海报中恶意贬损其竞争对手乙公司的同类空调产品的性能，损害乙公司的商品声誉，构成不正当竞争。乙公司可以向人民法院起诉甲公司，要求其消除影响，恢复名誉并且赔偿损失。因此，乙公司的请求能得到法院支持。

风险防范与建议

企业应如何应对商业诋毁呢？建议如下：

（1）全方面搜集和固定侵权方造谣及我方遭受损失的证据后，以翔实的数据事实，有理有据地发表公开信予以澄清。另外，通过发律师函的方式向侵权方晓以利害，予以警示。

（2）在经过沟通与协商侵权方仍不停止侵权和道歉的情况下，果断采取法律手段维护自身权益。一方面可以通过提起民事诉讼来维护自身权益，另一方面可以向工商管理部门检举诽谤者的不正当竞争行为，此外，还可以侵权方涉嫌损害商业信誉罪向公安机关报案，对造谣者施加压力。

（3）在事件解决后，及时地自我反思或向公众通报，挽回公众对企业的信任。

法条链接

《反不正当竞争法》（2019 年修正）第十一条 经营者不得编造、传播虚假信息或者误导性信息，损害竞争对手的商业信誉、商品声誉。

第二十三条 经营者违反本法第十一条规定损害竞争对手商业信誉、商品声誉的，由监督检查部门责令停止违法行为、消除影响，处十万元以上五十万元以下的罚款；情节严重的，处五十万元以上三百万元以下的罚款。

《刑法》（2017 年修正）第二百二十一条 捏造并散布虚伪事实，损害他人的商业信誉、商品声誉，给他人造成重大损失或者有其他严重情节的，处二年以下有期徒刑或者拘役，并处或者单处罚金。

《广告法》（2018 年修正）第十三条 广告不得贬低其他生产经营者的商品或者服务。

189. 通过捏造、散布虚假事实诋毁竞争对手，构成不正当竞争吗？

情景案例

甲公司是一家网络科技企业，主要业务是为企业提供网站建设服务。乙公司是甲公司的主要竞争对手，两公司的业务来源主要来自网络广告。自 2018 年 1 月起，乙公司为获取更多订单，于是匿名在网上发布了很多贴子，主要内容涉及甲公司欺骗客户、收费贵、服务差等，当客户在网上搜索甲公司的公司名称时，这些帖子就会出现在客户面前。由于网上存在这些不实信息，甲公司的业务下降了 60%。

请问：甲公司应该如何维权？

案例分析

本案涉及捏造、散布虚假事实诋毁竞争对手，是否构成不正当竞争的问题。

我国《反不正当竞争法》第十一条规定，经营者不得编造、传播虚假信息，损害竞争对手的商业信誉、商品声誉。第二十三条规定，经营者违反本法第十一条规定损害竞争对手商业信誉、商品声誉的，由监督检查部门责令停止违法行为、消除影响，处十万元以上五十万元以下的罚款；情节严重的，处五十万元以上三百万元以下的罚款。

本案中，乙公司为获取订单，故意捏造、散布虚假事实恶意诋毁甲公司，给甲公司造成了较大的经济损失，其行为已构成不正当竞争。甲公司为维护自己的声誉和商誉，可以积极收集并保全证据，要求乙公司立即停止侵权并赔偿经济损失。如果乙公司不同意赔偿经济损失，甲公司可以向工商行政管理部门检举乙公司的违法行为；同时，甲公司可以向法院提起民事索赔诉讼。

风险防范与建议

与普通主体诋毁企业商誉的行为相比较，由竞争对手实施的诋毁商誉行为，具有更强的针对性和更大的破坏性，不正当竞争行为人可以利用企业的财力和在商界的影响，动用各种宣传手段，对侵害对象造成更广泛、更深的损害。企业遭受到此种侵权时，建议第一时间做好证据收集。关于如何收集证据？建议如下：

（1）对虚假信息进行网络截图并且公证。

（2）收集与虚假信息相应的反驳证据。

（3）向所在地公安机关投诉反映，由公安机关向网站管理机构提请调查，由公安机关核实匿名者的网络注册信息。

（4）取得以上证据后可向人民法院提起诉讼，要求侵权者承担法律责任。由于证据专业性较强，如果案件标的较大，建议在专业律师的指导下进行证据收集。

法条链接

《反不正当竞争法》（2019 年修正）第十一条　经营者不得编造、传播虚假信息或者误导性信息，损害竞争对手的商业信誉、商品声誉。

第二十三条　经营者违反本法第十一条规定损害竞争对手商业信誉、商品声誉的，由监督检查部门责令停止违法行为、消除影响，处十万元以上五十万元以下的罚款；情节严重的，处五十万元以上三百万元以下的罚款。

《刑法》（2017 年修正）第二百二十一条　捏造并散布虚伪事实，损害他人的商业信誉、商品声誉，给他人造成重大损失或者有其他严重情节的，处二年以下有期徒刑或者拘役，并处或者单处罚金。

190. 通过恶意投诉、诉讼的方式攻击竞争对手，合法吗？

情景案例

A 公司是一家电风扇生产企业，成立于 1997 年。由于 A 公司生产的“达×乐”牌电风扇质量好、性价比高，很受市场欢迎。B 公司生产的“乐×丰”牌电风扇质量也很好，但由于没有品牌知名度，因此产品销量一直欠佳。为打开销路，

B公司故意以A公司侵犯其专利权为由，将A公司起诉至法院，要求其赔偿损失1000万元。B公司收到法院的受理通知后，立即召开新闻发布会，宣布已向A公司提出1000万元的专利侵权赔偿诉讼。受诉讼事件影响，数十位客户提出与A公司解除合同。

请问：B公司的行为合法吗？

案例分析

本案涉及通过恶意提起专利诉讼攻击竞争对手是否构成侵权的问题。

我国《民法通则》第一百零六条第二款规定，公民、法人由于过错侵害国家的、集体的财产，侵害他人财产、人身的应当承担民事责任。《专利法》第四十七条规定，因专利权人的恶意给他人造成的损失，应当给予赔偿。

所谓恶意诉讼，我国目前尚无明确的法律界定，但学界一般认为，是指故意以他人受到损害为目的，无事实根据和正当理由而提起民事诉讼，致使相对人在诉讼中遭受损失的行为。

本案中，B公司明知自己的诉讼请求缺乏事实和法律依据而提起诉讼，并且在法院受理后，立即召开新闻发布会宣布已向A公司提出1000万元的专利侵权赔偿，主观上是以损害他人为目的，具有明显的恶意。由于B公司恶意诉讼对A公司造成了客户与其解除合同的损害结果，二者之间存在因果关系。《最高人民法院关于对诉前停止侵犯专利权行为适用法律问题的若干规定》第十三条规定，申请人不起诉或者申请错误造成被申请人损失，被申请人可以向有管辖权的人民法院起诉请求申请人赔偿，也可以在专利权人或者利害关系人提起的专利权侵权诉讼中提出损害赔偿的请求，人民法院可以一并处理。在我国司法实践中，专利恶意诉讼的被控侵权人可以参照上述规定提起反诉或另案提起损害赔偿之诉。综上，B公司的行为不合法。

风险防范与建议

企业如遭遇到专利恶意诉讼，可以考虑从以下方面进行举证：

（1）可以举证专利本身是否属于恶意申请。一般情况下，如果专利本身属于恶意申请，那么其依据恶意申请的专利起诉同行业竞争对手就更容易被法院认定为恶意诉讼。比如，申请人在其技术方案不具备新颖性、创造性，并且没有改变用途的情况下，利用我国专利授权制度中对实用新型专利申请不进行实质审查的规定，将在社会上早已充分披露的技术方案申请为实用新型专利，其主观状态是缺乏诚实信用的，其申请并获得专利权的行为是恶意申请。但需要说明的是，在认定权利取得是否有恶意的时候，不能够以无效或者撤销的理由为依据。

（2）当事人的背景，包括其在该领域从事活动的时间及技术职务，在该领域的地位等，以及当事人的行为表现，如伪造证据，或者为伪造保密协议，以起诉打击竞争对手。

（3）考虑是否存在其他情形也可证明其恶意，如原告在某些场合曾经向他人表明其诉讼没有事实法律依据，或者将明知没有新颖性的技术申报专利，并诉称他人侵权。

法条链接

《民法通则》（2009年修正）第一百零六条 公民、法人违反合同或者不履行其他义务的，应当承担民事责任。

公民、法人由于过错侵害国家的、集体的财产，侵害他人财产、人身的，应当承担民事责任。

没有过错，但法律规定应当承担民事责任的，应当承担民事责任。

《专利法》（2008年修正）第四十七条 宣告无效的专利权视为自始即不存在。

宣告专利权无效的决定，对在宣告专利权无效前人民法院作出并已执行的专利侵权的判决、调解书，已经履行或者强制执行的专利侵权纠纷处理决定，以及已经履行的专利实施许可合同和专利权转让合同，不具有追溯力。但是因专利权人的恶意给他人造成的损失，应当给予赔偿。

依照前款规定不返还专利侵权赔偿金、专利使用费、专利权转让费，明显违反公平原则的，应当全部或者部分返还。

《最高人民法院关于对诉前停止侵犯专利权行为适用法律问题的若干规定》第十三条 申请人不起诉或者申请错误造成被申请人损失，被申请人可以向有管辖权的人民法院起诉请求申请人赔偿，也可以在专利权人或者利害关系人提起的专利权侵权诉讼中提出损害赔偿的请求，人民法院可以一并处理。

191. 企业“高薪挖人”是否构成不正当竞争？

情景案例

A公司是一家新能源企业，与B公司具有明确的市场竞争关系。夏某是A公司研发部总监，负责公司新产品研发。2015年3月，夏某以出国留学为由向A公司提出辞职，2015年5月，夏某正式离职。但是后来A公司发现夏某并没有出国留学，而是于2015年7月正式入职B公司，担任B公司副总经理。2015年9月，与夏某关系较好的研发部员工陆续以各种理由离开A公司，不久均被

B公司录用。夏某加入B公司后，不仅高薪挖走A公司的核心员工，还利用其掌握的技术秘密与管理经验为B公司提升了竞争力，给A公司造成了重大的经济损失。为此，A公司将B公司和夏某诉至法院，请求法院判令赔偿损失1000万元。

请问：B公司的行为构成不正当竞争吗？

案例分析

本案涉及企业“高薪挖人”侵犯他人商业秘密是否构成不正当竞争的问题。

我国《反不正当竞争法》第九条规定，经营者不得违反保密义务或者违反权利人有关保守商业秘密的要求，披露、使用或者允许他人使用其所掌握的商业秘密。第三人明知或者应知商业秘密权利人的员工、前员工或者其他单位、个人实施第一款所列违法行为，仍获取、披露、使用或者允许他人使用该商业秘密的，视为侵犯商业秘密。

商业秘密，是指不为公众所知悉、具有商业价值并经权利人采取相应保密措施的技术信息和经营信息。

本案中，跳槽至B公司的核心员工夏某违反A公司有关保守商业秘密的要求，利用A公司的技术秘密和管理经验为B公司提升竞争力，其行为构成侵犯A公司商业秘密。而B公司高薪挖走A公司研发部的核心员工，并且明知他们违反与A公司的保密约定或者要求，仍然获取、使用A公司的商业秘密，其行为已构成对A公司商业秘密的侵犯。因此，B公司的行为构成侵犯他人商业秘密及不正当竞争。

风险防范与建议

企业如何防范人才流动中商业秘密泄露的风险呢？建议如下：

（1）企业要加强对自身商业秘密保护的意识，采取多种手段加强对员工的保密教育。

（2）建立严格的保密规章制度，落到实处。例如，划定各工种员工的活动区域，档案由专人、专柜管理，重要的材料不能长时间滞留在外，废弃的材料文档要销毁等，以及尤其要注意电子文档的保密。

（3）与员工签订劳动合同时，可设保密条款。

（4）与掌握企业商业秘密的员工签订竞业禁止协议，约定在任职期间或离职后的一定期间内，不得到生产同类产品或者经营同类业务且有竞争关系的其他用人单位任职，也不得自己生产与原单位有竞争关系的同类产品或者经营同类业务。

法条链接

《反不正当竞争法》（2019年修正）第九条 经营者不得实施下列侵犯商业秘

密的行为：

（一）以盗窃、贿赂、欺诈、胁迫、电子侵入或者其他不正当手段获取权利人的商业秘密；

（二）披露、使用或者允许他人使用以前项手段获取的权利人的商业秘密；

（三）违反保密义务或者违反权利人有关保守商业秘密的要求，披露、使用或者允许他人使用其所掌握的商业秘密；

（四）教唆、引诱、帮助他人违反保密义务或者违反权利人有关保守商业秘密的要求，获取、披露、使用或者允许他人使用权利人的商业秘密。

经营者以外的其他自然人、法人和非法人组织实施前款所列违法行为的，视为侵犯商业秘密。

第三人明知或者应知商业秘密权利人的员工、前员工或者其他单位、个人实施本条第一款所列违法行为，仍获取、披露、使用或者允许他人使用该商业秘密的，视为侵犯商业秘密。

本法所称的商业秘密，是指不为公众所知悉、具有商业价值并经权利人采取相应保密措施的技术信息、经营信息等商业信息。

第二十一条　经营者以及其他自然人、法人和非法人组织违反本法第九条规定侵犯商业秘密的，由监督检查部门责令停止违法行为，没收违法所得，处十万元以上一百万元以下的罚款；情节严重的，处五十万元以上五百万元以下的罚款。

192. 互联网领域中什么类型的竞争行为才构成不正当竞争？

情景案例

A公司是一家中文搜索引擎网站，成立于2018年3月，A公司发现其网站搜索页面强行弹出与搜索结果无关的广告页面、插入链接进行跳转，经充分调查得知，是其竞争对手B公司利用技术手段实施的。A公司因此也受到很多用户的投诉，正在洽谈中的广告商也因此取消了与A公司的签约计划。为此，A公司将B公司起诉至法院，要求B公司停止侵害，赔偿损失。

请问：A公司的请求能否得到法院支持？

案例分析

本案涉及未经同意，在他人网络服务中插入链接、强制进行目标跳转是否构成不正当竞争的问题。

我国《反不正当竞争法》第十二条规定，经营者不得利用技术手段，通过影响用户选择或者其他方式，在未经其他经营者同意情形下，在其合法提供的网络产品或者服务中，插入链接、强制进行目标跳转。同时，《反不正当竞争法》第二十四条也规定了经营者违反本法第十二条规定妨碍、破坏其他经营者合法提供的网络产品或者服务正常运行的，由监督检查部门责令停止违法行为，处十万元以上五十万元以下的罚款；情节严重的，处五十万元以上三百万元以下的罚款。

本案中，B公司利用技术手段在A公司的搜索页面弹出广告、插入链接进行跳转的行为构成不正当竞争，B公司应向A公司承担民事责任。因此，A公司的请求可以得到法院支持。

风险防范与建议

企业遭遇网络不正当竞争该如何举证主张损害赔偿呢？建议如下：

（1）在实际损失可以确定的情况下，可向法院提交能佐证损失的有关数据或者材料，如因侵权行为导致用户数量的减少，经营成本，潜在客户的流失等。

（2）如果企业因网络不正当竞争行为所受到的实际损失难以确定，则可以按照侵权人所获得的利润确定。因此企业可以对被告因侵权行为所获得的利润进行初步举证，然后申请法院责令被告提供与不正当竞争行为相关的账簿、资料、后台数据等证据，以认定被告所获得的利润。

法条链接

《反不正当竞争法》（2019年修正）第十二条 经营者利用网络从事生产经营活动，应当遵守本法的各项规定。

经营者不得利用技术手段，通过影响用户选择或者其他方式，实施下列妨碍、破坏其他经营者合法提供的网络产品或者服务正常运行的行为：

（一）未经其他经营者同意，在其合法提供的网络产品或者服务中，插入链接、强制进行目标跳转；

（二）误导、欺骗、强迫用户修改、关闭、卸载其他经营者合法提供的网络产品或者服务；

（三）恶意对其他经营者合法提供的网络产品或者服务实施不兼容；

（四）其他妨碍、破坏其他经营者合法提供的网络产品或者服务正常运行的行为。

第二十四条 经营者违反本法第十二条规定妨碍、破坏其他经营者合法提供的网络产品或者服务正常运行的，由监督检查部门责令停止违法行为，处十万元以上五十万元以下的罚款；情节严重的，处五十万元以上三百万元以下的罚款。

第二十七条 经营者违反本法规定，应当承担民事责任、行政责任和刑事责任，其财产不足以支付的，优先用于承担民事责任。

五、商业秘密

193. 高级技术人员辞职创业，使用原公司的技术秘密与原公司竞争，合法吗?

情景案例

甲公司是一家软件生产企业，钟某于2003年进入甲公司工作，2006年后任技术主管、技术总监、副总经理等职务。2014年1月，甲公司成立保密委员会，钟某任组长。2015年8月，钟某与甲公司正式解除劳动合同。

2015年12月，钟某与妻子汪某共同成立乙公司。2016年3月，乙公司推出与甲公司几乎一样的软件产品，由于产品价格比甲公司便宜一半，导致甲公司失去很多老客户订单。甲公司认为，钟某使用原公司的技术秘密与甲公司竞争，其行为已侵犯甲公司商业秘密，构成不正当竞争。为此，甲公司向法院提起诉讼，要求判令乙公司及钟某停止侵犯其商业秘密的行为，并赔偿经济损失。

请问：甲公司的请求能得到法院支持吗?

案例分析

本案涉及高级管理人员利用原公司的技术秘密与原公司竞争是否构成不正当竞争的问题。

我国《反不正当竞争法》第九条规定，经营者不得违反保密义务或者违反权利人有关保守商业秘密的要求，披露、使用或者允许他人使用其所掌握的商业秘密。《劳动合同法》第九十条规定，劳动者违反劳动合同中约定的保密义务或者竞业限制，给用人单位造成损失的，应当承担赔偿责任。

本案中，钟某曾任甲公司保密委员会组长，对甲公司的商业秘密承担保密义务，其离职后成立乙公司，用原公司的技术秘密与甲公司竞争，构成不正当竞争。甲公司可以要求乙公司停止侵犯商业秘密的行为，并赔偿损失。此外，如果甲公司与钟某有竞业限制的约定并向其支付了竞业限制补偿金，钟某的行为同时也违反了该约定，根据《劳动合同法》第九十条规定，劳动者应对用人单位造成的损失承担赔偿责任。因此，甲公司的请求能得到法院支持。

风险防范与建议

高级技术人员掌握着公司的核心技术秘密，其辞职创业或到竞争对手处上班，尤其是如果还使用了企业的保密信息，都有可能给企业造成不可估量的损失。如何防范此风险呢？建议如下：

（1）与高级技术人员签订《保密协议》及《竞业限制协议》，并约定高额违约金。我国法律虽未强制规定竞业限制协议的签订时间，但从企业的角度来看，建议在高级技术人员入职时与《劳动合同》一起签署。

在竞业限制期限内，企业必须要按约定给予高级技术人员竞业限制补偿金。需要提醒的是，如果企业不按约定支付竞业限制补偿金，高级技术人员就没有竞业的义务了（但是仍然有保密的义务）。

（2）在用人单位的规章制度中，明确规定哪些信息属于本单位的保密信息，并采取相应的保密措施。

法条链接

《反不正当竞争法》（2019 年修正）第九条 经营者不得实施下列侵犯商业秘密的行为：

（一）以盗窃、贿赂、欺诈、胁迫、电子侵入或者其他不正当手段获取权利人的商业秘密；

（二）披露、使用或者允许他人使用以前项手段获取的权利人的商业秘密；

（三）违反保密义务或者违反权利人有关保守商业秘密的要求，披露、使用或者允许他人使用其所掌握的商业秘密；

（四）教唆、引诱、帮助他人违反保密义务或者违反权利人有关保守商业秘密的要求，获取、披露、使用或者允许他人使用权利人的商业秘密。

经营者以外的其他自然人、法人和非法人组织实施前款所列违法行为的，视为侵犯商业秘密。

第三人明知或者应知商业秘密权利人的员工、前员工或者其他单位、个人实施本条第一款所列违法行为，仍获取、披露、使用或者允许他人使用该商业秘密的，视为侵犯商业秘密。

本法所称的商业秘密，是指不为公众所知悉、具有商业价值并经权利人采取相应保密措施的技术信息、经营信息等商业信息。

第二十一条 经营者以及其他自然人、法人和非法人组织违反本法第九条规定侵犯商业秘密的，由监督检查部门责令停止违法行为，没收违法所得，处十万元以上一百万元以下的罚款；情节严重的，处五十万元以上五百万元以下的罚款。

《劳动合同法》（2012 年修正）第二十三条 用人单位与劳动者可以在劳动合同中约定保守用人单位的商业秘密和与知识产权相关的保密事项。

对负有保密义务的劳动者，用人单位可以在劳动合同或者保密协议中与劳动者约定竞业限制条款，并约定在解除或者终止劳动合同后，在竞业限制期限内按月给予劳动者经济补偿。劳动者违反竞业限制约定的，应当按照约定向用人单位支付违约金。

第九十条　劳动者违反本法规定解除劳动合同，或者违反劳动合同中约定的保密义务或者竞业限制，给用人单位造成损失的，应当承担赔偿责任。

194. 通过反向工程获得的技术，构成商业秘密侵权吗？

情景案例

A公司是一家机械设备生产企业。2016年1月，A公司投入1000万元，经过两年时间研制成功某机械设备产品。该产品于2018年1月推出市场后，供不应求，广受全国各地经销商喜爱。A公司将生产该机械设备的技术列为商业秘密，没有申请专利保护。2018年2月，B公司购买了一台A公司生产的机械设备产品进行反向工程研究，最终于2018年3月研制出几乎与A公司一样的产品。2018年4月，B公司将研发的新产品推出市场。同月，A公司发现B公司的侵权行为后，遂将B公司起诉至法院，请求法院判令B公司立即停止侵权行为并赔偿损失300万元。

请问：B公司的行为构成商业秘密侵权吗？

案例分析

本案涉及反向工程获得的技术是否构成商业秘密侵权的问题。

《最高人民法院关于审理不正当竞争民事案件应用法律若干问题的解释》第十二条规定，通过自行开发研制或者反向工程等方式获得的商业秘密，不认定为反不正当竞争法第十条第一项、第二项[①]规定的侵犯商业秘密行为。前款所称“反向工程”，是指通过技术手段对从公开渠道取得的产品进行拆卸、测绘、分析等而获得该产品的有关技术信息。当事人以不正当手段知悉了他人的商业秘密之后，又以反向工程为由主张获取行为合法的，不予支持。

本案中，A公司将机械设备的技术作为商业秘密来保护，B公司并未以不正当手段接触该秘密，而是通过正当的途径购买A公司机械设备产品研究，B公司的行为是对合法取得的产品进行研发和分析，从而得出其构造以及制造方法或工艺，制造出与A公司一样的产品，该行为属于反向工程，是合法且正当的竞争行为，并不构成对A公司商业秘密的侵权。

---

① 《反不正当竞争法》已经于2019年修正，此处的第十条已修改为第九条。

风险防范与建议

商业秘密和专利作为保护企业技术信息的手段，两者在取得方式、保护程度、保护范围等方面均存在不同。

企业在对某一项技术信息保护方式的选择上要根据对象的不同，选择适合的保护方式。因此，建议企业应评估保护技术被反向工程破解可能性的大小。若该项技术信息被破解、研发的可能性大，建议企业申请专利来保护，以公开换保护；反之，若该项技术信息被反向工程的可能性几乎不存在，具有长期保密价值的，建议企业作为商业秘密来保护。

法条链接

《反不正当竞争法》（2019 年修正）第九条 经营者不得实施下列侵犯商业秘密的行为：

（一）以盗窃、贿赂、欺诈、胁迫、电子侵入或者其他不正当手段获取权利人的商业秘密；

（二）披露、使用或者允许他人使用以前项手段获取的权利人的商业秘密；

（三）违反保密义务或者违反权利人有关保守商业秘密的要求，披露、使用或者允许他人使用其所掌握的商业秘密；

（四）教唆、引诱、帮助他人违反保密义务或者违反权利人有关保守商业秘密的要求，获取、披露、使用或者允许他人使用权利人的商业秘密。

经营者以外的其他自然人、法人和非法人组织实施前款所列违法行为的，视为侵犯商业秘密。

第三人明知或者应知商业秘密权利人的员工、前员工或者其他单位、个人实施本条第一款所列违法行为，仍获取、披露、使用或者允许他人使用该商业秘密的，视为侵犯商业秘密。

本法所称的商业秘密，是指不为公众所知悉、具有商业价值并经权利人采取相应保密措施的技术信息、经营信息等商业信息。

《最高人民法院关于审理不正当竞争民事案件应用法律若干问题的解释》第十二条 通过自行开发研制或者反向工程等方式获得的商业秘密，不认定为反不正当竞争法第十条第（一）、（二）项[①]规定的侵犯商业秘密行为。

前款所称“反向工程”，是指通过技术手段对从公开渠道取得的产品进行拆卸、测绘、分析等而获得该产品的有关技术信息。当事人以不正当手段知悉了他人的商业秘密之后，又以反向工程为由主张获取行为合法的，不予支持。

---

① 《反不正当竞争法》已经于 2019 年修正，此处的第十条已修改为第九条。

195. 企业没有支付保密费，员工有保密责任吗？

情景案例

甲公司是一家生物医药公司，田某是甲公司的研发人员。2018 年 2 月，甲公司与田某签订一份《劳动合同》，协议内容包括：田某不得将本工作中所知的公司商业秘密泄露给任何第三方，否则要向公司赔偿 10 万元违约金。

田某在签约后觉得吃亏了，于是要求与公司重新签订《劳动合同》。田某认为，权利与义务应该对等，既然公司要求我承担违约金，就应该向我支付保密费，否则自己不履行保密义务。

请问：甲公司没有支付保密费，田某在上班期间有保密责任吗？

案例分析

本案涉及用人单位未支付保密费用，劳动者是否有保密义务的问题。

我国《劳动合同法》第二十三条规定，用人单位与劳动者可以在劳动合同中约定保守用人单位的商业秘密和与知识产权相关的保密事项。对负有保密义务的劳动者，用人单位可以在劳动合同中与劳动者约定竞业限制条款，并约定在解除或者终止劳动合同后，在竞业限制期限内按月给予劳动者经济补偿。第二十五条规定，除本法第二十二条①和第二十三条②规定的情形外，用人单位不得与劳动者约定由劳动者承担违约金。

本案中，甲公司作为用人单位可以与劳动者田某约定其对甲公司的商业秘密予以保密，对于甲公司是否一定要支付田某保密费用，我国法律没有做出强制性规定。因此，田某不得以甲公司不支付保密费用为由拒绝履行保密义务。另外，劳动合同中约定“田某泄密承担 10 万元违约金”的条款是无效条款，该条款对田某没有法律约束力。实务中，如果田某泄露甲公司的商业秘密，应承担相应的损害赔偿责任，而无须按照违约金数额赔偿。

风险防范与建议

企业的高级管理人员、技术人才往往掌握着一个企业的核心，若是此类人员离职或者泄露企业的经营信息、商业秘密等，将会对企业造成很大的冲击。为了避免此类现象的发生，提前做好事前防范是很有必要的。为此，建议企业与高管级别的员工及掌握企业核心技术的员工除了签订保密条款之外，同时签订竞业限

---

① 指专项培训服务期。

② 指竞业限制期。

制协议，在一定的竞业限制期限内约束员工，降低风险，保持企业市场竞争力。

法条链接

《劳动合同法》（2012 年修正）第二十三条 用人单位与劳动者可以在劳动合同中约定保守用人单位的商业秘密和与知识产权相关的保密事项。

对负有保密义务的劳动者，用人单位可以在劳动合同或者保密协议中与劳动者约定竞业限制条款，并约定在解除或者终止劳动合同后，在竞业限制期限内按月给予劳动者经济补偿。劳动者违反竞业限制约定的，应当按照约定向用人单位支付违约金。

第二十五条 除本法第二十二条和第二十三条规定的情形外，用人单位不得与劳动者约定由劳动者承担违约金。

196. 公司要求员工竞业限制，需要支付竞业限制费用吗？

情景案例

2017 年 1 月，任某进入位于上海的 A 公司从事产品研发工作，每月工资 2 万元。双方签订的劳动合同约定：任某在离开公司后两年内不得自营或到与公司有竞争关系的同行业其他公司就职。双方在合同中对于竞业限制期内的经济补偿数额未进行任何约定。2018 年 2 月，A 公司与任某协商一致解除劳动合同，任某离开公司。

任某离职后，由于竞业限制的原因，一直找不到合适的工作。2018 年 3 月，任某听朋友说，如果公司未支付竞业限制费用，员工可以不履行竞业限制义务。2018 年 4 月，任某到 A 公司的竞争对手 B 公司处上班。A 公司得知任某到 B 公司上班后，以任某违反竞业限制为由向法院提起诉讼，要求任某承担相关法律责任。

请问：A 公司可以追究任某的法律责任吗？

案例分析

本案涉及竞争业限制是否需要支付经济补偿金的问题。

用人单位与劳动者已约定竞业限制条款，但未约定经济补偿数额，劳动者是否有履行竞业限制的义务？各地司法实践和学说观点均有不同看法。按照上海市相关司法案例，即便用人单位与劳动者没有约定经济补偿金，劳动者仍应按照约定履行竞业限制义务。劳动者若没有按照约定履行竞业限制义务，用人单位是否可以追究劳动者的违约责任这一问题，各地司法实践也不相同。按照上海市有关案例，劳动者若不想履行竞业限制义务，需告知用人单位并与用人单位解除竞业限制条款，否则用人单位可以追究劳动者的违约责任。

本案中，任某以A公司没有支付竞业限制费用为由，在没有与A公司解除竞业限制条款的前提下，就直接到竞争对手B公司上班，其行为已构成违约，A公司可以追究任某的违约责任。

需要说明的是，劳动者今后遇到此类问题，需要根据用人单位和劳动者所在地法规条例、司法实践作出相应判断，我国并没有统一的法规来规范这一现象。

风险防范与建议

企业通过与劳动者约定竞业限制条款来保障自己的权益，建议企业在与劳动者签订竞业限制协议的过程中约定好期限、数额、违约责任等内容，并及时支付劳动者经济补偿金，避免劳动者以企业未支付补偿金的理由解除竞业限制。若解除竞业限制或者劳动者违反限制约定，对企业来说损失可能更大。

法条链接

《劳动合同法》（2012年修正）第二十三条 用人单位与劳动者可以在劳动合同中约定保守用人单位的商业秘密和与知识产权相关的保密事项。

对负有保密义务的劳动者，用人单位可以在劳动合同或者保密协议中与劳动者约定竞业限制条款，并约定在解除或者终止劳动合同后，在竞业限制期限内按月给予劳动者经济补偿。劳动者违反竞业限制约定的，应当按照约定向用人单位支付违约金。

《最高人民法院关于审理劳动争议案件适用法律若干问题的解释（四）》第六条第一款 当事人在劳动合同或者保密协议中约定了竞业限制，但未约定解除或者终止劳动合同后给予劳动者经济补偿，劳动者履行了竞业限制义务，要求用人单位按照劳动者在劳动合同解除或者终止前十二个月平均工资的30%按月支付经济补偿的，人民法院应予支持。

197. 强制员工接受竞业限制协议中的某些条款，合法吗?

情景案例

甲公司是一家网络科技公司，位于浙江杭州。姜某于2010年7月入职甲公司，历任程序员、技术经理、技术总监等职务。2015年8月，甲公司要求与姜某签订竞业限制协议。协议约定：竞业限制期为2年，在全国范围内进行竞业限制，如果出现违约行为，要承担违约责任。姜某一直想去上海发展，对这个条款无法接受，于是拒绝与公司签订这份不合理的协议。

请问：姜某可以拒绝与甲公司签约吗?

案例分析

本案涉及的是企业能否强制员工在竞业限制协议中将限制地域范围约定为全国的问题。

我国《劳动合同法》第二十四条规定，竞业限制的人员限于用人单位的高级管理人员、高级技术人员和其他负有保密义务的人员。竞业限制的范围、地域、期限由用人单位与劳动者约定，竞业限制的约定不得违反法律、法规的规定。在解除或者终止劳动合同后，前款规定的人员到与本单位生产或者经营同类产品、从事同类业务的有竞争关系的其他用人单位，或者自己开业生产或者经营同类产品、从事同类业务的竞业限制期限，不得超过二年。

本案中，姜某为甲公司的技术总监，符合《劳动合同法》第二十四条规定的竞业限制人员范围，甲公司可以与其协商签订竞业限制协议，并可在协议中就竞业限制的范围、地域、期限约定一致。甲公司在未与姜某达成一致的情况下，擅自将竞业限制的范围约定为全国，明显违反公平自愿原则，所以，在此情况下，姜某有权拒绝与甲公司签订此份协议。

风险防范与建议

企业如何更合理地与员工签订竞业限制协议呢？建议如下：

（1）用人单位与员工在法律规定的范围内合法、合理地签订竞业限制协议。

（2）对于协议期限、范围、违约金数额、支付方式等一定要约定明确，且得到员工的认可。

（3）实践中，在员工入职时签订竞业限制往往更容易得到员工的认可，在职一段时间后，员工已经掌握或了解了用人单位的技术、商业秘密，再要求员工签署竞业限制往往难度较大，尤其在员工离职时更是如此。

法条链接

《劳动合同法》（2012年修正）第二十四条 竞业限制的人员限于用人单位的高级管理人员、高级技术人员和其他负有保密义务的人员。竞业限制的范围、地域、期限由用人单位与劳动者约定，竞业限制的约定不得违反法律、法规的规定。

在解除或者终止劳动合同后，前款规定的人员到与本单位生产或者经营同类产品、从事同类业务的有竞争关系的其他用人单位，或者自己开业生产或者经营同类产品、从事同类业务的竞业限制期限，不得超过二年。

198. 股东私自开一家同类经营的公司，合法吗?

情景案例

A公司是甲、乙、丙三人共同创办的有限责任公司，主要从事红木家具的生产。甲占公司51%的股权，是公司大股东兼董事长，乙占公司9%的股权，未在公司担任实质性职务。2018年1月，乙与甲因个人私事发生矛盾，一气之下，乙于当月离开公司。2018年3月，乙与大学同学丁共同成立了B公司，与A公司经营同类业务。

2018年3月，A公司以乙违反股权竞业限制为由到法院提起民事诉讼，要求乙立即注销B公司并赔偿损失30万元。乙辩称，我没有与A公司签订任何竞业限制协议，因此不需要给A公司任何赔偿。

请问：乙私自开一家同类经营的公司，合法吗?

案例分析

本案涉及的是有限责任公司股东是否负有竞业禁止义务的问题。

我国《公司法》第一百四十八条规定，董事、高级管理人员不得有下列行为：未经股东会或者股东大会同意，利用职务便利为自己或者他人谋取属于公司的商业机会，自营或者为他人经营与所任职公司同类的业务。第一百四十九条规定，董事、监事、高级管理人员执行公司职务时违反法律、行政法规或者公司章程的规定，给公司造成损失的，应当承担赔偿责任。

本案中，乙在A公司仅占9%的股权，且未在A公司担任董事、高级管理人员的职务，按照上述法律规定，乙自然不具有竞业禁止义务，即便未经股东同意，私自成立与A公司经营同类业务的B公司，在法律层面上该行为并不违法。但若A公司的公司章程约定股东负有竞业禁止的义务，不得另外开设与公司存在竞争关系的主体，那么乙违反公司章程规定私自成立B公司的行为构成违约。

风险防范与建议

企业的董事、高级管理人员，甚至有些股东往往知悉企业的内部运作、商业流程等机密信息，法律规定的竞业禁止义务属于董事等高级管理人员对公司的忠实义务，忠实义务要求董事等高级管理人员与公司利益发生冲突时，应以公司利益为准。但为了进一步维护公司利益，建议企业在公司章程中约定股东的竞业禁止义务，防止其自营或与他人经营等违反企业忠实义务的其他行为，损害企业利益。

法条链接

《公司法》（2018 年修正）第一百四十八条 董事、高级管理人员不得有下列行为：

（一）挪用公司资金；

（二）将公司资金以其个人名义或者以其他个人名义开立账户存储；

（三）违反公司章程的规定，未经股东会、股东大会或者董事会同意，将公司资金借贷给他人或者以公司财产为他人提供担保；

（四）违反公司章程的规定或者未经股东会、股东大会同意，与本公司订立合同或者进行交易；

（五）未经股东会或者股东大会同意，利用职务便利为自己或者他人谋取属于公司的商业机会，自营或者为他人经营与所任职公司同类的业务；

（六）接受他人与公司交易的佣金归为己有；

（七）擅自披露公司秘密；

（八）违反对公司忠实义务的其他行为。

董事、高级管理人员违反前款规定所得的收入应当归公司所有。

第一百四十九条 董事、监事、高级管理人员执行公司职务时违反法律、行政法规或者公司章程的规定，给公司造成损失的，应当承担赔偿责任。

199. 客户名单是企业的商业秘密吗?

情景案例

姚某于 2018 年 1 月正式任职于 A 公司。由于姚某担任 A 公司的销售负责人，掌握公司的重要客户信息，因此，姚某入职时按 A 公司要求签订了一份保密协议。2018 年 3 月，姚某从 A 公司离职。2018 年 4 月，姚某入职 A 公司的竞争对手 B 公司，B 公司因知道姚某掌握 A 公司重要客户信息，遂安排姚某担任 B 公司副总经理一职。姚某入职 B 公司后，A 公司的几个重要大客户突然终止合作，给 A 公司造成数百万元的损失。

2018 年 5 月，A 公司将姚某和 B 公司起诉至法院，要求立即停止侵权并赔偿损失 300 万元。

请问：A 公司的重要客户名单是商业秘密吗?

案例分析

本案涉及的是公司客户名单是否属于商业秘密的问题。

我国《关于禁止侵犯商业秘密行为的若干规定》第二条规定，本规定所称商业秘密，是指不为公众所知悉、能为权利人带来经济利益、具有实用性并经权利人采取保密措施的技术信息和经营信息。本规定所称技术信息和经营信息，包括设计、程序、产品配方、制作工艺、制作方法、管理诀窍、客户名单、货源情报、产销策略、招投标中的标底及标书内容等信息。我国《反不正当竞争法》第九条规定，第三人明知或者应知商业秘密权利人的员工、前员工或者其他单位、个人实施前款所列违法行为，仍获取、披露、使用或者允许他人使用该商业秘密的，视为侵犯商业秘密。

本案中，客户名单属于A公司的经营信息范畴，姚某掌握A公司的重要客户信息名单，具有现实或潜在的商业价值，能为A公司带来竞争优势及经济利益，正常条件下是不能被公众知悉的，同时A公司在姚某入职时已和姚某签订了保密协议，采取一定的保密措施来保护客户名单信息，保障A公司利益。客户名单符合国家工商总局《关于禁止侵犯商业秘密行为的若干规定》中对商业秘密的定义，符合商业秘密秘密性、价值性、实用性、保密性的特征。所以，本案中A公司的客户名单属于商业秘密。姚某在明知自己有保密义务的情况下，违反与A公司的保密约定，使用所掌握的客户信息为B公司谋取商业利益；B公司明知姚某的违法行为，仍然获取并使用A公司的客户信息参与市场竞争，姚某和B公司的行为均违反了《反不正当竞争法》的规定，侵犯了A公司的商业秘密。A公司有权追究姚某和B公司的侵权责任，并要求损害赔偿。

风险防范与建议

企业在经营过程中，如何有效防止客户信息泄露呢？建议如下：

（1）企业在招聘时，与员工签订保密协议，并在保密协议中明确约定客户名单属于商业秘密。

（2）对客户名单采取分类、分级管理，对接触客户名单的员工，签订竞业限制协议，明确约定期限及高额的违约金赔偿等，约束员工泄密行为。

（3）在公司制度中进一步明确规定客户名单属于商业秘密。

（4）加强企业对商业秘密的保护意识，如组织积极开展保护商业秘密的专项培训，宣传保密的重要性。

法条链接

《反不正当竞争法》（2019年修正）第九条　经营者不得实施下列侵犯商业秘密的行为：

（一）以盗窃、贿赂、欺诈、胁迫、电子侵入或者其他不正当手段获取权利人的商业秘密；

（二）披露、使用或者允许他人使用以前项手段获取的权利人的商业秘密；

（三）违反保密义务或者违反权利人有关保守商业秘密的要求，披露、使用或者允许他人使用其所掌握的商业秘密；

（四）教唆、引诱、帮助他人违反保密义务或者违反权利人有关保守商业秘密的要求，获取、披露、使用或者允许他人使用权利人的商业秘密。

经营者以外的其他自然人、法人和非法人组织实施前款所列违法行为的，视为侵犯商业秘密。

第三人明知或者应知商业秘密权利人的员工、前员工或者其他单位、个人实施本条第一款所列违法行为，仍获取、披露、使用或者允许他人使用该商业秘密的，视为侵犯商业秘密。

本法所称的商业秘密，是指不为公众所知悉、具有商业价值并经权利人采取相应保密措施的技术信息、经营信息等商业信息。

《最高人民法院关于审理不正当竞争民事案件应用法律若干问题的解释》第十三条 商业秘密中的客户名单，一般是指客户的名称、地址、联系方式以及交易的习惯、意向、内容等构成的区别于相关公知信息的特殊客户信息，包括汇集众多客户的客户名册，以及保持长期稳定交易关系的特定客户。

客户基于对职工个人的信赖而与职工所在单位进行市场交易，该职工离职后，能够证明客户自愿选择与自己或者其新单位进行市场交易的，应当认定没有采用不正当手段，但职工与原单位另有约定的除外。

《劳动合同法》（2012年修正）第二十三条 用人单位与劳动者可以在劳动合同中约定保守用人单位的商业秘密和与知识产权相关的保密事项。对负有保密义务的劳动者，用人单位可以在劳动合同或者保密协议中与劳动者约定竞业限制条款，并约定在解除或者终止劳动合同后，在竞业限制期限内按月给予劳动者经济补偿。劳动者违反竞业限制约定的，应当按照约定向用人单位支付违约金。

《关于禁止侵犯商业秘密行为的若干规定》第二条 本规定所称商业秘密，是指不为公众所知悉、能为权利人带来经济利益、具有实用性并经权利人采取保密措施的技术信息和经营信息。

本规定所称不为公众所知悉，是指该信息是不能从公开渠道直接获取的。

本规定所称能为权利人带来经济利益、具有实用性，是指该信息具有确定的可应用性，能为权利人带来现实的或者潜在的经济利益或者竞争优势。

本规定所称权利人采取保密措施，包括订立保密协议，建立保密制度及采取其他合理的保密措施。

本规定所称技术信息和经营信息，包括设计、程序、产品配方、制作工艺、制作方法、管理诀窍、客户名单、货源情报、产销策略、招投标中的标底及标书内容等信息。

本规定所称权利人，是指依法对商业秘密享有所有权或者使用权的公民、法人或者其他组织。

200. 员工跳槽后，前公司客户主动联系其签单，合法吗？

情景案例

A公司是一家玩具贸易公司，位于广州市。廖某在A公司从事业务员工作，在职期间没有与公司签订任何保密协议。2018年1月，由于工资提成太低，廖某跳槽到B公司上班。B公司也是一家玩具贸易公司，经营的业务与A公司相似。

邹某是A公司的大客户，每年从A公司订货数百万元。邹某是廖某在A公司期间自行发展的客户，两人关系甚好，基于对廖某的信任，邹某一直与A公司进行合作。2018年3月，当邹某知道廖某跳槽到B公司后，主动通过电子邮件联系廖某，希望继续与廖某合作。

廖某收到电子邮件后，很快与邹某签订了《订货合同》，邹某因此也终止了与A公司的合作。A公司得知廖某挖走公司大客户后，十分生气，遂向法院提起诉讼，要求廖某与B公司立即停止侵权并赔偿损失。

请问：A公司的诉讼请求能否得到人民法院的支持？

案例分析

本案涉及的是原单位客户主动与已离职员工进行市场交易，该员工的行为是否构成不正当竞争的问题。

《最高人民法院关于审理不正当竞争民事案件应用法律若干问题的解释》第十三条规定，客户基于对职工个人的信赖而与职工所在单位进行市场交易，该职工离职后，能够证明客户自愿选择与自己或者其新单位进行市场交易的，应当认定没有采用不正当手段，但职工与原单位另有约定的除外。

本案中，邹某之所以选择与A公司合作交易，并成为A公司的大客户，是基于其与廖某的关系及相互之间的信任。现廖某离职进入B公司，邹某自愿主动通过邮件方式表明愿意继续与廖某进行合作。廖某并没有采取利诱、威逼等其他不正当竞争手段迫使邹某与自己和B公司合作。同时，邹某与A公司既没有签订过任何保密协议，又没有其他特别约定。根据上述相关规定，在与A公司无特别约定的条件下，廖某有证据证明邹某自愿选择与B公司进行市场交易，廖某及B公司不存在侵权行为，A公司的诉讼请求无法律依据，不能得到人民法院的支持。

风险防范与建议

企业如何防止销售人员跳槽而导致大客户流失呢？建议如下：

（1）企业在招用销售人员时，与员工签订保密协议。企业在招用销售人员时没有签订以上保密协议的，可以要求销售人员在离职时补签。

（2）企业建立重要信息、商业秘密登记、保管制度。对接触企业商业秘密的工作人员及其接触到的商业秘密进行严格的限制。

（3）企业进一步与业务合作单位签署保密协议，约定保密范围和期限及违约责任等。

法条链接

《最高人民法院关于审理不正当竞争民事案件应用法律若干问题的解释》第十三条 商业秘密中的客户名单，一般是指客户的名称、地址、联系方式以及交易的习惯、意向、内容等构成的区别于相关公知信息的特殊客户信息，包括汇集众多客户的客户名册，以及保持长期稳定交易关系的特定客户。

客户基于对职工个人的信赖而与职工所在单位进行市场交易，该职工离职后，能够证明客户自愿选择与自己或者其新单位进行市场交易的，应当认定没有采用不正当手段，但职工与原单位另有约定的除外。

201. 派人到其他企业获取商业情报，合法吗?

情景案例

熊某曾在A公司工作了10年，担任财务总监一职。2017年12月，熊某离职并投资创办了一家管理咨询公司。金某是一位程序员，与熊某关系甚好。2018年1月，熊某以每月2万元的工资说服金某到A公司当网管，让金某从A公司窃取重要商业情报与技术秘密。然后，熊某将这些情报转卖给A公司的竞争对手，从中赚取巨额利益。A公司在遭受损失后，于2018年4月发现了熊某与金某的违法行为，遂向法院提起诉讼，要求熊某与金某赔偿损失80万元。

请问：熊某的行为合法吗?

案例分析

本案涉及的是披露他人以违法手段获取权利人商业秘密的行为是否构成不正当竞争的问题。

我国《反不正当竞争法》第九条第一款第一项、第二项规定，经营者不得采用下列手段侵犯商业秘密：（一）以盗窃、贿赂、欺诈、胁迫或者其他不正当手段获取权利人的商业秘密；（二）披露、使用或者允许他人使用以前项手段获取的权利人的商业秘密。同时，还规定第三人明知或者应知商业秘密权利人的员工、前员工或者其他单位、个人实施前款所列违法行为，仍获取、披露、使用或者允许他人使用该商业秘密的，视为侵犯商业秘密。

本案中，熊某为谋取一己私利，要求程序员金某到A公司窃取商业情报与技术秘密，且在明知该情报和秘密系金某通过不正当手段窃取的情况下，仍然将该秘密披露并转卖给A公司的竞争对手，导致A公司遭受损失，熊某的行为依据上述法律规定已侵犯A公司的商业秘密，构成不正当竞争，系违法行为，甚至可能构成侵犯商业秘密罪。

风险防范与建议

企业如何更好地保护商业秘密不被侵犯呢？建议如下：

建议企业建立商业秘密使用、登记、保管制度。对接触企业商业秘密的工作人员及其接触到的商业秘密进行严格的限制，未经企业批准，禁止没有权限的员工接触商业秘密。

法条链接

《反不正当竞争法》（2019年修正）第九条 经营者不得实施下列侵犯商业秘密的行为：

（一）以盗窃、贿赂、欺诈、胁迫、电子侵入或者其他不正当手段获取权利人的商业秘密；

（二）披露、使用或者允许他人使用以前项手段获取的权利人的商业秘密；

（三）违反保密义务或者违反权利人有关保守商业秘密的要求，披露、使用或者允许他人使用其所掌握的商业秘密；

（四）教唆、引诱、帮助他人违反保密义务或者违反权利人有关保守商业秘密的要求，获取、披露、使用或者允许他人使用权利人的商业秘密。

经营者以外的其他自然人、法人和非法人组织实施前款所列违法行为的，视为侵犯商业秘密。

第三人明知或者应知商业秘密权利人的员工、前员工或者其他单位、个人实施本条第一款所列违法行为，仍获取、披露、使用或者允许他人使用该商业秘密的，视为侵犯商业秘密。

本法所称的商业秘密，是指不为公众所知悉、具有商业价值并经权利人采取相应保密措施的技术信息、经营信息等商业信息。

《刑法》（2017年修正）第二百一十九条 有下列侵犯商业秘密行为之一，给商业秘密的权利人造成重大损失的，处三年以下有期徒刑或者拘役，并处或者单处罚金；造成特别严重后果的，处三年以上七年以下有期徒刑，并处罚金：

（一）以盗窃、利诱、胁迫或者其他不正当手段获取权利人的商业秘密的；

（二）披露、使用或者允许他人使用以前项手段获取的权利人的商业秘密的；

（三）违反约定或者违反权利人有关保守商业秘密的要求，披露、使用或者允许他人使用其所掌握的商业秘密的。

明知或者应知前款所列行为，获取、使用或者披露他人的商业秘密的，以侵犯商业秘密论。

本条所称商业秘密，是指不为公众所知悉，能为权利人带来经济利益，具有实用性并经权利人采取保密措施的技术信息和经营信息。

本条所称权利人，是指商业秘密的所有人和经商业秘密所有人许可的商业秘密使用人。

202. 员工侵犯商业秘密获刑，企业还可以索赔吗？

情景案例

甲公司是一家老牌饮料食品公司，成立于1990年。陆某是甲公司产品研发部员工，曾与甲公司签订员工保密协议。2017年12月，陆某从甲公司离职。2018年2月，陆某将甲公司视为高度机密的饮料配方以30万元的价格销售给乙公司。甲公司在市场上发现同类产品后，立即向公安机关报案，陆某以侵犯商业秘密罪被判刑。

请问：甲公司还可以向陆某索赔吗？

案例分析

本案涉及的是侵犯商业秘密罪被追究刑事责任后，权利人是否能提起民事赔偿的问题。

我国《反不正当竞争法》第十七条规定，经营者违反本法规定，给他人造成损害的，应当依法承担民事责任。因不正当竞争行为受到损害的经营者的赔偿数额，按照其因被侵权所受到的实际损失确定；实际损失难以计算的，按照侵权人因侵权所获得的利益确定。赔偿数额还应当包括经营者为制止侵权行为所支付的合理开支。《劳动合同法》第二十三条规定，用人单位与劳动者可以在劳动合同中约定保守用人单位的商业秘密和与知识产权相关的保密事项。《合同法》第一百二十二条规定，因当事人一方的违约行为，侵害对方人身、财产权益的，受损害方有权选择依照本法要求其承担违约责任或者依照其他法律要求其承担侵权责任。

本案中，陆某在与甲公司签订保密协议的情况下，离职后将在职期间所掌握的甲公司高级机密销售给乙公司使用，陆某的行为既违反了《反不正当竞争法》侵犯商业秘密的规定，又违反了与甲公司保密协议的约定。即便陆某被追究刑事责任，但《刑法》保护的法益是正常有序的市场经济秩序，并不影响甲公司要求陆某承担相应的民事责任。基于陆某上述的行为，甲公司既可以追究陆某的侵权责任，又可以追究陆某的违约责任，要求陆某赔偿相应损失。

风险防范与建议

建议企业不仅要与员工签订保密协议，还要增强员工的保密意识，进而更好地保护企业商业秘密。

法条链接

《反不正当竞争法》（2019 年修正）第九条　经营者不得实施下列侵犯商业秘密的行为：

（一）以盗窃、贿赂、欺诈、胁迫、电子侵入或者其他不正当手段获取权利人的商业秘密；

（二）披露、使用或者允许他人使用以前项手段获取的权利人的商业秘密；

（三）违反保密义务或者违反权利人有关保守商业秘密的要求，披露、使用或者允许他人使用其所掌握的商业秘密；

（四）教唆、引诱、帮助他人违反保密义务或者违反权利人有关保守商业秘密的要求，获取、披露、使用或者允许他人使用权利人的商业秘密。

经营者以外的其他自然人、法人和非法人组织实施前款所列违法行为的，视为侵犯商业秘密。

第三人明知或者应知商业秘密权利人的员工、前员工或者其他单位、个人实施本条第一款所列违法行为，仍获取、披露、使用或者允许他人使用该商业秘密的，视为侵犯商业秘密。

本法所称的商业秘密，是指不为公众所知悉、具有商业价值并经权利人采取相应保密措施的技术信息、经营信息等商业信息。

第十七条第一款　经营者违反本法规定，给他人造成损害的，应当依法承担民事责任。

第十七条第三款　因不正当竞争行为受到损害的经营者的赔偿数额，按照其因被侵权所受到的实际损失确定；实际损失难以计算的，按照侵权人因侵权所获得的利益确定。经营者恶意实施侵犯商业秘密行为，情节严重的，可以在按照上述方法确定数额的一倍以上五倍以下确定赔偿数额。赔偿数额还应当包括经营者为制止侵权行为所支付的合理开支。

《最高人民法院关于审理不正当竞争民事案件应用法律若干问题的解释》第十七条第一款 确定反不正当竞争法第十条规定的侵犯商业秘密行为的损害赔偿额，可以参照确定侵犯专利权的损害赔偿额的方法进行；确定反不正当竞争法第五条、第九条、第十四条规定的不正当竞争行为的损害赔偿额，可以参照确定侵犯注册商标专用权的损害赔偿额的方法进行。

因侵权行为导致商业秘密已为公众所知悉的，应当根据该项商业秘密的商业价值确定损害赔偿额。商业秘密的商业价值，根据其研究开发成本、实施该项商业秘密的收益、可得利益、可保持竞争优势的时间等因素确定。

《劳动合同法》（2012 年修正）第二十三条 用人单位与劳动者可以在劳动合同中约定保守用人单位的商业秘密和与知识产权相关的保密事项。对负有保密义务的劳动者，用人单位可以在劳动合同或者保密协议中与劳动者约定竞业限制条款，并约定在解除或者终止劳动合同后，在竞业限制期限内按月给予劳动者经济补偿。劳动者违反竞业限制约定的，应当按照约定向用人单位支付违约金。

《合同法》第一百二十二条 因当事人一方的违约行为，侵害对方人身、财产权益的，受损害方有权选择依照本法要求其承担违约责任或者依照其他法律要求其承担侵权责任。

203. 企业员工侵犯商业秘密，企业维权是选择劳动仲裁还是法院诉讼？

情景案例

A 公司是一家服装外贸公司，由李某与张某共同创办。崔某是 A 公司跟单员，主要负责国外客户订单跟进。由于工作原因，崔某掌握了 A 公司较多国外客户信息数据。2018 年 1 月，崔某向公司提出辞职。在离职时，崔某与公司达成保密协议，崔某承诺离职后不向任何第三人泄露 A 公司的客户数据与商业秘密。

2018 年 2 月，崔某跳槽到 B 公司上班，并把 A 公司的客户数据、经营信息等商业秘密泄露给 B 公司，使得 B 公司以更低的合作价格向客户供货。2018 年 3 月，A 公司发现崔某原来跟进的国外客户都不再订货。经调查得知，原来这些客户都改为向 B 公司订货。为此，李某建议向法院提起劳动仲裁，以追究崔某的法律责任。张某认为，提起劳动仲裁只能追究崔某的责任，向法院提起诉讼可以同时追究崔某与 B 公司的责任，建议向法院提起诉讼。

请问：A 公司应该如何维权才合理？

案例分析

本案涉及的是员工及第三人侵犯企业商业秘密，企业如何维权的问题。

我国《劳动法》第一百零二条规定，劳动者违反本法规定的条件解除劳动合同或者违反劳动合同中约定的保密事项，对用人单位造成经济损失的，应当依法承担赔偿责任。第九十九条规定，用人单位招用尚未解除劳动合同的劳动者，对原用人单位造成经济损失的，该用人单位应当依法承担连带赔偿责任。《劳动和社会保障部办公厅关于劳动争议案中涉及商业秘密侵权问题的函》（劳社厅函〔1999〕69号）明确规定，劳动合同中如果明确约定了有关保守商业秘密的内容，由于劳动者未履行，造成用人单位商业秘密被侵害而发生劳动争议，当事人向劳动争议仲裁委员会申请仲裁的，仲裁委员会应当受理，并依据有关规定和劳动合同的约定作出裁决。

本案中，崔某与A公司签订保密协议，崔某对于A公司的客户数据和商业秘密等负有保密义务。崔某离职后违反保密协议的约定，将A公司商业秘密泄露给B公司，使得客户与B公司合作。崔某的这一行为既违反了保密协议的约定，又违反了《反不正当竞争法》侵犯商业秘密的规定。同样，B公司明知崔某侵犯A公司商业秘密，仍然获取、使用该秘密与客户交易，B公司的行为也构成商业秘密侵权行为，依据上述法律规定，B公司应与劳动者承担连带赔偿责任。根据劳社厅函〔1999〕69号）的规定，A公司想要合理维权，既可以选择仲裁方式，也可以选择诉讼方式。两种维权方式各有利弊，A公司应综合考虑各方因素，作出合理选择。

风险防范与建议

企业如何更好地保护商业秘密以及商业秘密被侵犯后如何维权呢？建议如下：

（1）加强企业对商业秘密的保护意识，如组织积极开展保护商业秘密的专项培训，宣传保密的重要性。

（2）企业建立重要信息、商业秘密登记、保管制度，对接触企业商业秘密的工作人员及其接触到的商业秘密进行严格的限制。

（3）建议企业进一步与合作企业签订保密协议，约定保密期限和违约责任。

法条链接

《反不正当竞争法》（2019年修正）第九条　经营者不得实施下列侵犯商业秘密的行为：

（一）以盗窃、贿赂、欺诈、胁迫、电子侵入或者其他不正当手段获取权利人的商业秘密；

（二）披露、使用或者允许他人使用以前项手段获取的权利人的商业秘密；

（三）违反保密义务或者违反权利人有关保守商业秘密的要求，披露、使用或者允许他人使用其所掌握的商业秘密；

（四）教唆、引诱、帮助他人违反保密义务或者违反权利人有关保守商业秘密的要求，获取、披露、使用或者允许他人使用权利人的商业秘密。

经营者以外的其他自然人、法人和非法人组织实施前款所列违法行为的，视为侵犯商业秘密。

第三人明知或者应知商业秘密权利人的员工、前员工或者其他单位、个人实施本条第一款所列违法行为，仍获取、披露、使用或者允许他人使用该商业秘密的，视为侵犯商业秘密。

本法所称的商业秘密，是指不为公众所知悉、具有商业价值并经权利人采取相应保密措施的技术信息、经营信息等商业信息。

第十七条第一款 经营者违反本法规定，给他人造成损害的，应当依法承担民事责任。

第十七条第三款 因不正当竞争行为受到损害的经营者的赔偿数额，按照其因被侵权所受到的实际损失确定；实际损失难以计算的，按照侵权人因侵权所获得的利益确定。经营者恶意实施侵犯商业秘密行为，情节严重的，可以在按照上述方法确定数额的一倍以上五倍以下确定赔偿数额。赔偿数额还应当包括经营者为制止侵权行为所支付的合理开支。

《劳动法》（2018年修正）第九十九条 用人单位招用尚未解除劳动合同的劳动者，对原用人单位造成经济损失的，该用人单位应当依法承担连带赔偿责任。

第一百零二条 劳动者违反本法规定的条件解除劳动合同或者违反劳动合同中约定的保密事项，对用人单位造成经济损失的，应当依法承担赔偿责任。

《违反〈劳动法〉有关劳动合同规定的赔偿办法》第五条 劳动者违反劳动合同中约定的保密事项，对用人单位造成经济损失的，按《反不正当竞争法》第二十条的规定支付用人单位赔偿费用。

第六条 用人单位招用尚未解除劳动合同的劳动者，对原用人单位造成经济损失的，除该劳动者承担直接赔偿责任外，该用人单位应当承担连带赔偿责任。其连带赔偿的份额应不低于对原用人单位造成经济损失总额的70%。向原用人单位赔偿下列损失：

（一）对生产、经营和工作造成的直接经济损失；

（二）因获取商业秘密给原用人单位造成的经济损失。

赔偿本条第（二）项规定的损失，按《反不正当竞争法》第二十条的规定执行。

204. 企业如何保护其商业秘密？

情景案例

甲公司由康某与毛某创办，成立于2010年1月。2012年，甲公司投入300万元研发了一种新型粘胶。2013年1月，该产品推出市场后，广受消费者欢迎。2013年2月1日，甲公司开会商讨公司商业秘密保护事宜，在会议上，康某提议向国家知识产权局申请专利注册，以获得我国法律保护。毛某不同意康某的观点，毛某认为，申请专利等于对外公开公司的技术秘密，建议与核心员工签订保密协议即可。

请问：甲公司应该如何保护其商业秘密？

案例分析

本案涉及的是企业如何对其商业秘密进行保护的问题。

我国《专利法》第十一条规定，发明、实用新型及外观设计专利权被授予后，除本法另有规定的以外，任何单位或者个人未经专利权人许可，都不得实施其专利，即不得为生产经营目的制造、使用、许诺销售、销售、进口其专利产品，或者使用其专利方法以及许诺销售、销售、进口依照该专利方法直接获得的产品。我国《反不正当竞争法》第九条第三款规定，商业秘密，是指不为公众所知悉、能为权利人带来经济利益、具有实用性并经权利人采取保密措施的技术信息和经营信息。

本案中，企业采取何种方式保护其商业秘密，应根据该秘密的具体特性来选择。《专利法》相关规定表明，专利权的取得除本身智力劳动的创造外，还须依据法定程序，统一受理和审查专利申请，由有关机关按照法律规定授予专利权，并且只在法定的保护期内享有独占使用的权利，具有公开性。发明专利权的期限为二十年，实用新型专利权和外观设计专利权的期限为十年，均自申请日起计算。专利权的有效保护期限结束以后，专利权人所享有的专利权便自动丧失，一般不能续展。专利随着期限的结束而成为社会公有的财富，任何人都可以自由地使用该发明来创造产品。

而商业秘密作为一种非公开的能够为权利人带来经济利益的信息，商业秘密的取得属于原始取得，无须进行法定审批，智力劳动成果一经产生即已获得，同时，商业秘密的保护期是不确定的，如果能永久保密，则享有无限的保护期，如果在短时期内被泄密，那么保护期也随之结束。商业秘密还存在被反向工程破解的可能性。

若甲公司研发的新型粘胶技术很难被外界破解，甲公司可以采取毛某的观点，作为商业秘密保护，与员工签订保密协议，并且约定严格的违约责任、损害赔偿等。若甲公司的该项技术很容易被外界破解，被他人通过反向工程获得技术，建议甲公司采取康某的观点作为专利来保护。

风险防范与建议

企业采取何种方式对技术信息进行保护呢？建议如下：

（1）对于难以破解的技术信息，建议通过商业秘密保护，企业内部开展商业秘密法律知识专题讲座、商业秘密保护措施辅导、典型商业秘密案例通报等方式，不断增强企业管理者和涉密人员的保密意识和守法意识，在企业内部形成良好的商业秘密管理及保护氛围。

（2）建议与涉密员工签订保密协议、离职竞业禁止等协议，防止员工泄密。

（3）对于技术信息相对容易获取的，建议企业申请专利来保护，公开技术信息，增加无形资产。

法条链接

《专利法》（2008 年修正）第十一条 发明和实用新型专利权被授予后，除本法另有规定的以外，任何单位或者个人未经专利权人许可，都不得实施其专利，即不得为生产经营目的制造、使用、许诺销售、销售、进口其专利产品，或者使用其专利方法以及使用、许诺销售、销售、进口依照该专利方法直接获得的产品。

外观设计专利权被授予后，任何单位或者个人未经专利权人许可，都不得实施其专利，即不得为生产经营目的制造、许诺销售、销售、进口其外观设计专利产品。

第四十二条 发明专利权的期限为二十年，实用新型专利权和外观设计专利权的期限为十年，均自申请日起计算。

《劳动合同法》（2012 年修正）第二十三条 用人单位与劳动者可以在劳动合同中约定保守用人单位的商业秘密和与知识产权相关的保密事项。对负有保密义务的劳动者，用人单位可以在劳动合同或者保密协议中与劳动者约定竞业限制条款，并约定在解除或者终止劳动合同后，在竞业限制期限内按月给予劳动者经济补偿。劳动者违反竞业限制约定的，应当按照约定向用人单位支付违约金。

205. 与公司存在竞争关系的股东，公司能否拒绝其查询公司的会计账簿？

情景案例

甲公司成立于 2010 年，刘某是甲公司的股东，在甲公司占股 5%。刘某的妻子朱某，系甲公司竞争对手乙公司的高级管理人员。为完成朱某在乙公司的管理目标，2018 年 3 月起，刘某多次口头或书面要求查阅甲公司财务报告（含审计报告、会计账簿、原始会计凭证）等相关材料，但甲公司认为刘某要求查阅财务报告具有不正当目的，若同意刘某查阅相关材料，将会使甲公司的财务等商业秘密信息泄露，遂甲公司在接到请求 7 日后书面答复刘某并拒绝了其查阅要求。

请问，甲公司拒绝刘某查阅公司财务报告等材料是否合法？

案例分析

本案涉及的是企业是否有权拒绝股东查阅会计账簿请求的问题。

我国《公司法》第三十三条第二款规定，股东可以要求查阅公司会计账簿。股东要求查阅公司会计账簿的，应当向公司提出书面请求，说明目的。公司有合理根据认为股东查阅会计账簿有不正当目的，可能损害公司合法利益的，可以拒绝提供查阅，并应当自股东提出书面请求之日起十五日内书面答复股东并说明理由。公司拒绝提供查阅的，股东可以请求人民法院要求公司提供查阅。

本案中，刘某作为甲公司的股东，是享有股东知情权的，有权了解和掌握公司经营管理、财务报告、会议决议等重要信息。但刘某为了能够完成朱某及乙公司的管理目标，带着不正当目的向甲公司提出查阅财务报告，在这种情况下，甲公司只要有合理的理由认为刘某查阅财务报告将会损害公司利益，侵犯公司商业秘密的，就可拒绝提供查阅。因此，甲公司在刘某提出请求之日起 7 日后书面答复刘某，并向刘某说明理由后拒绝向其提供公司财务报告的做法是合法的。

风险防范与建议

企业在经营管理过程中，如何保护企业内部决议、财务报告、商业秘密等信息不被泄露呢？建议如下：

（1）建议企业在吸收股东时须综合考虑股东是否与企业存在竞争关系或利益冲突。

（2）建议企业可以采取在公司章程中约定股东的禁止性行为，与股东签订保密协议，同时约定违反保密协议所获利益归公司所有等措施，更好地维护企业利益，保护企业商业秘密。

法条链接

《公司法》第三十三条 股东有权查阅、复制公司章程、股东会会议记录、董事会会议决议、监事会会议决议和财务会计报告。

股东可以要求查阅公司会计账簿。股东要求查阅公司会计账簿的，应当向公司提出书面请求，说明目的。公司有合理根据认为股东查阅会计账簿有不正当目的，可能损害公司合法利益的，可以拒绝提供查阅，并应当自股东提出书面请求之日起十五日内书面答复股东并说明理由。公司拒绝提供查阅的，股东可以请求人民法院要求公司提供查阅。

六、法律责任

206. 抽奖式有奖销售的奖金超过 5 万元的，合法吗?

情景案例

甲公司是一家卫浴贸易公司，成立于2012年。2018年1月，甲公司为宣传周年店庆活动，决定开展一场周年幸运大抽奖的大型活动，活动内容为：凡购买甲公司产品达一万元以上，可以进行抽奖一次。奖品分为三个级别：一等奖为99999元，二等奖为49999元，三等奖为平板电脑一部。

2018年1月30日，刘某拿着该公司一份商品价格为三万元的购物发票领取了三张奖券，其中一张奖券在刮奖区显示为五颗星，根据奖券后面的说明，该奖券为一等奖，奖品为现金99999元。随后，刘某找到该甲公司要求兑奖，却被拒绝。甲公司辩称，我司刚刚得知抽奖式活动奖金不得超过五万元，否则是违法行为，因此只同意支付五万元奖金。无奈之下，刘某向工商行政管理部门举报了甲公司的违法行为。

请问：甲公司会受到什么处罚？

案例分析

本案涉及的是企业不正当有奖销售需要承担何种行政责任的问题。

我国《反不正当竞争法》第十条第三项规定，经营者不得从事下列有奖销售行为：（三）抽奖式的有奖销售，最高奖的金额超过五万元。第二十二条，经营者违反本法第十条规定进行有奖销售的，由监督检查部门责令停止违法行为，处五万元以上五十万元以下的罚款。

本案中，甲公司将有奖销售的一等奖金额设置为99999元，违反“抽奖式有奖销售，最高奖的金额不得超过五万元”的规定，甲公司的行为极易诱发消费者的投机心理，影响和干扰消费者正常选择商品，妨碍质量、价格和服务等方面的公平竞争，不利于市场竞争机制的建立，属于不正当竞争行为。针对甲公司违法不正当有奖销售行为，工商行政管理监督检查部门有权要求甲公司立即停止违法行为，并根据情节的严重程度处以五万元以上五十万元以下的罚款。

风险防范与建议

在日益趋烈的市场竞争中，有奖销售已经成为企业的主要促销手段之一，建议企业在经营销售过程中，一定要以合法的形式进行促销，通过提高产品质量、服务等方式提高企业自身的市场竞争力，维护品牌形象。

法条链接

《反不正当竞争法》（2019 年修正）第十条 经营者进行有奖销售不得存在下列情形：

（一）所设奖的种类、兑奖条件、奖金金额或者奖品等有奖销售信息不明确，影响兑奖；

（二）采用谎称有奖或者故意让内定人员中奖的欺骗方式进行有奖销售；

（三）抽奖式的有奖销售，最高奖的金额超过五万元。

第二十二条 经营者违反本法第十条规定进行有奖销售的，由监督检查部门责令停止违法行为，处五万元以上五十万元以下的罚款。

207. 广告公司为企业设计的广告违法，要承担责任吗？

情景案例

A 公司是一家广告设计公司，专注产品包装设计。B 公司是一家电饭煲生产企业。2018 年 1 月 5 日，A 公司与 B 公司签订一份《广告设计合同》，合同约定：A 公司为 B 公司设计一款电饭煲的产品包装，设计费用为 5 万元，设计期限为 2 个月。2018 年 3 月 4 日，A 公司按约定交付设计稿。

2018 年 4 月，市工商行政管理部门以 B 公司的产品包装含有“第一品牌”字眼为由，对 B 公司处以 20 万元罚款。对于工商行政管理部门处罚，B 公司表示不服。B 公司认为，广告公司是专业性广告策划机构，应当熟悉《广告法》，“第一品牌”的广告文案是广告公司设计的，因此责任应由广告公司承担。

请问：广告公司要承担责任吗？

案例分析

本案涉及的是广告经营者使用绝对化用语是否承担法律责任的问题。

我国《广告法》第九条第三项的规定，广告用语不得使用“国家级”“最高级”“最佳”等用语。第五十五条规定了广告主、广告经营者、广告发布者等违法发布虚假广告所需承担的法律责任。《反不正当竞争法》第八条第一款规定，经营者不得对其商品的性能、功能、质量、销售状况、用户评价、曾获荣誉等作虚假或者引人误解的商业宣传，欺骗、误导消费者。

本案中，“第一品牌”与“国家级”“最高级”“最佳”等绝对化用语属性一致，B公司的产品在包装中使用“第一品牌”这一绝对用语宣传，可能会赢得消费者的信赖，无形中排斥了同行业其他生产经营者，构成不正当竞争，且违反了《广告法》中关于广告用语的禁止性规定。B公司作为产品经营者及广告主，其产品广告用语违反法律规定，工商行政管理部门有权责令其停止发布广告，消除影响，并处以相应罚款。A公司作为广告经营者，应当熟悉本行业的法律法规，在明知违法的情况下代理、设计、制作广告，工商行政管理部门有权依据《广告法》第五十五条第二款的规定没收广告费用，并处以相应罚款，根据情节严重程度，还可以由有关部门暂停广告发布业务、吊销营业执照、吊销广告发布登记证件。所以A、B公司均存在违法行为，工商行政管理部门均有权责令其承担各自应当承担的行政责任，但B公司不能以广告系A公司设计为由拒绝承担其应承担的责任。当然，若A公司、B公司签订的《广告设计合同》约定了A公司设计广告文案违法或违约时的违约责任，B公司可以以A公司违反《广告设计合同》要求其承担违约责任，赔偿损失。

风险防范与建议

企业作为广告主委托广告经营者设计、制作广告，如何防止广告违法，遭受高额罚款呢？建议如下：

（1）建议企业寻找有资质、有能力的广告经营者代理本企业的广告业务。

（2）建议与广告经营者约定清晰明确的违约责任及违约金，约束广告经营者依法、依约完成广告设计、制作等工作。

（3）建议企业组织学习《广告法》等相关规定或将广告经营者交付的广告设计成果交法务审核，避免出现违法情形。

法条链接

《广告法》（2018年修正）第九条　广告不得有下列情形：

（一）使用或者变相使用中华人民共和国的国旗、国歌、国徽，军旗、军歌、军徽；

（二）使用或者变相使用国家机关、国家机关工作人员的名义或者形象；

（三）使用“国家级”、“最高级”、“最佳”等用语；

（四）损害国家的尊严或者利益，泄露国家秘密；

（五）妨碍社会安定，损害社会公共利益；

（六）危害人身、财产安全，泄露个人隐私；

（七）妨碍社会公共秩序或者违背社会良好风尚；

（八）含有淫秽、色情、赌博、迷信、恐怖、暴力的内容；

（九）含有民族、种族、宗教、性别歧视的内容；

（十）妨碍环境、自然资源或者文化遗产保护；

（十一）法律、行政法规规定禁止的其他情形。

第五十五条 违反本法规定，发布虚假广告的，由市场监督管理部门责令停止发布广告，责令广告主在相应范围内消除影响，处广告费用三倍以上五倍以下的罚款，广告费用无法计算或者明显偏低的，处二十万元以上一百万元以下的罚款；两年内有三次以上违法行为或者有其他严重情节的，处广告费用五倍以上十倍以下的罚款，广告费用无法计算或者明显偏低的，处一百万元以上二百万元以下的罚款，可以吊销营业执照，并由广告审查机关撤销广告审查批准文件、一年内不受理其广告审查申请。

医疗机构有前款规定违法行为，情节严重的，除由市场监督管理部门依照本法处罚外，卫生行政部门可以吊销诊疗科目或者吊销医疗机构执业许可证。

广告经营者、广告发布者明知或者应知广告虚假仍设计、制作、代理、发布的，由市场监督管理部门没收广告费用，并处广告费用三倍以上五倍以下的罚款，广告费用无法计算或者明显偏低的，处二十万元以上一百万元以下的罚款；两年内有三次以上违法行为或者有其他严重情节的，处广告费用五倍以上十倍以下的罚款，广告费用无法计算或者明显偏低的，处一百万元以上二百万元以下的罚款，并可以由有关部门暂停广告发布业务、吊销营业执照、吊销广告发布登记证件。

广告主、广告经营者、广告发布者有本条第一款、第三款规定行为，构成犯罪的，依法追究刑事责任。

《反不正当竞争法》（2019 年修正）第八条 经营者不得对其商品的性能、功能、质量、销售状况、用户评价、曾获荣誉等作虚假或者引人误解的商业宣传，欺骗、误导消费者。

经营者不得通过组织虚假交易等方式，帮助其他经营者进行虚假或者引人误解的商业宣传。

第二十条 经营者违反本法第八条规定对其商品作虚假或者引人误解的商业宣传，或者通过组织虚假交易等方式帮助其他经营者进行虚假或者引人误解的商业宣传的，由监督检查部门责令停止违法行为，处二十万元以上一百万元以下的罚款；情节严重的，处一百万元以上二百万元以下的罚款，可以吊销营业执照。

经营者违反本法第八条规定，属于发布虚假广告的，依照《中华人民共和国广告法》的规定处罚。

208. “职业差评师”以差评为手段向商家索取钱财，要承担刑事责任吗？

情景案例

邱某在某网络平台开了一家网店，因信誉高、质量好，生意日益红火。2018年2月1日，邱某在卖出3件小商品后，突然得到了3个差评。邱某感到非常奇怪，因为她平时对客户很好，开业至今都没有一个差评。于是她赶紧与买家赵某联系了解情况，并表示如对产品或物流不满意，可无条件退款。但是，赵某虽然承认产品无瑕疵，但坚决不同意退款，并提出支付3000元便立刻删除差评的无理要求。邱某猜想自己遇上了职业差评师，遂向警方报案。

请问：赵某的行为要承担刑事责任吗？

案例分析

本案涉及的是职业差评师恶意差评索取费用的行为是否承担刑事责任的问题。

我国《刑法》第二百七十四条规定，敲诈勒索公私财物，数额较大或者多次敲诈勒索的，处三年以下有期徒刑、拘役或者管制，并处或者单处罚金；数额巨大或者有其他严重情节的，处三年以上十年以下有期徒刑，并处罚金；数额特别巨大或者有其他特别严重情节的，处十年以上有期徒刑，并处罚金。《最高人民法院、最高人民检察院关于办理敲诈勒索刑事案件适用法律若干问题的解释》第一条规定，敲诈勒索公私财物价值二千元至五千元以上、三万元至十万元以上、三十万元至五十万元以上的，应当分别认定为《刑法》第二百七十四条规定的“数额较大”“数额巨大”“数额特别巨大”。

本案中，赵某通过网络平台在邱某处购物，在商品不存在任何质量问题的情况下，恶意给出差评，且赵某明知买家评价对卖家的重要性，仍要求邱某支付3000元才肯删除差评。赵某以非法占有他人财物为目的，恶意以威胁、恐吓的方式要求邱某被迫交付财物的行为已符合《刑法》关于敲诈勒索罪主客观要件的规定。《最高人民法院、最高人民检察院关于办理敲诈勒索刑事案件适用法律若干问题的解释》规定敲诈勒索公私财物2000－5000元为数额较大，赵某勒索邱某的金额为3000元，已达到敲诈勒索罪的量刑点，是否构成数额较大视赵某所在地而定。故，赵某的行为构成敲诈勒索罪，应承担相应的刑事责任。邱某在遭受敲诈勒索后报案，赵某的行为并未得逞，系犯罪未遂，可以从轻减轻处罚。

风险防范与建议

企业在经营过程中，如何避免遭受“职业差评师”的威胁呢？建议如下：

（1）建议企业在遇到此种情况时，首先要想到利用法律途径解决问题，可以报案、或者向网络平台管理方反应，不要轻易向差评师妥协。

（2）建议企业做好各方面的取证工作，将购买过程的聊天记录、协商过程等全部电子数据留存。

法条链接

《刑法》（2017 年修正）第二十三条 已经着手实行犯罪，由于犯罪分子意志以外的原因而未得逞的，是犯罪未遂。

对于未遂犯，可以比照既遂犯从轻或者减轻处罚。

第二百七十四条 敲诈勒索公私财物，数额较大或者多次敲诈勒索的，处三年以下有期徒刑、拘役或者管制，并处或者单处罚金；数额巨大或者有其他严重情节的，处三年以上十年以下有期徒刑，并处罚金；数额特别巨大或者有其他特别严重情节的，处十年以上有期徒刑，并处罚金。

《最高人民法院、最高人民检察院关于办理敲诈勒索刑事案件适用法律若干问题的解释》第一条第一款 敲诈勒索公私财物价值二千元至五千元以上、三万元至十万元以上、三十万元至五十万元以上的，应当分别认定为刑法第二百七十四条规定的“数额较大”、“数额巨大”、“数额特别巨大”。

209. 企业捆绑销售产品，合法吗？

情景案例

2018 年 2 月，秦某在某网络平台购买一张从广州到北京的机票，价格显示为 1200 元，但是结账页面显示价格是 1350 元，点开“明细”字样，发现自己购买的机票变成了“成人套餐”，多出来的 150 元则来自此套餐。多出来的费用包括机场建设费 50 元、酒店优惠券 100 元。对此，秦某觉得十分不合理，认为这是捆绑销售的违法行为，遂到工商行政管理部门投诉该网络平台。

请问：某网络平台捆绑销售产品，合法吗？

案例分析

本案涉及的是企业捆绑销售行为是否构成反不正当竞争的问题。

我国《消费者权益保护法》第四条规定，经营者与消费者进行交易，应当遵循自愿、平等、公平、诚实信用的原则。第九条规定，消费者享有自主选择商品或者服务的权利。第十条规定，消费者在购买商品或者接受服务时，有权获得质量保障、价格合理、计量正确等公平交易条件，有权拒绝经营者的强制交易行为。

本案中，该网络平台套餐中的机场建设费用是合理的，即便不在套餐中销售，购买机票的消费者也要单独支付，这部分是必然发生的费用。但该网络平台利用消费者图方便快捷的购买心理及对购买程序不熟悉的状况，将机票与酒店优惠券刻意捆绑销售，自动生成包括酒店优惠券在内等的强制性服务，损害了秦某作为该网络平台消费者享有的自愿、公平地选择商品或服务的权利，违反了《消费者权益保护法》相关规定，侵犯了秦某的自主选择权和知情权，系违法行为。

风险防范与建议

企业如何在合法合理的前提下提高服务竞争力？建议如下：

（1）建议企业在尊重消费者公平、自主选择的前提下，积极考虑新产品或服务的品牌结构、市场推广，确保产品或服务拓展全程的策略性和系统性，避免盲目的硬性推销。

（2）积极提高产品或服务本身的市场竞争力，使消费者自愿主动购买，保障消费者权益。

法条链接

《消费者权益保护法》（2013 年修正）第四条 经营者与消费者进行交易，应当遵循自愿、平等、公平、诚实信用的原则。

第九条 消费者享有自主选择商品或者服务的权利。

消费者有权自主选择提供商品或者服务的经营者，自主选择商品品种或者服务方式，自主决定购买或者不购买任何一种商品、接受或者不接受任何一项服务。

消费者在自主选择商品或者服务时，有权进行比较、鉴别和挑选。

第十条 消费者享有公平交易的权利。

消费者在购买商品或者接受服务时，有权获得质量保障、价格合理、计量正确等公平交易条件，有权拒绝经营者的强制交易行为。

210. 账外暗中给予对方单位或个人回扣，要承担什么责任？

情景案例

A 公司是一家机械设备制造企业，秦某是 A 公司的创始人。2018 年 1 月，秦某向 B 公司推销机械产品时，与 B 公司采购经理江某口头商定：江某负责安排采购 A 公司销售的机械设备，秦某给予江某 2% 的销售款作为回报。2018 年 3 月，秦某按照口头约定将销售款的 2% 打入江某个人账户。2018 年 4 月，经 B 公司员工匿名举报，B 公司得知江某收取了 A 公司回购款。B 公司认为，秦某与江某的行为严重侵犯公司的利益，该回扣款实质是机械产品的折扣款。为此，B 公司遂到公安机关报案，请求公安机关追究秦某与江某的法律责任。

请问：秦某与江某分别要承担什么责任？

案例分析

本案涉及的是账外暗中给予回扣的行为承担何种责任的问题。

我国《反不正当竞争法》第七条第一款规定，经营者不得采用财物或者其他手段贿赂下列单位或者个人，以谋取交易机会或者竞争优势：（一）交易相对方的工作人员；第十九条规定，经营者违反本法第七条规定贿赂他人的，由监督检查部门没收违法所得，处十万元以上三百万元以下的罚款。情节严重的，吊销营业执照。

本案中，秦某为促使 B 公司向 A 公司采购设备，达成商业合作，私下与江某达成一致，承诺给予江某 2% 的销售款作为回报，秦某和江某的行为违反了《反不正当竞争法》中经营者不得采用财物或者其他手段进行贿赂以销售或者购买商品的规定，排斥同业竞争者的公平竞争，扰乱市场经济公平竞争秩序。依照《反不正当竞争法》的相关规定，以江某收受的回购款数额来定，达到《刑法》规定的立案标准的，秦某与江某须按照非国家工作人员行受贿罪的规定承担刑事责任。若回购款的数额尚未达到刑事立案标准，秦某与江某须按照《反不正当竞争法》等规定承担民事责任及行政责任。

风险防范与建议

企业如何规避员工账外暗中收受回扣的行为呢？建议如下：

（1）建议企业在员工入职时与员工签订《廉洁协议书》，从一定程度上规避员工商业贿赂行为。

（2）建议企业组织员工参与商业贿赂犯罪等的法制培训，教育员工维护正当的市场经济秩序，及触及刑事犯罪的严重性。

（3）建议企业与交易对方签订《反贿赂反腐败协议书》，交易双方共同监督彼此的员工。

法条链接

《反不正当竞争法》（2019 年修正）第七条 经营者不得采用财物或者其他手段贿赂下列单位或者个人，以谋取交易机会或者竞争优势：

（一）交易相对方的工作人员；

（二）受交易相对方委托办理相关事务的单位或者个人；

（三）利用职权或者影响力影响交易的单位或者个人。

经营者在交易活动中，可以以明示方式向交易相对方支付折扣，或者向中间人支付佣金。经营者向交易相对方支付折扣、向中间人支付佣金的，应当如实入账。接受折扣、佣金的经营者也应当如实入账。

经营者的工作人员进行贿赂的，应当认定为经营者的行为；但是，经营者有证据证明该工作人员的行为与为经营者谋取交易机会或者竞争优势无关的除外。

第十九条 经营者违反本法第七条规定贿赂他人的，由监督检查部门没收违法所得，处十万元以上三百万元以下的罚款。情节严重的，吊销营业执照。

《刑法》(2017年修正)第一百六十三条第一款、第二款 公司、企业或者其他单位的工作人员利用职务上的便利，索取他人财物或者非法收受他人财物，为他人谋取利益，数额较大的，处五年以下有期徒刑或者拘役；数额巨大的，处五年以上有期徒刑，可以并处没收财产。

公司、企业或者其他单位的工作人员在经济往来中，利用职务上的便利，违反国家规定，收受各种名义的回扣、手续费，归个人所有的，依照前款的规定处罚。

第一百六十四条第一款 为谋取不正当利益，给予公司、企业或者其他单位的工作人员以财物，数额较大的，处三年以下有期徒刑或者拘役，并处罚金；数额巨大的，处三年以上十年以下有期徒刑，并处罚金。

211. 企业之间串通投标，要承担刑事责任吗?

情景案例

2018年1月，某市国土局对某地块的国有建设用地使用权进行公开挂牌出让，A公司与B公司均提出投标申请。在招投标过程中，A公司法定代表人张某为了达到以最低价竞买该地块的目的，与B公司法定代表人刘某相互串通，由张某给予刘某人民币300万元及项目利润的5%，让刘某在竞标过程中虚报投标价，且不与其竞买。2018年3月30日，A公司以人民币9000万元竞得该地块。2018年5月，张某与刘某的串通投标行为被匿名举报，为获得从轻处罚，刘某如实向公安机关供述了全部犯罪事实。

请问：张某与刘某要承担刑事责任吗?

案例分析

本案涉及的是串通投标是否需要承担刑事责任的问题。

我国《刑法》第二百二十三条第一款规定，投标人相互串通投标报价，损害招标人或者其他投标人利益，情节严重的，处三年以下有期徒刑或者拘役，并处或者单处罚金。同时，《最高人民检察院、公安部关于公安机关管辖的刑事案件立案追诉标准的规定（二）》第七十六条规定了我国串通投标罪的立案标准。

本案中，张某与刘某作为项目投标单位的法定代表人，主观存在恶意，在私下达成“弃标补偿费”承诺，即B公司虚报较高投标价格，以便A公司能以最低价竞得该项目，同时张某承诺给予刘某一定的补偿费用。本案招标人为市国土局，张某与刘某相互恶意串通投标报价，既损害了国家利益、其他投标人的利益，又侵犯了社会主义市场经济自由贸易和公平竞争的秩序，触犯《刑法》关于串通投标罪的规定，且本案中标项目金额为9000万元，违法所得数额早已超过法定的10万元立案标准，属于“情节严重”情形，张某与刘某应当按照《刑法》第二百二十三条第一款规定承担刑事责任。

风险防范与建议

企业在招投标过程中如何避免恶意串通行为呢？建议如下：

（1）企业项目的招投标是一项严肃的经济行为。一旦中标，一项经济契约就在中标者及其企业、其代理者及业主之间达成了，在享受相应收益的同时必须承担相应的法律责任。建议企业参与招投标过程中，内部建立比较科学规范的招标管理程序和严密有效的监督体系，从源头上遏制腐败行为的产生。

（2）建议加强企业参与招投标流程工作人员的法律法纪教育，增强其廉洁自律意识，依法做好招投标管理工作。

法条链接

《刑法》（2017年修正）第二百二十三条 投标人相互串通投标报价，损害招标人或者其他投标人利益，情节严重的，处三年以下有期徒刑或者拘役，并处或者单处罚金。

投标人与招标人串通投标，损害国家、集体、公民的合法利益的，依照前款的规定处罚。

《最高人民检察院、公安部关于公安机关管辖的刑事案件立案追诉标准的规定（二）》第七十六条 投标人相互串通投标报价，或者投标人与招标人串通投标，涉嫌下列情形之一的，应予立案追诉：

（一）损害招标人、投标人或者国家、集体、公民的合法利益，造成直接经济损失数额在五十万元以上的；

（二）违法所得数额在十万元以上的；

（三）中标项目金额在二百万元以上的；

（四）采取威胁、欺骗或者贿赂等非法手段的；

（五）虽未达到上述数额标准，但两年内因串通投标，受过行政处罚二次以上，又串通投标的；

（六）其他情节严重的情形。

212. 两家企业为垄断经营而合并，合法吗？

情景案例

A 公司是一级白酒生产商，其生产的品牌白酒在当地市场份额较大且知名度较高，B 公司也是主营白酒类的生产商。为提高对市场的控制力，A 公司、B 公司达成合并协议，双方同意合并为 C 公司，一方面控制白酒的生产数量，另一方面提高白酒的销售价格，固定市场供货价为 2000 元一瓶。合并后 C 公司的这一行为，造成多家下游销售商无法进货，销售商遂将这一行为举报至相关机构。

请问，A 公司、B 公司上述行为是否合法？

案例分析

本案涉及的是企业之间的合并是否必然违法的问题。

我国《反垄断法》第十三条第一款第一项、第二项规定，禁止具有竞争关系的经营者达成下列垄断协议：（一）固定或者变更商品价格；（二）限制商品的生产数量或者销售数量。第二十条规定，经营者集中是指下列情形：（一）经营者合并；（二）经营者通过取得股权或者资产的方式取得对其他经营者的控制权；（三）经营者通过合同等方式取得对其他经营者的控制权或者能够对其他经营者施加决定性影响。同时，《国务院关于经营者集中申报标准的规定》第三条也规定了经营者集中的申报标准。

本案中，A 公司、B 公司合并为 C 公司，其目的是不但控制白酒的生产数量，又固定白酒的市场供货价格，该行为已构成横向垄断协议，系《反垄断法》明确禁止的行为。我国《反垄断法》规定，经营者合并属于经营者集中的一种情形，并且经营者实施集中，达到国务院规定的申报标准的，经营者应当事先向国务院反垄断执法机构申报，未申报的不得实施集中。A 公司系当地市场份额较大的生产商，其与 B 公司的合并行为是否合法不能一概而论。若达到有关申报标准的，应向国务院反垄断机构提出申报，A 公司、B 公司没有经过申报擅自进行合并的行为系违法行为，反垄断执法机构有权责令 A 公司、B 公司停止实施集中或采取其他必要措施恢复到集中前的状态，并且须接受相关的行政处罚。若合并行为并未达到申报标准，A 公司、B 公司的合并行为不一定违法。

风险防范与建议

企业在经营管理过程中，如何规避垄断行为呢？建议如下：

（1）建议企业通过自主研究和借鉴第三方机构的研究等方法，正确评估本企业所处的市场环境和地位，一旦发现本企业的某项业务可能具有较强的市场控制力，就应充分考虑企业行为的经济效应、社会效应和竞争效应，规范自身经营行为，以免触碰法律红线。

（2）建议企业规范与竞争者之间的商务活动，避免在商务谈判中出现涉及价格、市场、产量的划分等可能被认定为垄断协议的敏感信息。

（3）企业架构上，应考虑设立专门的竞争政策及反垄断合规部门。企业单独设立反垄断合规部门，有利于吸引反垄断专业人才进入企业，打造企业良好的竞争文化。

（4）建议企业应充分认识创新与竞争的关系，保持内外部良好的竞争环境是创新的基本动力，鼓励企业内部业务竞争，以竞争促发展。

（5）建议企业通过培训等方法，使员工了解与《反垄断法》相关的法律法规，在经营活动中以竞争法为准绳，衡量业务行为。

法条链接

《反垄断法》第十三条　禁止具有竞争关系的经营者达成下列垄断协议：

（一）固定或者变更商品价格；

（二）限制商品的生产数量或者销售数量；

（三）分割销售市场或者原材料采购市场；

（四）限制购买新技术、新设备或者限制开发新技术、新产品；

（五）联合抵制交易；

（六）国务院反垄断执法机构认定的其他垄断协议。

本法所称垄断协议，是指排除、限制竞争的协议、决定或者其他协同行为。

第二十条　经营者集中是指下列情形：

（一）经营者合并；

（二）经营者通过取得股权或者资产的方式取得对其他经营者的控制权；

（三）经营者通过合同等方式取得对其他经营者的控制权或者能够对其他经营者施加决定性影响。

第四十八条　经营者违反本法规定实施集中的，由国务院反垄断执法机构责令停止实施集中、限期处分股份或者资产、限期转让营业以及采取其他必要措施恢复到集中前的状态，可以处五十万元以下的罚款。

《国务院关于经营者集中申报标准的规定》第三条　经营者集中达到下列标准之一的，经营者应当事先向国务院反垄断执法机构申报，未申报的不得实施集中：

（一）参与集中的所有经营者上一会计年度在全球范围内的营业额合计超过100亿元人民币，并且其中至少两个经营者上一会计年度在中国境内的营业额均超过4亿元人民币；

（二）参与集中的所有经营者上一会计年度在中国境内的营业额合计超过20亿元人民币，并且其中至少两个经营者上一会计年度在中国境内的营业额均超过4亿元人民币。

营业额的计算，应当考虑银行、保险、证券、期货等特殊行业、领域的实际情况，具体办法由国务院反垄断执法机构会同国务院有关部门制定。

213. 商场超市销售的商品存在不符合保障人身财产安全的国家标准等缺陷时，负责监管的行政机关能否责令商场超市停止销售涉嫌存在缺陷的产品?

情景案例

李某于2018年3月2日在A家电超市购买了B公司生产的“××”牌贴有3C认证的电视机一台。2018年3月10日，李某在网络新闻报道中看到多名用户举报B公司生产的该型号电视有漏电危险且不符合国家强制标准。随后李某在正常使用状态下用电笔测试，发现电笔带电，该型号电视确实存在触电或漏电的风险。2018年3月13日，李某向当地工商行政管理部门反映此情况，工商行政管理部门进行抽查检验，确认A超市销售的该型号电视机不符合国家安全质量标准，责令A超市立即停止销售该型号电视机，并处以罚款。A超市认为工商行政管理部门的处罚太重，于是提起行政复议。

请问：工商行政管理部门责令A超市停止销售不合格产品的做法是否合法?

案例分析

本案涉及的是工商行政管理部门责令销售者停止违法销售行为是否合法的问题。

我国《消费者权益保护法》第三十三条第二款规定，有关行政部门发现并认定经营者提供的商品或者服务存在缺陷，有危及人身、财产安全危险的，应当立即责令经营者采取停止销售、警示、召回、无害化处理、销毁、停止生产或者服务等措施。第五十六条第一款规定，经营者提供的商品或者服务不符合保障人身、财产安全要求的，除承担相应的民事责任外，其他有关法律、法规对处罚机关和处罚方式有规定的，依照法律、法规的规定执行；法律、法规未作规定的，由工商行政管理部门或者其他有关行政部门责令改正，可以根据情节单处或者并处警告、没收违法所得、处以违法所得一倍以上十倍以下的罚款，没有违法所得的，处以五十万元以下的罚款；情节严重的，责令停业整顿、吊销营业执照。

本案中，A 超市作为家电经营销售者，违反法律规定销售不符合国家强制标准且存在人身、财产安全危险的产品，应当承担相应的民事、行政甚至是刑事责任。依照上述法律规定，针对 A 超市的行为，有关工商行政管理部门有权立即责令其采取停止销售、警示、召回、无害化处理、销毁等措施来减少损失，减轻风险。

风险防范与建议

企业如何减少销售不合格产品情况的发生呢？建议如下：

建议企业从正规经营渠道购进产品，并对相关厂商进行考核，对产品进行质量检测，定期对所售产品进行检查、更新。

法条链接

《消费者权益保护法》（2013 年修正）第三十三条第二款 有关行政部门发现并认定经营者提供的商品或者服务存在缺陷，有危及人身、财产安全危险的，应当立即责令经营者采取停止销售、警示、召回、无害化处理、销毁、停止生产或者服务等措施。

第五十六条 经营者有下列情形之一，除承担相应的民事责任外，其他有关法律、法规对处罚机关和处罚方式有规定的，依照法律、法规的规定执行；法律、法规未作规定的，由工商行政管理部门或者其他有关行政部门责令改正，可以根据情节单处或者并处警告、没收违法所得、处以违法所得一倍以上十倍以下的罚款，没有违法所得的，处以五十万元以下的罚款；情节严重的，责令停业整顿、吊销营业执照：

（一）提供的商品或者服务不符合保障人身、财产安全要求的；

（二）在商品中掺杂、掺假，以假充真，以次充好，或者以不合格商品冒充合格商品的；

（三）生产国家明令淘汰的商品或者销售失效、变质的商品的；

（四）伪造商品的产地，伪造或者冒用他人的厂名、厂址，篡改生产日期，伪造或者冒用认证标志等质量标志的；

（五）销售的商品应当检验、检疫而未检验、检疫或者伪造检验、检疫结果的；

（六）对商品或者服务作虚假或者引人误解的宣传的；

（七）拒绝或者拖延有关行政部门责令对缺陷商品或者服务采取停止销售、警示、召回、无害化处理、销毁、停止生产或者服务等措施的；

（八）对消费者提出的修理、重作、更换、退货、补足商品数量、退还货款和服务费用或者赔偿损失的要求，故意拖延或者无理拒绝的；

（九）侵害消费者人格尊严、侵犯消费者人身自由或者侵害消费者个人信息依法得到保护的权利的；

（十）法律、法规规定的对损害消费者权益应当予以处罚的其他情形。

经营者有前款规定情形的，除依照法律、法规规定予以处罚外，处罚机关应当记入信用档案，向社会公布。

《产品质量法》（2018 年修正）第四十九条 生产、销售不符合保障人体健康和人身、财产安全的国家标准、行业标准的产品的，责令停止生产、销售，没收违法生产、销售的产品，并处违法生产、销售产品（包括已售出和未售出的产品，下同）货值金额等值以上三倍以下的罚款；有违法所得的，并处没收违法所得；情节严重的，吊销营业执照；构成犯罪的，依法追究刑事责任。

图书在版编目（CIP）数据

企业知识产权痛点法律问题解决之道／陈静艳，徐嵩，张华东主编．—北京：中国法制出版社，2019.10
ISBN 978－7－5216－0588－4

Ⅰ.①企… Ⅱ.①陈… ②徐… ③张… Ⅲ.①企业－知识产权保护－研究－中国 Ⅳ.①D923.404

中国版本图书馆 CIP 数据核字（2019）第 222851 号

策划/责任编辑 马金凤　　封面设计 杨泽江

企业知识产权痛点法律问题解决之道

QIYE ZHISHI CHANQUAN TONGDIAN FALÜ WENTI JIEJUE ZHIDAO

主编/陈静艳，徐嵩，张华东
经销/新华书店
印刷/北京海纳百川印刷有限公司
开本/710 毫米×1000 毫米 16 开　　印张/28 字数/426 千
版次/2019 年 10 月第 1 版　　2019 年 10 月第 1 次印刷

中国法制出版社出版
书号 ISBN 978－7－5216－0588－4　　定价：79.00 元

北京西单横二条 2 号
邮政编码 100031　　传真：010－66031119
网址：http://www.zgfzs.com　　**编辑部电话：010－66070041**
市场营销部电话：010－66033393　　**邮购部电话：010－66033288**

（如有印装质量问题，请与本社印务部联系调换。电话：010－66032926）